“十四五”职业教育国家规划教材

职业教育跨境电子商务专业教学资源库项目建设成果

浙江省跨境电子商务专业中高职一体化教师教学创新团队项目成果

新编21世纪高等职业教育精品教材·跨境电商系列

跨境电商实务（第五版）

主　编　**肖　旭**

副主编　**乔　哲　叶杨翔　郑雪英　杨　丹**

中国人民大学出版社

·北京·

图书在版编目（CIP）数据

跨境电商实务 / 肖旭主编. -- 5版. -- 北京：中国人民大学出版社，2025. 7. --（新编21世纪高等职业教育精品教材）. -- ISBN 978-7-300-34115-6

I. F713.365.2

中国国家版本馆CIP数据核字第2025106AC7号

“十四五”职业教育国家规划教材

职业教育跨境电子商务专业教学资源库项目建设成果

浙江省跨境电子商务专业中高职一体化教师教学创新团队项目成果

新编21世纪高等职业教育精品教材·跨境电商系列

跨境电商实务（第五版）

主　编　肖　旭

副主编　乔　哲　叶杨翔　郑雪英　杨　丹

Kuajing Dianshang Shiwu

出版发行	中国人民大学出版社		
社　　址	北京中关村大街31号	**邮政编码**	100080
电　　话	010－62511242（总编室）		010－62511770（质管部）
	010－82501766（邮购部）		010－62514148（门市部）
	010－62511173（发行公司）		010－62515275（盗版举报）
网　　址	http://www.crup.com.cn		
经　　销	新华书店		
印　　刷	北京昌联印刷有限公司	**版　　次**	2015年9月第1版
开　　本	889 mm×1194 mm　1/16		2025年7月第5版
印　　张	16	**印　　次**	2025年7月第1次印刷
字　　数	443 000	**定　　价**	49.00元

REPRINTING INSTRUCTION ▸ 再版说明

党的二十届三中全会第二次全体会议指出："要加快培育外贸新动能，积极扩大中间品贸易、服务贸易、数字贸易、跨境电商出口"。跨境电商是当前发展速度最快、潜力最大、带动作用最强的外贸新业态。近年来，我国跨境电商交易规模呈指数级增长，为我国稳外贸、促就业、促增长做出了重要贡献。跨境电子商务的快速发展，需要大量的高技能跨境电子商务人才提供人力资源支撑。

为深入贯彻落实党的二十大和二十届二中、三中全会精神，将跨境电商新技术、新标准、新业态等最新的知识、能力、素养融入教学内容，第五版教材从以下几个方面进行了更新：

1. 学习情境四，根据全球速卖通网站页面最新的改版，更新了类目首页图片；更新了"生意参谋"操作界面和相应案例；增加了新工作任务：AI 快速生图；更新了产品管理页面案例。

2. 学习情境五，更新了产品标题、属性、详情页上架页面，更新了相应案例。

3. 学习情境六，更新了产品标题优化操作界面及相关案例；新增了内容：利用 AI 工具优化产品标题；更新了产品详情页操作界面及案例；更新了店铺优化操作界面及案例；更新了制定营销方案任务操作界面及案例。

4. 学习情境七，更新了处理客户询盘函案例；更新了物流发货有关案例。

5. 学习情境八，更新了订单催付款及店铺资金提现操作界面及案例；更新了管理订单评价操作界面和案例；更新了处理订单纠纷及售后操作界面和案例。

最后，同步更新了配套的 PPT 课件、习题、案例和教学视频等教学资源。

PREFACE ▸ 前言（第四版）

党的二十大报告指出："推进高水平对外开放。""稳步扩大规则、规制、管理、标准等制度型开放。推动货物贸易优化升级，创新服务贸易发展机制，发展数字贸易，加快建设贸易强国。""推动共建'一带一路'高质量发展。""深度参与全球产业分工和合作，维护多元稳定的国际经济格局和经贸关系。"据商务部发布的信息，最近几年，我国的跨境电商保持了快速发展势头，5年增长了将近10倍。跨境电子商务作为我国外贸高质量增长的新军，为我国稳外贸、促增长、促就业做出了重要贡献。但是我国跨境电商人才缺口巨大，在数量、结构和质量上严重滞后于跨境电商行业的高速发展，种种原因中，高质量跨境电商实操类课程的缺乏是重要制约因素。

本教材自2015年9月第一版出版后多次修订，受到了广大师生和跨境电商企业的高度评价。本教材不仅成为许多高校跨境电子商务、国际贸易实务、国际商务、电子商务、报关与国际货运、物流管理等专业的核心课程教材，而且成为中国国际贸易促进委员会商业行业委员会跨境电商水平测试的培训教材和跨境电商技能大赛的指定教材。

2017年以来，全球知名第三方跨境电商平台如全球速卖通、Wish、亚马逊、敦煌网等在注册规则、招商政策、跨境物流规则、知识产权规则、交易及评价规则等方面进行了大幅升级和更新。2019年1月1日，我国电商领域首部综合性法律《中华人民共和国电子商务法》正式实施，这标志着我国跨境电商的健康发展进入有法可依的重要阶段。2019年底，全球速卖通平台更新了注册规则，将运行多年的技术服务费制度升级为保证金制度，平台卖家若有违规行为（主要涉及知识产权违规、商品信息质量违规、虚假发货及成交不卖等），平台将从保证金中扣罚相应金额。这对平台卖家的合规运营提出了明确要求。本教材第四版在更新工作任务时，以平台最新规则为依据，与跨境电商企业的真实情况无缝对接，让学生在学习和训练中体验到跨境电商行业发展的最新趋势。

2020年，我国首届跨境电子商务专业（含中职、高职和本科专业）开始招生，这是我国跨境电商教育界发展历史上的里程碑事件，对行业有序、健康、持续发展具有积极的推动作用。对此，我们系统研发了跨境电子商务专业人才培养方案，配套更新了"跨境电商实务"课程资源（包括教学视频、教学课件、习题、动画、沙画等，这些课程资源在中国大学MOOC平台爱课程、学堂在线－精品在线课程学习平台、智慧职教云平台、浙江省高等学校在线开放课程共享平台等同步更新上线），为职教跨境电商高质量发展贡献了力量。

本教材在调研跨境电商专员相关岗位工作任务和职业能力的基础上，依据"跨境电商实务"课程标准，抛弃以知识体系为线索的传统编写模式，采用以工作过程为主线，体现工学结合、任务驱动、项目教学的编写模式。该模式注重以学生为主体，以培养职业能力为核心目标，以真实项目为载体，融“教、学、做、考、创业”为一体，强调对跨境电商专员各操作环节能力的训练，紧紧围绕完成工作任务的需要来选取理论知识。

本教材基于跨境电商零售出口工作流程，分为跨境店铺注册操作、跨境物流与海外仓操作、海外消费者习惯调研操作、数据化选品和视觉设计操作、跨境产品刊登和发布操作、跨境店铺运营及推广操作、订单处理操作、客户维护操作八个学习情境。每个学习情境都包括学习目标（素养目标、知识目标、能力目标）、工作项目、操作示范、知识链接和能力实训等部分内容。每个学习情境都依据学习目标设计了一个典型的工作项目，布置了相应的工作任务，进行了操作示范，提供了知识链接，最后提供了对应的知识测验（选择题、判断题）和能力拓展任务。

教师在教学时，可以先让学生以跨境电商专员的身份，在第三方跨境电商平台注册（模拟）店铺，然后尝试完成每个学习情境的工作任务，教师结合学生完成工作任务的情况进行操作示范，在此过程中进行相关知识的讲解和总结，最后让学生完成能力实训部分的工作任务，以进一步巩固并提升学生跨境电商业务的操作能力。

本教材既可以作为高等职业院校、高等专科学校、成人高校、民办高校及本科院校举办的二级职业技术学院跨境电商类专业的教学用书，也可以作为五年制高职、中职相关专业教材，还可以作为社会从业人员的业务参考书及培训用书。

本教材由教育部国贸专业教学资源库“跨境电子商务”课程项目负责人、浙江金融职业学院肖旭担任主编并统稿，参加本次修订工作的人员有：肖旭、方叶（学习情境一），肖旭（学习情境二、学习情境三），乔哲、肖旭（学习情境四），肖旭、郑雪英（学习情境五），杨丹、肖旭（学习情境六），肖旭、叶杨翔（学习情境七），张帆、肖旭（学习情境八）。在编写本教材过程中，我们得到了全国关务职业教育教学指导委员会跨境电商数字化通关分委会、中国国际贸易促进委员会商业行业委员会、杭州跨境电子商务协会、海盟控股集团有限公司、浙江点库电子商务有限公司、浙江楚沩互动科技有限公司等的大力支持。此外，李巧巧、罗杰等老师给予了大量的帮助，在此一并表示衷心的感谢。

由于修订时间紧、任务重，教材中难免出现一些疏漏和错误，真诚欢迎各界人士批评指正，以便下一版时予以修正，使其日臻完善。

编者

CONTENTS ▸ 目录

学习情境一

跨境店铺注册操作

微课资源

学习目标

素养目标

培养遵纪守法、遵守平台规则和知识产权等意识，形成“合规先行，诚信立足全球市场”的职业价值观。

知识目标

1. 掌握跨境电商的基本含义、政策和常见的跨境电商第三方平台的特点。
2. 了解跨境电商与传统外贸的区别和联系。
3. 熟悉 B2B、B2C、B2B2C、M2C、C2C、O2O 等的含义和区别。
4. 熟悉全球速卖通平台店铺注册流程及实名认证操作。
5. 熟悉亚马逊平台店铺注册流程及认证操作。
6. 了解其他跨境电商平台店铺注册流程及认证操作。

能力目标

1. 能够熟悉全球速卖通、亚马逊等跨境电商第三方平台店铺注册的规定和要求。
2. 能够为跨境电商平台店铺注册准备相应材料。
3. 能够模拟完成跨境电商平台店铺注册。

工作项目

浙江金远电子商务有限公司是一家以全球零售为主的电商企业，致力于为全球消费者供应中国好商品，为中国供应商提供全球零售网络平台。公司为了进一步拓展业务，新招聘了一批跨境电商运营专员，要求其在全球速卖通、亚马逊等第三方跨境电商平台注册店铺，销售公司的产品。他们的主要任务是：

工作任务 1：完成全球速卖通平台店铺注册

熟悉全球速卖通平台的特点，为在全球速卖通开店准备好资料，顺利完成注册、认证、考试和开店工作。

工作任务 2：完成亚马逊平台（北美站）店铺注册

熟悉亚马逊平台的特点，为在亚马逊平台注册准备好资料，顺利完成平台注册工作。

操作示范

工作任务 1　完成全球速卖通平台店铺注册

在注册之前，相关人员首先要准备好注册全球速卖通（以下简称速卖通）平台所需的材料：

（1）公司营业执照彩色扫描件（须在公司营业执照有效期内）；

（2）开店公司企业支付宝账号或公司法人的个人支付宝账号；

（3）法人、股东基本信息（含身份证信息）；

（4）联系方式（公司的联系邮箱、电话等）（注意：注册速卖通店铺的邮箱需要从来没有注册或者绑定过速卖通卖家账户）。

【Step 1】打开 https://www.aliexpress.com，将鼠标移到“卖家入口”，在下拉菜单中点击“中国卖家入驻”按钮，进入注册流程（见图 1－1）。

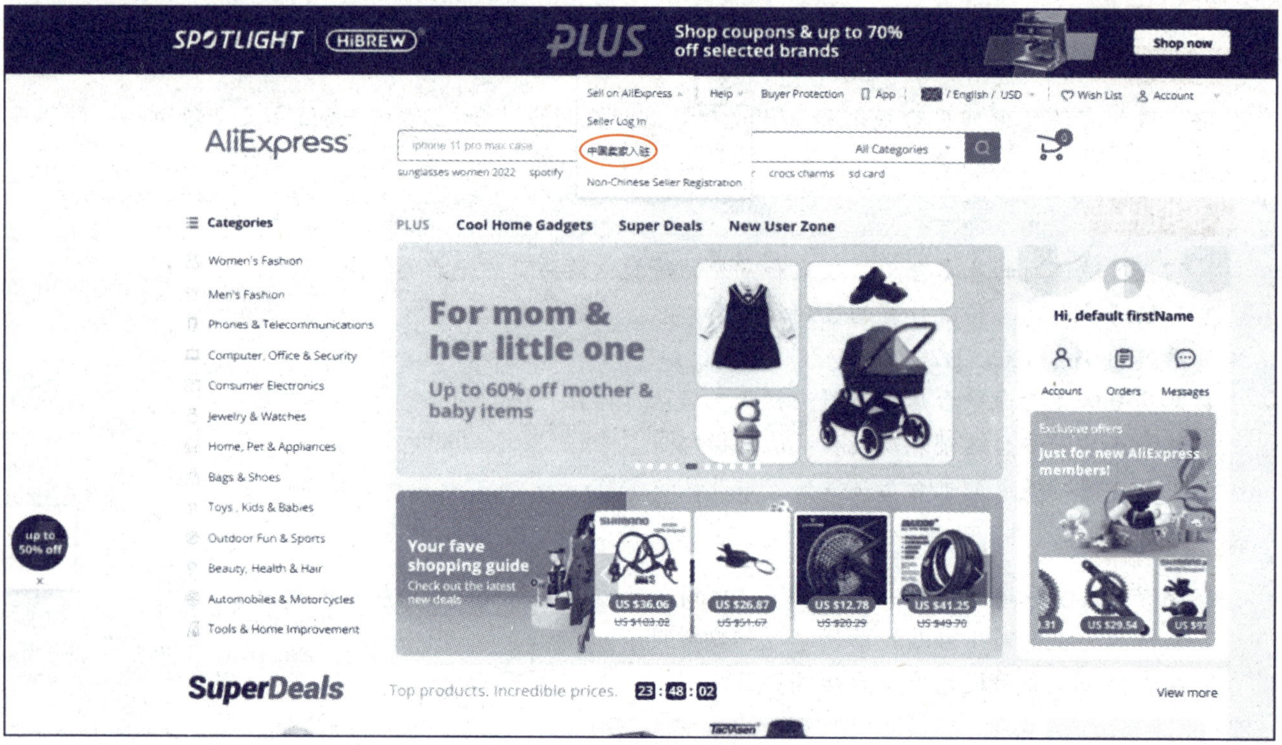

图 1－1　全球速卖通注册入口

【Step 2】在注册页面，确定公司注册地所在国家或地区（见图 1－2），点击“下一步”。

【Step 3】提供注册用邮箱、登录密码和手机号码等基本信息，勾选“您申请入驻即表明同意平台《免费会员协议》……”，点击“下一步”，验证手机，添加邮箱登录名（见图 1－3 至图 1－5）。

注意：如果在收件箱中未找到确认邮件，可以查看并确认邮件是否被归类为垃圾邮件。若未在垃圾邮件中找到，可以等出现“重新发送”按钮后再点击。

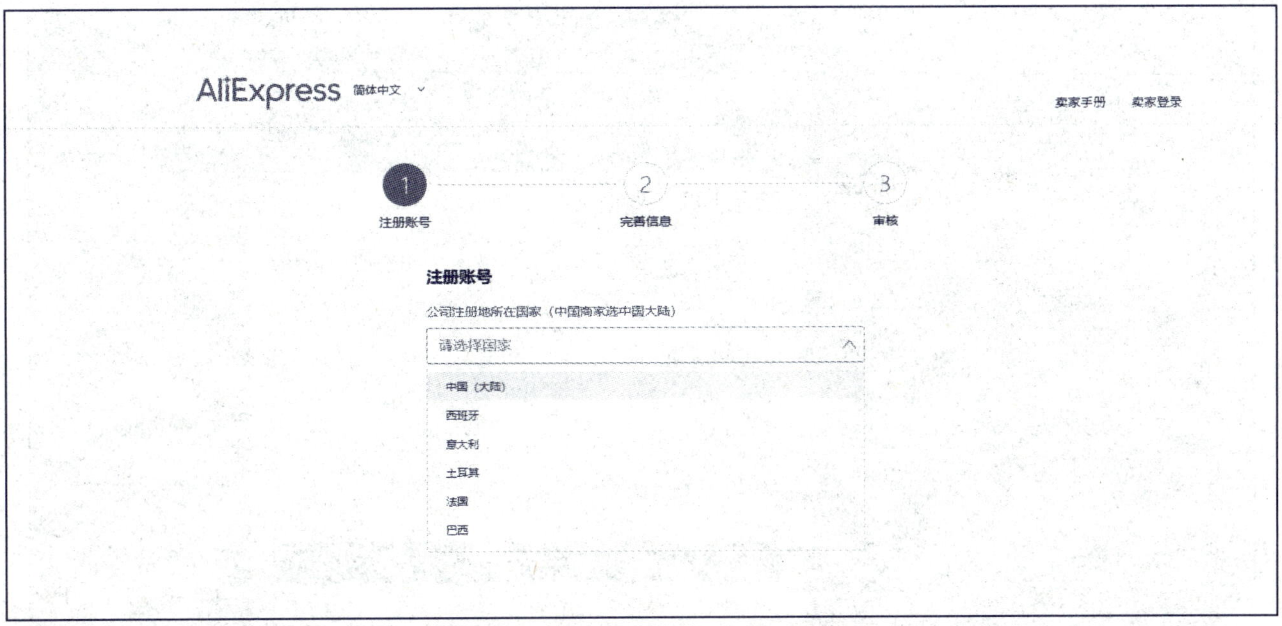

图 1－2　确定公司注册地所在国家或地区

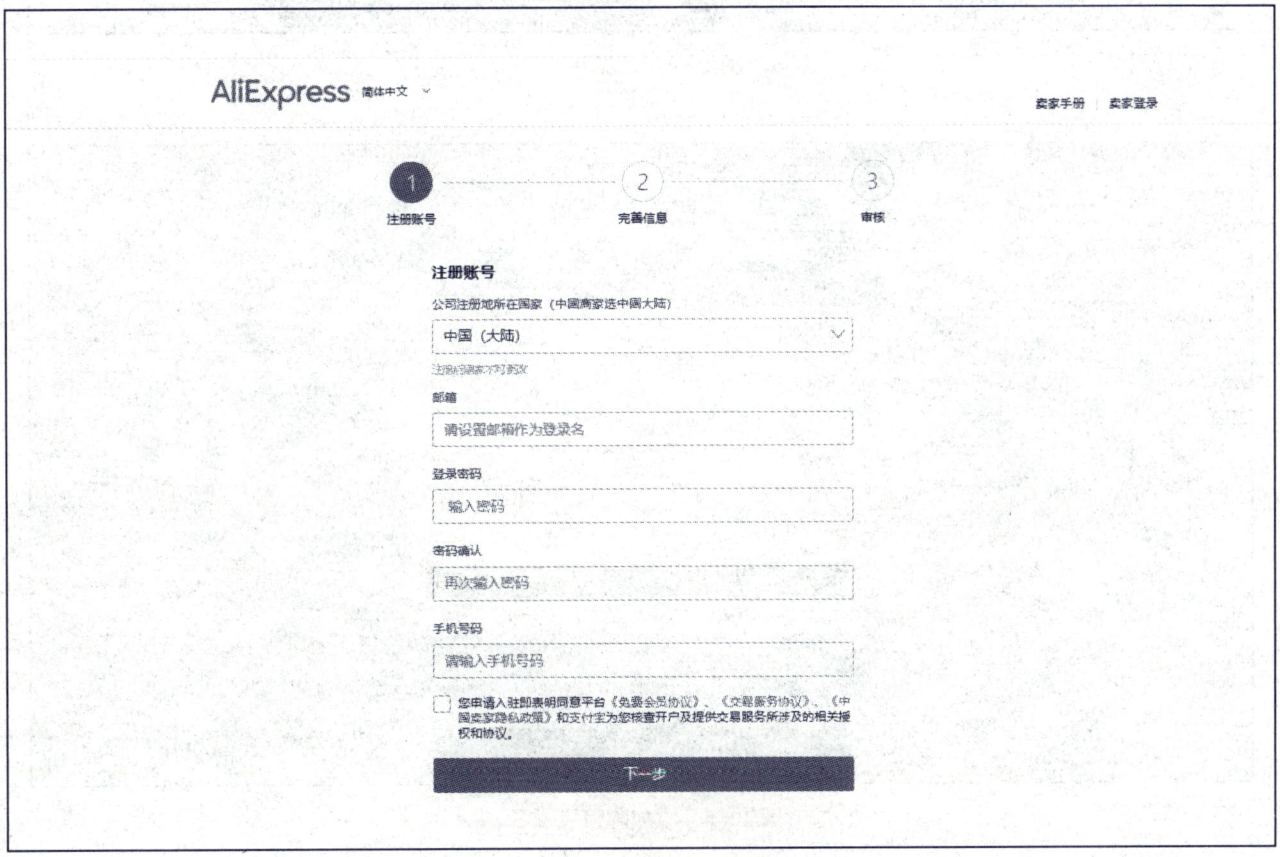

图 1－3　提供基本信息

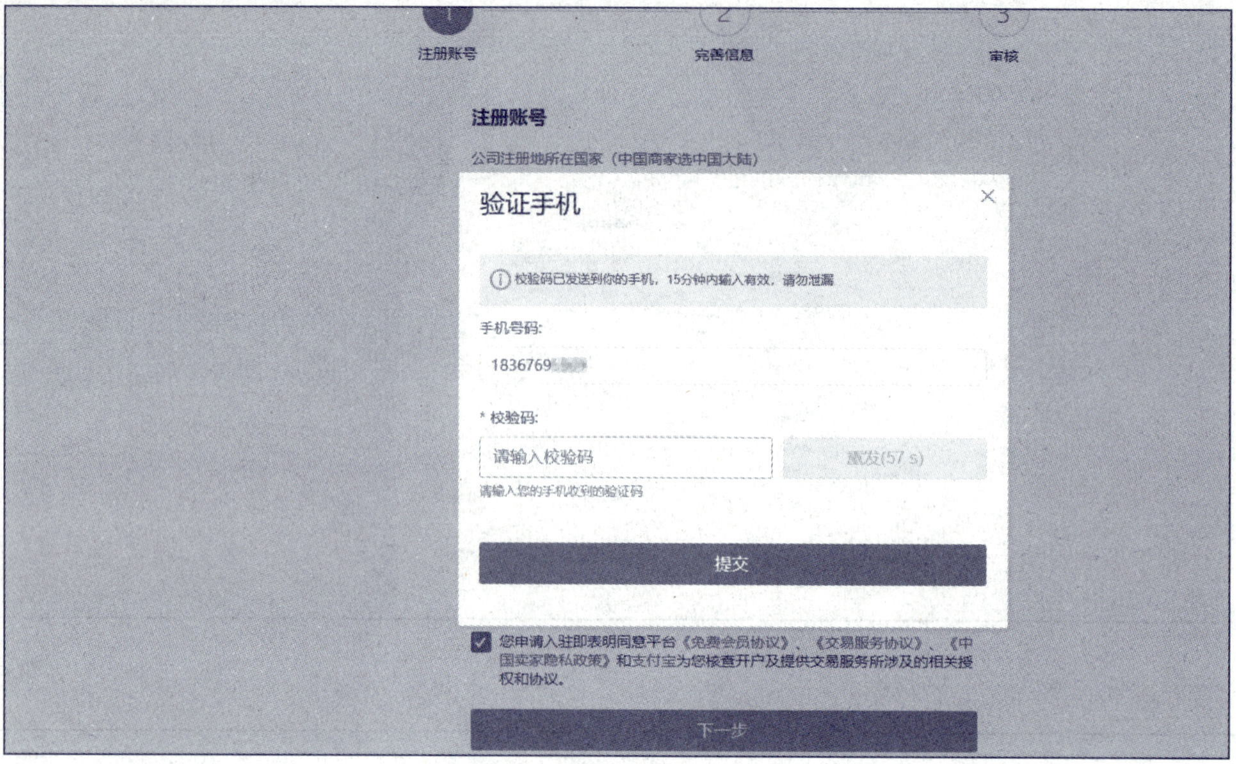

图 1－4　验证手机

图 1－5　添加邮箱登录名

【**Step 4**】填写并确认企业信息（见图 1－6 至图 1－8）。使用邮箱、手机进行注册后，需要对企业信息进行验证，完成企业认证，此时，可以根据需要选择入驻方式（需注意速卖通不支持人民币以外的其他币种）。认证方式有两种：企业支付宝授权认证和自行填报入驻信息并通过企业法人授权认证（企业法人个人支付宝授权认证）。二者的区别主要体现在以下两个方面：

（1）企业支付宝授权认证。企业卖家需要提前申请企业支付宝账号，具体的申请方法可联系支付宝客服 95188 咨询。申请完成之后在速卖通认证页面登录企业支付宝账号即可，实时认证通过。

（2）企业法人个人支付宝授权认证。个人卖家无需企业支付宝账号，只要在认证页面提交相关资料和法人的个人支付宝账号授权即可，资料审核时间是 2 个工作日。

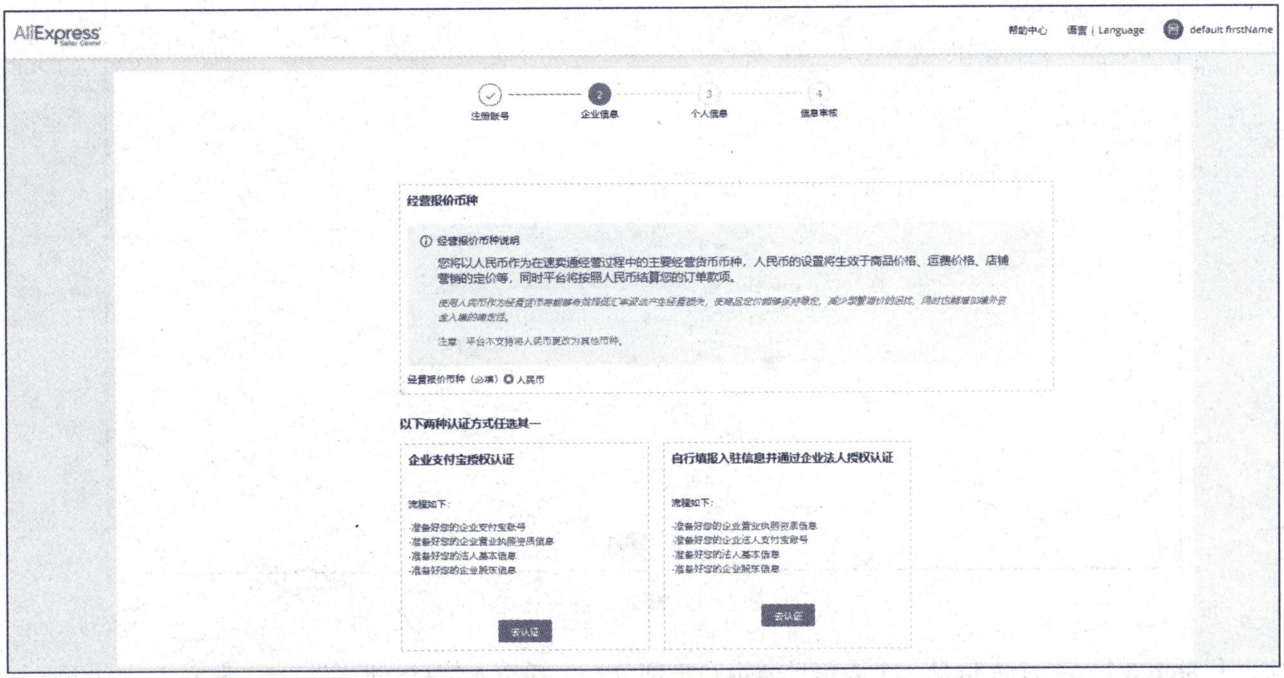

图 1－6　企业实名认证

图 1－7　登录支付宝进行认证

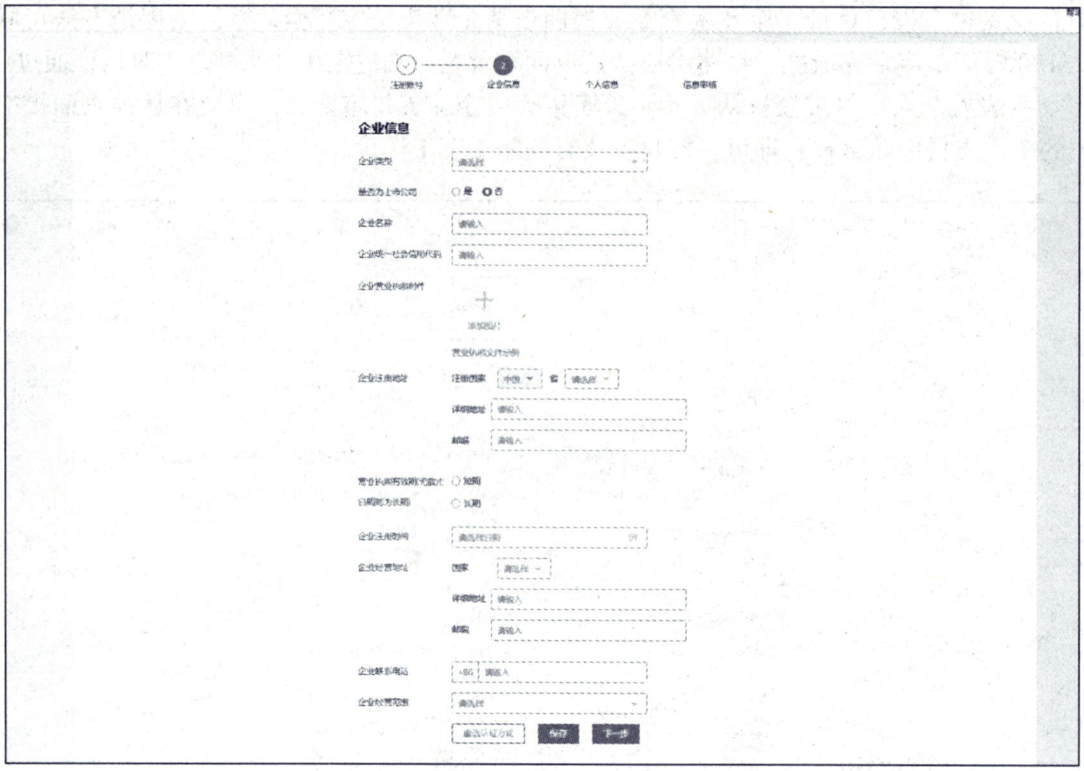

图 1－8　确认企业信息

【Step 5】填写个人信息。个人信息需填写三部分，包括法人信息、股东信息、联系人信息（股东信息可使用法人信息），完成信息审核（见图 1－9 至图 1－12）。

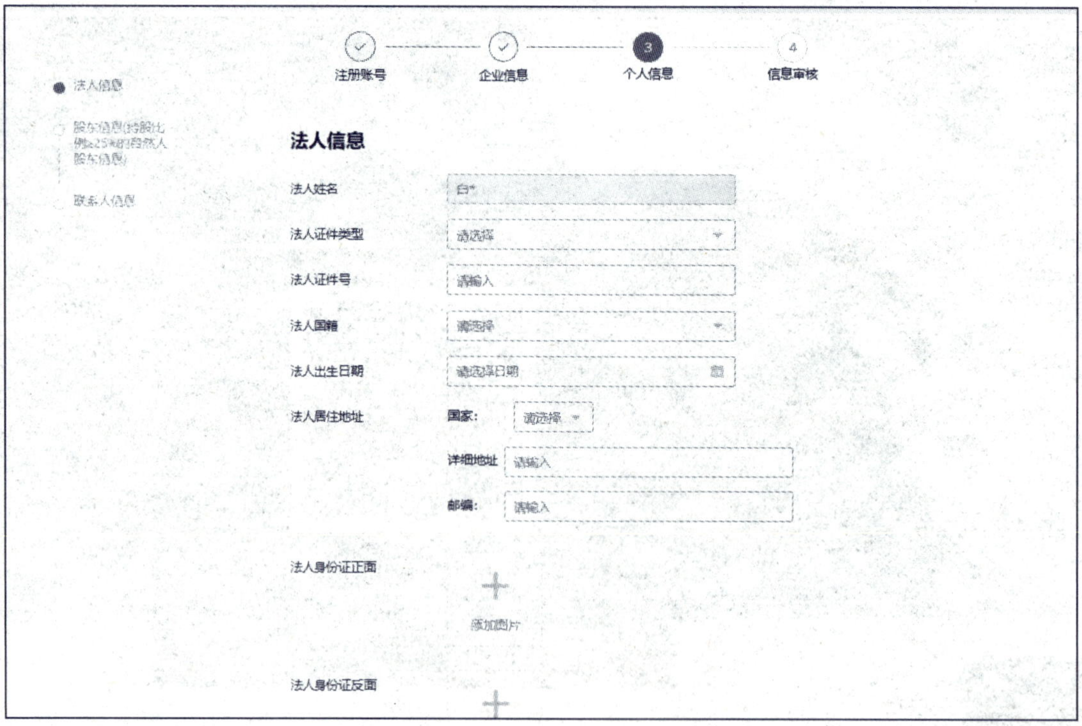

图 1－9　填写法人信息

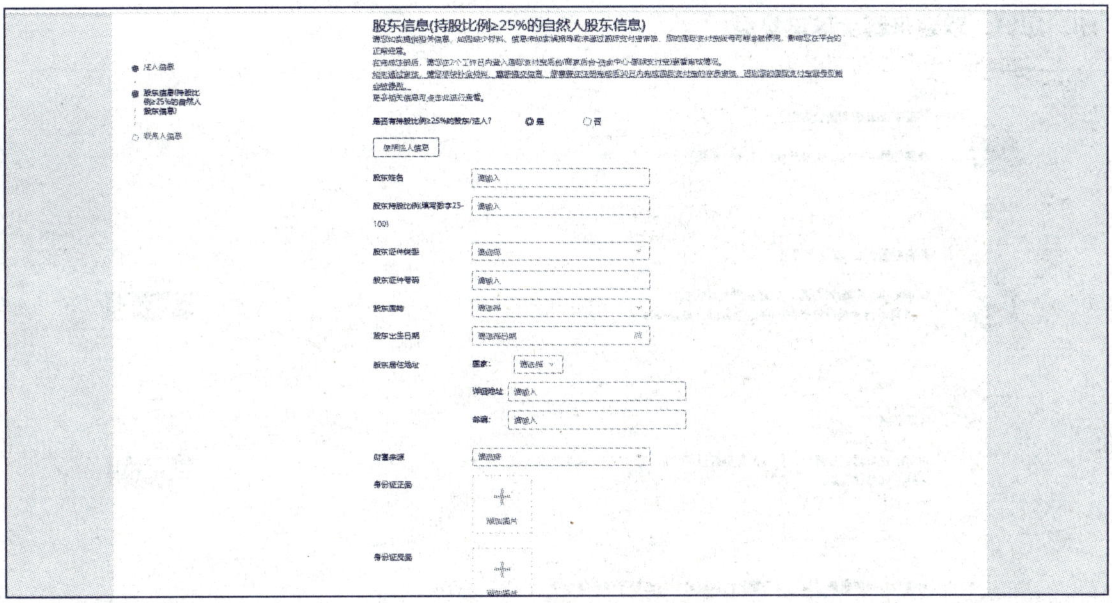

图 1－10　填写股东信息

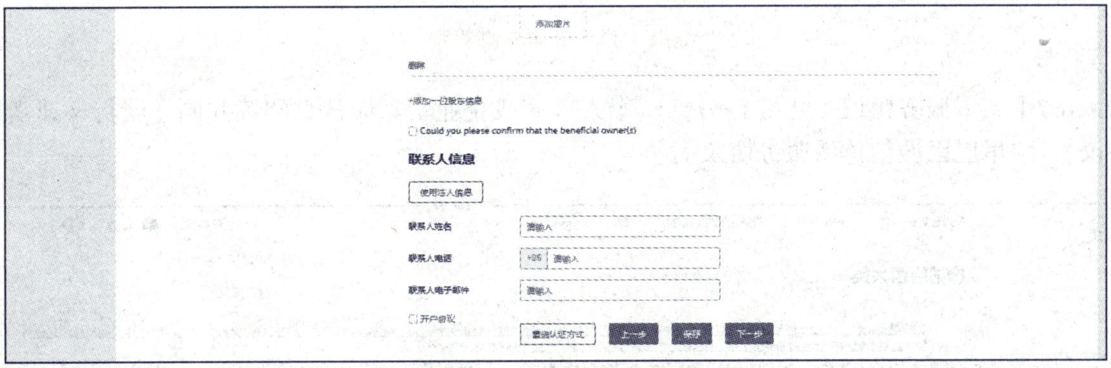

图 1－11　填写联系人信息

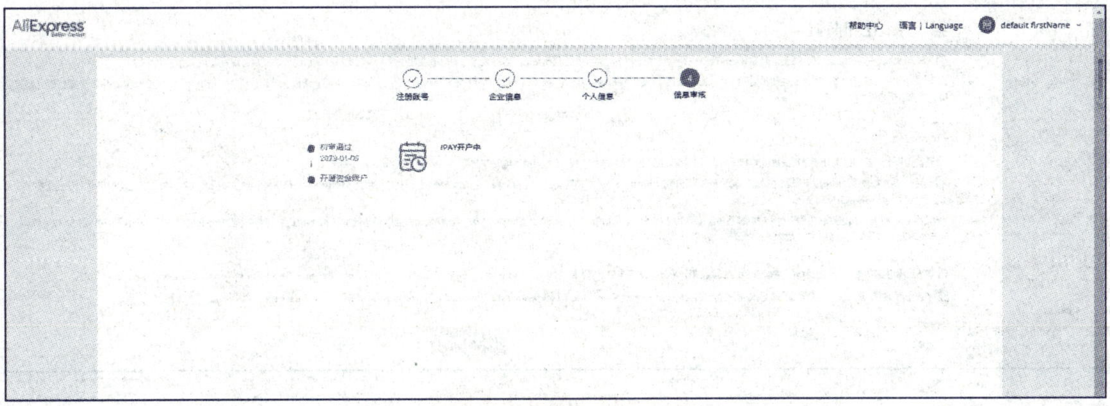

图 1－12　信息审核

【Step 6】开通店铺。完成企业认证后，会进入如图 1－13 所示的页面，卖家可根据需要完成相关申请。

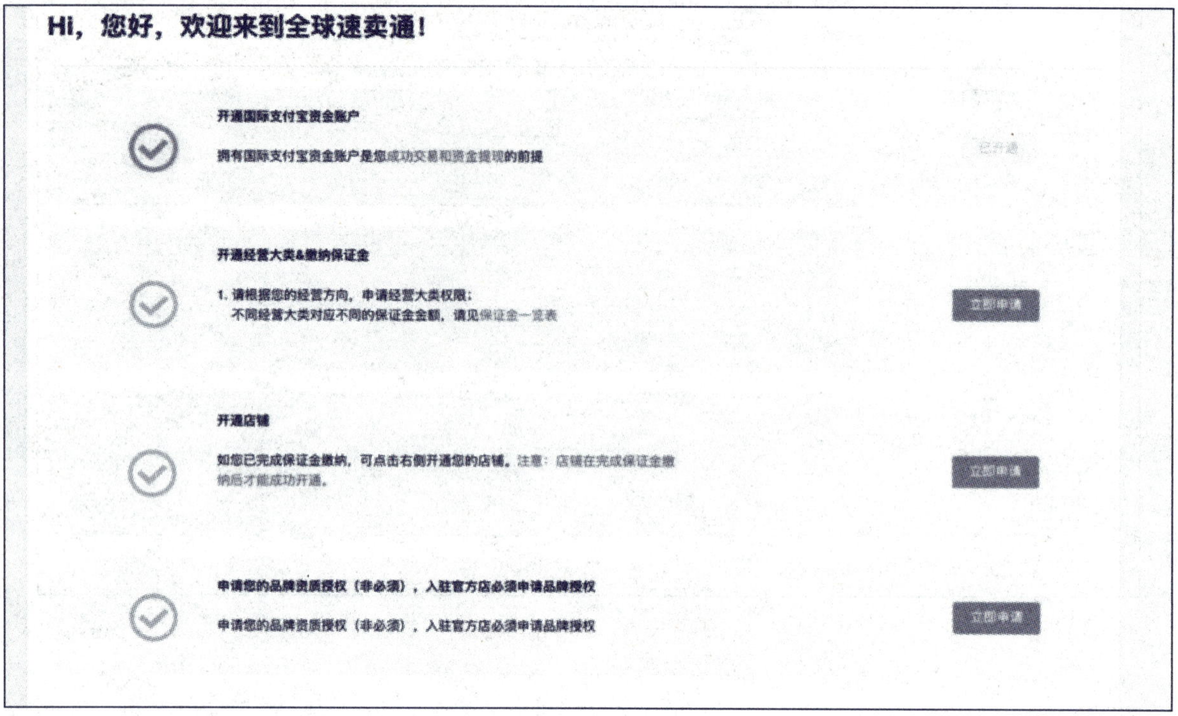

图 1 - 13　开店任务界面

【 **Step 7** 】签署服务协议（见图 1 - 14）。个人卖家或企业卖家应认真阅读并同意履行《速卖通商户服务协议》《阿里巴巴诚信体系服务协议》。

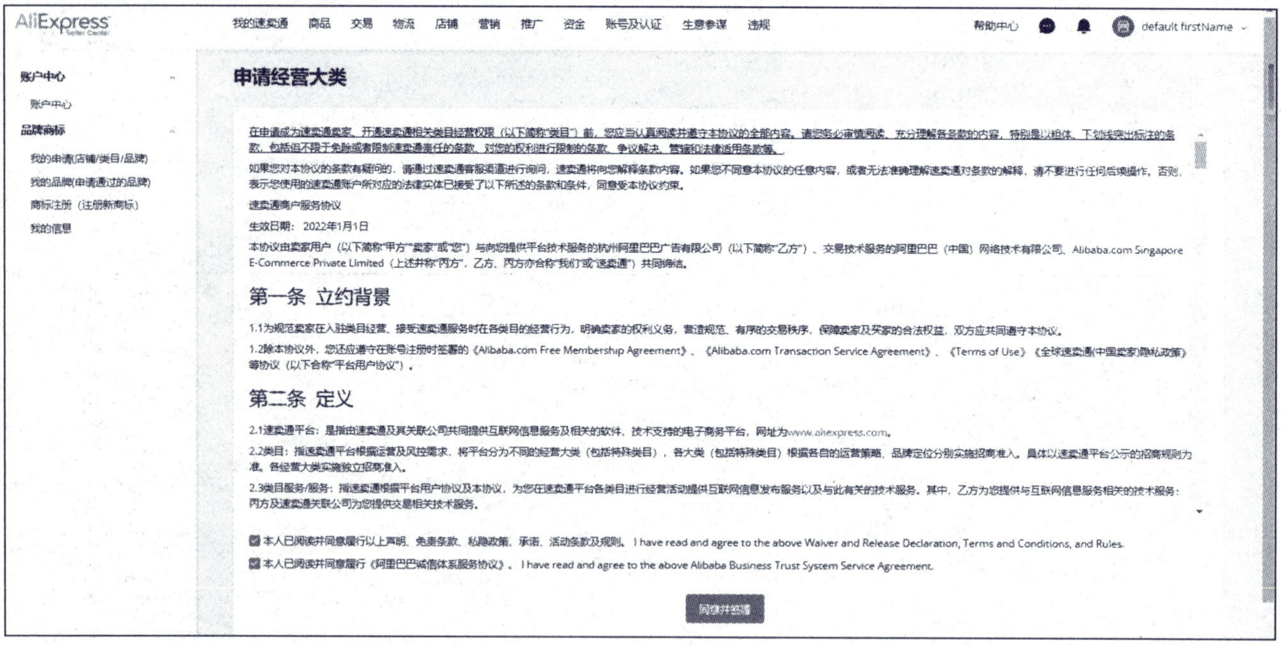

图 1 - 14　签署服务协议

【 **Step 8** 】确定经营大类（见图 1 - 15）。正式开始经营店铺前，卖家需要申请经营大类。每个速卖通账号在平台开展经营活动时（经营过程中支持更换经营大类）只能选取一个经营范围，并可在该经营范围下经营一个或多个大类（仅可在第 9 或第 10 经营范围下完成多个经营大类的入驻）。

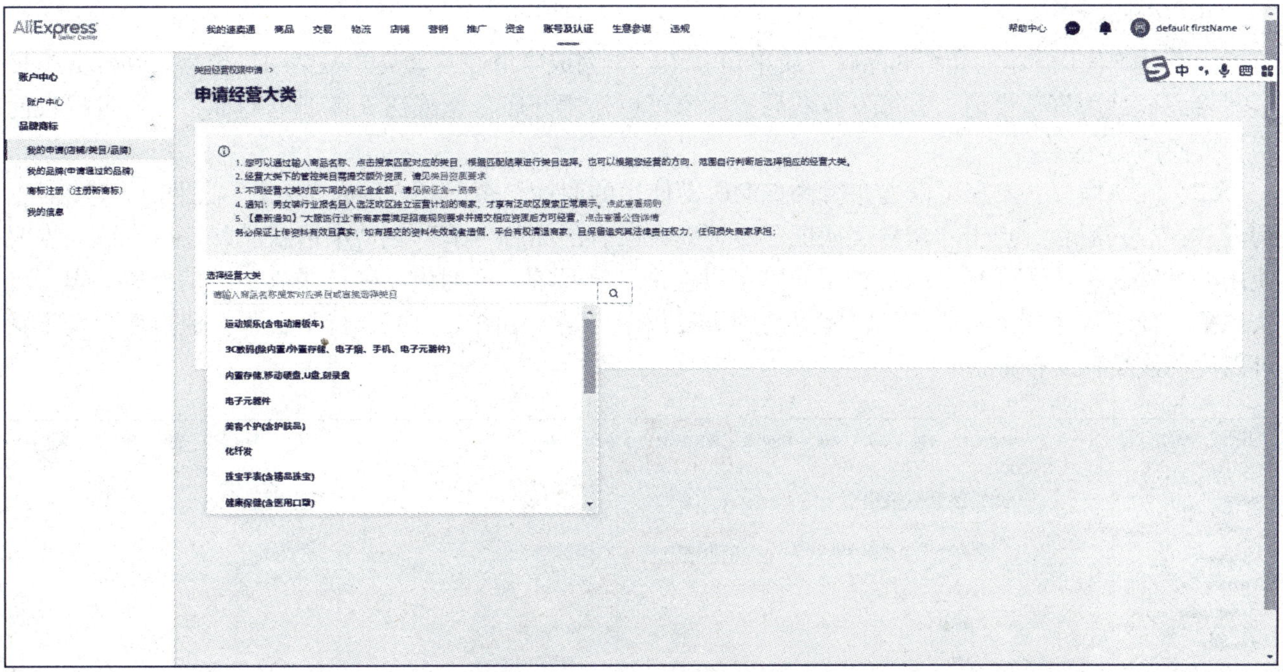

图 1－15　确定经营大类

【 Step 9 】缴纳保证金（见图 1－16）。卖家开展经营活动前须缴纳店铺保证金。在正常经营的情况下，卖家若申请退出平台，经确认无纠纷订单等情况下平台会将保证金退还给卖家。卖家申请不同的经营大类须缴纳不同金额的保证金。

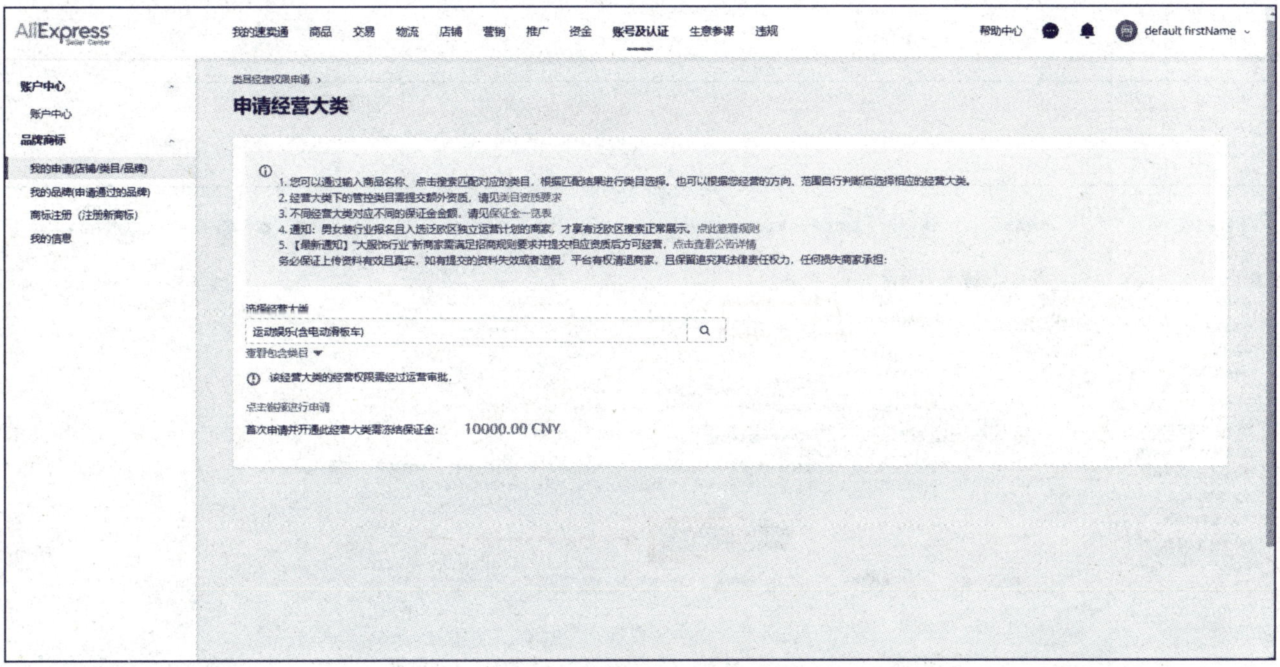

图 1－16　缴纳保证金

【 Step 10 】开通店铺。店铺缴纳保证金后，通过速卖通平台的审核，卖家就可以使用速卖通平台的运营账号，正式开启速卖通之旅。

补充说明：

（1）品牌使用 / 添加介绍和品牌资质申请介绍。当完成申请经营大类并缴纳保证金后，在部分类目下需要完成品牌资质申请，方可发布商品。卖家可以使用开店企业或法人注册的商标，或通过授权使用相关商标。

（2）确认商标。卖家可以先在后台查询所需使用的商标是否已录入平台信息库（见图 1－17）。查询方式：登入后台，点击“账号及认证”—“平台已有的品牌申请”—“申请新品牌”后，输入需要使用的品牌名称（见图 1－18）。如果卖家可以查询到该品牌，说明该品牌已录入平台信息库。卖家可按照平台要求提交相关资质信息，完成品牌类目权限申请（见图 1－19），待平台审核通过后，卖家就可以使用该品牌发布商品了。

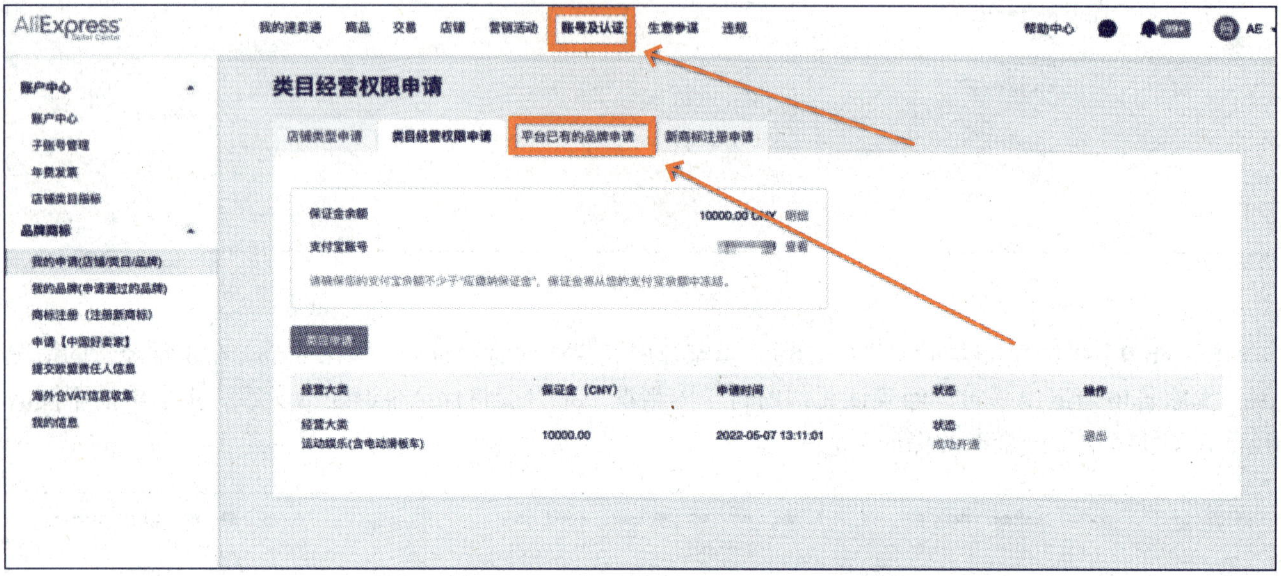

图 1－17　查询品牌

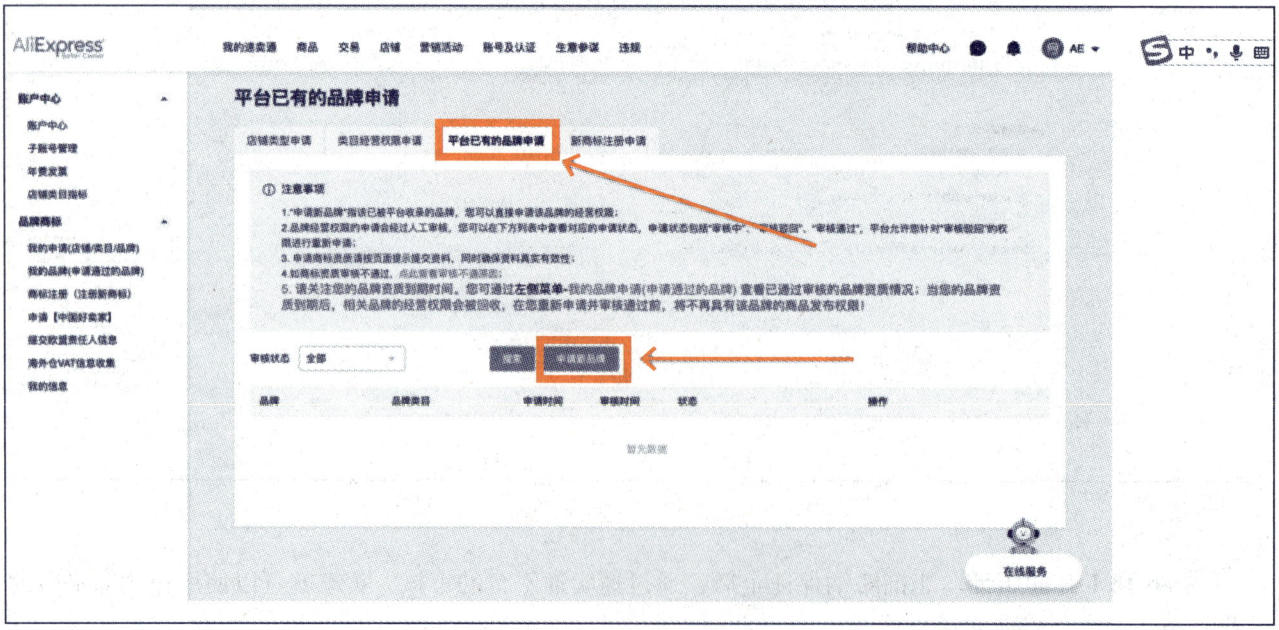

图 1－18　申请新品牌

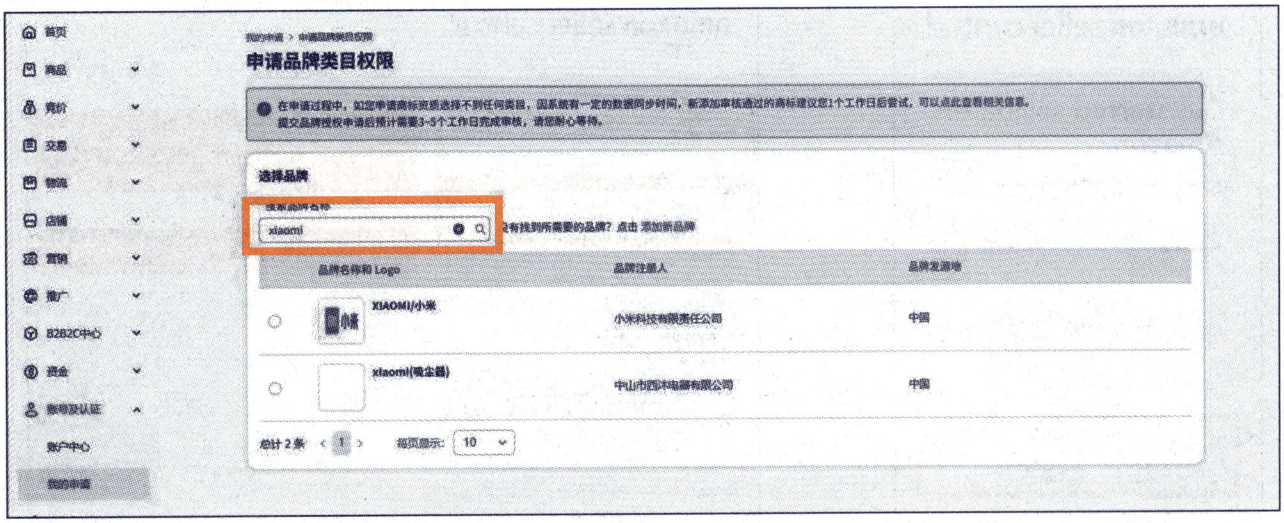

图 1－19　申请品牌类目权限

工作任务 2　完成亚马逊平台（北美站）店铺注册

在注册亚马逊专业账户时，卖家需要联系亚马逊招商经理，并根据招商经理的要求填写《潜在卖家信息登记表》。之后亚马逊会向卖家的注册邮箱发送注册链接，卖家通过注册链接进行店铺注册。在注册之前，卖家首先应准备以下材料：

（1）营业执照（名称、类型、法定代表人、住所等，营业执照有效期应超过 45 天）。

（2）法定代表人身份证（身份证上的姓名须与营业执照上法定代表人的姓名一致）。

（3）双币信用卡（卡号、有效期限以及信用卡账单地址）。

（4）收款账户信息（大多数卖家会使用第三方收款平台）。

（5）有效的邮箱（未注册或者绑定过亚马逊账户）。

（6）有效的电话号码（未注册或者绑定过亚马逊账户）。

注意：卖家注册亚马逊平台的邮箱和电话号码须从未注册或者绑定过亚马逊卖家账户和买家账户。卖家注册和登录亚马逊平台时所使用的电脑和网络也须从来没有登录过亚马逊卖家账户和买家账户，否则容易产生账号关联。

【Step 1】卖家向招商经理提交《潜在卖家信息登记表》之后，注意查看注册邮箱内亚马逊招商经理发送的邮件，点击标题为“内含北美站注册链接”邮件内的注册链接，出现如图 1－20 所示页面，点击最下方按钮开始注册。

【Step 2】点击注册按钮之后进入如图 1－21 所示页面，卖家分别输入法定代表人姓名的拼音、收到注册链接的邮箱以及密码，点击“Next”，亚马逊将向邮箱内发送包含验证码的邮件（注册页面下方可以切换中文模式）。

【Step 3】卖家查看注册邮箱内的邮件，会收到一封如图 1－22 所示邮件，包含验证码，将验证码输入图 1－23 的界面中，点击“Create your Amazon account”。如果暂时没有收到邮件，卖家可以查看该邮件是否被归类为垃圾邮件；如果长时间没有收到，卖家可以等出现“重新发送”按钮时再次点击。

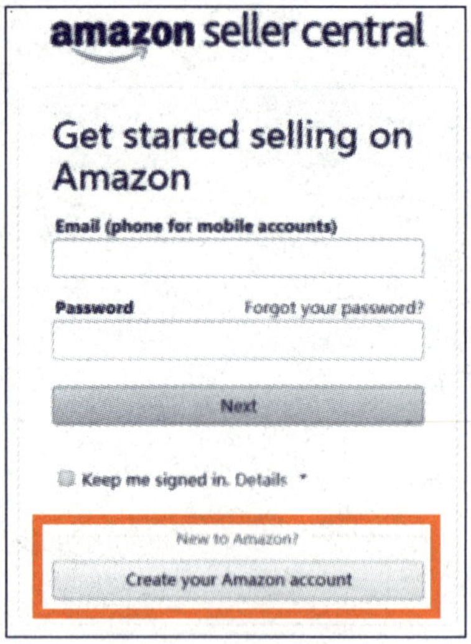

图 1 - 20　店铺注册

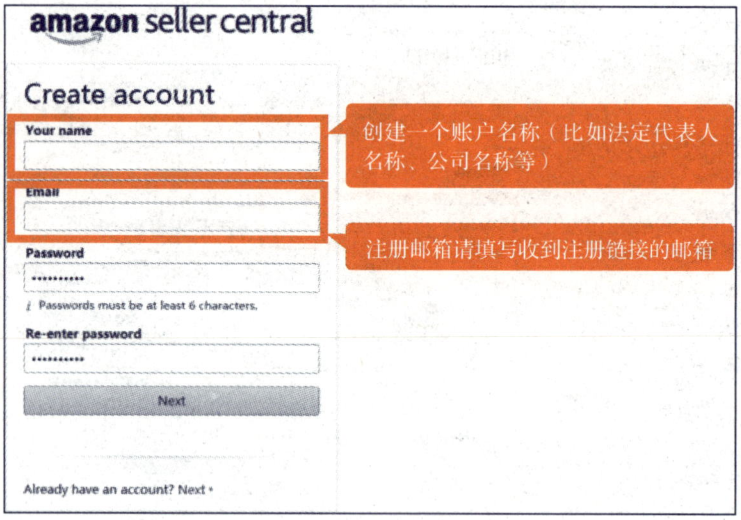

图 1 - 21　输入姓名和邮箱

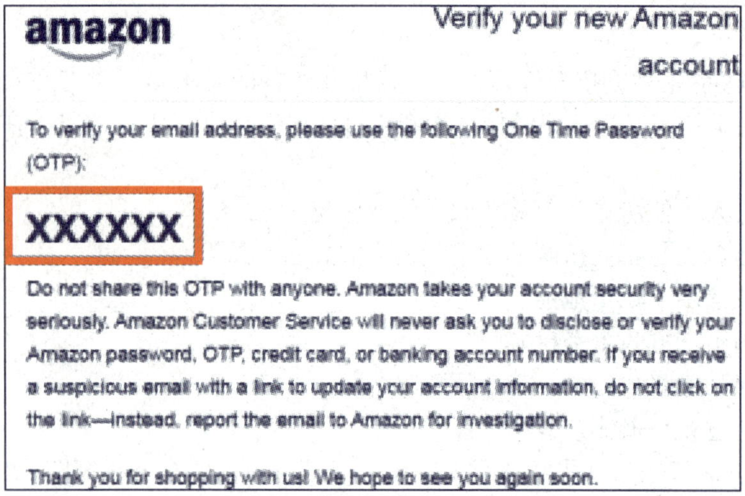

图 1 - 22　验证码邮件

图 1 - 23　输入验证码

【**Step 4**】进入如图 1 - 24 所示页面，卖家首先在公司地址下拉列表中选择营业执照所在的国家或地区（中国大陆卖家选择“中国”），然后根据公司实际情况选择业务类型，填写公司英文名称（可以写营业执照上公司名称的汉语拼音）和中文名称，点击“同意并继续”。

【**Step 5**】进入如图 1 - 25 所示页面，卖家依次输入公司相关信息。公司注册号码要与营业执照信息相同。PIN 接收方式表示使用哪种方式进行验证，可以选择短信或者电话。卖家需要注意电话号码格式（中国大陆电话号码选择“中国 +86”），如果选择短信验证就会收到短信，输入验证码即可，若验证码正确，网页会显示认证成功，信息输入完毕，点击“下一页”，注意一旦验证完成将无法再退回到本步骤修改信息。

【**Step 6**】进入如图 1 - 26 所示页面，卖家需进一步完善账号所在公司的法人的个人信息，选择国籍后（中国大陆卖家选择“中国”），依次输入或选择信息，勾选“是企业的受益所有人”以及“是企业的法人代表”两个选框。如果公司的受益人只有法人一个，卖家在“我已新增该公司所有的受益所有人”下就选择“是”，否则就选“否”，进一步添加其他受益人信息。

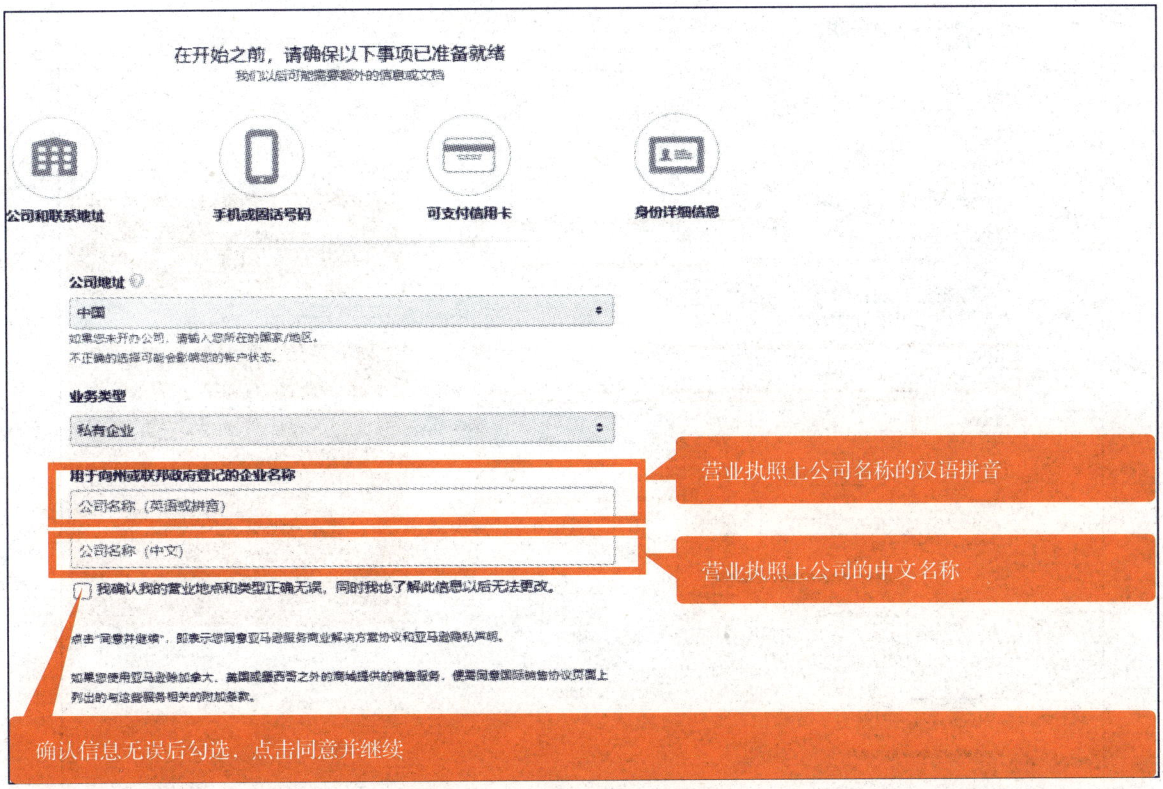

图 1－24　公司名称、业务类型

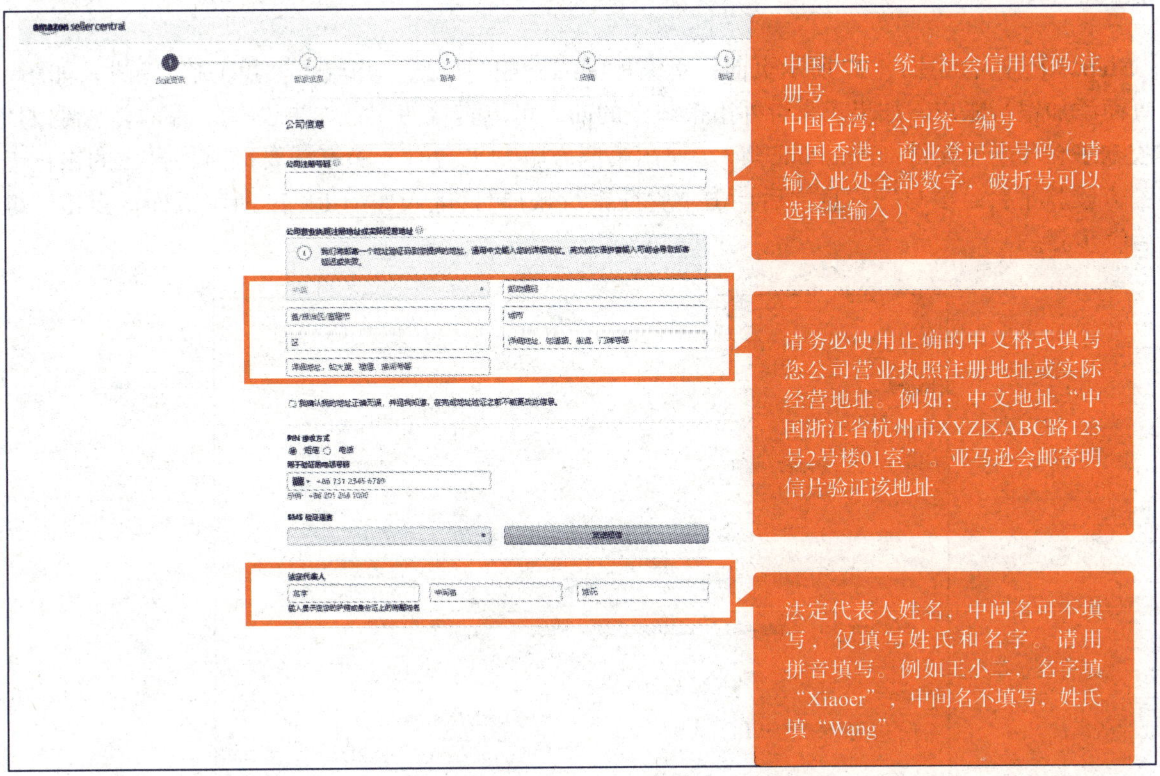

图 1－25　公司信息

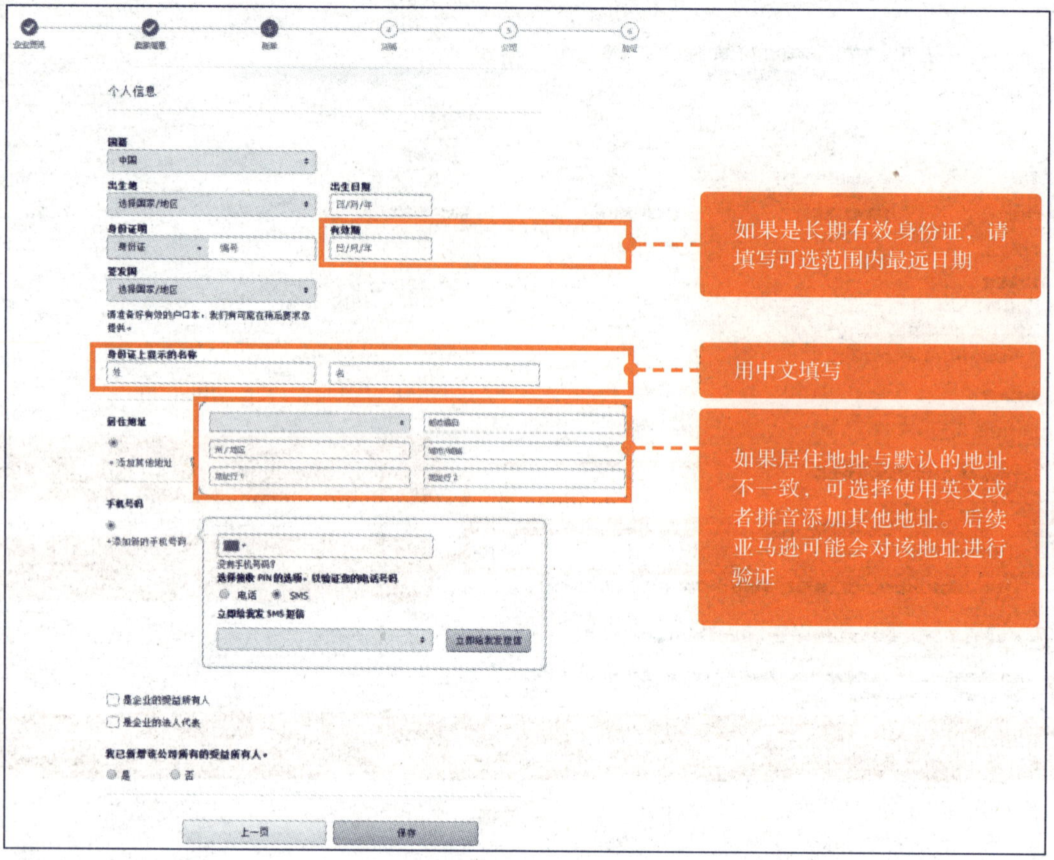

图 1－26　法人信息

【Step 7】进入如图 1－27 所示页面，卖家仔细阅读相关信息，并点击“我了解”。进入如图 1－28 所示页面添加银行账户。如果卖家有外币银行卡的话，可以直接使用；如果没有的话，卖家可以使用第三方收款平台（连连支付、PingPong 等）。使用第三方收款平台时，卖家需要提前将自己的银行卡绑定到第三方收款平台，填写完信息之后点击“验证银行账户”，进入如图 1－29 所示页面，点击“继续”，进行后续步骤。

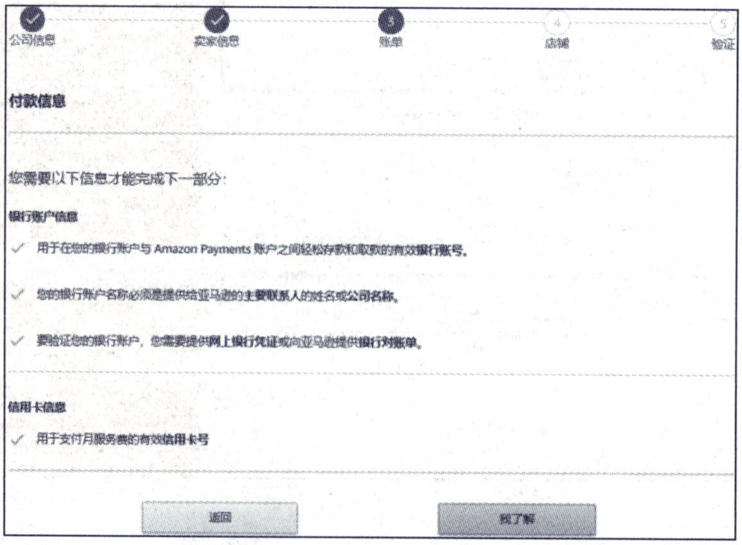

图 1－27　注意信息确认

图 1－28　收款账户绑定

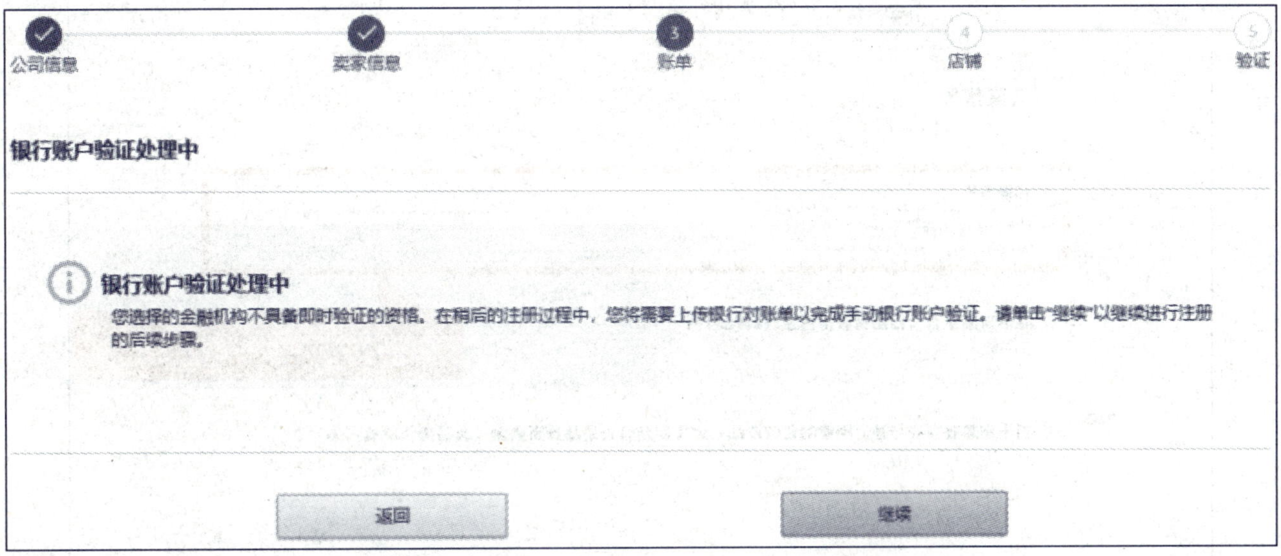

图 1－29　账户验证

【Step 8】进入如图 1－30 所示页面，卖家绑定平台扣款时使用的信用卡信息，应使用国际信用卡（推荐 VISA 卡），否则平台会提示不符合要求。如果卖家填写的信用卡账单地址与在银行填写的账单寄送地址不一致，可能会导致账户注册失败。信用卡持卡人与账户注册人无须为同一人，公司账户也可以使用个人信用卡。在账户运营过程中，卖家可以随时更换信用卡，但频繁更换可能会触发账户审核。

【Step 9】进入如图 1－31 所示页面填写店铺信息，店铺名称建议使用英文或者拼音填写，其他根据实际情况选择即可。

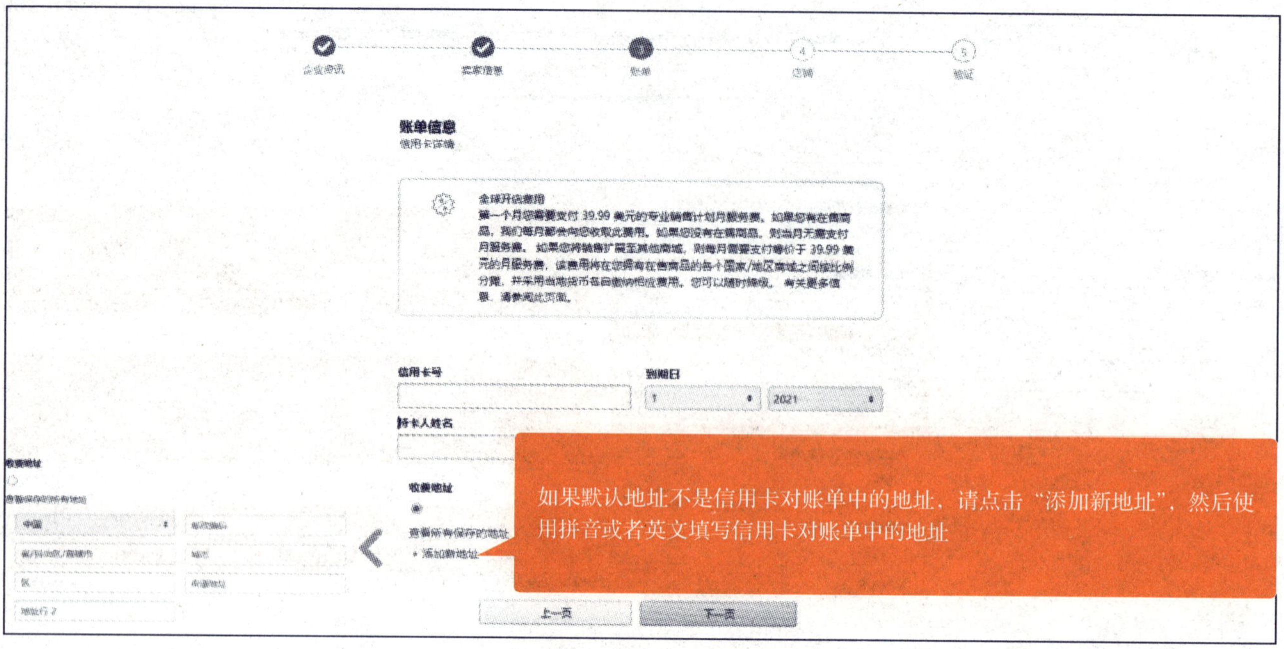

图 1－30　付款账户绑定

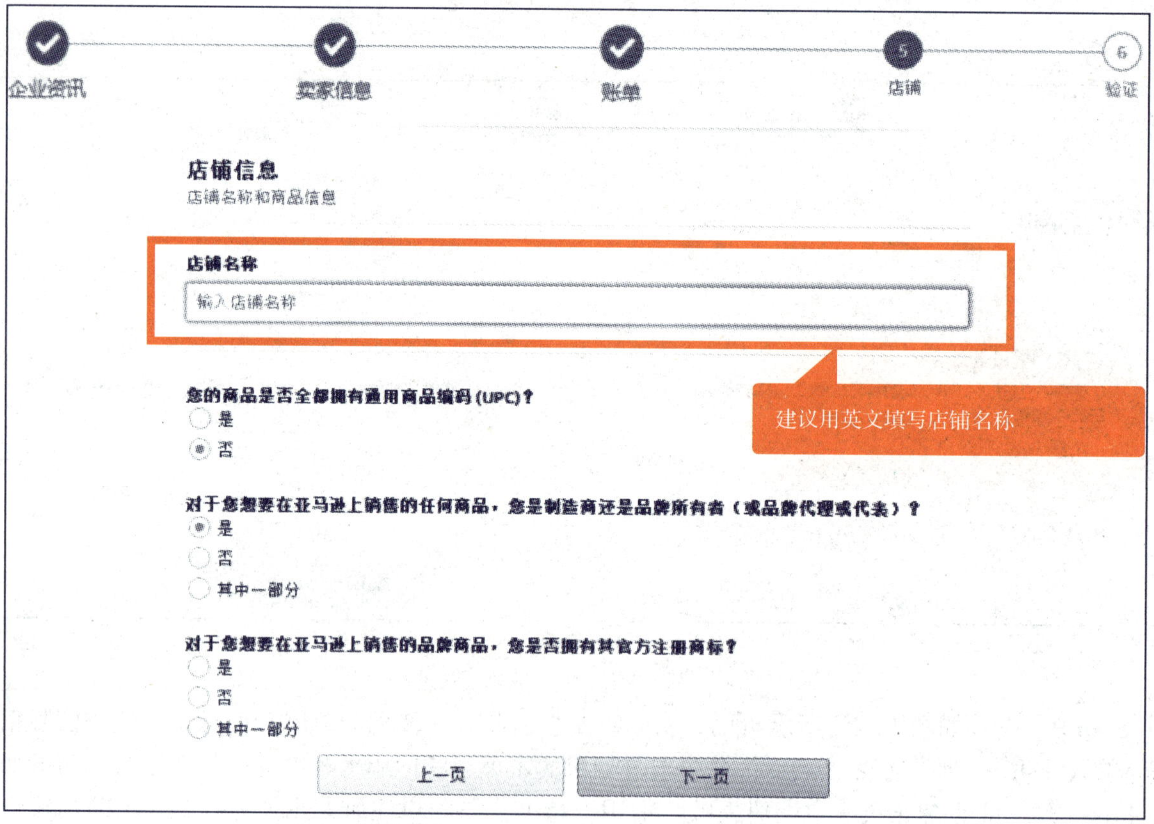

图 1－31　店铺信息

【**Step 10**】进入如图 1－32 所示页面，卖家提交身份验证，上传法人身份证明文件的正面和背面以及公司营业执照的彩色照片或彩色扫描件，注意照片要清晰、完整，不要使用截图或经过处理的图片。

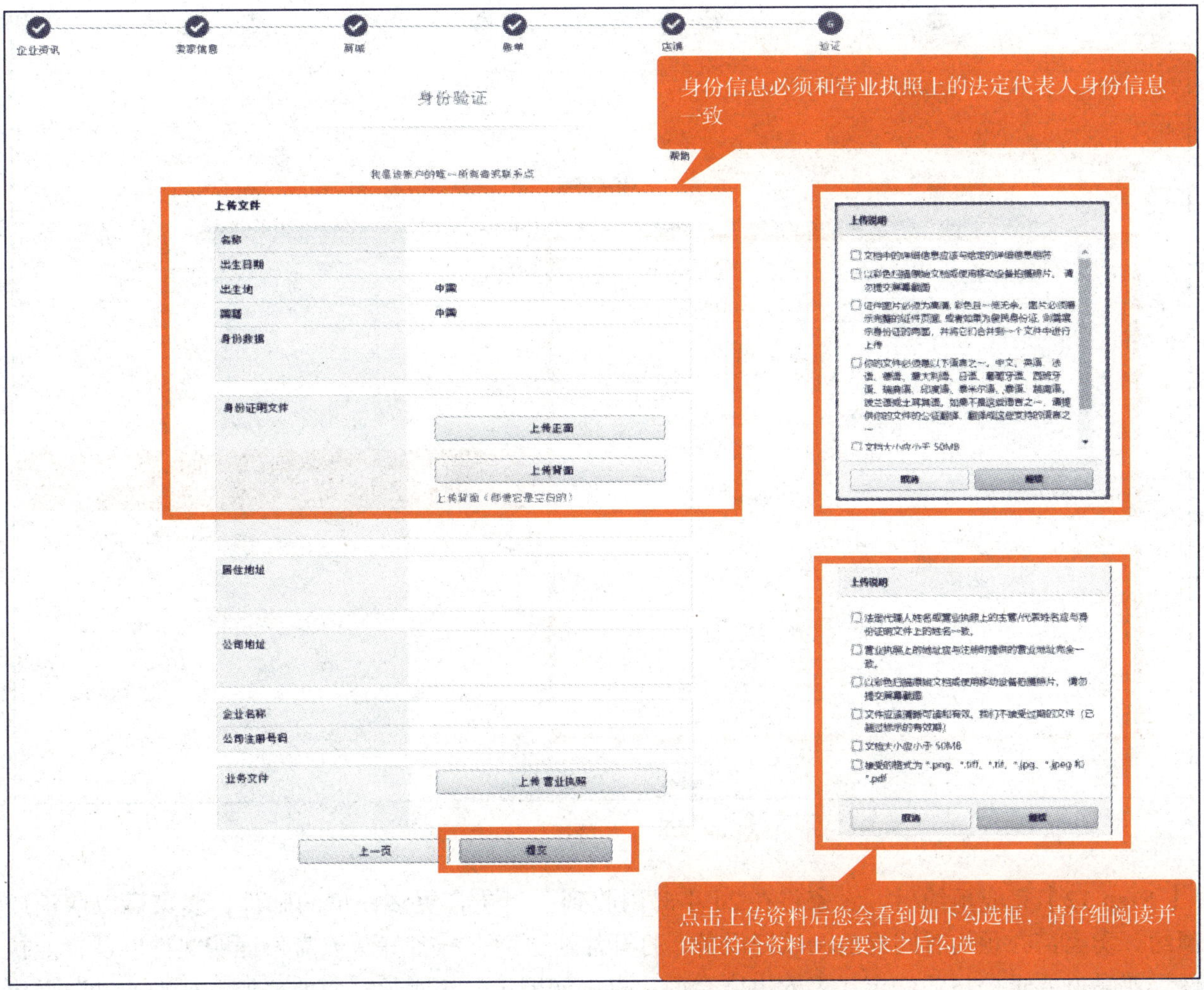

图 1－32　信息上传

【Step 11】进入如图 1－33 所示页面进入视频验证环节。亚马逊提供了两种视频验证方式：第一种是“即时视频通话”，卖家可以立即排队等候接通亚马逊员工的即时视频通话；第二种是“预约视频通话”，部分地区可能只有预约视频通话验证选项，如图 1－34 所示，卖家可选择合适时间进行预约。

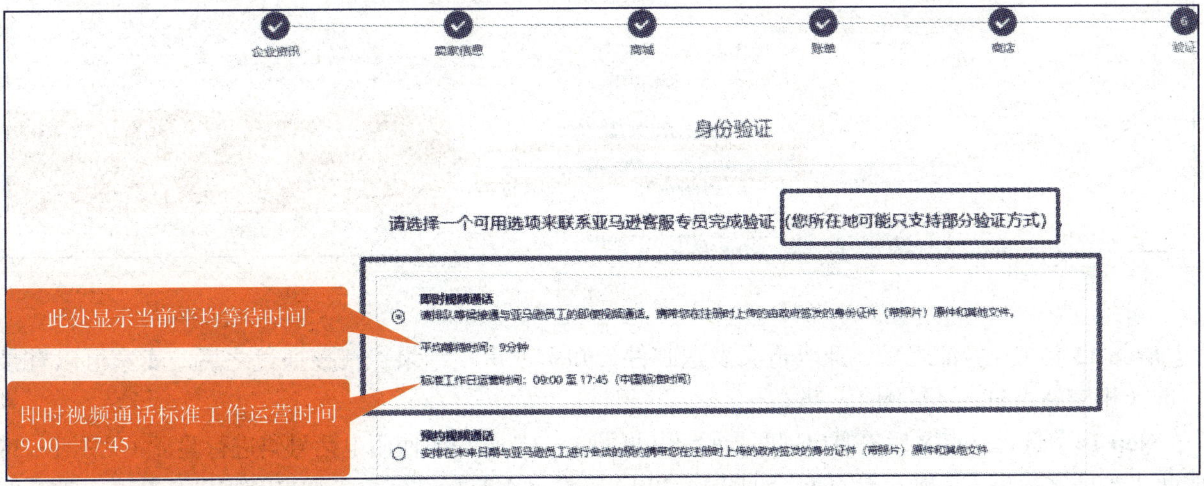

图 1－33　视频验证方式选择

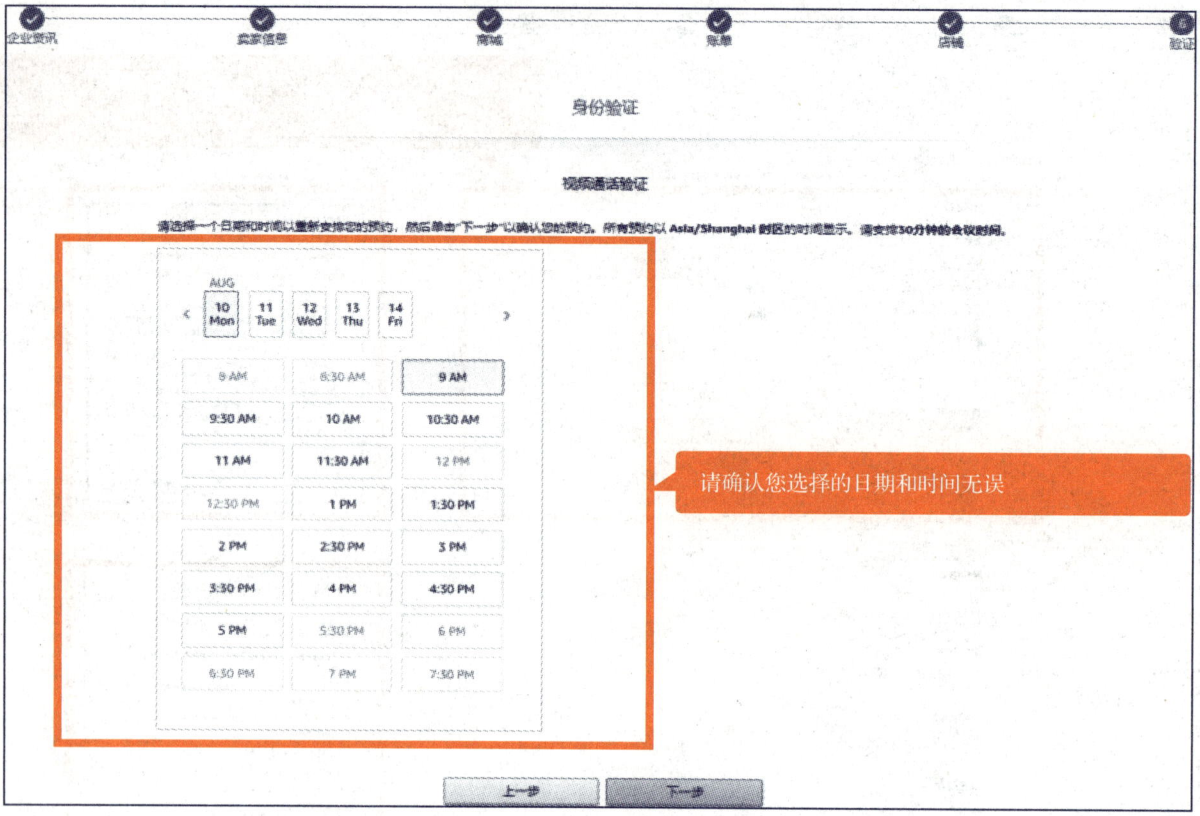

图 1－34　预约视频验证时间

【Step 12】完成预约后，卖家将在 24 小时内收到一封包含更多详情的邮件，卖家可以取消或更改预约。卖家需在预约时间提前调试好设备，打开注册页面，准备好法人身份证明文件以及营业执照原件。亚马逊要求公司的法定代表人出席会面，点击如图 1－35 所示页面的“加入视频通话”后进行验证。

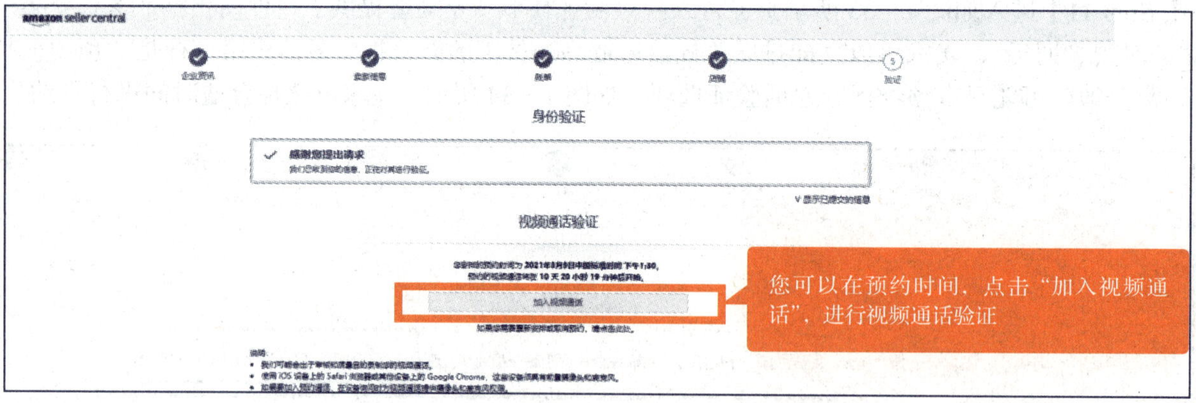

图 1－35　加入视频通话验证

【Step 13】视频验证之后，亚马逊会发送邮件告知卖家审核结果。审核通过之后，卖家可以登录账号，选择相应站点进入（见图 1－36）。

【Step 14】选择站点之后需要启用两步验证（见图 1－37），一般使用电话号码进行验证（见图 1－38）。完成两步验证之后进入店铺后台页面（见图 1－39），查看是否有标红信息，如果有则进行补充，没有即为注册完成。

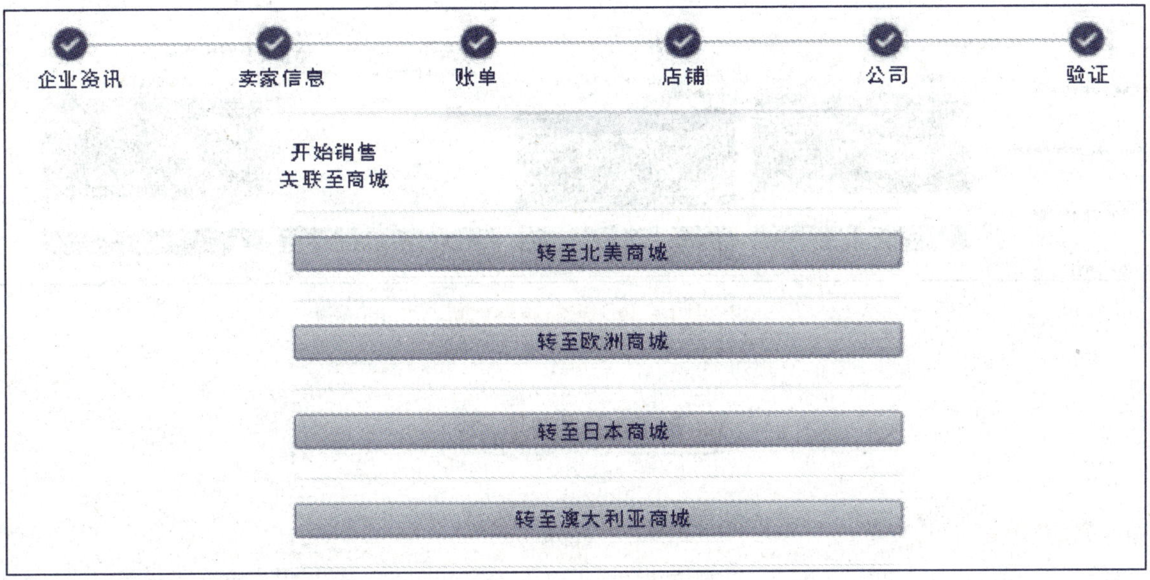

图 1－36　站点选择

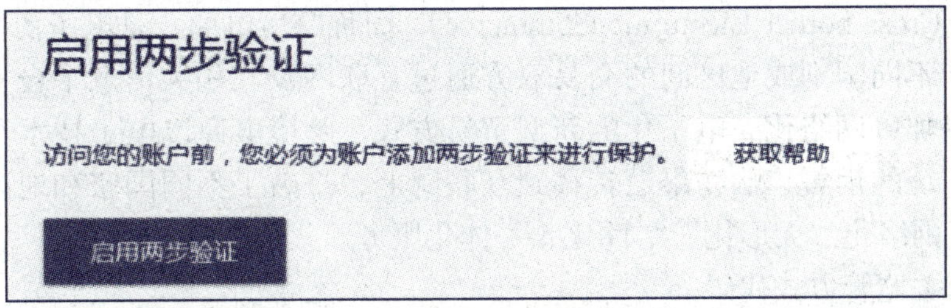

图 1－37　两步验证

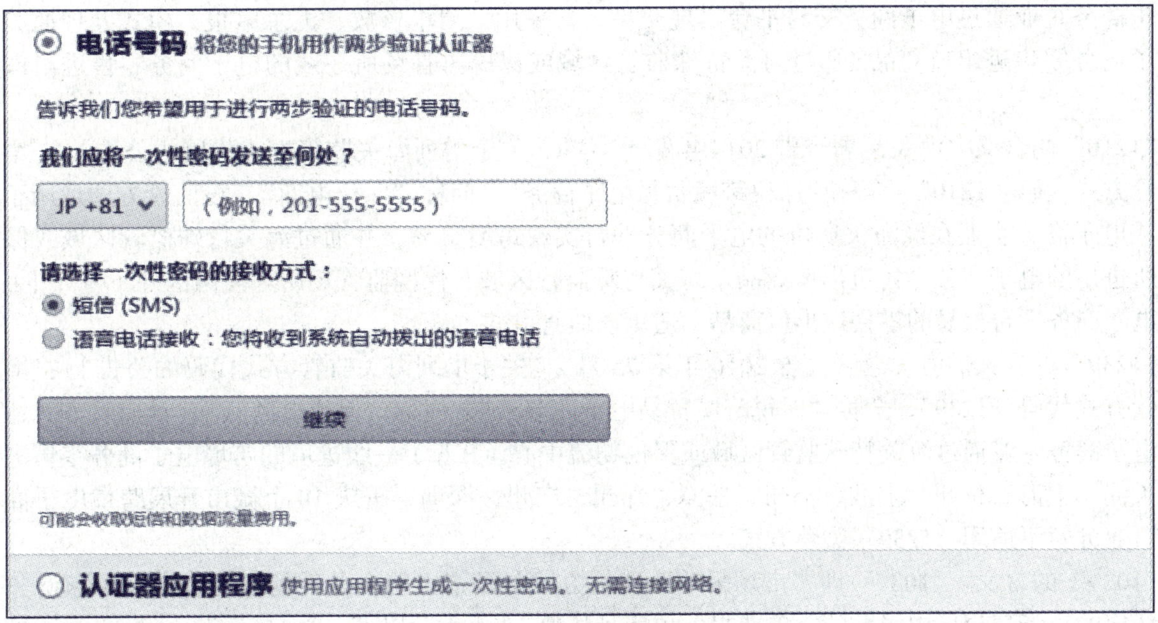

图 1－38　输入电话号码

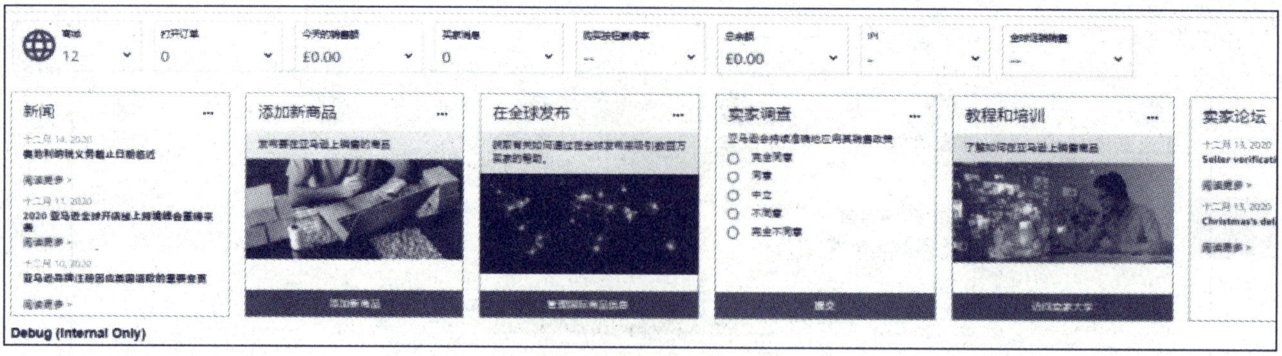

图 1-39　店铺后台页面

知识链接

一、跨境电商概述

（一）跨境电商的定义、监管模式、基本流程

1. 跨境电商的定义

跨境电子商务（Cross-border Electronic Commerce），简称跨境电商，是电子商务应用过程中一种较为高级的形式，是指不同国别或地区间的交易双方通过互联网及其相关信息平台实现交易。其实际上就是将传统国际贸易加以网络化、电子化的新型贸易方式。跨境电商以电子技术和物流为手段，以商务为核心，将原来传统的销售、购物渠道转移到互联网上，打破了不同国家和地区之间的壁垒，也使厂家实现了全球化、网络化、无形化、个性化、一体化服务。

以下是常见的海关监管方式代码。

“9610”的含义。海关总署公告 2014 年第 12 号（《关于增列海关监管方式代码的公告》）：增列海关监管方式代码“9610”，全称“跨境贸易电子商务”，简称“电子商务”。该监管方式适用于境内个人或电子商务企业通过电子商务交易平台实现交易，并采用“清单核放、汇总申报”模式办理通关手续的电子商务零售进出口商品（通过海关特殊监管区域或保税监管场所一线的电子商务零售进出口商品除外）。

“1210”的含义。海关总署公告 2014 年第 57 号（《关于增列海关监管方式代码的公告》）：增列海关监管方式代码“1210”，全称“保税跨境贸易电子商务”，简称“保税电商”。该监管方式适用于境内个人或电子商务企业在经海关认可的电子商务平台实现跨境交易，并通过海关特殊监管区域或保税监管场所进出的电子商务零售进出境商品［海关特殊监管区域、保税监管场所与境内区外（场所外）之间通过电子商务平台交易的零售进出口商品不适用该监管方式］。

“1239”的含义。海关总署公告 2016 年第 75 号（《关于增列海关监管方式代码的公告》）：增列海关监管方式代码“1239”，全称“保税跨境贸易电子商务 A”，简称“保税电商 A”。该监管方式适用于境内电子商务企业通过海关特殊监管区域或保税物流中心（B 型）一线进境的跨境电子商务零售进口商品。天津、上海、杭州、宁波、福州、平潭、郑州、广州、深圳、重庆 10 个城市开展跨境电子商务零售进口业务暂不适用“1239”监管方式。

“1039”的含义。“1039”即“市场采购”贸易方式，是指由符合条件的经营者在经国家商务主管部门认定的市场集聚区内采购的、单票报关单商品货值 15 万美元以下（含 15 万美元）并在采购地办理出口商品通关手续的贸易方式。目前，该贸易方式使用范围仅限于在义乌市场集聚区（义乌国际小商品城、义乌市区各专业市场和专业街）内采购的出口商品。

“9710”的含义。海关总署公告2020年第75号（《关于开展跨境电子商务企业对企业出口监管试点的公告》）：增列海关监管方式代码“9710”，全称“跨境电子商务企业对企业直接出口”，简称“跨境电商B2B直接出口”，适用于跨境电商B2B直接出口的货物。

“9810”的含义。海关总署公告2020年第75号（《关于开展跨境电子商务企业对企业出口监管试点的公告》）：增列海关监管方式代码“9810”，全称“跨境电子商务出口海外仓”，简称“跨境电商出口海外仓”，适用于跨境电商出口海外仓的货物。

2. 跨境电商的监管模式

海关总署按照“顺应电子商务发展潮流，遵循电子商务规律，发挥电子商务全程数据留痕、可追溯的特点，创新理念和方法，改革通关监管模式，支持和促进跨境电子商务健康、有序、快速发展”的工作思路，归纳提出“一般出口”“特殊区域出口”“直购进口”“网购保税进口”4种新型海关通关监管模式，发布公告明确跨境贸易电子商务进出境货物、物品有关监管事宜，增列3种新型跨境电子商务监管模式（“9610”“1210”“1239”），建立跨境电商企业备案管理制度，完善统计工作的相关制度和办法。

（1）一般出口模式。一般出口模式（“9610”出口）：采用“清单核放、汇总申报”的模式，电商出口商品以邮、快件方式分批运送，海关凭清单核放出口并定期将已核放清单数据汇总形成出口报关单，电商企业或平台凭此办理结汇、退税手续。

（2）特殊区域出口模式。特殊区域出口模式（“1210”出口）：电商企业或电商平台将整批商品按一般贸易报关进入海关特殊监管区域或场所，企业实现退税；对于已入区退税的商品，境外买家网购后，海关凭清单核放，由邮、快件企业分送出区离境，海关定期将已放行清单归并形成出口报关单，电商企业或平台凭此办理结汇手续。

（3）直购进口模式。直购进口模式（“9610”进口）：符合条件的电商平台与海关联网，境内个人跨境网购后，平台将电子订单、支付凭证、电子运单等实时传输给海关，商品通过海关跨境电商专门监管场所入境，按照个人邮递物品征税，并纳入海关统计。

（4）网购保税进口模式。网购保税进口模式（“1210”进口和“1239”进口，“1210”适用于试点城市，“1239”适用于非试点城市）：电商企业或电商平台将整批商品运入海关特殊监管区域或场所内特设的电子商务专区，向海关报关，海关建立电子商务管理账册。境内消费者网购区内商品后，电商企业或平台委托报关代理公司向海关申报电子清单，海关对电子订单、支付凭证、电子运单、电子清单四单进行计算机自动比对，相符的，海关参照个人邮递物品自动征税，验放后账册自动核销。

3. 跨境电商的基本流程

跨境电商的基本流程见图1-40。

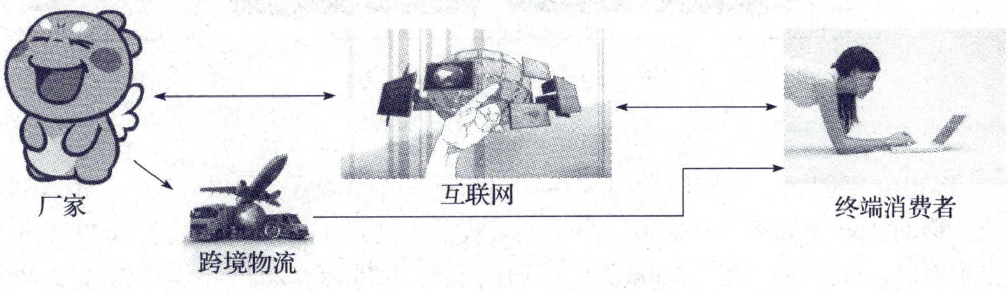

图1-40　跨境电商的基本流程

跨境电商需要解决以下三个流程问题。

一是信息流：厂家在网上发布所提供的商品或服务信息，消费者通过互联网搜寻需要的商品或服务信息。

二是产品流（物流）：消费者在网上下单，厂家委托跨境物流服务公司将商品运送到海外消费者手里。

三是资金流：消费者通过第三方支付平台及时、安全地付款，厂家收汇、结汇。

（二）主要的跨境电商第三方平台

目前，主要的跨境电商第三方平台有全球速卖通（AliExpress）、Wish、敦煌网（DHgate）、亿贝（eBay）和亚马逊（Amazon）等。

1. 全球速卖通（AliExpress）

全球速卖通是阿里巴巴旗下唯一面向全球市场打造的在线交易平台，致力于跨境电商业务，被广大卖家称为国际版“淘宝”。全球速卖通于 2010 年 4 月上线，经过多年的迅猛发展，目前覆盖 200 多个国家和地区，拥有 20 个多语言站点，每天海外买家的流量超过 5 000 万人次，最高峰值达到 1 亿人次，已经成为全球最大的跨境电商交易平台之一。

全球速卖通的业务覆盖 3C、服装、家居、饰品等共 30 个一级行业类目，其中优势行业主要有服装服饰、手机通信、鞋包、美容健康、珠宝手表、消费电子、电脑网络、家居、汽摩配件、灯具等。

全球速卖通最大的特点是“价格为王”，卖家的商品一定要有较高的性价比。同时，全球速卖通非常重视营销推广。该平台免费为卖家提供四大营销工具，即“限时限量折扣”“店铺优惠券”“店铺满立减”“全店铺打折”。卖家也可付费参加平台的直通车活动，在短时间内获得大量的曝光和流量。买家按照有效点击数来付费，费用高低与推广评价及出价相关。

全球速卖通首页如图 1－41 所示。

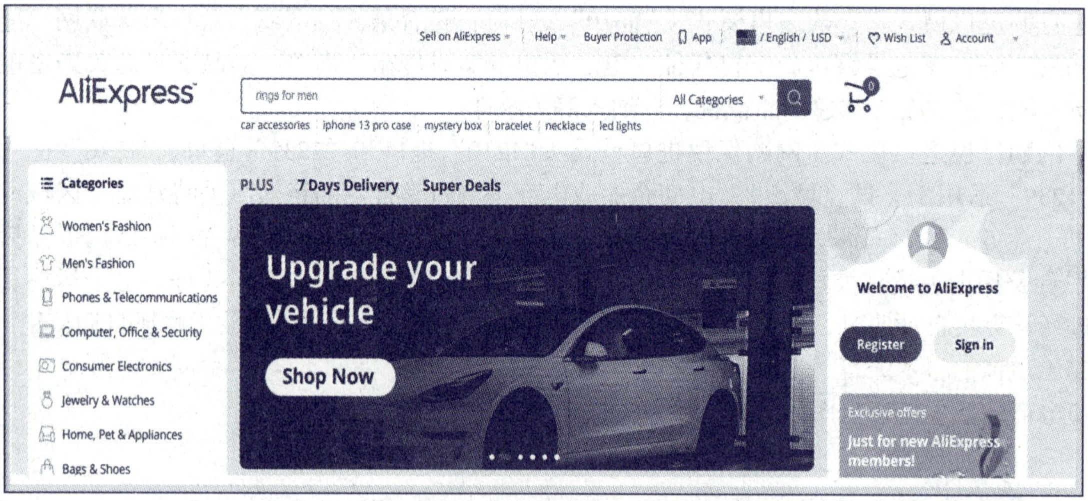

图 1－41　全球速卖通首页

2. Wish

Wish 公司于 2010 年创立于美国旧金山硅谷，起初是一个导购平台。2013 年 3 月，Wish 在线交易平台正式上线，移动 App 于同年 6 月推出，当年经营收益即超过 1 亿美元。截至 2022 年 9 月，Wish 拥有超过 5 亿注册用户，月活用户超过 2 500 万，注册商家超过 25 万。2024 年 4 月 26 日，Wish 被 Qoo10 收购。Wish 85% 的用户来自欧洲和北美，80% 的用户为女性，并且集中在 15 ～ 35 岁。60% ～ 70% 的

Wish 商家来自中国，占总交易额的 80% ～ 90%。

Wish 平台最大的特点就是专注于移动端购物。在 Wish 平台，95% 以上的流量和订单都来自移动端。众所周知，我们正处于从 PC 端到移动端转变的时代。然而，能够摆脱传统互联网思维的束缚，完全专注于移动端发展的平台少之又少。亚马逊、eBay、速卖通都在大力推广移动端 App，但这些移动应用都基本沿用了 PC 时代的思维，仅在交互设计上进行了屏幕适应性调整。而 Wish 平台采取基于搜索引擎的匹配技术，即通过用户行为判断用户偏好，并通过数学算法，将用户和商家、商品进行准确的匹配，每天给用户推送其可能感兴趣的商品和商家。Wish 平台的这一特点与其创始人彼得·舒尔泽斯基和张晟均具有硅谷工作背景（曾分别就职于谷歌和雅虎），是典型的技术派不无关系。Wish 平台秉持“让手机购物更加高效和愉悦”的原则，每屏只推送 4 ～ 6 件商品，并且以瀑布流的形式展示。

除使用电子邮箱注册外，用户还可以通过已有的 Facebook（脸书）和 Google（谷歌）账号进行关联。首次登录后，用户只需要填写性别、年龄等基本信息，以及选择感兴趣的商品种类，随后就会收到来自 Wish 的个性化商品推荐。对于通过 Facebook 和 Google 登录的用户，Wish 还会通过数据分析他们在社交平台的信息，以进行有针对性的推送。

同时，Wish 会给每个商品分配相应的流量，坚持“机会面前，人人平等”，这有助于中小卖家的起步和发展。与速卖通、eBay、亚马逊等其他平台通过关键词额外收取费用来向用户推荐商品的模式不同，Wish 平台上的商户上传任何商品都是免费的。只有在交易成功后，商户才需向平台支付一定比例的佣金，整个过程简单、易操作且没有任何的隐藏费用。Wish 没有其他平台盛行的比价功能，因此价格在 Wish 是不敏感的，那些适用于 eBay 和速卖通的规则对 Wish 完全不适用，后期流量拼的是商品的优化和客服的服务质量。

Wish 首页见图 1－42。Wish 手机应用页面见图 1－43。

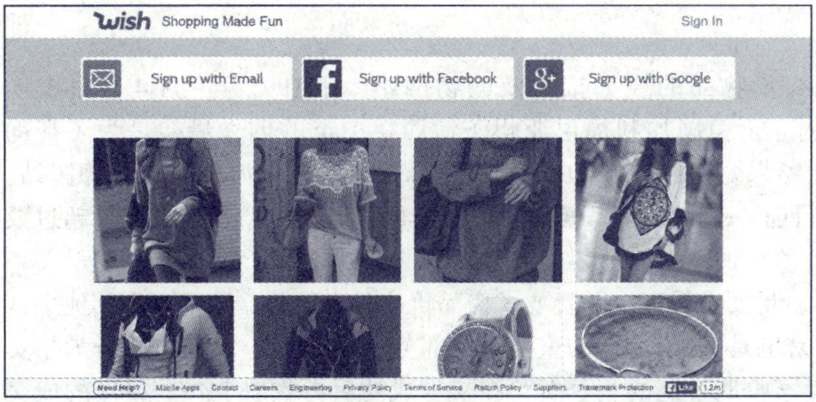

图 1－42　Wish 首页

图 1－43　Wish 手机应用页面

3. 敦煌网（DHgate）

敦煌网成立于 2004 年，是中国领先的 B2B 跨境电商交易服务平台，致力于帮助中国中小企业通过跨境电商平台走向全球市场。目前，敦煌网拥有 220 万以上的累计注册供应商，在线商品数量超过 4 000 万，业务遍及全球 220 多个国家和地区，拥有 50 多个国家和地区的清关能力、200 多条物流专线以及近 20 个海外仓。

作为第二代 B2B 电子商务的开拓者，敦煌网最大的特点是完善的在线交易环境和配套的供应链服务。敦煌网整合跨境交易涉及的各个环节，并将其纳入自身的服务体系。这种基于专业化分工的整合，将买卖双方从繁杂的交易过程中解放出来，使得复杂的跨境贸易变得相对简单。更为重要的是，敦煌网提供的各项服务，通过集合效应降低了交易双方的成本。

此外，敦煌网还提供特有的拼单砍价服务，如果同一时间会有许多货物发往同一个地方，敦煌网便会将相关信息搜集起来将这些货物一起发送，以帮助互不相识的客户将货物拼到一个集装箱运输以降低成本。

敦煌网首页见图 1－44。

图 1－44　敦煌网首页

4. 亿贝（eBay）

eBay 是一个可让全球民众上网买卖物品的线上拍卖及购物网站，于 1995 年 9 月 4 日由皮埃尔・奥米迪亚以 Auctionweb 的名称创立于美国加利福尼亚州圣荷西。eBay 的创立最初是为了帮助创始人奥米迪亚的未婚妻交换皮礼士糖果盒。1999 年 eBay 开始全球扩张，首个海外站点是德国站。2002 年 eBay 收购了贝宝（PayPal）。目前，eBay 的业务覆盖 190 多个国家和地区，日均成交量超过数百万单。

eBay 对卖家的要求严格，对商品质量要求较高，并且要求商品价格具有优势。除了有和其他平台类似的常规商品出售外，二手货的交易也是 eBay 业务的重要组成部分。在 eBay，交易方式分为拍卖和一口价两种。eBay 对每笔拍卖向卖家收取一定的刊登费，在交易成功后再收取 7% ～ 13% 的成交费。在收购了 PayPal 后，eBay 的支付方式默认为 PayPal，商户在注册开店时必须绑定有效的 PayPal

账户。

eBay 首页见图 1－45。

图 1－45　eBay 首页

5. 亚马逊（Amazon）

亚马逊成立于 1994 年，最初是一个销售书籍和音像制品的“网上书店”。2000 年，亚马逊开始通过品类扩张和国际扩张，致力于成为全球最大的网络零售商。2025 年 4 月，亚马逊在美国零售联合会发布的“全球零售 50 强”中，位列第二。

在所有的跨境电商第三方平台中，对卖家要求最高的是亚马逊。亚马逊不仅要求卖家的商品质量必须有优势，而且必须有品牌。亚马逊鼓励用户自助购物，将用户对于售前客服的需求降到最低，这就要求卖家提供非常详细、准确的商品详情和图片。

亚马逊支持货到付款，并且拥有自己的付费会员群体 Amazon Prime。每年支付一定金额的会员费（目前为 119 美元），Amazon Prime 会员不仅能够享受商品免邮服务（个别商品除外），还能够通过亚马逊观看电影和电视剧集并享受 Kindle 电子书的借阅服务。根据市场调研机构 CIRP（Consumer Intelligence Research Partners）的研究报告，截至 2022 年 8 月，Amazon Prime 会员数量达到 1.71 亿，其中高达 93% 的 Amazon Prime 用户表示对服务质量感到满意，并打算在来年继续使用该服务。这一庞大的会员人群主要为国外的中高端消费群体，他们是亚马逊最具价值的财富之一。

亚马逊的另一特色服务是 FBA（Fulfillment by Amazon），即亚马逊物流服务，是指卖家将商品批量发送至亚马逊运营中心之后，由亚马逊负责帮助卖家存储商品；当商品售出后，由亚马逊完成订单分拣、包装和配送，并为这些商品提供买家咨询、退货等客户服务，帮助卖家节省人力、物力和财力。虽然亚马逊物流服务的收费标准高于一般的仓储公司，但由于 FBA 得到了买家较高的认可，因此不少买家都愿意支付更多的钱来选择 FBA。在同等条件下，FBA 卖家的曝光度高于普通卖家，抢到购物车的概率也更高，并且使用 FBA 的卖家所得到的任何由物流带来的中差评都可以由亚马逊进行移除。

亚马逊首页见图 1－46。

图 1 - 46　亚马逊首页

（三）我国跨境电商综合试验区

1. 设立意义

中国跨境电子商务综合试验区是中国设立的跨境电子商务综合性质的先行先试的城市区域，旨在在跨境电子商务交易、支付、物流、通关、退税、结汇等环节的技术标准、业务流程、监管方式和信息化建设等方面先行先试，通过制度创新、管理创新、服务创新和协同发展，破解跨境电子商务发展中的深层次矛盾和体制性难题，打造跨境电子商务完整的产业链和生态链，逐步形成一套适应和引领全球跨境电子商务发展的管理制度和规则，为推动中国跨境电子商务健康发展提供可复制、可推广的经验。

2. 发展历程

（1）2015 年 3 月 7 日，国务院同意设立中国（杭州）跨境电子商务综合试验区。

（2）2016 年 1 月 12 日，国务院同意在天津市、上海市、重庆市、合肥市、郑州市、广州市、成都市、大连市、宁波市、青岛市、深圳市、苏州市等 12 个城市设立第二批跨境电子商务综合试验区。

（3）2018 年 7 月 24 日，国务院同意在北京市、呼和浩特市、沈阳市、长春市、哈尔滨市、南京市、南昌市、武汉市、长沙市、南宁市、海口市、贵阳市、昆明市、西安市、兰州市、厦门市、唐山市、无锡市、威海市、珠海市、东莞市、义乌市等 22 个城市设立跨境电子商务综合试验区。

（4）2019 年 12 月 15 日，国务院同意在石家庄市、太原市、赤峰市、抚顺市、珲春市、绥芬河市、徐州市、南通市、温州市、绍兴市、芜湖市、福州市、泉州市、赣州市、济南市、烟台市、洛阳市、黄石市、岳阳市、汕头市、佛山市、泸州市、海东市、银川市等 24 个城市设立跨境电子商务综合试验区。

（5）2020 年 4 月 27 日，国务院同意在雄安新区、大同市、满洲里市、营口市、盘锦市、吉林市、黑河市、常州市、连云港市、淮安市、盐城市、宿迁市、湖州市、嘉兴市、衢州市、台州市、丽水市、安庆市、漳州市、莆田市、龙岩市、九江市、东营市、潍坊市、临沂市、南阳市、宜昌市、湘潭市、郴州市、梅州市、惠州市、中山市、江门市、湛江市、茂名市、肇庆市、崇左市、三亚市、德阳市、绵阳市、遵义市、德宏傣族景颇族自治州、延安市、天水市、西宁市、乌鲁木齐市等 46 个城市和地区设立跨境电子商务综合试验区。

（6）2022 年 1 月 22 日，国务院同意在鄂尔多斯市、扬州市、镇江市、泰州市、金华市、舟山市、马鞍山市、宣城市、景德镇市、上饶市、淄博市、日照市、襄阳市、韶关市、汕尾市、河源市、阳江市、清远市、潮州市、揭阳市、云浮市、南充市、眉山市、红河哈尼族彝族自治州、宝鸡市、喀什地区、阿拉山口市等27个城市和地区设立跨境电子商务综合试验区。

（7）2022年11月14日，国务院同意在廊坊市、沧州市、运城市、包头市、鞍山市、延吉市、同江市、蚌埠市、南平市、宁德市、萍乡市、新余市、宜春市、吉安市、枣庄市、济宁市、泰安市、德州市、聊城市、滨州市、菏泽市、焦作市、许昌市、衡阳市、株洲市、柳州市、贺州市、宜宾市、达州市、铜仁市、大理白族自治州、拉萨市、伊犁哈萨克自治州等33个城市和地区设立跨境电子商务综合试验区。

（8）2025年4月22日，国务院同意在海南全岛和秦皇岛市、保定市、二连浩特市、丹东市、滁州市、三明市、开封市、新乡市、鄂州市、邵阳市、梧州市、北海市、防城港市、广安市、博尔塔拉蒙古自治州等15个城市和地区设立跨境电子商务综合试验区，同时撤销在海口市、三亚市、阿拉山口市设立的跨境电子商务综合试验区。

3. 杭州经验

中国（杭州）跨境电子商务综合试验区通过构建信息共享体系、金融服务体系、智能物流体系、电商诚信体系、统计监测体系和风险防控体系，以及“线上综合服务平台”和线下“综合园区”平台等“六体系两平台”（见图1－47），实现跨境电子商务信息流、资金流、产品流“三流合一”。同时，以此为基础，以“线上交易自由”与“线下综合服务”有机融合为特色，重点在制度建设、政府管理、服务集成“三大领域”开展创新，力争在“建立跨境电子商务新型监管制度、建立‘线上综合服务平台’综合监管服务平台、创新跨境电子商务金融服务、创新跨境电子商务物流服务、创新跨境电子商务信用管理、建立跨境电子商务统计监测体系、制定跨境电子商务规则和创新电商人才发展机制”八个方面实现新突破，实现跨境电子商务自由化、便利化、规范化发展。

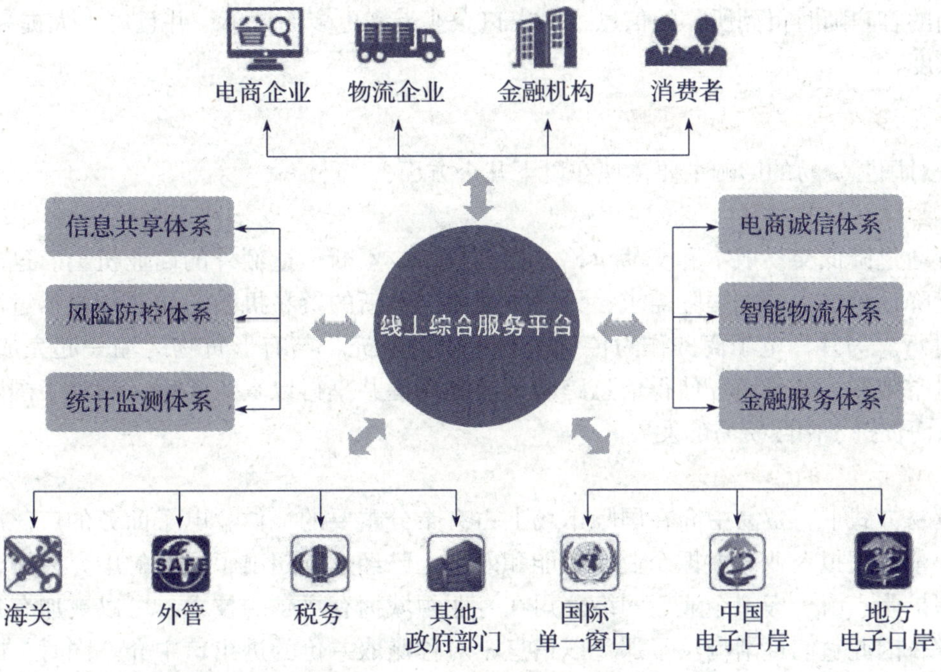

图1－47 “六体系两平台”

二、电子商务在国际贸易中的优势及对国际贸易的影响

与传统国际贸易相比，跨境电子商务的门槛并不高。首先，卖家在国内选择合适的商品及进货渠

道，然后通过国际性电子商务信息平台（如速卖通、eBay）联系国外的买家并出售商品，支付方式可选择国际性第三方支付平台（如 PayPal），物流则交给跨境物流公司来完成。从整个操作流程来看，跨境电商与国内企业间的电子商务（B2B）及普通消费者的网购（B2C）没有太多区别，只是更具国际性。跨境电子商务平台及跨境物流配送是跨境电商发展的关键，目前致力于小额跨境电商市场的信息平台主要有 eBay、亚马逊、速卖通、敦煌网等。

（一）电子商务在国际贸易中的优势

电子商务在国际贸易中主要具有以下几个方面的优势：

1. 降低国际贸易成本

在国际贸易中，成本涵盖买卖过程中所需的信息搜寻、合同订立和执行、售后服务等方面。电子商务使得企业可以从互联网庞大的信息资料中获得所需要的信息，从而大幅降低搜寻成本。美国《福布斯》杂志的统计数据表明，电子商务在整体上可以为企业节省 5% ～ 10% 的交易成本。可见，电子商务可以显著降低国际贸易成本。

2. 提高交易效率

利用电子商务开展国际贸易，买卖双方可采用标准化、电子化的格式合同、提单、保险凭证、发票和汇票、信用证等，使各种相关单证在网上即可实现瞬间传递，不仅节省了单证的传输时间，而且减少了因纸面单证中数据重复录入导致的各种错误，对提高交易效率的作用十分明显。

3. 全天候业务运作，提高客户满意度

世界各地存在时差，这为国际商务谈判带来诸多不便。对企业来讲，在传统条件下提供每周 7 天、每天 24 小时的客户服务往往感到力不从心。而企业利用电子商务可以做到全天候服务，客户可在全球任何地方、任何时间从网上得到相关企业的各种商务信息。电子商务可实现全天候、不间断运作，可使全球范围内的客户随时得到所需的信息，为出口企业带来更多的订单，并且可大大提高交易成功率，提高客户满意度。

（二）电子商务对国际贸易的影响

电子商务对国际贸易的影响主要体现在以下几个方面：

1. 促进了国际贸易的发展

电子商务通过降低交易成本和交易价格，提高效率，不断创造额外的商业机会。这些额外的商业机会一方面能降低价格，增加国际需求；另一方面能创造新的贸易机会，让那些成本过高或执行困难的交易变得可行。另外，电子商务作为传统交易手段的补充，与有形货物运输一起完成交易。总之，由于突破了时空限制，电子商务使得信息跨国传递和资源共享得以真正实现，满足了国际贸易快速增长的要求，从而促进了国际贸易的发展。

2. 扩大了国际贸易的经营主体

在传统贸易方式下，贸易中介在国际市场上占有十分重要的地位。电子商务的广泛应用，使得市场上出现了大量的虚拟企业。虚拟企业在功能和效果上已经远远超出了原有的中介公司，甚至可以迅速向全球范围扩张。由于虚拟企业、网络公司在专业领域拥有卓越的技术，可以更加有效地向市场提供商品和服务，因此它们逐渐淘汰了那些以信息不对称赚取差价的进出口中介。同时，电子商务技术简化了国际贸易的流程，为中小企业进入国际市场提供了有力的支持，扩大了国际贸易的经营主体。

3. 改变了交易方式和支付方式

（1）交易方式的改变。新型国际贸易采用电子数据交换（Electronic Data Interchange，EDI）技术取代了传统的纸质贸易。EDI 将日常往来的经济信息，按协议通过网络进行传送，不仅加快了文件传送

速度，而且大幅降低了文件处理成本，降低了差错出现的概率。互联网广告代替了电视、杂志等传统媒介广告；电子邮箱和网络电话与传统工具相比，既降低了成本和交易费用，又节省了时间。

（2）支付方式的改变。在传统的国际贸易中，企业通过信用证、托收、汇票、本票、支票等方式支付货款。而在新型国际贸易中，企业使用电子支付系统，在网上银行系统实行电子付款，即将资金存入电子银行或者信用证公司的账户中，买卖双方交易达成后，在网络终端输入信用证号码，在网络上进行资金结算、转账、信贷等业务。互联网电子商务的交付方式分为两种：一是对有形产品的直接贸易方式，即买卖双方通过网络传输进行商务洽谈、订货、付款、开发票、收款等活动，然后在商定的地点进行实际产品的交割；二是对无形产品的直接贸易方式，即进行网上支付和货物运送的电子商务。这种完全国际化的电子商务能使交易双方打破地理空间障碍进行电子交易，有助于跨境电商充分挖掘全球电子商务市场的潜力。

4. 深化了国际分工

（1）电子商务催生了弹性企业，使生产更具灵活性。

（2）电子商务的发展促进了跨国公司生产布局的全球化。

（3）电子商务推动了电子协作，提高了贸易产品的技术含量和服务贸易在全球贸易中的比重，推动了世界产业结构的深化。

（4）电子商务导致发达国家之间的水平分工进一步发展，加速了在产品和半成品在国家和地区间的流动。

三、几个基本术语

（一）B2B

1. B2B 的定义

B2B 是 Business to Business 的缩写，是商家（泛指企业）对商家的电子商务，即企业与企业之间通过互联网进行产品、服务及信息的交换。通俗地讲，B2B 是指进行电子商务交易的供需双方都是商家（企业），它们使用互联网技术或各种商务网络平台完成商务交易的过程。这些过程包括发布供求信息，订货及确认订货，支付及票据的签发、传送和接收，确定配送方案并监控配送过程等。

2. B2B 的模式

（1）垂直模式：面向制造业或面向商业的垂直 B2B。垂直 B2B 可以分为两个方向，即上游和下游。生产商或商业零售商可以与上游的供应商之间形成供货关系，如戴尔公司与上游的芯片和主板制造商就是通过这种方式进行合作的。生产商与下游的经销商可以形成销货关系，如思科公司与其分销商之间进行的交易。简单地说，这种模式下的 B2B 网站类似于在线商店，其实就是企业网站，是企业直接在网上开设的虚拟商店。企业通过自己的网站可以大力宣传产品，运用更快捷、全面的手段让更多的客户了解自己的产品，促进交易。或者也可以是商家开设的网站，这些商家在自己的网站上宣传自己经营的商品，目的也是利用更加直观、便利的方法促进并扩大交易。

（2）综合模式：面向中间交易市场的 B2B。这种交易模式是水平 B2B，它是将各个行业中相近的交易过程集中到一个场所，为供应商和采购商提供了一个交易的机会，如 TOXUE 外贸网、慧聪网、中国制造网、采道网、环球资源网等。这一类网站既不是拥有产品的企业，也不是经营商品的商家，它只提供一个平台将供应商和采购商汇集在一起，采购商可以在该网站上查到供应商及其产品的有关信息。

（3）自建模式：行业龙头企业自建 B2B 模式，是大型行业龙头企业基于自身的信息化建设程度搭建的以自身产品供应链为核心的行业化电子商务平台。行业龙头企业通过自身的电子商务平台串联起行业整条产业链。供应链上下游企业通过该平台获得资讯，进行沟通和交易。但此类电子商务平台缺少产业链的深度整合。

（二）B2C

B2C 是 Business to Customer 的缩写，也就是通常所说的商业零售，直接面向消费者销售产品和服务。这种形式的电子商务一般以网络零售业为主，企业主要借助于互联网开展在线销售活动。B2C 即企业通过互联网为消费者提供一个新型的购物环境——网上商店，消费者通过网络在网上购物、在网上支付。

B2C 电子商务实际上是企业和消费者在网络所搭建的虚拟市场上开展的买卖活动。它最大的特点是：速度快、信息量大、费用低。如果用一句话来描述这种电子商务，它是以互联网为主要服务手段，实现公众消费和提供服务，并保证与其相关的付款方式的电子化，它是随着万维网技术的出现而迅速发展的，可以被视作一种电子化的零售。

B2C 交易结构见图 1－48。

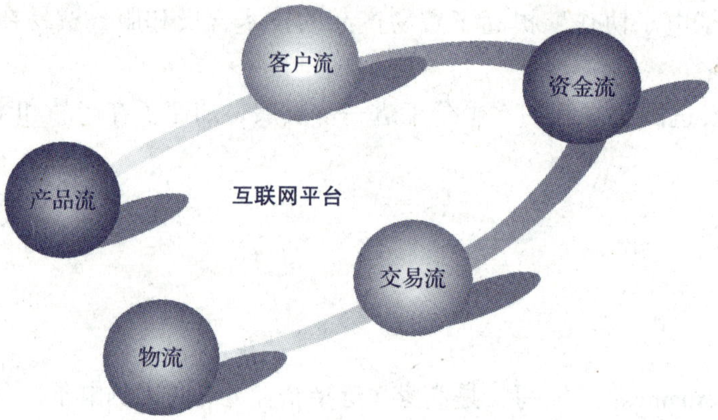

图 1－48 B2C 交易结构

（三）B2B2C

B2B2C 是 Business to Business to Customer 的缩写，是一种电子商务类型的网络购物商业模式。第一个 B 并不仅仅局限于品牌供应商、影视制作公司和图书出版商，任何的商品供应商或服务供应商都可以成为第一个 B；第二个 B 是电子商务企业，通过统一的经营管理对商品和服务、消费者终端进行整合，是广大供应商和消费者之间的桥梁，为供应商和消费者提供优质的服务，是互联网电子商务服务供应商。C 表示消费者，是在第二个 B 构建的统一电子商务平台购物的消费者。B2B2C 是 B2B、B2C 模式的演变和完善，其将 B2B 和 B2C 完美地结合起来。B2B2C 模式的电子商务企业通过构建自己的物流供应链系统提供统一的服务。

B2B2C 将“供应商→生产商→经销商→消费者”产业链中的各个环节紧密地连接在一起，整条产业链是一个从创造增值到价值变现的过程。B2B2C 将从生产、分销到终端零售的资源进行全面整合，不仅增强了商家的服务能力，更有利于客户获得增值的机会。该平台将帮助商家直接充当卖方角色，将商家直接推到与消费者面对面的前台，让生产商获得更多的利润，使更多的资金投入到技术和产品创新上，最终让广大消费者获益。这是一种新型的电子商务模式，它的创新性在于为所有的消费者提供了新的电子交易规则。该模式颠覆了传统的电子商务模式，将企业与单个客户的不同需求完全地整合在一个平台上。在 B2B2C 模式下，企业通常没有库存，节约了成本（包括时间、资金、风险等众多因素），并建立了更完善的物流体系。企业可根据客户需求选择合适的物流公司，加强与物流公司的协作，形成整套的物流解决方案。但是，相较于传统的 C2C 模式，B2B2C 模式欠缺盈利能力。

（四）M2C

M2C 是 Manufacturer to Customer 的缩写，是生产商直接对消费者提供自己生产的产品或服务的一种商业模式，特点是流通环节减少至一对一，销售成本降低，从而保障了产品品质和售后服务质量。

M2C 模式的好处体现在以下几个方面。

（1）价格更低：同样的产品在 M2C 模式下能够给消费者带来更实惠的价格。M2C 的特点是流通环节减少至一对一、销售成本降低，没有销售商与生产商交易的差价，消费者所购买的商品的提供者就是生产商，故购买商品的价格更低。

（2）可以定制：在 M2C 模式下，较难出现货源短缺、有钱没货买的尴尬局面。生产商根据消费者订购数量的多少进行生产，甚至可以根据消费者的需要生产个性化的商品。生产商一方面能够为消费者提供最优的商品，另一方面也极大地降低了自身的生产风险。

（3）售后更完善：消费者在 M2C 平台购买商品后，直接享受生产商提供的各项售后服务，缩短了中间交涉环节，生产商可以快速为消费者解决问题，让消费者无后顾之忧。

（4）技术更新：由于减少了中间销售的环节，生产商能够将所研发的最新产品快速地呈现给消费者，使消费者更加方便、快捷地感受到创新的魅力；同时，消费者可通过售后渠道将自己的使用体验反馈给生产商，有利于生产商根据市场的需求来研发新的产品，在生产商与消费者之间形成良好的互动。

（五）C2C

C2C 是 Customer to Customer 的缩写，是个人与个人之间的电子商务，即一个消费者通过网络交易，将商品出售给另一个消费者的交易模式。C2C 模式下的购物流程为搜索商品、联系卖家、购买商品和服务评价。C2C 模式的特点就是大众化交易，因其涉及个人与个人之间的交易。C2C 是我国电子商务的早期模式。

（六）O2O

1. O2O 的定义

O2O 是 Online to Offline 的缩写，是指线下的商务机构与互联网结合，让互联网成为线下交易的前台。这个概念源于美国。O2O 的概念非常广泛，只要产业链中既涉及线上，又涉及线下，就可以通称为 O2O。2013 年，O2O 模式进入高速发展阶段，开始了本地化及移动设备的整合，于是 O2P 模式横空出世，成为 O2O 模式的本地化分支。O2P 模式既类似于 O2O 模式，又有别于 O2O 模式。它与 O2O 模式的区别是在线下消费。消费者通过网站或者在线下商家的移动端了解相关资讯后，再到线下的商家消费。消费者可在简单的了解之后再决定消费与否，或者在体验之后再支付。该类模式适合大件商品的购买和休闲娱乐性消费。

O2O 将线下商务机会与互联网结合在一起，让互联网成为线下交易的前台。这样线下商务机构就可以在线上揽客，消费者就可以在线上筛选服务，成交就可以实现在线结算，推广效果可查，每笔交易可跟踪。

2. O2O 运作方式

对于传统企业来说，开展 O2O 模式的电子商务企业主要有以下三种运作方式。

第一种方式：自建官方商城 + 连锁店铺。消费者直接在门店的网络店铺下单，然后在线下体验服务。在这一过程中，品牌商提供在线客服及随时调货支持（在缺货情况下），加盟商收款后发货。这种方式适合于连锁型企业。优点是可以线上和线下店铺一一对应；缺点是投入大，企业需要投入较大的推广成本。

第二种方式：借助于全国布局的第三方平台，实现加盟企业和分站系统完美结合。借助于第三方平台的巨大流量，商家能实现迅速推广，吸引客流。

第三种方式：建设网上商城，采用各种促销和预付款的形式进行线上销售、线下服务。这种方式适用于本地化服务企业。

四、跨境电商平台基础规则

（一）全球速卖通平台店铺开通规则

（1）全球速卖通平台接受依法注册并正常存续的公司开店，并有权对卖家的主体状态进行核查、认证，包括但不限于委托支付宝进行实名认证。通过支付宝实名认证的卖家，在绑定速卖通账号与支付宝账号的过程中，应提供真实、有效的法定代表人姓名及证件号码、联系地址、注册地址、营业执照等信息。

（2）卖家应依法设置收款账户，按照卖家规则提供保证金，或按照有关规定缴纳履约保证金。未完成上述任一资金缴纳要求的卖家，不得开始线上销售。

（3）卖家同意就每个开设的店铺，按入驻的类目（经营大类），在其指定的支付宝账号内缴存一笔资金，并由支付宝冻结作为平台规则的履约保证金。如果卖家的店铺入驻多个类目（经营大类），则该店铺卖家应缴纳多个类目（经营大类）中金额要求最高的保证金。

（4）商品发布后，卖家将在平台自动开通店铺，即基于速卖通技术服务、用于展示商品的虚拟空间。除本规则或其他协议约定外，完成认证的卖家在速卖通可最多开设 6 个虚拟店铺。

（二）全球速卖通平台各类目保证金一览表

全球速卖通平台各类目保证金一览表如表 1－1 所示。

表 1－1　全球速卖通平台各类目保证金一览表

序号	经营大类	保证金	经营大类下可发布的类目
1	珠宝手表（含精品珠宝）	1 万元	Jewelry & Accessories 珠宝饰品及配件 Watches 手表 以下类目可共享发布： Apparel Accessories 服饰配饰（男 / 女 / 儿童配件，婴儿配饰到婴儿服装） Men’s Clothing 男装 Women’s Clothing 女装 Novelty & Special Use 新奇特及特殊用途服装 Underwear，Socks，Sleep & Lounge Wear 男女内衣 / 家居服 / 袜子 Weddings & Events>Wedding Accessories 婚庆配饰 Consumer Electronics>Smart Electronics>Wearable Devices>Wristbands 腕带 Consumer Electronics>Smart Electronics>Wearable Devices>Smart Watches 智能手表
2	服装服饰	1 万元	以下类目可共享发布： 1. 珠宝饰品及配件、手表 2. 箱包部分类目 3. 孕婴童 > 儿童服装（2 岁以上）> 亲子装 4. 男女鞋类目 5. 泳装类目 6. Apparel Fabrics & Textiles 服装面辅料 & 纺织品

续表

序号	经营大类	保证金	经营大类下可发布的类目
3	婚纱礼服	1 万元	Weddings & Events 婚礼及重要场合 以下类目可共享发布： 1. Jewelry & Accessories>Fashion Jewelry 流行饰品 2. Apparel Fabrics & Textiles 服装面辅料 & 纺织品
4	美容个护（含护肤品）	1 万元	Beauty & Health Tools & Accessories 工具 / 配件 Beauty & Health Tattoo & Body Art 文身及身体彩绘 Beauty & Health Skin Care Tools 护肤工具 Beauty & Health Shaving & Hair Removal 剃须及脱毛产品 Beauty & Health Sanitary Paper 卫生用纸 Beauty & Health Oral Hygiene 口腔清洁 Beauty & Health Nail Art & Tools 美甲用品及修甲工具 Beauty & Health Makeup 彩妆 Beauty & Health Hair Care & Styling 头发护理 / 造型 Beauty & Health Bath & Shower 沐浴用品 Beauty & Health Fragrances & Deodorants 香氛 / 除臭芳香用品 Beauty & Health Skin Care 护肤品 Home Appliances>Personal Care Appliances 部分类目 以下类目可共享发布： Massage & Relaxation 按摩与放松 Massage Products 按摩产品 Massage Appliances 按摩器具
5	真人发（定向邀约制）	5 万元	Hair Extensions & Wigs>Beauty Supply Hair Extensions & Wigs>Hair Salon Supply Hair Extensions & Wigs>Human Wigs Hair Extensions & Wigs>Human Hair 1 Hair Extensions & Wigs>Human Hair 2 以下类目可共享发布： Beauty & Health>Hair Care & Styling
6	化纤发（定向邀约制）	1 万元	Hair Extensions & Wigs Synthetic Hair 化纤发 以下类目可共享发布： Beauty & Health>Hair Care & Styling
7	母婴玩具	1 万元	Mother & Kids 孕婴童 Toys & Hobbies 玩具与消遣品 以下类目可共享发布： Shoes 鞋子
8	箱包鞋类	1 万元	Luggage & Bags 箱包 Shoes 鞋子 以下类目可共享发布： Mother & Kids>Children's Shoes 童鞋 Men's Clothing 男装 Women's Clothing 女装 Mother & Kids>Baby Shoes 婴儿鞋 Apparel Accessories 服饰配饰（男 / 女 / 儿童配件，婴儿配饰到婴儿服装） Novelty & Special Use World Apparel 世界民族服饰 Novelty & Special Use Stage & Dance Wear 舞台表演服和舞蹈服

续表

序号	经营大类	保证金	经营大类下可发布的类目
9	健康保健	1万元	Beauty & Health Health Care 健康护理 以下类目可共享发布： Beauty & Health>Sex Products>Safer Sex 安全 / 避孕 Skin Care Tools 护肤工具
	成人用品	1万元	Beauty & Health Sex Products 成人用品 以下类目可共享发布： Novelty & Special Use>Exotic Apparel 情趣服装（不要发布日常穿着的性感内衣）
10	3C 数码 （除内置存储、移动硬盘 / U 盘 / 刻录盘、电子烟、手机、电子元器件）（投影仪定向邀约）	1万元	Security & Protection 安全防护 Office & School Supplies 办公文教用品 Phones & Telecommunications 电话和通信 Computer & Office 电脑和办公 Consumer Electronics 消费电子
	内置存储、移动硬盘、U 盘、刻录盘	1万元	Computer & Office Internal Storage 内置存储［包含内置固态硬盘、存储卡、存储卡配件（读卡器、存储卡卡套 / 适配器 / 转卡器 / 内存卡盒）、固态硬盘托架和支架］ Computer & Office External Storage 移动硬盘、U 盘、刻录盘（包含刻录盘、外置机械移动硬盘、外置固态硬盘、硬盘壳包、硬盘盒、U 盘）
	电子烟	3万元	Consumer Electronics>Electronic Cigarettes 电子烟
	手机	3万元	Phones & Telecommunications>Mobile Phones 手机
11	电子元器件（定向邀约制）	1万元	Electronic Components & Supplies 电子元器件
12	汽摩配	1万元	Automobiles & Motorcycles 汽车、摩托车
13	家居家具家装灯具工具	1万元	Furniture 家具和室内装饰品 Home & Garden 家居用品 Home Improvement 家装（硬装） Lights & Lighting 照明灯饰 Tools 工具
14	家用电器	1万元	Home Appliances 家用电器
15	运动娱乐（含电动滑板车）	1万元	Sports & Entertainment 运动及娱乐 Sports & Entertainment>Cycling>Self-Balancing Scooters 平衡车 Sports & Entertainment>Roller，Skateboard &Scooters>Scooters>Electric Scooters 电动滑板车
16	特殊类		Special Category（特殊类）

（三）亚马逊平台账号开通规则

（1）选择合适的站点。亚马逊已向中国卖家开放 19 个海外站点，即北美站点（美国站点、加拿大站点）、欧洲站点（英国站点、法国站点、德国站点、意大利站点、西班牙站点、荷兰站点、瑞典站点、波兰站点、比利时站点）、日本站点、澳大利亚站点、新加坡站点、中东站点（阿联酋站点、沙特阿拉伯站点）、印度站点、拉美站点（巴西站点、墨西哥站点）。

（2）合理评估开店成本。开店成本主要包括专业销售计划月服务费，卖家开通北美（美国、加拿大）/欧洲（英国、法国、德国、西班牙、意大利、波兰、瑞典、荷兰、比利时）/ 日本 / 澳大利亚站点的月服务费为 39.99 美元。目前，卖家入驻新加坡、阿联酋、沙特阿拉伯及印度 4 个新兴站点，可享限时免月租、销售佣金、物流费用和其他成本如广告推广费用等。具体享受时间以亚马逊平台公布的政策为准。

（3）准备合格的注册资料。注册资料主要包括公司营业执照彩色扫描件、法定代表人身份证彩色扫描件、可进行国际付款的信用卡、准确且最新的联系方式、用于接受付款的银行账户等。

能力实训

一、选择题

1.［单选］跨境电商的英文名称是（　　）。

A. Cross-border Commerce　　B. Cross-border Trade

C. Cross-border Electronic Commerce　　D. Cross-border Communication

2.［单选］跨境电商的“三流”指的是（　　）。

A. 信息流、产品流、技术流　　B. 信息流、产品流、物流

C. 产品流、技术流、资金流　　D. 信息流、产品流、资金流

3.［多选］下列有关海关新增跨境电商监管方式说法正确的有（　　）。

A.“9610”方式出口为一般出口模式，产品采用“清单核放、汇总申报”的方式出境

B.“1210”方式出口为特殊区域出口模式，电商企业或电商平台将整批商品按一般贸易报关进入海关特殊监管区域或场所，企业实现退税

C.“9610”方式进口为网购保税进口模式

D.“1210”方式进口为直购进口模式

4.［单选］O2O 是（　　）的缩写。

A. Online to Online　　B. Online to Offline

C. Offline to Offline　　D. Offline to Online

5.［多选］下列关于亚马逊平台注册说法正确的有（　　）。

A. 亚马逊已向中国卖家开放 19 个海外站点

B. 北美站点包括的站点为美国、加拿大和墨西哥

C. 中东站点包括阿联酋站点、沙特阿拉伯站点和印度站点

D. 亚马逊全球站点专业销售计划月服务费为 39.99 美元

二、判断题

1. 主要的跨境电商第三方平台有全球速卖通、Wish、敦煌网、eBay、淘宝等。（　　）
2. 在全球速卖通平台开店需要有一个实名认证的企业支付宝账号。（　　）
3. 据有关数据预测，亚太地区有可能成为全球跨境电商发展的主市场。（　　）
4. “9710”方式可适用于跨境电商 B2B 和跨境电商 B2C。（　　）
5. “9810”方式可适用于跨境电商进口和出口。（　　）

三、能力拓展

【工作任务 1】将学生分成 3 ～ 4 人一个小组，以企业身份模拟完成全球速卖通店铺注册。

【工作任务 2】将学生分成 3 ～ 4 人一个小组，以企业身份完成亚马逊店铺注册。

个性化成长记录表

序号	评价内容	学生成长记录	评价方式	评价主体	备注
1	微课学习（5%）		平台考试测验	平台	
2	课前测试（5%）		平台考试测验	平台	
3	课中测试（5%）		平台考试测验	平台	
4	仿真实训（5%）		平台系统评分	平台	
5	课后作业（5%）		平台考试测验	平台	
6	学习活跃度（3%）		平台系统评分	平台	
7	资源贡献度（2%）		平台系统评分	平台	
8	技能操作完整度（10%）		操作成果评分 实战成果评分	教师	
9	技能操作规范度（10%）		操作成果评分 实战成果评分	教师	
10	成果展示（10%）		操作成果评分 实战成果评分	教师	
11	方案制定（5%）		能力评估表	自评 / 互评	可选
12	技能操作完整度（5%）		能力评估表	自评 / 互评	
13	技能操作规范度（5%）		能力评估表	自评 / 互评	
14	成果展示（5%）		能力评估表	自评 / 互评	
15	店铺注册模拟实战（20%）		绩效考核评分 满意度调查表	企业	
16	1+X 考证		考试通过率	评价组织	增值评价，可选，一般为年度考核
17	技能大赛		获奖等级	技能大赛组委会	增值评价，可选，一般为年度考核

备注：各部分权重占比可根据单元实际情况进行调整。

学习情境二

跨境物流与海外仓操作

微课资源

学习目标

素养目标

培养国际视野和吃苦耐劳的精神，形成“效率结合绿色，智能优化路径”的职业价值观。

知识目标

1. 掌握中国邮政小包的含义、资费、规格限制、优劣势、适用范围等。
2. 了解中国邮政大包的含义、资费、优劣势、适用范围等。
3. 熟悉中邮 e 邮宝跨境专线物流（美国专线、欧洲专线、澳大利亚专线、俄罗斯专线、中东专线、南美专线等）的特点、包装、价格、优劣势。
4. 了解国际商业快递（FedEx、DHL、TNT、UPS 等）的特点、包装、价格、优劣势等。
5. 了解海外仓的含义、优势、费用、操作流程。

能力目标

1. 能够选择中国邮政挂号小包作为跨境物流方式。
2. 能够选择中邮 e 邮宝作为跨境物流方式。
3. 能够选择国际商业快递（FedEx、DHL、TNT、UPS 等）作为跨境物流方式。
4. 能够选择跨境专线物流作为跨境物流方式。
5. 能够选择海外仓及海外本地物流作为跨境物流方式。

工作项目

浙江金远电子商务有限公司的跨境电商运营专员陈倩在全球速卖通平台顺利注册了店铺，她认真了解我国政府对大力发展跨境电商的鼓励政策后，随即就想在全球速卖通上传产品，对跨境销售跃跃欲试。但公司经理建议陈倩不要着急，她应首先了解跨境商品的物流如何解决，全球零售的商品在重量、体积和合规化通关上有哪些要求，如何制定跨境物流解决方案等，为上传产品做好准备。陈倩的主要工作任务是：

工作任务 1：调研全球速卖通平台产品的跨境物流运费及物流选择

了解全球速卖通平台 3C 类、家居类、服饰类等品类的产品跨境物流方案设计及物流运费情况，掌握全球速卖通平台物流选择的特点。

工作任务 2：计算跨境小包物流运费

了解中国邮政挂号小包、中邮 e 邮宝运费计算公式，掌握小包运费计算技巧。

工作任务 3：计算国际商业快递物流运费

了解 UPS 等国际商业快递运费计算公式，掌握国际商业快递物流运费计算技巧。

工作任务 4：计算国际海、空运头程物流费用

了解传统的国际海运、国际空运头程运费的计算公式，掌握国际海、空运头程运费的计算技巧。

工作任务 5：计算海外仓及海外本地物流相关费用

了解海外仓费用的构成，计算海外仓订单处理费及海外本地物流派送费。

工作任务 6：调研其他第三方跨境平台物流运费及物流选择

了解亚马逊、eBay 等其他第三方跨境平台跨境物流解决方案及特点。

操作示范

工作任务 1　调研全球速卖通平台产品的跨境物流运费及物流选择

（1）点击全球速卖通官网（https://www.aliexpress.com），选择“Computer & Office”。某款平板电脑的包装重量为 1.1kg（2.43lb），包装尺寸为 20cm × 15cm × 10cm（7.87in × 5.91in × 3.94in），拟出口到美国，其跨境物流运费及物流方案设计见表 2－1。

表 2－1　某款平板电脑跨境物流运费及物流方案设计

Shipping Company	Shipping Cost
Swiss Post	Free Shipping
DHL	~~US $77.25~~ US $9.85 You save：US $67.40 （about 87%）
EMS	~~US $65.26~~ US $27.37 You save：US $37.89 （about 58%）

解读：该款平板电脑若使用瑞士邮政小包快递到美国，包邮，预计 15 ～ 50 天到货；若使用 DHL 国际快递，享受折扣后的金额是 9.85 美元，节省了约 87%，预计 3 ～ 7 天到货；若使用 EMS 邮寄，享受折扣后的运费是 27.37 美元，节省了约 58%，预计 5 ～ 15 天到货。

（2）点击全球速卖通官网（https://www.aliexpress.com），选择品类“Bags & Shoes>Women's Shoes>Boots”。某品牌女式雪地靴的包装重量为 0.60kg，包装尺寸为 30cm × 20cm × 10cm，拟出口到巴西，其跨境物流运费及物流方案设计见表 2－2。

表 2－2　某品牌雪地靴跨境物流运费及物流方案设计

Shipping Company	Shipping Cost
China Post Registered Air Mail	~~US $12.38~~ US $3.05 You save：US $9.33 （about 75%）

续表

Shipping Company	Shipping Cost
EMS	~~US $72.80~~ US $50.96 You save：US $21.84 （30%）
DHL	US $194.54

解读：该品牌雪地靴若使用中国邮政挂号小包快递到巴西，享受优惠后的运费是 3.05 美元，节省了约 75%，预计 20 ～ 60 天到货；若使用 EMS 邮寄到巴西，享受优惠后的运费是 50.96 美元，节省了 30%，预计 12 ～ 18 天到货；若使用 DHL 邮寄到巴西，运费是 194.54 美元，预计 4 ～ 8 天到货。

总结：全球速卖通平台为货物的跨境运输提供了邮政小包（中国邮政挂号小包、瑞士邮政小包等）、国际商业快递 DHL 和 EMS 等物流解决方案，物流费用、到货时间等设计合理、计算较准确。

工作任务 2　计算跨境小包物流运费

1. 计算中国邮政挂号小包物流运费

【例 2－1】一位俄罗斯客人从“Miss Lady Show”的全球速卖通店铺购买了 2 条人造水晶项链，重量为 15g/ 条（纸盒重量为 10g），若选择中国邮政挂号小包运输，请计算运费。

中国邮政挂号小包报价（部分）见表 2－3。

表 2－3　中国邮政挂号小包报价（部分）

国家列表			0 ～ 150g（含 150g）		150 ～ 300g（含 300g）		300 ～ 2 000g（含 2 000g）	
			正向配送费（根据包裹重量按克计费）	挂号服务费	正向配送费（根据包裹重量按克计费）	挂号服务费	正向配送费（根据包裹重量按克计费）	挂号服务费
			元（RMB）/kg	元（RMB）/ 单	元（RMB）/kg	元（RMB）/ 单	元（RMB）/kg	元（RMB）/ 单
俄罗斯	Russian Federation	RU	58.00	24.00	58.00	23.00	53.50	23.00
美国	United States	US	55.00	20.00	54.00	20.00	53.00	20.00
法国	France	FR	67.00	13.00	49.23	15.37	49.23	15.37
英国	United Kingdom	UK	51.00	17.50	51.00	17.50	50.00	17.50
澳大利亚	Australia	AU	63.00	16.50	58.00	16.50	55.00	16.00
德国	Germany	DE	58.00	15.80	52.00	16.00	49.00	16.50
以色列	Israel	IL	59.00	18.50	59.00	18.50	57.50	19.00
瑞典	Sweden	SE	55.00	27.00	54.00	27.00	53.00	27.00
西班牙	Spain	ES	53.00	20.00	53.00	20.00	53.00	20.00

注：价格来自全球速卖通，下同。

解答：

选择在线发货，本票业务包装重量为 40g（=15×2+10），根据报价表，发往俄罗斯，重量区间在 0～150g，其对应的报价为 58 元 /kg，挂号服务费为 24 元 / 单，跨境物流运费为：

跨境物流运费 = 基本运费 + 挂号服务费

= 40g/1 000×58 元 /kg+24 元 / 单

= 26.32 元

2. 计算中邮 e 邮宝的运费

【例 2－2】 一位美国客人从"Eternal Glasses"（杭州）的全球速卖通店铺购买了一副太阳镜，包装重量为 0.15kg，若选择中邮 e 邮宝运输，请计算运费。

中邮 e 邮宝报价（部分）见表 2－4。

表 2－4　中邮 e 邮宝报价（部分）

国家列表			起重（克）	重量资费 元（RMB）/kg 每 1g 计重，限重 2kg	操作处理费 元（RMB）/ 包裹
United States	US	美国	50	64	15
Russian Federation	RU	俄罗斯	1	55	17
Ukraine	UA	乌克兰	10	75	8
Canada	CA	加拿大	1	65	19
United Kingdom	UK	英国	1	65	17
France	FR	法国	1	60	19
Australia	AU	澳大利亚	1	60	19
Israel	IL	以色列	1	60	17
Norway	NO	挪威	1	65	19
Saudi Arabia	SA	沙特阿拉伯	1	50	26

解答：

根据报价表，本票业务包装重量为 0.15kg，发往美国，其基本运费为 64 元 /kg，操作处理费为 15 元 / 包裹，则跨境物流运费为：

跨境物流运费 = 基本运费 + 操作处理费

= 0.15kg×64 元 /kg+15 元 / 包裹

= 24.6 元

工作任务 3　计算国际商业快递物流运费

【例 2－3】 某西班牙客人在某知名服装定制品牌网站定制了一件衬衫，包装重量为 450g，包装尺寸为 20cm×10cm×8cm，拟选用 UPS 商业快递邮寄，请计算运费。（经查 UPS 的报价表，中国到西班牙的报价为首重 230 元 /0.5kg，续重为每增加 0.5kg，运费加 62 元。）

解答：

先计算货物的体积重量。

体积重量 =（20cm×10cm×8cm）/5 000 = 0.32kg= 320g

由于货物的毛重为 450g，毛重大于体积重量，因此按照毛重计算运费。

运费 = 450/500 × 230=207（元）

由于 UPS 要求货物首重为 500g，不足 500g 按照 500g 算运费，因此，该票货物的运费为 230 元。

工作任务 4 计算国际海、空运头程物流费用

1. 计算国际海运头程运费

【例 2－4】 浙江金远电子商务有限公司拟海运一批摇马到英国仓，每个摇马重 3.3kg，体积为 53cm × 27cm × 12cm，共有 500 个。请计算每个摇马的运费。

浙江点库电子商务有限公司的海运报价见表 2－5。

表 2－5 浙江点库电子商务有限公司的海运报价

运输方式	立方区间	德国仓（人民币）CBM/T	英国仓（人民币）CBM/T	最低起运量
海运散货（LCL）	0 ～ 5（含）CBM/T	1 700/1 800	1 600/1 700	1CBM/T
	5 ～ 10（含）CBM/T	1 550/1 650	1 450/1 550	
	10CBM/T 以上	1 400/1 500	1 300/1 400	
	时效	35 个工作日以上		

解答：

计算货物的国际海运运费时，要计算货物的尺码吨和重量吨，将它们折算成运费吨，并且比较大小，选用数值大的计算运费。

（1）计算货物的尺码吨：

$500 \times 53\text{cm} \times 27\text{cm} \times 12\text{cm} = 8\,586\,000\text{cm}^3 = 8.586\text{CBM} = 8.586$ 运费吨

（2）计算货物的重量吨：

$500 \times 3.3\text{kg} = 1\,650\text{kg} = 1.65$ 运费吨

所以，按照尺码吨计算运费，根据海运报价表，对应的运价是 1 450 元 /CBM。

运费 = 8.586 × 1 450 = 12 449.7（元）

平摊到每个摇马的运费是 12 449.7/500 ≈ 24.90 元。

2. 计算国际空运头程运费

【例 2－5】 浙江金远电子商务有限公司拟空运 200 只玩具猴子到其德国仓，每只玩具猴子重 0.22kg，长 × 宽 × 高为 21cm × 6cm × 8cm，请计算每只玩具猴子的运费。

浙江点库电子商务有限公司的空运报价见表 2－6。

表 2－6 浙江点库电子商务有限公司的空运报价

运输方式	重量区间	德国仓（人民币元 /kg）	英国仓（人民币元 /kg）	最低起运量	时效
空运	5 ～ 21（含）kg	45	45	5kg	5 ～ 7 个工作日
	21 ～ 45（含）kg	32	33		
	45 ～ 100（含）kg	30	32		
	100kg 以上	29	30		

解答：

在计算货物的国际航空运输运费时，要比较货物的体积重量［体积（cm^3）/5 000］和实际毛重之间的大小，确定货物是泡货还是重货。如果体积重量大于实际毛重，则该货物为泡货，计算运费时按

照实际体积重量计算；如果体积重量小于实际毛重，则该货物为重货，计算运费时按照实际毛重计算。

（1）计算玩具猴子的体积重量。

体积重量 =（长 × 宽 × 高）/5 000 = 21cm × 6cm × 8cm × 200/5 000 = 40.32kg

（2）计算玩具猴子的实际毛重。

实际毛重 = 0.22kg × 200 = 44kg

因为实际毛重大于体积重量，所以按照实际毛重计算运费。

根据空运报价表，重量在 44kg，对应的德国仓的运费是 32 元 /kg，所以：

运费 = 44 × 32 = 1 408（元）

请思考：如果玩具猴子的重量为 46kg，运费应该为多少？

根据空运报价表，重量为 46kg，对应的运价为 30 元 /kg，所以运费是 1 380 元。因为空运的报价规律是运价与货物的重量成反向变动，如果公司多运 2kg 玩具猴子，运费反而会减少，所以在这种情况下，航空公司会同意浙江金远电子商务有限公司按照 46kg，即下一个重量分界点对应的较低运费来计算。

所以，浙江金远电子商务有限公司本次的运费为 46 x 30=1 380 元，平摊到 200 只玩具猴子，每只玩具猴子的运费是 6.9 元。

工作任务 5　计算海外仓及海外本地物流相关费用

海外仓及海外本地物流相关费用主要是指海外仓仓储费、订单处理费和海外本地派送费。

【例 2－6】 纽约的 Tom 从 A 公司在全球速卖通的店铺购买了一个饰品，重量为 28g，A 公司在芝加哥的海外仓准备打包发货，拟选择标准型物流服务。请分别计算海外仓订单处理费和海外本地派送费。

相关报价见表 2－7 和表 2－8。

表 2－7　美国本地物流报价表

计费重量（盎司）	参考公制重量（克）	经济型（7 个工作日）（人民币元）	标准型（5 个工作日）（人民币元）	快速型（3 个工作日）（人民币元）
1oz	28	12.76	14.39	16.01
2oz	56	13.28	14.65	16.01
3oz	85	13.93	14.97	16.01
4oz	113	16.08	16.86	17.58
5oz	141	16.73	18.03	19.27
6oz	170	17.58	19.27	20.90
7oz	198	18.62	20.64	22.59
8oz	226	19.27	21.68	24.09
9oz	255	20.12	22.98	25.78
10oz	283	20.96	24.22	27.41
11oz	311	21.81	25.45	29.10
12oz	340	22.65	26.63	30.53
13oz	368	23.50	27.73	31.96

续表

计费重量（盎司）	参考公制重量（克）	经济型（7 个工作日）（人民币元）	标准型（5 个工作日）（人民币元）	快速型（3 个工作日）（人民币元）
14oz	396	34.83	40.88	46.94
15oz	425	34.83	40.88	46.94
16oz	453	34.83	40.88	46.94

表 2－8　订单处理费

重量	价格（人民币元）	计量单位	备注
0～7（含）盎司	5	每单	
7 盎司～2 磅（含）	6.5	每单	
2 磅以上	6.5+0.65/ 磅	每单	
复合订单（每增加一项）	1.5	每件	每日订单 100 单以上，有折扣

解答：

（1）计算海外仓订单处理费。根据报价表，重量在 7 盎司以下，每单的订单处理费是 5 元，所以：

订单处理费＝5（元）

（2）计算海外本地派送费。根据报价表，重量为 28g 的货物，若选经济型物流服务，派送费为 12.76 元；若选标准型物流服务，派送费为 14.39 元；若选快速型物流服务，派送费为 16.01 元。所以：

海外本地派送费 =14.39（元）

工作任务 6　调研其他第三方跨境平台物流运费及物流选择

1. 调研亚马逊平台物流费用及物流选择

打开亚马逊美国站（https://www.amazon.com），选择品类为“Tools & Home Improvement”，某品牌的手动充电手电筒的重量为 12.8 盎司，体积为 4.9 英寸 ×4.4 英寸 ×2.8 英寸，其物流方案为使用 FBA（Fulfillment by Amazon）物流服务，亚马逊规定满 35 美元包邮（美国本地）。（Order with Free Shipping by Amazon. If your order is $35 or more，you may qualify for free shipping on eligible items fulfilled by Amazon.com. With free shipping，your order will be delivered 5-8 business days after all of your items are available to ship，including pre-order items.）

2. 调研 eBay 平台物流费用及物流选择

打开 eBay 美国站（https://www.ebay.com），选择品类为“Outdoor sports”，某品牌野外用头戴电筒，从深圳发货，其物流解决方案见图 2－1。

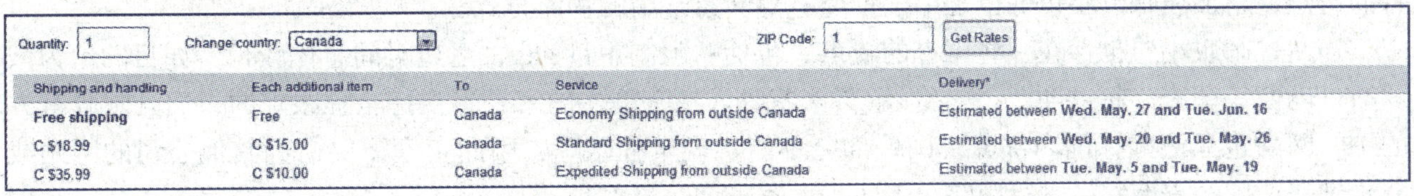

图 2－1　eBay 平台物流解决方案

解读：该货物从深圳发往加拿大，若使用国际邮政小包等经济型物流方式，物流费用为包邮；若使用标准型物流方式，则每一件的运费为 18.99 美元，每增加一件，运费是 15 美元；若使用加急型物流方式，则每一件的运费是 35.99 美元，每增加一件，运费是 10 美元。

总结：亚马逊平台有自己特有的国际物流解决方案——FBA，满 35 美元包邮；eBay 平台提供经济型（Economy Int'l Shipping）、标准型（Standard Int'l Shipping）和加急型（Expedited Int'l Shipping）三种国际物流解决方案。

知识链接

一、中国邮政航空小包

（一）含义

中国邮政航空小包（China Post Air Mail），又称中国邮政小包、邮政小包、航空小包，是指包裹重量在 2kg 以内，外包装长、宽、高之和小于 90cm，且最长边小于 60cm，通过中国邮政空邮服务寄往国外的小邮包。它可以分为中国邮政平邮航空小包（China Post Ordinary Air Mail）（简称平邮小包）和中国邮政挂号航空小包（China Post Registered Air Mail）（简称挂号小包）两种，可寄达全球各个邮政网点。

（二）资费与查询

挂号小包资费低，线下发货首重按照 100g 起算（货运代理按照实际重量算，全球速卖通平台在线发货无首重，按照实际重量计算），挂号服务费率稍高。平邮小包不受理查询，挂号小包大部分国家可全程跟踪，部分国家只能查询到签收信息，部分国家不提供信息跟踪服务，具体可参考 https://www.17track.net 网站的统计信息。

（三）规格限制

重量限制：每个包裹重量不超过 2kg。

体积限制：

非圆筒邮件：长 + 宽 + 高≤ 90cm，单边长度≤ 60cm，长度≥ 14cm，宽度≥ 9cm。

圆筒邮件：直径的两倍 + 长度≤ 104cm，单边长度≤ 90cm，直径的两倍 + 长度≥ 17cm，长度≥ 10cm。

（四）优劣势

由于中国邮政航空小包的重量在 2kg 以内，以个人物品方式出境，出口清关不会产生关税或清关费用，但在目的地国家有可能产生进口关税，具体根据每个国家海关税法的规定而各有不同（相对于其他商业快递来说，中国邮政航空小包能最大限度地避免关税）。由于中国邮政航空小包价格较低，并且中国邮政网络基本覆盖全球，比其他任何物流渠道都要广，因此中国邮政航空小包显现出明显的优势。据不完全统计，中国跨境电商出口业务 70% 的包裹都通过邮政系统投递，其中，中国邮政占据 50% 左右的份额，新加坡邮政小包等也是中国跨境电商卖家常用的物流方式。

当然，邮政小包也存在一些固有的缺点，包括：限制重量 2kg，运送时间总体较长，如目的地为俄罗斯、巴西等国家，超过 40 天才会显示买家签收。还有许多国家是不支持全程跟踪的，而且邮政官方的 183 网站也只能跟踪国内部分，国外部分不能实现全程跟踪，因此卖家需要借助其他公司的网站或登录到寄达国的查询网站进行跟踪，不便于卖家查询物流信息。

（五）适用范围

中国邮政航空小包适合寄递重量较轻、量大、价格要求实惠而且对于时效和查询便捷度要求不高的物品。

（六）其他邮政小包

跨境电商卖家除了选择中国邮政航空小包之外，还可以根据产品的特点（是否能带电池等）选择其他国家和地区的邮政小包，如新加坡邮政小包、瑞士邮政小包等。

二、中国邮政航空大包

（一）含义

中国邮政航空大包（China Post Air Parcel），又称航空大包或中邮大包，是区别于中国邮政航空小包的服务。通过邮政空邮服务寄往国外的大邮包，又可称为国际大包。国际大包分为普通航空大包（Normal Air Parcel，非挂号）和挂号航空大包（Registered Air Parcel）两种。

（二）资费与查询

中邮大包相关资费及体积和重量的限制根据运输物品的重量及目的国家而有所不同，具体可参照中国邮政网上营业厅（官方网址：https://www.11185.cn）。普通航空大包空邮费率较低，邮政不提供跟踪查询服务；挂号航空大包空邮费率稍高，邮政可提供网上跟踪查询服务。

（三）优劣势

（1）以首重 1kg、续重 1kg 的计费方式结算，中邮大包价格比 EMS 低，且和 EMS 一样不计算体积重量，没有偏远附加费，与商业快递相比有绝对的价格优势；

（2）可寄达全球 200 多个国家和地区，通达国家多且清关能力非常强；

（3）运单简单、操作方便；

（4）部分国家限重 10kg，最重也只能 30kg；

（5）妥投速度慢、查询信息更新慢。

（四）适用范围

中国邮政航空大包适合对时效性要求不高而重量稍重的货物的寄递。

三、中国邮政跨境专线物流

（一）含义

目前，中国邮政速递物流股份有限公司已经开通了适用于轻小件寄递的 e 邮宝业务和适用于较高价值物品寄递的 e 特快业务等跨境专线物流。

ePacket 俗称 e 邮宝，又称 EUB，是中国邮政速递物流股份有限公司为适应跨境电商物品寄递的需要，整合邮政速递物流网络资源，与主要电商平台合作推出的速递产品。e 邮宝业务已经开通美国专线、欧洲专线、澳大利亚专线、俄罗斯专线、中东专线、南美专线等，可寄达美国、澳大利亚、英国、加拿大、法国、俄罗斯、以色列、沙特阿拉伯、乌克兰、巴西、墨西哥等国。中邮 e 邮宝业务资费参考表 2-4。

e 特快业务已经开通的可寄往的国家（地区）有日本、韩国、新加坡、中国香港、中国台湾、英国、法国、加拿大、澳大利亚、西班牙、荷兰、俄罗斯、巴西、乌克兰、白俄罗斯等。国际及中国港澳台 e 特快业务资费见表 2-9。

表 2－9　国际及中国港澳台 e 特快业务资费表

路向	首重 50 克（人民币元）	续重 50 克（人民币元）	参考时限
中国台湾	16	0.60	2 ～ 4 个工作日
中国香港	48	0.50	2 ～ 4 个工作日
日本	81	1.20	2 ～ 4 个工作日
韩国	60	0.90	2 ～ 4 个工作日
新加坡	70	1.20	2 ～ 4 个工作日
澳大利亚	69	3.00	5 ～ 7 个工作日
英国	70	2.00	5 ～ 7 个工作日
法国	105	2.00	5 ～ 7 个工作日
荷兰	91	2.00	5 ～ 7 个工作日
西班牙	85	2.20	5 ～ 7 个工作日
加拿大	105	3.00	5 ～ 7 个工作日
俄罗斯	60	4.00	7 ～ 10 个工作日
巴西	115	4.00	7 ～ 10 个工作日
乌克兰	120	2.50	7 ～ 10 个工作日
白俄罗斯	120	2.50	7 ～ 10 个工作日

（二）规格限制

重量限制：中邮 e 邮宝单件最高限重 2kg。

体积限制：

单件最大尺寸：非圆筒邮件长＋宽＋高≤ 90cm，单边长度≤ 60cm；圆筒邮件直径的两倍＋长度≤ 104cm，单边长度≤ 90cm。

单件最小尺寸：非圆筒邮件长度≥ 14cm，宽度≥ 11cm ；圆筒邮件直径的两倍＋长度≥ 17cm，单边长度≥ 11cm。

（三）时限标准

国际及中国港澳台电子商务业务不提供时限承诺，主要城市间全程时限标准参考如下。

e 邮宝业务：7 ～ 10 个工作日。

e 特快业务：

（1）日本、韩国、中国香港、新加坡、中国台湾：2 ～ 4 个工作日；

（2）英国、法国、加拿大、澳大利亚、西班牙、荷兰：5 ～ 7 个工作日；

（3）俄罗斯、巴西、乌克兰、白俄罗斯：7 ～ 10 个工作日。

（四）操作流程

客户首次使用国际及中国港澳台电子商务业务需登录中国邮政速递物流国际在线发运系统（https://shipping.ems.com.cn），申请注册账号，审批通过后，再次登录在线发运系统，根据系统操作说明上传订单信息，并打印邮件详情单，发送派揽请求。电商平台或业务量较大的客户可以申请 API 对接。

（五）查询赔偿

（1）e 邮宝业务：

美国、澳大利亚和加拿大 e 邮宝业务提供全程时限跟踪查询，但不提供收件人签收证明；英国 e 邮宝业务提供收寄、出口封发和进口接收信息，不提供投递确认信息。客户可以登录中国邮政速递物流官网或拨打邮政速递客服专线 11183 查询。

e 邮宝业务不受理查单业务，不提供邮件丢失、延误赔偿。

（2）e 特快业务：

e 特快业务提供收寄、出口封发、进口接收和投递签收等实时跟踪查询信息，客户同时可以通过中国邮政速递物流官网或拨打邮政速递客服专线 11183 查询。

e 特快业务因延误引起索赔的情况，退还邮费的 50%。邮件丢失或内件完全损毁时，按实际损失比例赔偿，但每件最高不超过 2× 首重资费 +2 元 /50g，并退还寄件人所付的邮费。在支付赔偿金以后，原认为已经丢失的邮件又找到时，业务人员应通知寄件人退回赔偿金并领取其邮件。

（六）交寄方式

客户既可以在在线发运系统中选择上门揽收，或拨打邮政速递客服专线 11183，也可以自送到邮政速递物流揽收网点。

（七）优劣势

优势：跨境专线物流集中大批量货物发往目的地，通过规模效应降低成本，因此，价格比商业快递低、速度比邮政小包快、丢包率也比较低。

劣势：与邮政小包相比，跨境专线物流的运费成本还是高了不少，而且在国内的揽收范围相对有限，覆盖地区有待扩大。

（八）适用范围

e 邮宝和 e 特快业务适用于轻小件寄递。e 邮宝不提供签收信息，只提供投递确认信息。客户可以通过 EMS 网站或寄达国邮政网站查看邮件跟踪信息，或者直接拨打客服专线。由于 e 邮宝不提供邮件丢失、延误赔偿，因此一些价值比较高的产品不适合使用 e 邮宝寄递，而适合使用 e 特快寄递。

e 邮宝和 e 特快都是 EMS 推出的特定产品。EMS 是由万国邮政联盟（UPU）创办的邮政特快专递，受各国法律保护，享有航运和海关验关优先权，是最迅速、最安全的邮政特种业务。在中国，EMS 是属于中国邮政速递物流股份有限公司的一个快递品牌，而中国邮政速递物流股份有限公司是中国邮政集团有限公司旗下的公司，邮政小包、大包由中国邮政集团有限公司直接运营。

四、国际 EMS 业务

国际 EMS 业务通达全球 200 多个国家和地区以及国内近 2 000 个城市，以高速度、高质量为用户传递国际、国内紧急信函、文件资料、金融票据、商品货样等各类文件资料和物品。

EMS 全国统一客户服务电话：11183，网址：https://www.ems.com.cn。

规格限制：单件货物不能超过 30kg，每票货只能走一件；货物单边长度超 60cm（含 60cm）需要按照体积重量计费，计费方式为：长 × 宽 × 高 /6 000。

快递查询：EMS 具备领先的信息处理能力，凭借与万国邮政联盟查询系统链接，可实现 EMS 邮件的全球跟踪查询。

多通道信息接入：公司网站平台（https://www.11183.com.cn）、全国统一的 7×24 小时的呼叫平台（11183）和遍布城乡的邮政营业网点。

实时跟踪：通过邮件跟踪与查询服务可以实时了解交寄邮件的全程信息，对签约客户可以提供邮件实时信息的主动反馈服务。

承诺时限：按照从邮政编码到邮政编码的方式计算承诺时限。承诺时限是客户交寄邮件的最大运递时限，实际运递时间有可能比承诺时限短，国际特快专递邮件一般需要 3 ～ 5 天，因 EMS 原因造成邮件的实际运递时间超过承诺时限时，退还已收取的邮件资费。

优势：EMS 依托中国邮政航空有限责任公司陆路运输网络和以上海为集散中心的全夜航航空集散网，现有专用速递揽收、投递车辆 20 000 余辆，满足了国际快递高效派送需求。

EMS 在全国范围内拥有高效、发达的邮件处理中心 200 多个，各处理中心配备了先进的自动分拣设备。亚洲地区规模最大、技术装备先进的中国邮政航空速递物流集散中心在 2008 年投入使用，有力保证了 EMS 国际快递的便捷、及时、安全、准确。

EMS 拥有快速清关的优点：EMS 不仅网络强大、价格合理、实重发货、不用提供商业发票即可清关，而且具有优先通关的权利，通关不过的货物可以免费运回国内。

劣势：价格比中国邮政小包、e 邮宝贵。

适用范围：可以寄递文件和物品，物品类邮件中准许寄递全部适于邮递的货样、商品、馈赠的礼品及其他物品。

五、国际商业快递公司

（一）DHL

DHL（敦豪快递）于 1969 年创立于美国加利福尼亚州旧金山市，现隶属于敦豪集团，其旗下有两大知名品牌（DHL 和德国邮政）。DHL 是全球快递、洲际运输和航空货运的领导者之一，也是全球排名靠前的海运和合同物流提供商。DHL 是进入中国市场时间最早、经验最为丰富的国际快递公司之一。DHL 与中国对外贸易运输（集团）总公司合资成立了中外运敦豪。DHL 拥有完善的速递网络，可以到达 220 多个国家和地区的 12 万个目的地，在中国的市场占有率达到近 40%。

DHL 的相关运费及附加运费、规格限制、实时跟踪等可查询中外运敦豪官网 https://www.dhl.com，或拨打客服电话 95380 获取。

DHL 的优势在于：

（1）服务区域。派送网络遍布世界各地，查询网站货物状态更新及时、准确，提供包装检验与设计服务、报关代理服务，在美国、欧洲有较强的清关能力。

（2）价格。20kg 以下小货和 21kg 以上大货的运价较便宜。对于 21kg 以上物品，DHL 提供了单独的大货价格，部分地区大货价格比国际 EMS 还要低。

（3）时效。正常情况下 2 ～ 4 个工作日可通达全球。特别是欧洲和东南亚速度较快，从中国到欧洲仅需 3 个工作日，到东南亚地区仅需 2 个工作日。

（4）专线服务。DHL 建立了欧洲专线及周边国家专线服务，服务快速、安全、可靠、查询方便。

（二）UPS

UPS（联合包裹）成立于 1907 年，总部位于美国佐治亚州亚特兰大市，是全球领先的物流企业，是专业的运输、资本与电子商务服务的领先提供者。

从世界范围来看，UPS 是快递行业领导者，历史悠久，且与 FedEx 一直是对手。但在中国，UPS 的影响力要次于 FedEx。UPS 的强势地区为美洲地区，性价比高。

UPS 的相关运费及附加运费、规格限制、实时跟踪等可查询 UPS 网址 https://www.ups.com，或拨打客服电话 4008208388 获取。

UPS 的优势在于：

（1）服务区域。UPS 覆盖 200 多个国家和地区，在这 200 多个国家和地区设立了 4 400 多个网点、1 300 多个（全球）营业店、1 000 多个服务中心、17 000 多个授权服务点和 40 000 多个投递箱，能快速派送到北美洲和欧洲的几乎每一个地址。

（2）服务。UPS 提供全球货到付款服务，免费、及时、准确的上网查询服务，加急限时派送服务。UPS 具有超强的清关能力。强势地区为美洲地区，性价比高、定点定时跟踪、查询记录详细、通关便捷。

（3）价格。货物出口至美国、加拿大、西欧、北欧、澳大利亚和新西兰等价格优势明显，UPS 主力打造美国专线。

（4）时效。正常情况下 2 ～ 4 个工作日通达全球，特别是美国 48 小时内到达，全世界 200 多个国家和地区都有网络，查询网站信息更新快，解决问题及时、快捷。

（三）FedEx

FedEx（联邦快递）是一家国际性速递集团，提供隔夜快递、地面快递、重型货物运送、文件复印及物流服务，总部设于美国田纳西州孟菲斯市。FedEx 于 1984 年进入中国，与天津大田集团成立合资企业大田－联邦快递有限公司，现在每周有多趟班机进出中国，是拥有直飞中国航班数目最多的国际快递公司之一。

FedEx 的相关运费及附加运费、规格限制、实时跟踪等可查询网址 https://www.fedex.com.cn，或拨打客服电话 4008861888 获取。

FedEx 的优势在于：

（1）服务区域。FedEx 通达全球 200 多个国家和地区；派送网络遍布世界各地，美洲和欧洲在价格和时效方面尤其具有优势。

（2）时效。正常情况下 2 ～ 4 个工作日即可通达全球，网站信息更新快、网络覆盖全、查询响应快。

（3）服务。FedEx 提供国际快递预付款服务，免费、及时、准确的上网查询服务，代理报关服务以及上门取件服务，清关能力极强。极快的响应速度让用户享受到高效率的服务。

（4）价格。FedEx 从中国到中南美洲及欧洲区域的价格有明显优势，与其他商业快递公司的公布价格相差 30% ～ 40%；从中国到东南亚 21kg 以上的大货，FedEx 的价格相对于 DHL、UPS 的价格较低，但运输速度相差不大。

（四）TNT

TNT 国际快递集团是全球领先的快递和邮政服务供应商，为企业和个人客户提供全方位的快递和邮政服务，公司总部设在荷兰的阿姆斯特丹。TNT 拥有欧洲最大的空陆联运快递网络，能实现门到门的递送服务，并且正通过在全球范围内扩大运营规模来最大幅度地优化网络效能。TNT 于 1988 年进入中国市场，拥有覆盖 200 多个国家和地区的国际门到门递送网络，每周提供 5 次往来欧洲和中国的空运服务。

TNT 的相关运费及附加运费、规格限制、实时跟踪等可查询网址 https://www.tnt.com，或拨打客服电话 4008209868 获取。

TNT 的优势在于：

（1）服务区域。网络覆盖广，查询网站信息更新快，遇到问题响应及时。

（2）服务。提供全球货到付款服务及报关代理服务，通关能力强，客户可及时、准确地追踪查询货物。

（3）时效。2 ～ 4 个工作日即可通达全球，特别是从中国到西欧国家，仅需 3 个工作日。

（4）价格。货通全球，无偏远地区派送附加费用。在西欧国家价格较低、清关能力较强，但对所运货物限制也比较多。

上述四大商业快递公司对信息的提供、收集与管理有很高的要求，以全球自建网络以及国际化信息系统为支撑，速度快、服务好、丢包率低，尤其是寄往欧美国家非常方便；但是价格贵，且价格资费变化较大。一般而言，跨境电商卖家只有在客户强烈要求时效性的情况下才会使用，且会向客户收取运费。

六、海外仓

（一）海外仓的含义和优势

1. 含义

海外仓是指在本国以外的国家或地区建立的海外仓储设施，以扩大跨境电子商务，支持出口企业，促进外贸综合服务企业发展。海外仓可以为全球卖家提供仓储、包装、分拣、派送等一站式综合服务。目前，中国卖家建立海外仓的主要国家是美国、英国、德国、澳大利亚等。

2. 优势

（1）改变传统的跨境电商物流方式，实现海外物流的本地化运输；

（2）改善服务质量，提升海外客户的体验度，增加销售额；

（3）改变卖家身份，降低海外竞争的激烈程度；

（4）扩大跨境货物的运输品类，降低跨境物流费用。

（二）海外仓操作流程

（1）中国卖家通过一般贸易出口的方式（选择传统的国际海运、国际空运或者国际快递等）将货物发往海外仓。

（2）中国卖家通过国际物流商的信息系统管理海外仓的货物。

1）买家下订单，卖家将订单信息发送给海外仓进行订单操作处理；

2）海外仓收到指令后，按照卖家指示对货物进行包装、分拣、派送等操作；

3）海外仓扣除相关费用后，发货至买家。

（3）及时更新信息。通过国际物流商的信息系统及时更新发货及库存信息，让卖家及时掌握情况。

（三）海外仓的费用

海外仓的费用主要包括头程运费、订单处理费、仓租费和海外本地派送费。

头程运费主要是指国际海运运费（含整柜与拼箱运费）、国际航空运费和国际快递费。

订单处理费主要是指产生海外订单后，该票货物出库的基本处理操作的费用。浙江点库电子商务有限公司澳大利亚仓订单处理资费见表 2－10。

表 2－10　澳大利亚仓订单处理资费表

重量	价格（RMB）	
	首件	续件
0 ～ 1kg（含 1kg）	3.00	2.00
1 ～ 2kg（含 2kg）	4.00	2.00
2 ～ 10kg（含 10kg）	5.00	2.00
10 ～ 20kg（含 20kg）	9.00	2.00

续表

重量	价格（RMB）	
	首件	续件
20 ～ 30kg（含 30kg）	12.00	2.00

备注：1. 订单重量超过 30kg 的重量部分，加收 2 元 / kg；当订单包裹重量大于 100kg 时，订单重量附加费不再增加；订单配货物品件数超过 1 件，加收 2 元 / 件，以最重的产品计为首件重量；当订单配货物品数量大于 10 件时，订单附加费不再增加。

2. 订单配货的处理费收费基准按产品自带物流包装收取，如非物流包装，额外收取 2 元；增加物流包装以实际计费。

3. 如订单在库内已下架，因地址错误或者其他原因取消发货，需要重新上架，订单需收取 2 次订单处理费。

仓租费是指货物租用仓库产生的费用，海外仓一般前 30 天是免仓租费用的。浙江点库电子商务有限公司澳大利亚仓仓租资费见表 2－11。

表 2－11　澳大利亚仓仓租资费表

仓储时间	仓储费（RMB/ 天）	计算单位
30 天及以内	免费	CBM
超过 30 天	0.03	件 （体积 <0.001CBM）
	0.05	件 （0.001 ～ 0.02CBM）
	3.00	件 （体积 >0.02CBM）

如果要求海外仓提供更换条码、转仓、卸货、退换货等增值服务，还需要支付海外仓增值服务费。浙江点库电子商务有限公司澳大利亚仓增值服务资费见表 2－12。

表 2－12　澳大利亚仓增值服务资费表

项目		收费价格（RMB）
条码费用 *		
更换条码（因点库头程检查原因）		免费
产品无条码		1/item
其他海外仓转仓	条码费	1/item
入库费用（非点库头程的卸货费用）**		
空运（包括商业快递）		80+2/kg
海运	Container 20ft	1 800
	Container 40/45ft	3 300
其他收费 ***		
海外仓退货处理费		免费
提供仓库图片费用		免费

备注：* 客户产品无条码及海外仓转仓的条码费用；

** 客户使用非点库头程的卸货费用，并且需要打托；

*** 海外仓其他收费。

海外本地派送费是指在海外本地派送时选择物流方式产生的费用。卖家可以选择邮政小包、商业快递等物流方式。澳大利亚邮政 Large Letter 服务资费见表 2－13。

表 2－13　澳大利亚邮政 Large Letter 服务资费表

服务类型	重量（g）	VIP（RMB）	时效（工作日）	备注
Large Letter	0 ～ 125（含）	8.90	2 ～ 6	1. 最大尺寸：250mm × 353mm × 18mm 2. 必须自带物流包装
	125 ～ 250（含）	13.00		
	250 ～ 500（含）	21.20		

能力实训

一、选择题

1. ［单选］中国邮政航空小包的包裹重量一般不超过（　　）。
A. 1kg　B. 2kg　C. 2.5kg　D. 1.5kg

2. ［单选］中国邮政航空小包非圆筒邮件：长 + 宽 + 高不超过____，单边长度不超过____。（　　）
A. 90cm　60cm　B. 100cm　50cm
C. 90cm　50cm　D. 100cm　60cm

3. ［单选］中邮 e 邮宝单件最高限重（　　）。
A. 1kg　B. 2kg　C. 2.5kg　D. 1.5kg

4. ［单选］中邮 e 邮宝非圆筒邮件的最小尺寸：邮件长度不小于____，宽度不小于____。（　　）
A. 90cm　60cm　B. 100cm　50cm
C. 90cm　50cm　D. 14cm　11cm

5. ［单选］EMS 寄递每票货只能走一件，单件货物不能超过（　　）。
A. 1kg　B. 2kg　C. 30kg　D. 20kg

二、判断题

1. 重量在 2kg 以内的小包都可以叫中国邮政航空小包。（　　）
2. 中国邮政航空小包可以寄递文件。（　　）
3. 一般情况下，中邮 e 邮宝比中国邮政航空小包快，比 EMS 慢。（　　）
4. 中邮 e 邮宝、e 特快、e 速宝都是 EMS 旗下的产品。（　　）
5. 卖家需要根据目的地、货物重量、货物性质、时效要求、清关要求等选择跨境物流渠道。（　　）

三、能力拓展

【工作任务 1】调研全球速卖通平台 5 个品类产品跨境物流费用及物流选择，将相关信息填入表 2－14。

表 2－14　全球速卖通平台 5 个品类产品信息

Estimated Delivery	Cost	Tracking	Carrier

续表

Estimated Delivery	Cost	Tracking	Carrier

【工作任务 2】计算跨境小包物流运费。

1. 浙江金远电子商务有限公司在全球速卖通平台上向美国客人销售了一件饰品，包装重量为 0.03kg，请计算跨境物流运费。中国邮政挂号小包资费见表 2－3。

2. 浙江金远电子商务有限公司在全球速卖通平台上向俄罗斯客人销售了一条连衣裙，包装重量为 0.38kg，长 × 宽 × 高为 25cm × 15cm × 3cm，请计算跨境物流运费。e 邮宝业务资费见表 2－4。

【工作任务 3】计算四大国际商业快递公司的物流运费。

浙江金远电子商务有限公司在全球速卖通平台上向美国客人销售了一款婚纱，包装重量为 2.6kg，长 × 宽 × 高为 30cm × 20cm × 10cm，请计算跨境物流运费。此款婚纱专门为客户量身定制，附加值高，从婚纱产品对客户的特殊意义与时间要求方面考虑，拟使用 DHL 快递。DHL 运费参考价格见表 2－15（美国在 6 区）。

表 2－15　DHL 运费（不含燃油附加费以及其他附加费用）　　单位：元

重量（千克）	地区								
	1 区	2 区	3 区	4 区	5 区	6 区	7 区	8 区	9 区
0.5	173	244	230	261	262	267	344	439	660
1.0	211	299	291	319	344	355	434	554	807
1.5	249	354	352	377	426	443	524	669	954
2.0	287	409	413	435	508	531	614	784	1 101
2.5	325	464	474	493	590	619	704	899	1 248
3.0	362	519	529	549	669	706	800	1 014	1 394

备注：1.DHL 按照下列公式计算体积重量：长 × 宽 × 高 /5 000。
2. 每票最低征收燃油附加费 160 元。
3. 偏远地区派送附加费：3 元 / 千克，最低收费 150 元；偏远地区取件附加费：3 元 / 千克，最低收费 150 元。

【工作任务 4】调研亚马逊、eBay 等平台物流运费及物流选择。

个性化成长记录表

序号	评价内容	学生成长记录	评价方式	评价主体	备注
1	微课学习（5%）		平台考试测验	平台	
2	课前测试（5%）		平台考试测验	平台	
3	课中测试（5%）		平台考试测验	平台	
4	仿真实训（5%）		平台系统评分	平台	
5	课后作业（5%）		平台考试测验	平台	
6	学习活跃度（3%）		平台系统评分	平台	
7	资源贡献度（2%）		平台系统评分	平台	
8	技能操作完整度（10%）		操作成果评分 实战成果评分	教师	
9	技能操作规范度（10%）		操作成果评分 实战成果评分	教师	
10	成果展示（10%）		操作成果评分 实战成果评分	教师	
11	方案制定（5%）		能力评估表	自评 / 互评	可选
12	技能操作完整度（5%）		能力评估表	自评 / 互评	
13	技能操作规范度（5%）		能力评估表	自评 / 互评	
14	成果展示（5%）		能力评估表	自评 / 互评	
15	物流方案设计模拟实战（20%）		绩效考核评分 满意度调查表	企业	
16	1+X 考证		考试通过率	评价组织	增值评价，可选，一般为年度考核
17	技能大赛		获奖等级	技能大赛组委会	增值评价，可选，一般为年度考核
备注：各部分权重占比可根据单元实际情况进行调整。					

学习情境三

海外消费者习惯调研操作

微课资源

学习目标

素养目标

培育立足客户需求、持续创新的职业精神，形成“洞察引导创新，文化促进交流”的职业价值观。

知识目标

1. 了解全球主要市场电商发展现状及特点。
2. 掌握海外市场调研的一般方法。
3. 熟悉海外消费者行为和习惯分析的一般方法。
4. 熟悉不同国家的节假日、商业习惯和消费习惯。
5. 熟悉常用的平台数据分析工具和调研报告的写作方法。

能力目标

1. 能够对全球主要市场电商发展情况进行调研，并撰写调研报告。
2. 能够分析平台数据，撰写分析报告，发现新的市场机会。

工作项目

浙江金远电子商务有限公司的跨境电商运营专员陈倩对跨境产品的物流解决方案——中国邮政小包、国际商业快递和海外仓进行详细了解之后，向经理汇报：“现在是不是可以去选品啦，时间不等人啊！”经理微微一笑，说道：“跨境全球零售跟传统外贸的 B2B 是很不一样的，要直接面对消费者，你必须了解全球主要海外市场的电子商务发展情况，熟悉海外消费者的搜索习惯、支付习惯和购买习惯，为选品和产品上传做好准备。”

工作任务 1：调研全球主要市场跨境电商发展情况

通过调研全球跨境电商发展最新情况，进一步增强做好跨境电商的信心。

工作任务 2：调研海外市场消费者电商产品消费习惯

通过调研海外市场消费者的搜索习惯、支付习惯和购买习惯，了解海外电商买家消费习惯。

操作示范

工作任务 1　调研全球主要市场跨境电商发展情况

一、调研流程

（1）确定调研目标。本次调研中，我们以中国与美国跨境电商发展情况作为目标开展调研。

（2）设计调研方案。调研企业必须根据所需资料的性质选择合适的方法，如实验法、观察法、调查法等。本次调研中，我们可以采用案头调研法，也就是第二手资料调研法或文献调研法，是以在室内查阅的方式搜集与研究项目有关的资料。第二手资料的信息来源包括企业内部有关资料、本国或外国政府及研究机构的资料、国际组织出版的国际市场研究资料、国际商会和行业协会提供的资料等。

调研企业应在尽可能充分地占有现成资料和信息的基础上，再根据既定目标的要求，采用实地调查方法，以获取有针对性的市场情报。调研企业可以考虑到相关企业进行实地考察。另外，调研企业还可开展抽样问卷调查，抽样方式须视调查目的和准确性要求而定。而对于问卷的设计，更需要有的放矢，调研企业应依据要了解的内容拟定问题。

（3）调查组织。调研企业应明确调查人员、时间、进度安排、参与人员技术和理论训练、调查活动的规划和监控等问题。

（4）统计与分析结果。调研企业应对获得的信息和资料进行统计与分析，以获得高度概括性的市场动向指标，并对这些指标进行横向和纵向的比较和预测，以揭示市场发展的现状和趋势，提出相应的建议和对策。

（5）准备研究报告。市场调研的最后阶段是根据比较、分析和预测结果撰写书面调研报告。书面调研报告分专题报告和全面报告，阐明针对既定目标所获结果以及建立在这种结果基础上的经营思路、可供选择的行动方案和今后进一步探索的重点。

二、全球跨境电商发展预测调研

根据全球知名技术研究与市场咨询公司 Forrester 的最新报告《2024 年至 2028 年全球零售电子商务预测》，到 2028 年，全球网络零售额预计达到 6.8 万亿美元，亚太地区和美国将继续引领电子商务市场发展。报告指出，零售商对生成式人工智能的投资、在线市场的兴起以及人们数字素养的提高将继续推动全球网络零售销售额的增长。

总体来看，到 2028 年，在亚太地区，包括中国在内的前五大国家 / 地区的网络零售额预计将达到 3.2 万亿美元。美国的网络零售额将在未来 5 年增加 6 000 亿美元，达到 1.6 万亿美元。拉丁美洲、西欧和东南亚的新兴市场也将推动电商市场增长。

（一）三大因素驱动网络零售

第一，电商平台、社交商务、线上杂货购买、线上下单线下取货服务、快商务、直播销售和直接面向消费者的商务等业态的兴起将大大促进网络零售销售。第二，数字钱包和账户到账户（A2A）转账方式将实现无缝、安全和便捷的无现金交易，从而改变全球电子商务的格局。第三，购物者的电子商务购物成熟度将继续提高。同时，随着智能手机的普及、移动商务发展和年轻人口消费力的推动，亚太地区、东欧和拉丁美洲等新兴市场正在迅速迎头赶上。Allegro、Flipkart、Lazada 和 Shopee 等新兴平台也加速在发展中经济体的布局。

（二）中国成亚太网络零售领头羊

到 2028 年，中国、韩国、日本、印度和澳大利亚的网络零售额预计将达到 3.2 万亿美元，中国将成为地区领头羊。中国和韩国是全球电子商务渗透率最高的两个国家，到 2028 年，两国的网络零售渗透率均将超过 40%。

东南亚电商发展较快的前 6 个国家——印度尼西亚、泰国、越南、马来西亚、菲律宾和新加坡，网络零售额在 2028 年将增至 1 930 亿美元。

印度尼西亚的网络零售渗透率在该地区遥遥领先，马来西亚和新加坡紧随其后。未来 5 年，菲律宾和越南的年复合增长率将超过 20%，超过该地区的其他国家。

（三）美国网络零售空间仍大

到 2028 年，美国的网络零售额预计将增加到 1.6 万亿美元，占全美零售总额的 28%。加拿大的网络零售额将达到 830 亿美元，拉丁美洲（包括巴西、墨西哥、阿根廷、哥伦比亚、秘鲁和智利）的网络零售额将达到 1 920 亿美元。

到 2028 年，西欧和北欧国家（包括奥地利、比利时、丹麦、芬兰、法国、德国、希腊、爱尔兰、意大利、荷兰、挪威、葡萄牙、西班牙、瑞典、瑞士和英国）的网络零售额预计将达到 7 730 亿美元，网络零售渗透率增长到 20%。英国将继续保持欧洲最大的网络零售市场地位，紧随其后的是德国、法国、意大利和西班牙。

在东欧，网络零售渗透率只有西欧的一半。Forrester 预测，到 2028 年，东欧五国（俄罗斯、波兰、捷克、罗马尼亚和匈牙利）的网络零售额将增至 1 260 亿美元，其中俄罗斯和波兰将在该地区领跑。

（四）主要的市场调研工具

由于条件的限制，大部分跨境电商企业无法做到出国考察市场。这时候跨境电商企业要对国外市场进行调研，主要依靠数据分析，可灵活运用各种分析工具，全面掌握销售趋势的发展情况。跨境电商企业借助 Google Trends 工具可分析品类的周期性特点，把握产品开发先机；借助 KeywordSpy 工具可发现品类搜索热度和品类关键词；借助 Alexa 工具可选择某品类中以该市场为主要目标市场的竞争对手网站，作为对目标市场产品品相分析和选择的参考；借助 Terapeak 工具可全面分析 eBay 和亚马逊平台账号。

1. Google Trends

工具地址：https://www.google.com/trends。查询条件：关键词、国家、时间。

例如：搜索关键词泳装 swimwear，选择国家为美国，搜索结果显示：美国 5 月至 7 月为泳装搜索的高峰期（见图 3－1）。因此，卖家对于美国市场的产品开发，要在 3 月至 4 月完成。如果卖家不知道目标市场品类热度的周期规律，则会错过市场高峰。

再如：在全球范围内，从每年的 9 月开始，圣诞节的市场关注度逐渐提升，10 月、11 月高速增长，到 12 月底进入最高峰，之后迅速跌至低谷。如果跨境电商企业能提前准备产品和相关的推广活动，则能在产品的整个热度周期占领市场。圣诞节关注热度见图 3－2。

在获得了品类开发的时间规律后，卖家可通过其他工具寻找需要参考的竞争对手网站。

2. KeywordSpy

工具地址：https://www.keywordspy.com/。查询条件：关键词、站点、国家。

以 swimwear 为例，选择美国为分析市场，查询条件选择 Keywords。搜索结果表明：在美国市场，swimwear 月搜索量达到约 274 万次，市场热度较高。搜索量最大的几个关键词是泳装的主关键词，如

swimsuit、bathing suits、swim suits、swim wear 等（见图 3－3），而其他关键词可以作为长尾关键词。将这些关键词用于产品搜索、产品信息加工中的命名及描述中，会大大提升 SEO 的优化水平。

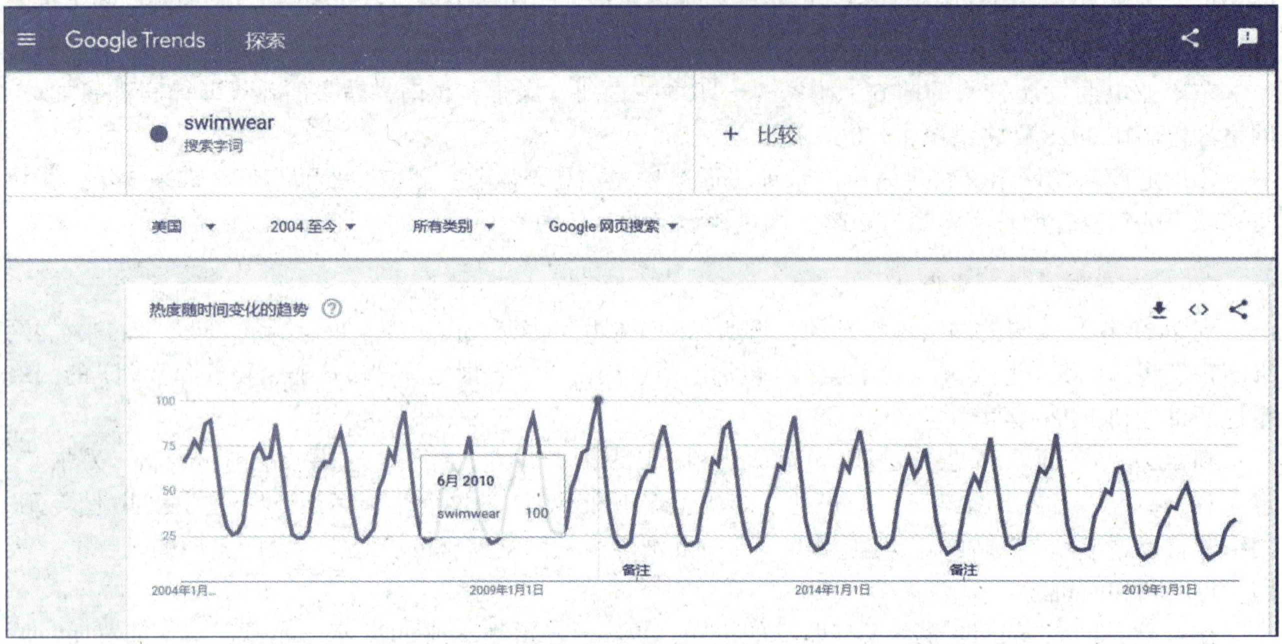

图 3－1 swimwear 销售趋势

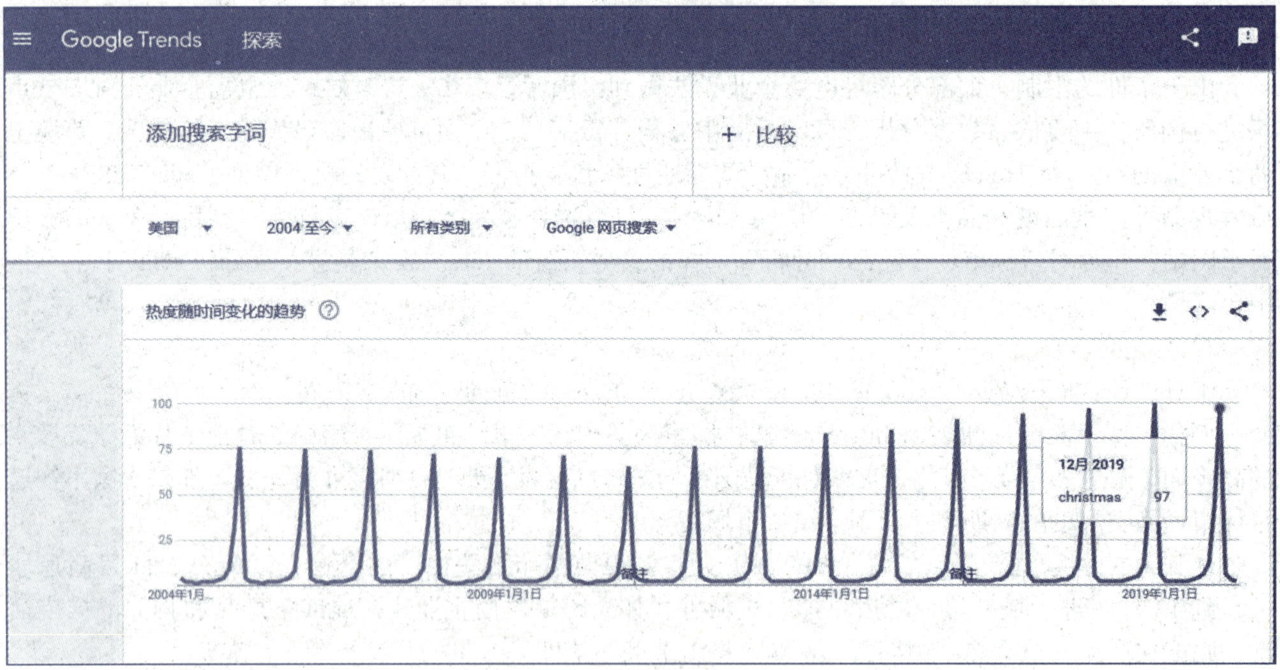

图 3－2 圣诞节关注热度

同时，搜索结果页面也会显示 swimwear 这个关键词所对应的主要竞争对手网站的站点列表（见图 3－4）。卖家应重点关注原始关键词较多的网站，以通过 KeywordSpy 发现的某个竞争对手网站作为参照，利用 Alexa 工具对该网站进一步分析，以确定该网站是否具有参考价值。

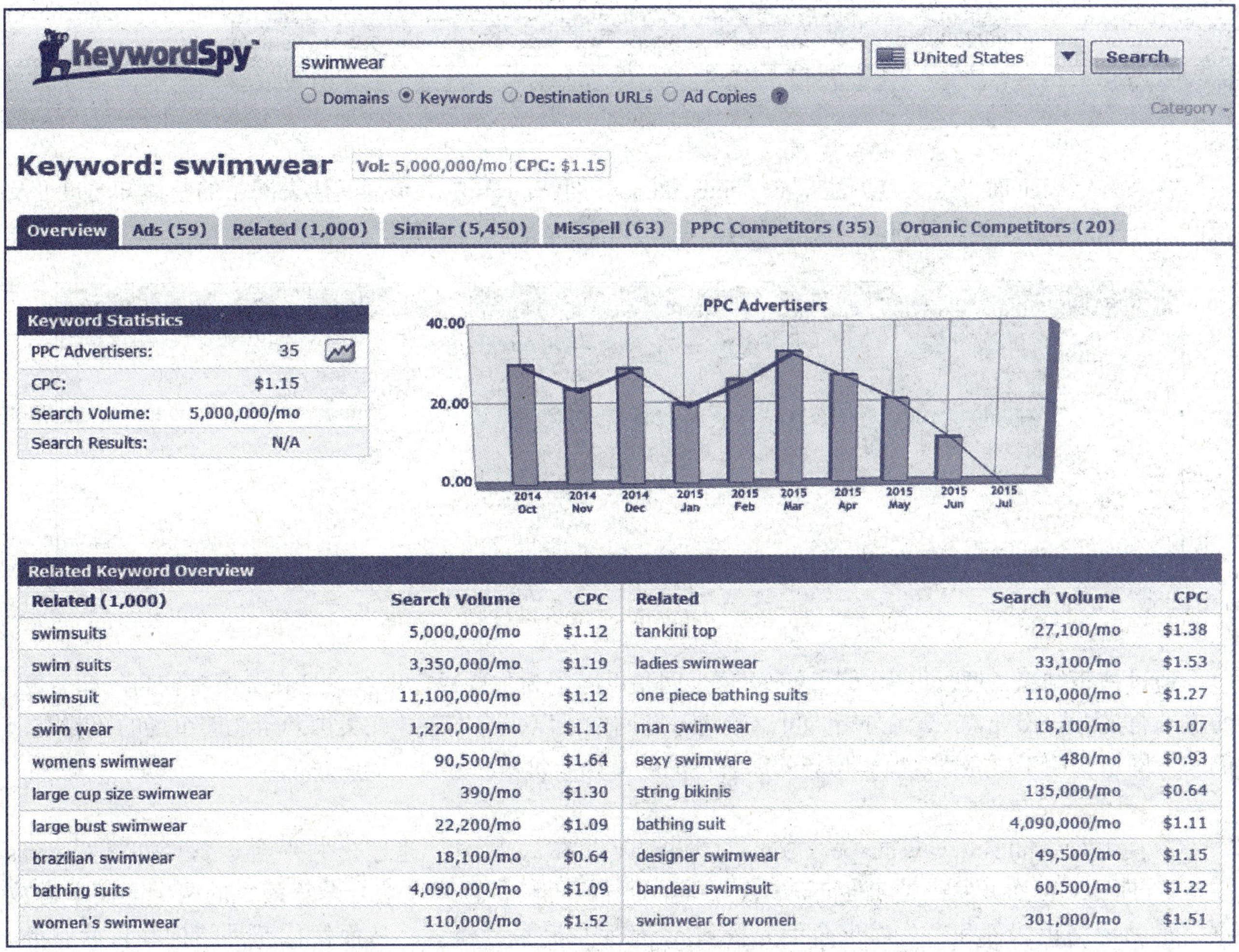

Keyword Statistics	
PPC Advertisers:	35
CPC:	$1.15
Search Volume:	5,000,000/mo
Search Results:	N/A

Related Keyword Overview

Related (1,000)	Search Volume	CPC	Related	Search Volume	CPC
swimsuits	5,000,000/mo	$1.12	tankini top	27,100/mo	$1.38
swim suits	3,350,000/mo	$1.19	ladies swimwear	33,100/mo	$1.53
swimsuit	11,100,000/mo	$1.12	one piece bathing suits	110,000/mo	$1.27
swim wear	1,220,000/mo	$1.13	man swimwear	18,100/mo	$1.07
womens swimwear	90,500/mo	$1.64	sexy swimware	480/mo	$0.93
large cup size swimwear	390/mo	$1.30	string bikinis	135,000/mo	$0.64
large bust swimwear	22,200/mo	$1.09	bathing suit	4,090,000/mo	$1.11
brazilian swimwear	18,100/mo	$0.64	designer swimwear	49,500/mo	$1.15
bathing suits	4,090,000/mo	$1.09	bandeau swimsuit	60,500/mo	$1.22
women's swimwear	110,000/mo	$1.52	swimwear for women	301,000/mo	$1.51

图 3-3　swimwear 搜索热度

Organic Competitors (20)	Keywords
everythingbutwater.com	923
venus.com	31,770
swimwearboutique.com	0
swimsuitsforall.com	2,401
swimoutlet.com	38,773
4swimwear.com	1,431
instyleswimwear.com	686
landsend.com	140,488
ujena.com	550
swimwearexpress.com	112

图 3-4　竞争对手网站对 swimwear 的关注情况

3. Alexa

Alexa 工具用于分析网站在目标市场的流量。工具地址：https://www.alexa.com。

以 www.landsend.com 为例，将 landsend.com 输入界面，点击“查询”(见图 3-5)。

图 3－5　将 landsend.com 输入界面

在查询结果页面，应重点关注 www.landsend.com 网站的日均 IP 流量（代表网站的整体知名度）及该网站在不同国家 / 地区的排名（代表该网站在不同国家 / 地区的知名度，见图 3－6）。

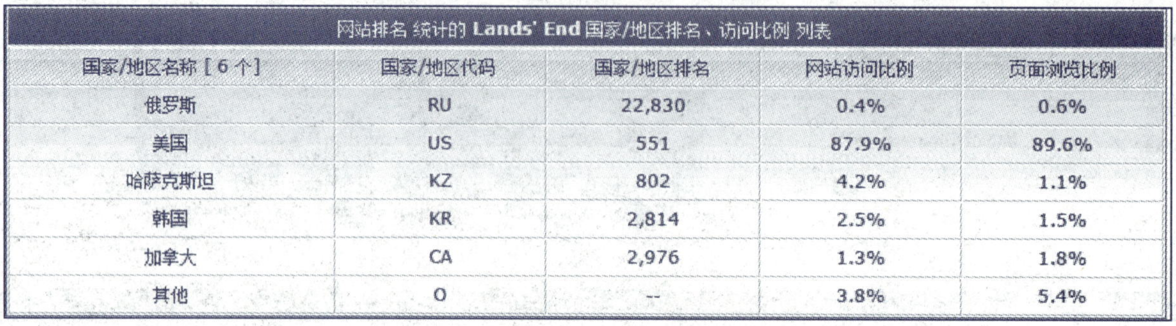

网站排名 统计的 Lands' End 国家/地区排名、访问比例 列表

国家/地区名称 [6 个]	国家/地区代码	国家/地区排名	网站访问比例	页面浏览比例
俄罗斯	RU	22,830	0.4%	0.6%
美国	US	551	87.9%	89.6%
哈萨克斯坦	KZ	802	4.2%	1.1%
韩国	KR	2,814	2.5%	1.5%
加拿大	CA	2,976	1.3%	1.8%
其他	O	--	3.8%	5.4%

图 3－6　landsend.com 日均 IP 流量

通过搜索结果，可以得出以下结论：这个网站以美国为主要目标市场，且在美国有较高的知名度。卖家结合 KeywordSpy 工具的分析，可以确定：此网站可以作为本企业在美国乃至北美市场的泳装类别的参考网站，用于研究适合美国市场的泳装产品的品相及价格。

4. Terapeak

工具地址：https://www.terapeak.com/。Terapeak 由 eBay 和国际速递公共平台运营商 4PX Express（递四方速递）合作开发，是 eBay 官方唯一推荐的分析工具。它通过整合全球最大的两个电商平台数据，帮助网络销售商和个人卖家全面分析 eBay 和亚马逊平台账号，从而优化产品结构和售后服务。Terapeak 工具所提供的数据和分析可以帮助卖家更好地了解市场现状，从而扩大业务，增加利润，并提高顾客的满意度和忠诚度。Terapeak 工具界面见图 3－7。

（a）

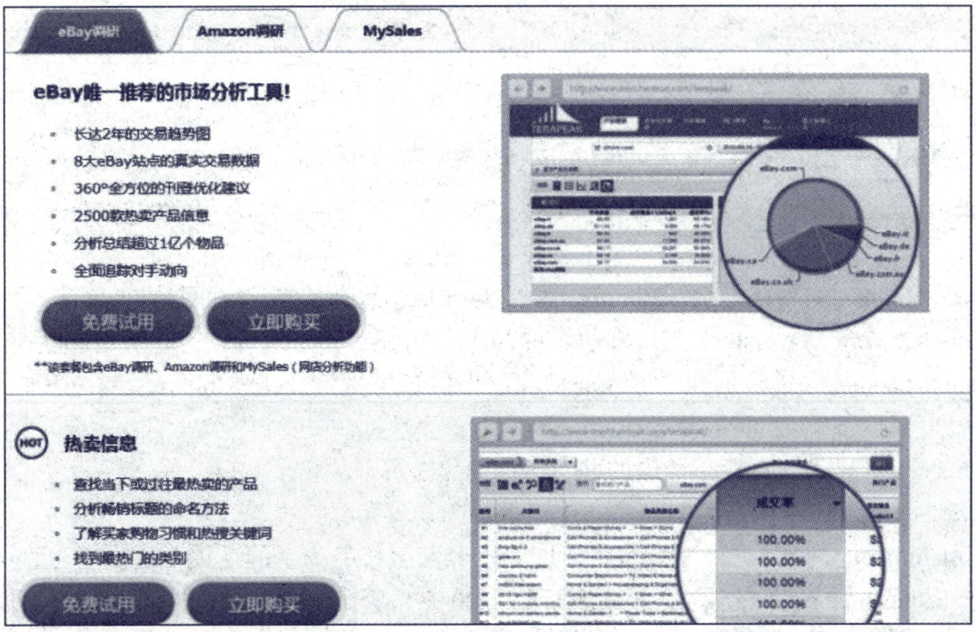

（b）

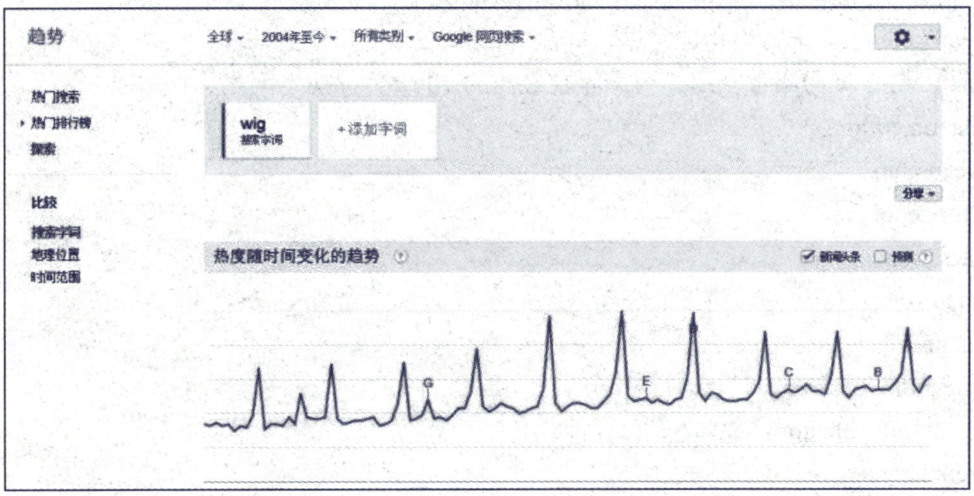

（c）

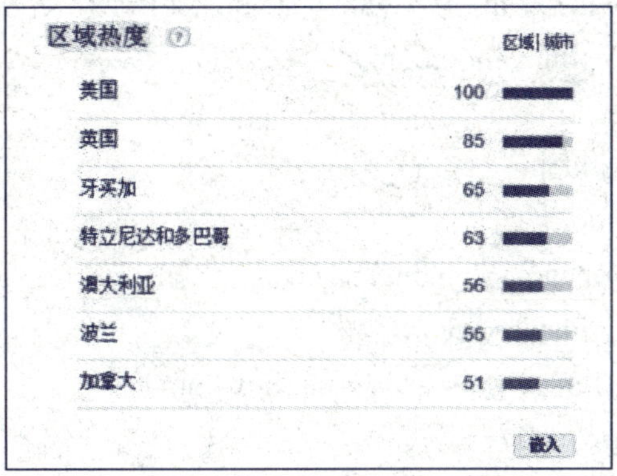

（d）

图 3-7　Terapeak 工具界面

工作任务 2　调研海外市场消费者电商产品消费习惯

一、消费者网站消费习惯

（1）美国消费者常用的综合性购物网站包括以下 10 个：

www.macys.com（梅西百货是美国最老牌的百货公司之一，在美国有很高的知名度，而且常有优惠活动）；

www.amazon.com（亚马逊是全球知名的由图书起家的大型综合性购物网站）；

www.overstock.com（Overstock 与许多著名的品牌公司都有较好的合作，具有价格优势）；

www.walmart.com（沃尔玛是美国零售业巨头，提供各类平价、优质的商品，在美国，网销与卖场同步）；

www.kohls.com（科尔士百货是美国的著名零售商之一）；

www.dillards.com（迪拉德是美国知名的连锁百货公司）；

www.neimanmarcus.com（尼曼是具有百年历史以经营奢侈品为主的连锁百货商店）；

www.saksfifthavenue.com（纽约第五大道汇集的顶尖品牌的限量版的服饰、手包都能在这个网站找到）；

www.shop.nordstrom.com（以时尚的服饰、化妆品为主，品牌齐全）；

www.bluefly.com（美国时尚购物网站，产品种类齐全，折扣较大）。

（2）Blast Radius 公司调查显示，用户体验最佳的 10 个美国购物网站为：

www.amazon.com

www.llbean.com

www.homedepot.com

www.sears.com

www.ebags.com

www.art.com

www.crateandbarrel.com

www.barnesandnoble.com

www.overstocked.com

www.rei.com

（3）美国市场研究公司 Hitwise 发布的调查结果显示，美国用户量最大的 11 个购物搜索引擎如下：

Yahoo!Shopping（https://shopping.yahoo.com）

BizRate（https://www.bizrate.com）

Shopping.com（https://www.shopping.com）

NexTag（https://www.nextag.com）

PriceGrabber（https://www.pricegrabber.com）

MSN eShop（https://shopping.msn.com）

Calibex（现在为 NexTag 所拥有，https://www.calibex.com）

Froogle（https://froogle.google.com）

Dealtime（现在为 Shopping.com 所拥有，https://www.dealtime.com）

Price Watch（https://www.pricewatch.com）

Shopzilla（是 BizRate 新启用的名称，https://www.shopzilla.com）

二、支付方式

北美地区是全球最发达的网上购物市场之一，北美地区的消费者习惯使用各种电子支付方式。信用卡支付、在线支付、银行电汇等各种支付方式对于美国的消费者来说都不陌生。在美国，信用卡是最常见的在线支付方式。美国第三方支付服务公司可以处理维萨（VISA）、万事达（MasterCard）、美国运通（American Express）、大莱（Diners）等信用卡。PayPal 是美国人非常熟悉的电子支付方式。中国商家必须熟悉这些电子支付方式，并善于利用各种各样的电子支付工具。

三、美国的主要节假日

美国的主要节假日包括：

新年（1 月 1 日）

马丁·路德·金纪念日（1 月的第三个星期一）

总统日（2 月的第三个星期一）

阵亡将士纪念日（5 月的最后一个星期一）

独立纪念日（7 月 4 日）

劳动节（9 月的第一个星期一）

哥伦布日（10 月的第二个星期一）

退伍军人节（11 月 11 日）

感恩节（11 月的第四个星期四）

圣诞节（12 月 25 日）

电商打折力度最大的时间为感恩节后一天，也称为 Black Friday（黑色星期五）。

知识链接

一、国际市场调研

国际市场调研是指运用科学的调研方法与手段，系统地搜集、记录、整理、分析有关国际市场的各种基本状况及影响因素，以帮助企业制定有效的市场营销决策，实现企业的经营目标。在现代营销观念的指导下，国际市场调研以满足消费者需求为中心，研究产品从生产领域拓展到消费领域的全过程。如果一家企业要想进入某一新市场，就必须由国际市场调研人员提供与该市场有关的信息，包括该地区的政治局势、法律制度、文化属性、地理环境、市场特征、经济水平等。

从国际贸易商品进出口角度来看，国际市场调研主要包括国际市场环境调研、国际市场商品情况调研、国际市场营销情况调研、国外客户情况调研等。

（一）国际市场环境调研

如同军队作战首先需分析地形以及了解作战环境一样，跨境电商企业开展商品进出口业务，应先了解市场环境，做到知己知彼，百战不殆。跨境电商企业对国际市场环境调研的主要内容包括以下几个方面。

（1）国外经济环境：包括一国的经济结构、经济发展水平、经济发展前景、就业、收入分配等。

（2）国外政治和法律环境：包括政府机构的重要经济政策、政府对贸易的鼓励政策、限制措施，有关外贸方面的法律法规，如关税、配额、国内税收、外汇限制、卫生检疫、安全条例等。

（3）国外文化环境：包括使用的语言、教育水平、宗教、风俗习惯、价值观念等。

（4）其他：包括人口、交通、地理等情况。

（二）国际市场商品情况调研

跨境电商企业要将产品打入国际市场或从国际市场进口产品，除需了解国际市场环境外，还需了解以下国际市场商品情况。

（1）国际市场商品供给情况：包括商品供应的渠道及来源，国外生产厂家的生产能力、数量及库存情况等。

（2）国际市场商品需求情况：包括国际市场对商品需求的品种、数量、质量要求等。

（3）国际市场商品价格情况：包括国际市场商品的价格及其与供求变动的关系等。

（三）国际市场营销情况调研

国际市场营销情况调研是对国际市场营销组合情况的调研，除上述已经提到的商品及价格外还包括以下内容。

（1）商品销售渠道：包括销售网络设立、销售商的经营能力、经营利润、消费者的印象、售后服务等。

（2）广告宣传：包括消费者的购买动机、广告内容、广告时间、方式、效果等。

（3）竞争分析：包括竞争者的产品质量、价格、广告、盈利模式、运营策略、占有率等。

（四）国外客户情况调研

每种商品都有特定的销售（进货）渠道。销售（进货）渠道是由不同客户所组成的。跨境电商企业开展商品进出口业务时，必须选择合适的销售（进货）渠道与客户，做好国外客户的调研。一般来说，跨境电商企业对国外客户的调研主要包括以下内容。

（1）客户政治情况：包括客户的政治背景、与政界的关系、企业负责人所属的党派等。

（2）客户资信情况：包括客户拥有的资本和信誉两个方面。资本是指企业的注册资本、实有资本、公积金、其他财产以及资产负债等情况。信誉是指企业在生产经营活动中所获得的社会上公认的信用和名声。

（3）客户经营业务范围：包括客户经营的商品及品种。

（4）客户类型：指客户是中间商、使用户、专营商还是兼营商等。

（5）客户经营能力：包括客户的业务活动能力、资金融通能力、贸易关系、经营方式和销售渠道等。

二、市场调查报告的基本要求和内容

市场调查报告是指调查、收集、记录、整理和分析市场对商品的需求状况以及与此有关的资料的文书。换句话说，市场调查报告就是市场调查人员以书面形式，反映市场调查内容及工作过程，并提供调查结论和建议的报告。市场调查报告是市场调查研究成果的集中体现，其撰写的好坏将直接影响整个市场调查研究工作的成果质量。一份好的市场调查报告，能给企业的市场经营活动提供有效的指导，能为企业的决策提供客观依据。

（一）市场调查报告的基本要求

1. 客观真实、实事求是

市场调查报告必须符合客观实际，引用的材料、数据必须真实、可靠，切勿弄虚作假，或迎合上级的意图。总之，要用事实来说话。

2. 调查资料和观点相统一

市场调查报告是以调查资料为依据的，即市场调查报告中的所有观点、结论都有大量的调查资料作为根据。撰写人员要善于用资料说明观点，用观点概括资料，二者相互统一，切忌调查资料与观点相分离。

3. 突出市场调查的目的

撰写市场调查报告时，撰写人员必须目的明确、有的放矢。撰写市场调查报告是为了解决某一问题或者为了说明某一问题。市场调查报告必须围绕市场调查上述的目的来论述。

4. 语言简明、准确、通俗易懂

市场调查报告是给人看的，无论是厂长、经理，还是其他读者，他们既不喜欢冗长、乏味、呆板的语言，也不精通调查的专业术语。因此，撰写市场调查报告时语言要力求简明、准确、通俗易懂。

撰写市场调查报告的一般程序是：确定标题，拟定写作提纲，选择调查资料，撰写初稿，修改并定稿。

（二）市场调查报告的内容

（1）调查目的；

（2）调查对象及其情况；

（3）调查内容；

（4）调查方式（一般可选择问卷法、访谈法、观察法、资料法等）；

（5）调查时间；

（6）调查结果；

（7）调查体会（既可以是对调查结果的分析，也可以是找出结果产生的原因及应对方法等）。

能力实训

一、选择题

1. ［单选］由 eBay 和国际速递公共平台运营商 4PX Express 合作开发，eBay 官方唯一推荐的分析工具是（　　）。

A.Terapeak　　B.Google Trends　　C.KeywordSpy　　D.Alexa

2. ［多选］跨境电商宏观环境 PEST 分析是指分析我国出口电商的（　　）。

A. 政治环境　　B. 经济环境　　C. 社会环境　　D. 技术环境

3. ［单选］Alexa 工具用于分析网站在目标市场的（　　）。

A. 流量　　B. 市场　　C. 习惯　　D. 兴趣

4. ［多选］KeywordSpy 的查询条件有（　　）。

A. 关键词　　B. 站点　　C. 国家　　D. 时间

5. ［多选］谷歌趋势的查询条件有（　　）。

A. 关键词　　B. 国家　　C. 时间　　D. 方法

二、判断题

1. 掌握海外消费者的搜索习惯、支付习惯和购买习惯等对于卖家十分重要。（　　）

2. 国外经济环境的调研主要包括一国的经济结构、经济发展水平、经济发展前景、就业、收入分配等。(　　)

3. 国外文化环境的调研主要包括使用的语言、教育水平、宗教、风俗习惯、价值观念等。(　　)

4. SWOT 分析法是用来确定企业自身的优势、劣势、机会和威胁，从而将企业的战略与企业内部资源、外部环境有机地结合起来的一种分析方法。S（Strengths）是优势、W（Weaknesses）是劣势，O（Opportunities）是机会、T（Threats）是威胁。(　　)

5. 母亲节前后是北美和欧洲市场跨境电子商务交易的最高峰，之后迅速跌至低谷。(　　)

三、能力拓展

【工作任务 1】调研中国与欧盟（或 RCEP 成员国和金砖国家）等的跨境电商发展情况并撰写调研报告。

【工作任务 2】调研中国与欧盟（或 RCEP 成员国和金砖国家）消费者电商产品的消费习惯并撰写调研报告。

个性化成长记录表

序号	评价内容	学生成长记录	评价方式	评价主体	备注
1	微课学习（5%）		平台考试测验	平台	
2	课前测试（5%）		平台考试测验	平台	
3	课中测试（5%）		平台考试测验	平台	
4	仿真实训（5%）		平台系统评分	平台	
5	课后作业（5%）		平台考试测验	平台	
6	学习活跃度（3%）		平台系统评分	平台	
7	资源贡献度（2%）		平台系统评分	平台	
8	技能操作完整度（10%）		操作成果评分 实战成果评分	教师	
9	技能操作规范度（10%）		操作成果评分 实战成果评分	教师	
10	成果展示（10%）		操作成果评分 实战成果评分	教师	
11	方案制定（5%）		能力评估表	自评 / 互评	可选
12	技能操作完整度（5%）		能力评估表	自评 / 互评	
13	技能操作规范度（5%）		能力评估表	自评 / 互评	
14	成果展示（5%）		能力评估表	自评 / 互评	
15	市场调研模拟实战（20%）		绩效考核评分 满意度调查表	企业	
16	1+X 考证		考试通过率	评价组织	增值评价，可选，一般为年度考核
17	技能大赛		获奖等级	技能大赛组委会	增值评价，可选，一般为年度考核
备注：各部分权重占比可根据单元实际情况进行调整。					

学习情境四

数据化选品和视觉设计操作

微课资源

学习目标

素养目标

培养数据思维和精细化运营等意识，形成“品质决定价值，故事触动心灵”的职业价值观。

知识目标

1. 掌握跨境电商产品的特点和选择标准。
2. 熟悉全球速卖通平台选品规则。
3. 了解其他第三方平台选品规则。
4. 熟悉供应商选择标准、产品采购流程。
5. 熟悉跨境电商大类产品生产、包装、质量检验标准、验货等知识。
6. 掌握全球速卖通产品分类属性、标题描述和详细描述的方法。
7. 掌握图片处理技术。

能力目标

1. 能够对产品进行正确的定位。
2. 能够分析竞争者和行业产品。
3. 能够选择合适的供应商。
4. 能够对产品进行品牌化管理和营运。
5. 能够根据市场对产品做出合理调整。

工作项目

经理对陈倩前一个月的表现非常满意，一大早就把陈倩叫到办公室面授机宜。选品是跨境电商全球网络零售成功与否的关键环节。选品好，事半功倍，迅速出单；反之，产品在各个跨境电商第三方平台的销售将很难有好的表现。所以，接下来，陈倩要对全球速卖通等平台销售产品的品类情况、跨境产品的特点、选品的渠道和方法等进行详细了解。陈倩的主要任务是：

工作任务 1：调研全球速卖通平台产品品类、产品标题描述和详细描述并撰写调研报告

进行市场选品时，卖家应首先清楚适合在全球速卖通平台销售的产品和不适合的产品，然后熟悉全球速卖通平台的产品类目，了解全球速卖通平台热销产品推荐，通过“生意参谋”进行数据分析并选择不同的产品类目，根据自己的情况进行具体选品。以某一热销产品为例，深入了解产品标题描述和详细描述，最后根据调研情况撰写调研报告。

工作任务 2：运用全球速卖通店铺后台数据对产品进行行业分析并撰写分析报告

进入全球速卖通店铺后台，可以看到“生意参谋”工具。“生意参谋”提供的数据质量高、信息量大、表现方式丰富。“生意参谋”链接下的“行业情报”工具，可供卖家了解市场、分析行业，是选品时重要的参考依据。

工作任务 3：处理产品图片

掌握产品图片处理软件操作技巧。

工作任务 4：AI 快速生图

掌握常见的国内外 AI 生图工具，能准确生成需要的图片。

工作任务 5：从工厂自选产品并对产品进行信息化处理

从工厂自选产品的关键是对产品进行拍照，并进行信息化处理。卖家要准备好相机、三脚架、摄影箱 / 台、反光布、背景布、小道具、摄影灯等。

工作任务 6：登录卖家店铺管理页面对商品分类属性进行设置

商品属性是买家选择商品的重要依据，不同品类的商品在跨境平台的属性分类是不相同的。对商品的属性进行正确设置不仅是跨境电商销售的重要环节，而且是减少售后纠纷的必要环节。

工作任务 7：对商品标题进行描述，对商品其他情况进行详细描述

商品标题表现了一个商品的基本属性，是买家搜索到并吸引买家点击进入商品详情页面的重要因素，反映了该商品的一系列基本特征。卖家要熟悉不同平台商品标题描述的规则。

操作示范

工作任务 1　调研全球速卖通平台产品品类、产品标题描述和详细描述并撰写调研报告

1. 打开全球速卖通在线交易平台

打开全球速卖通在线交易平台（网址：https://sell.aliexpress.com），进入平台规则界面（见图 4－1）。

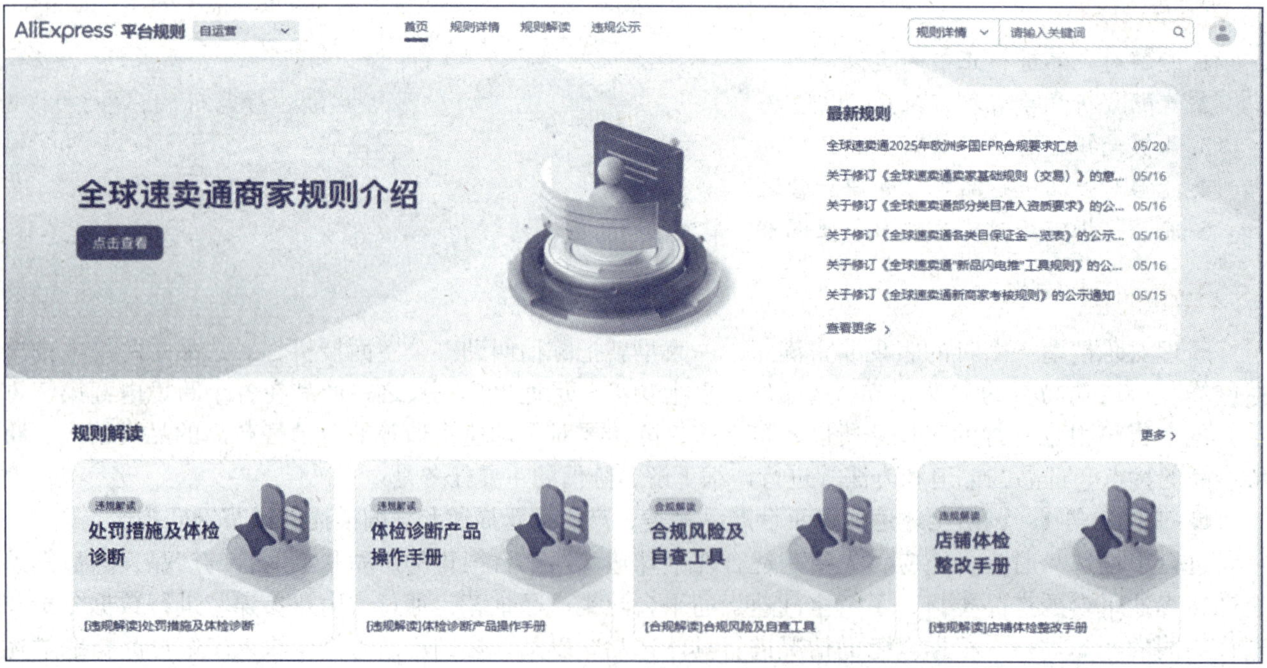

图 4－1　全球速卖通平台规则界面

2. 点击全球速卖通规则，查看全球速卖通禁限售商品目录

查看全球速卖通平台规则，了解禁限售规则，并熟悉禁限售商品目录（见表 4－1）。

表 4－1　全球速卖通禁限售商品目录（部分）

禁发商品及信息	对应违规处理
（二）危险化学品	
1. 爆炸物及引爆装置；	严重违规，最高扣除 48 分
2. 易燃易爆化学品；	一般违规，6 分 / 次
3. 放射性物质；	一般违规，6 分 / 次
4. 剧毒化学品；	一般违规，6 分 / 次
5. 有毒化学品；	一般违规，2 分 / 次
6. 消耗臭氧层物质；	一般违规，1 分 / 次
7. 石棉及含有石棉的产品；	一般违规，1 分 / 次
8. 烟花爆竹及配件。	一般违规，6 分 / 次
（三）枪支弹药	
1. 大规模杀伤性武器、真枪、弹药、军用设备及相关器材；	严重违规，最高扣除 48 分
2. 仿真枪及枪支部件；	一般违规，6 分 / 次
3. 潜在威胁工艺品类。	一般违规，2 分 / 次
（四）管制器具	
1. 刑具及限制自由工具；	一般违规，6 分 / 次
2. 管制刀具；	一般违规，6 分 / 次
3. 严重危害他人人身安全的管制器具；	一般违规，6 分 / 次
4. 一般危害他人人身安全的管制器具；	一般违规，2 分 / 次
5. 弩。	一般违规，0.5 分 / 次
（五）军警用品	
1. 制服、标志、设备及制品；	一般违规，2 分 / 次
2. 限制发布的警用品。	一般违规，0.5 分 / 次
（六）药品	
1. 处方药、激素类、放射类药品；	一般违规，12 分 / 次
2. 有毒中药材；	一般违规，2 分 / 次
3. 口服性药及含违禁成分的减肥药、保健品；	一般违规，2 分 / 次
4. 非处方药。	一般违规，6 分 / 次

3. 进入全球速卖通买家页面

买家页面为 https://www.aliexpress.com。以美国为例，首页部分产品类目见图 4－2。

图 4－2　首页部分产品类目

从图 4－2 可以看出，全球速卖通平台首页展示的一级类目包括：Home Improvement & Lighting；Furniture；Beauty & Health；Toys & Games；Luggage，Bags & Shoes；Automotive & Motorcycle；Jewelry，Watches & Accessories；Electronics；Pet Supplies；Plus Sized Clothing；Hair Extensions & Wigs；Computer Office & Education；Phones & Telecommunications；Babies & Kids；Home & Garden；Women's Clothing；Men's Clothing；Sports & Entertainment 等。每个一级产品类目下设有二级类目和三级类目。下面以 Luggage，Bags & Shoes 为例，介绍此类目的情况（见图 4－3）。

图 4－3　产品类目 Luggage，Bags & Shoes

选择 Luggage，Bags & Shoes 类目，可以看到女士鞋的具体分类，包括 Women's Casual Shoes，Women's Boots，Flats 等。

4. 从首页了解热卖行业

从买家首页依次看到热卖行业，分别是服装（女装和男装）、手机及配件、计算机及配件、电子设备、珠宝及手表、家居用品、箱包鞋子、母婴产品、运动户外、美容美体。从 2010 年起，图 4－4 所示品类获得长足发展，并迸发出勃勃生机。

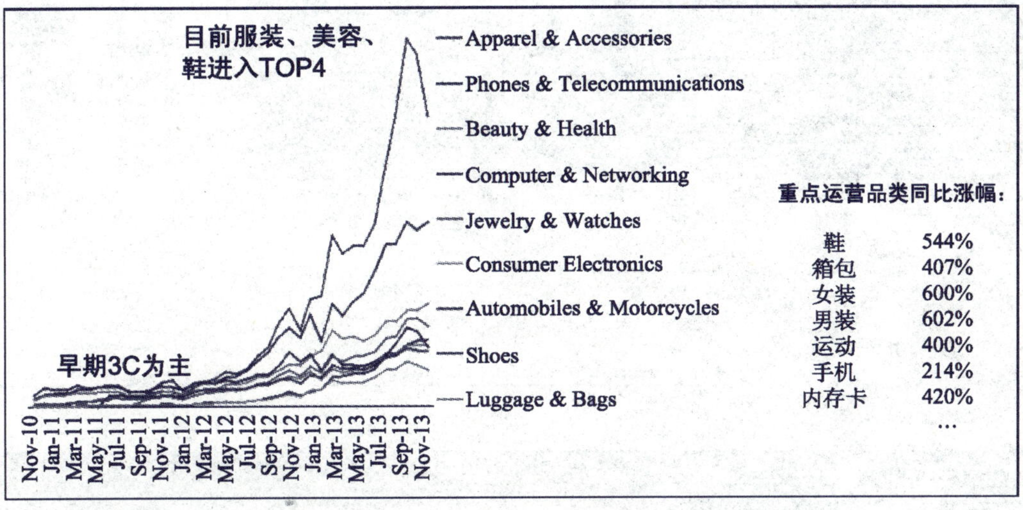

图 4－4　运营品类分析图

综合 2013 年全年的情况来看，全球速卖通平台销售排名前五的品类依次为：服装及配饰、手机及通信、美容及健康、珠宝及手表、汽车及摩托车（见图 4－5）。鞋类、服装、箱包、珠宝及手表、手机及通信是增长速度最明显的 5 个品类。

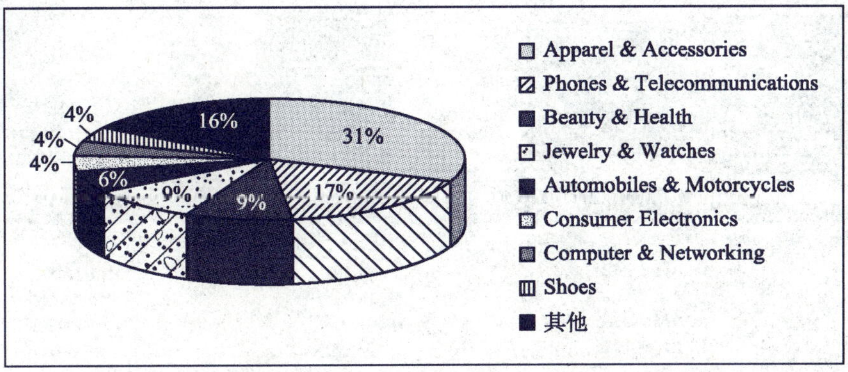

图 4－5　各行业大卖家占比情况

在热销品类和目标市场的发展方面，全球速卖通指出，从地区成交额来看，俄罗斯人买得最多的是中国的手机，小米、华为等国产品牌手机是热门商品。服装类的套头毛衣、紧身衣以及珠宝首饰中的新款式商品在俄罗斯市场也非常受欢迎。相关数据显示，巴西人从中国采购的第一大品类是服装。夏季是球鞋、太阳镜等产品的热卖时节，相关品类的销量持续增长。

5. 点击 BestSelling，了解热卖产品和每周热销产品

BestSelling 每周热销产品示例如图 4－6 所示：

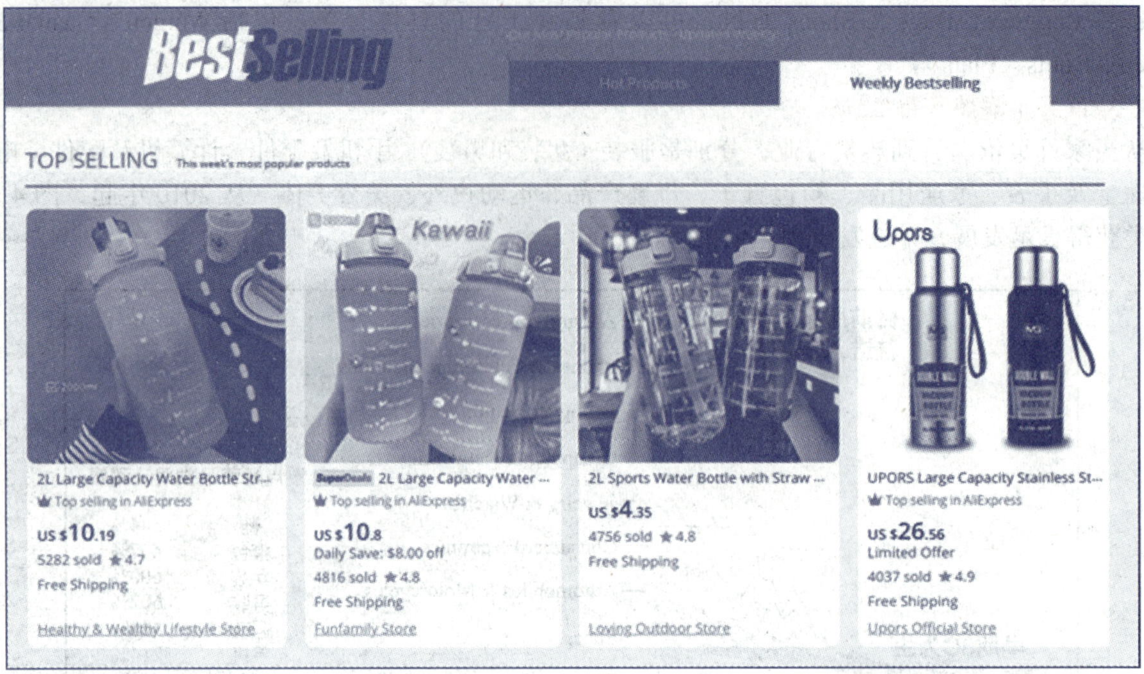

（a）

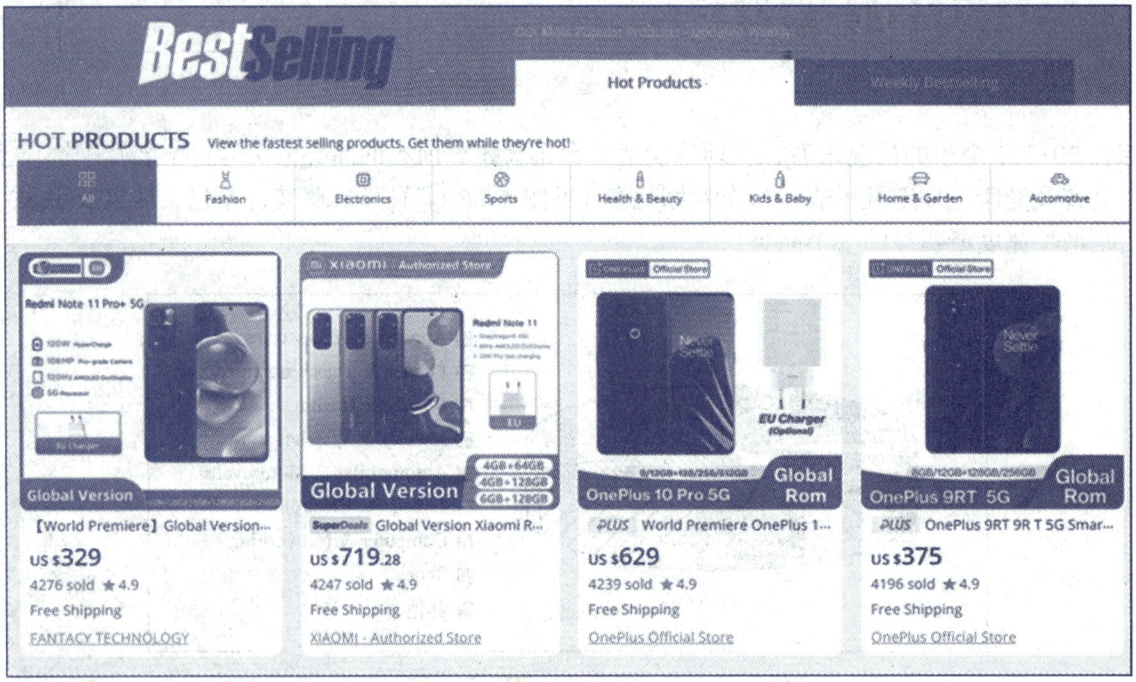

（b）

图 4-6　BestSelling 每周热销产品示例

进入热销产品页面，卖家可以查看每周热销排行和热销产品。卖家应对顾客喜欢的产品有一定的了解，从而选择合适的产品。

6. 选择其中一款产品，了解其产品标题和详细描述

选择 Shoes > Women's Shoes > Flats，出现图 4-7 所示的界面。

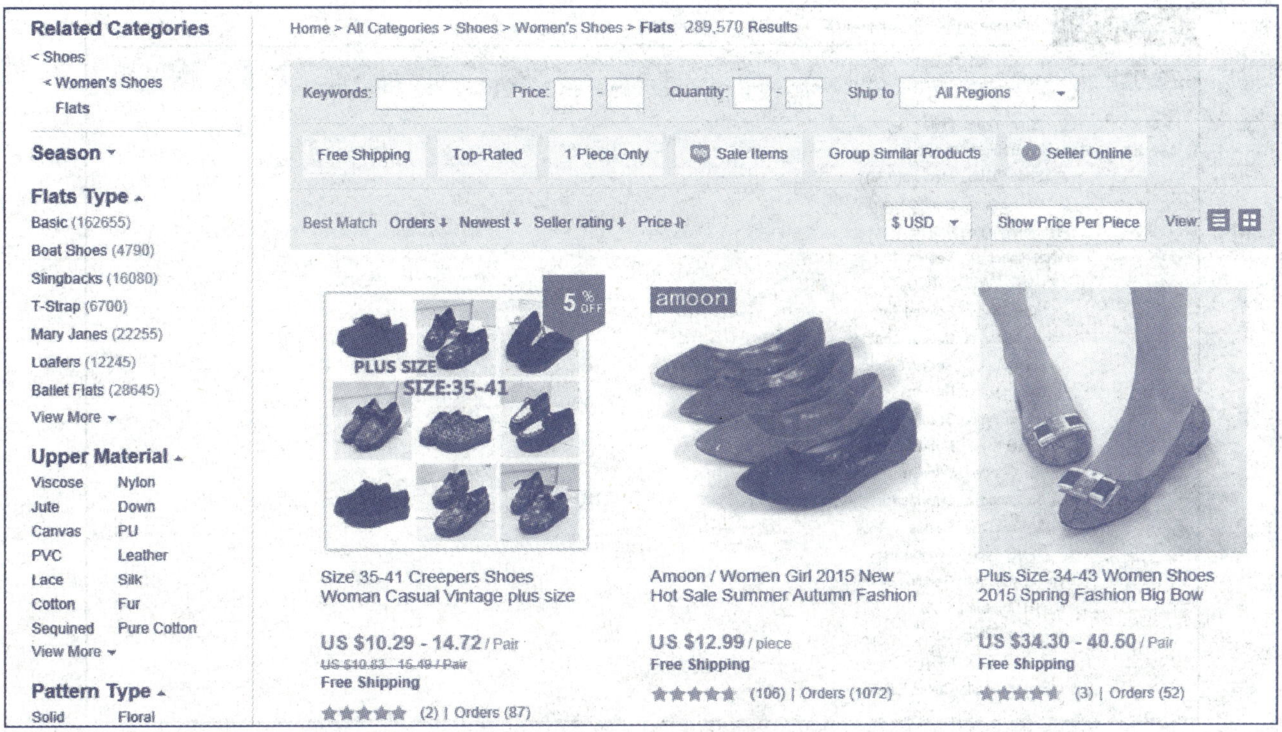

图 4－7　女士平跟鞋选择界面

以一款女士平跟鞋为例，其标题为：Summer Walk Shoes Women Loafers Suede Casual Moccasin 2022 Metal Lock Beanie Shoes Comfortable Soft Sole Flat Shoes Plus Size（见图 4－8），该标题描述包含核心词、属性词和流量词。

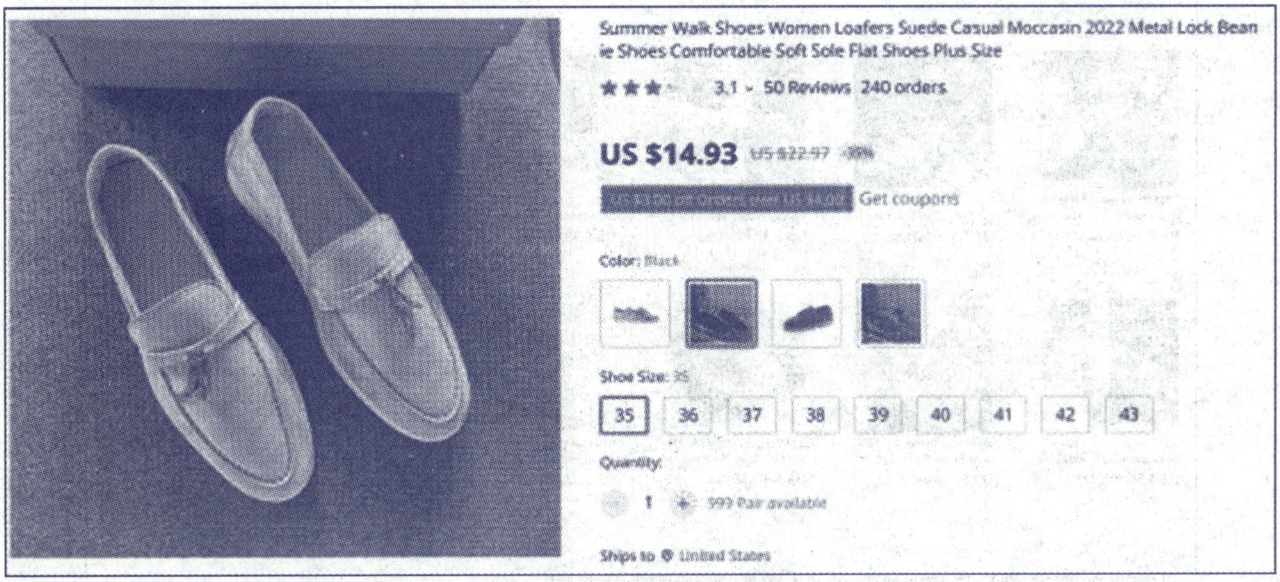

图 4－8　某款女士平跟鞋产品标题

该产品详细描述包括产品基本属性（见图 4－9）、产品图片展示（见图 4－10）、产品生产过程介绍（见图 4－11）、产品尺码介绍（见图 4－12）、支付和物流方式及退换货政策（见图 4－13）等。

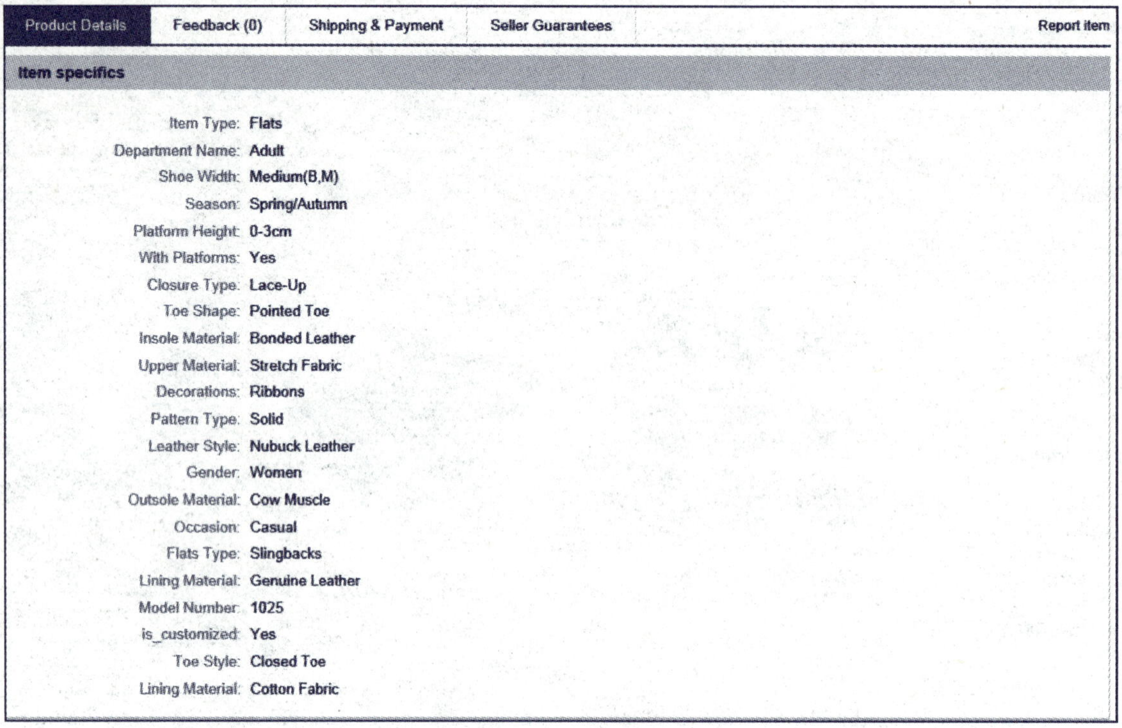

图 4－9　产品基本属性

图 4－10　产品图片展示

图 4－11　产品生产过程介绍

Check your sizes now!!!!!

1 inche=2.54 cm　1 cm=0.3937 inch

Please tell us your feet length if you do not know which size is better for you,then we can decide your size correctly. The size selected optio

order,NOT UK and EUR SIZE!!! Please do not select wrong size!

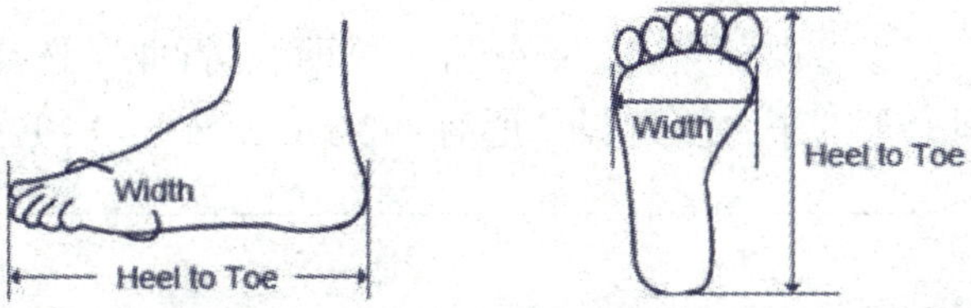

Moacure while standing with your foot firmly on the floor and parallel to your other foot

USA	European	Great Britain	Brazil	Australia	Heel to Toe(in cm)
5	35	2.5	33	3.5	22.5
6	36	3.5	34	4.5	23
6.5	37	4	35	5	23.5
7.5	38	5	36	6	24
8.5	39	6	37	7	24.5
9	40	6.5	38	7.5	25
9.5	41	7	39	8	25.5
10	42	7.5	40	8.5	26

图 4－12　产品尺码介绍

Payment & Shipping:

1.You can pay with Escrow,CreditCard,Moneybookers,Visa&MasterCard,Bank Transfer and so on.

2.Orders will be dispatched with 2-4 working days after got your payment, marked as "gift" or "sample" for easy customs clearance.(Door to door shipping)

3.Shipping tracking number will file in order after shipped,you can track of it.

4.Import charges&tax are the buyer's responsibility.We aren't responsible for any accidents ,delay or other issues which are the responsibility of shipping service.

Return Policy:

1.100% of all delivered products in good quality and under strict examination
before shipping.We will try our best to avoid any quality problem.

2.We refuse to return the goods back without any quality defects if you change your mind or don't like the items after you received the goods.

Feedback:

1.We depend on your satisfaction to succeed,so feedback is extremely important to us,please post a good feedback to us if you are satisfied with our goods and service,we will do that for you also.Thank you very much!

2.We always appreciate and try to care about our valued customers, please give us the opportunity to resolve any problems that may upset and frustrate you.

3.Please send us E-mail first before you want to leave negative feedback or dispute on Aliexpress,we are sure you will feel satisfactory with our answer.

图 4－13　支付和物流方式及退换货政策

7. 根据调研情况撰写调研报告

第一，全球速卖通平台适合销售价值高、体积小的商品；

第二，全球速卖通平台有十大热销产品品类，鞋类及其他品类增长较快；

第三，选择增长较快的产品品类，并进行二级甚至三级产品品类的深入了解；

第四，以某一品类为基础，熟悉产品的基本描述，包括产品标题和产品详细描述。

工作任务 2　运用全球速卖通店铺后台数据对产品进行行业分析并撰写分析报告

进入全球速卖通后台，打开“生意参谋”—“市场分析”页面。“行业”选择“工具”，“时间”选择“30 天”，“国家”选择“全部国家”，“平台”选择“所有平台”（见图 4－14）。

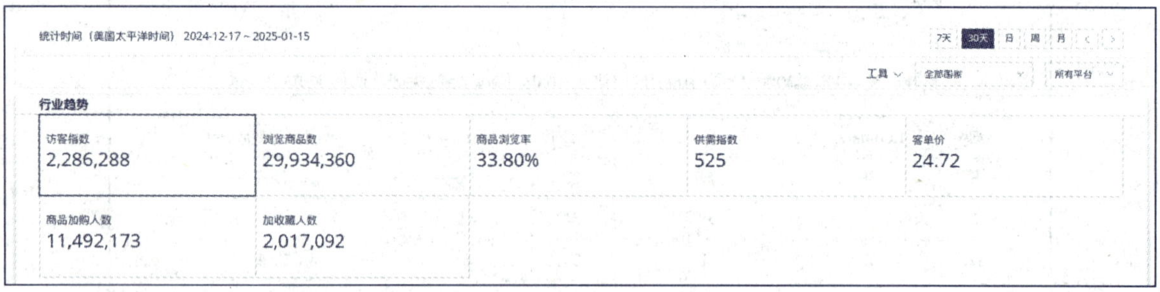

图 4－14　行业的销售数据分析

1. 行业数据

从图 4－14 可以看出这一行业的访客指数、浏览商品数、商品浏览率、供需指数、客单价、商品加购人数和加收藏人数等数据。

2. 访客指数、行业趋势数据明细

从图 4－15 可以看出，本周期访客指数比上周期访客指数有一定幅度的增长。卖家可以再参考对比行业趋势。

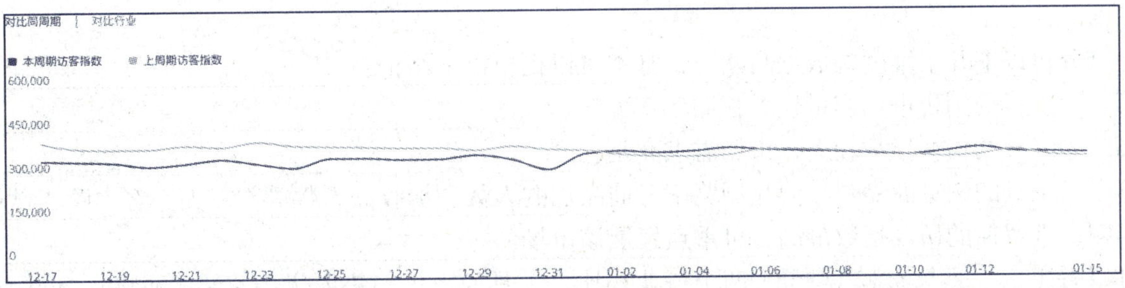

图 4－15　访客指数趋势

行业趋势数据明细见图 4－16。

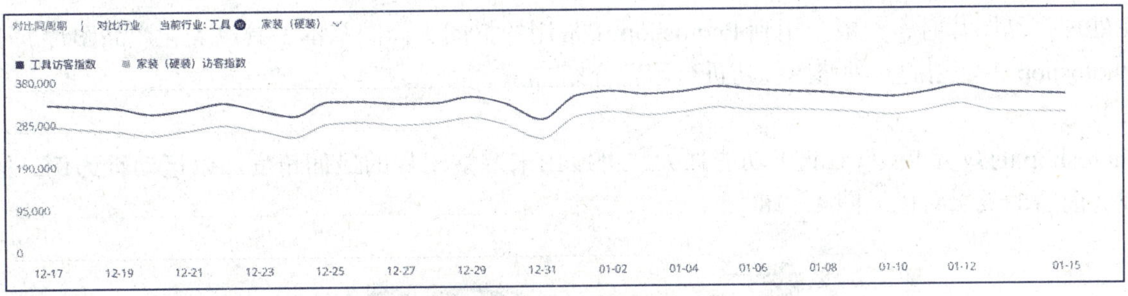

图 4－16　行业趋势数据明细

从图 4－16 可以看出，工具的访客指数要远高于家装（硬装）的访客指数。单从访客指数这一指标来看，工具这个行业要优于家装（硬装）这个行业。

3. 行业国家 / 地区构成分布

行业国家 / 地区构成分布（部分）见图 4－17。

从图 4－17 可以看出俄罗斯、美国、巴西、西班牙、韩国、墨西哥、法国、乌克兰、波兰、德国等国在访客指数、浏览商品数、商品浏览率、供需指数、客单价、商品加购人数和加收藏人数等的具体数据。单从访客指数来看，俄罗斯在工具这个行业的访客指数在以上国家中排名第一，达到了 685 604，较前 30 天减少了 12.16%。

国家构成

排名	国家&地区	访客指数	浏览商品数	商品浏览率	供需指数	客单价	商品加购人数	加收藏人数	操作
1	俄罗斯 较前30日	685,604 -12.16%	7,367,427 -15.00%	20.83% +11.57%	119 -12.94%	23.85 -7.70%	1,261,052 -13.80%	3,474 +7.02%	趋势
2	美国 较前30日	513,340 -1.04%	5,313,454 +1.22%	27.72% +2.56%	76 -0.93%	44.15 -13.52%	821,818 -7.07%	163,289 +1.73%	趋势
3	巴西 较前30日	500,266 -9.42%	3,480,958 -12.48%	24.29% -5.27%	81 -9.32%	35.79 -11.80%	587,109 -16.12%	159,897 -12.60%	趋势
4	西班牙 较前30日	496,495 -7.40%	4,387,025 -7.35%	24.30% -1.34%	82 -8.40%	18.82 -11.14%	861,292 -10.85%	143,559 -3.23%	趋势
5	韩国 较前30日	490,384 -7.41%	3,899,713 -7.67%	21.45% -3.12%	90 -9.12%	17.97 -9.70%	837,587 -15.81%	52,757 -13.86%	趋势
6	墨西哥 较前30日	449,471 -8.19%	3,014,499 -10.42%	22.90% -4.38%	79 -2.81%	25.97 -3.10%	537,708 -14.58%	146,313 -11.67%	趋势
7	法国 较前30日	439,530 -5.08%	3,831,149 -5.69%	21.91% -1.44%	74 -4.88%	22.53 -10.17%	548,591 -8.17%	84,192 +2.63%	趋势
8	乌克兰 较前30日	403,035 -6.36%	4,015,223 -3.30%	25.60% -1.12%	55 -8.12%	16.75 -4.88%	553,240 -13.40%	201,212 -7.82%	趋势
9	波兰 较前30日	400,436 -5.82%	3,752,234 -3.55%	26.01% -4.83%	52 -2.89%	22.10 -11.67%	527,227 -11.96%	116,380 -5.55%	趋势
10	德国 较前30日	377,715 -2.73%	2,968,214 -0.90%	22.63% +0.94%	61 -1.72%	24.01 -10.58%	424,017 -2.94%	79,592 +8.82%	趋势

‹上一页　1　2　3　4　下一页›

图 4－17　行业国家 / 地区构成分布（部分）

4. 形成行业结论

通过分析以上几个维度的数据与联系，基本可以得出以下结论：

第一，工具的销售市场容量较大；

第二，工具的访客指数较大、市场需求充足；

第三，工具的浏览商品数、商品浏览率、商品加购人数和加收藏人数等都较大，客户购买欲望强；

第四，俄罗斯的访客指数最高，可重点发展该市场。

可以看出，工具与家装（硬装）两个行业相比，工具的市场趋势要优于家装（硬装），不失为选品的好方向。

工作任务 3　处理产品图片

在处理产品图片时，一般会用到 Photoshop 中常用的抠图、修图基本工具以美化产品图片。下面我们就 Photoshop 中常用的几种修图技巧进行示范介绍。

1. 裁剪工具

Photoshop 的裁剪工具（C 键）功能强大，可以用来调整图片的最佳角度。以运动鞋为例，倾斜的照片裁剪前后的效果对比见图 4－18。

裁剪前　　裁剪后

图 4－18　倾斜的照片裁剪前后的效果对比

具体操作步骤为：按 C 键，在图像区域画矩形框，鼠标在框线内时，拖动鼠标可以调整产品大小。在图片上单击鼠标左键并拖动鼠标，可以将图像旋转到所需的角度。调整裁剪框为图 4－19 所示效果，按 Enter 键完成裁剪。

图 4－19　裁剪时的裁剪框

按 C 键，设置宽度为 700px、高度为 700px（见图 4－20）。

图 4－20　设置裁剪的宽度和高度

在图像区域拖动鼠标，出现裁剪框（见图 4－21）。这样无论原来图片的大小是多少，得到的都是 700px × 700px 的图片。裁剪后的效果见图 4－22。

图 4－21　拖动出裁剪框

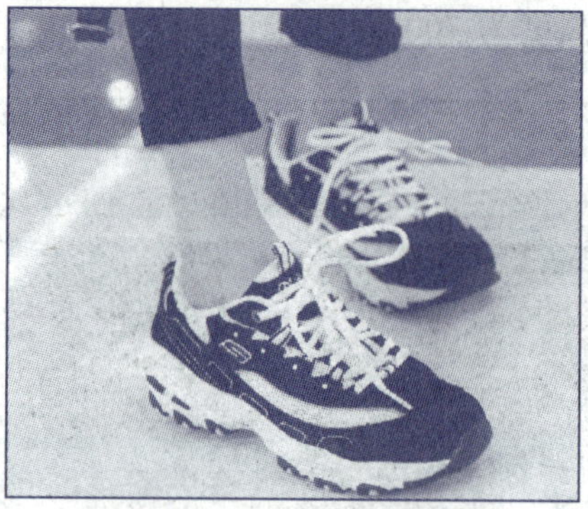

图 4－22　裁剪后的效果

2. 矩形、椭圆选框工具

图 4－23 为选框工具选项，按住鼠标左键，在画布中拖动可以创建一个矩形或椭圆的选区，然后可以对选区的内容进行复制、剪切、填充等操作。

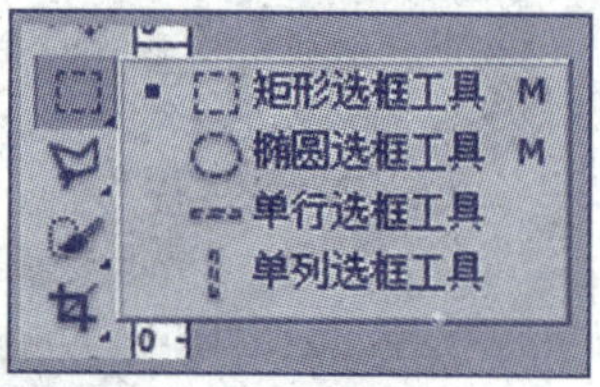

图 4－23　选框工具

现在的数码相机像素大多在 2 000 万以上，拍摄出来的照片尺寸相对都较大。在填写产品描述时，对于没有拍摄细节的产品，可以通过框选并复制或裁剪的方式来获得细节图，将大图中的细节部分用矩形选框工具或椭圆选框工具选中后进行复制或裁剪，以达到细节展示效果。

【**Step 1**】打开原始大图（见图 4－24）。

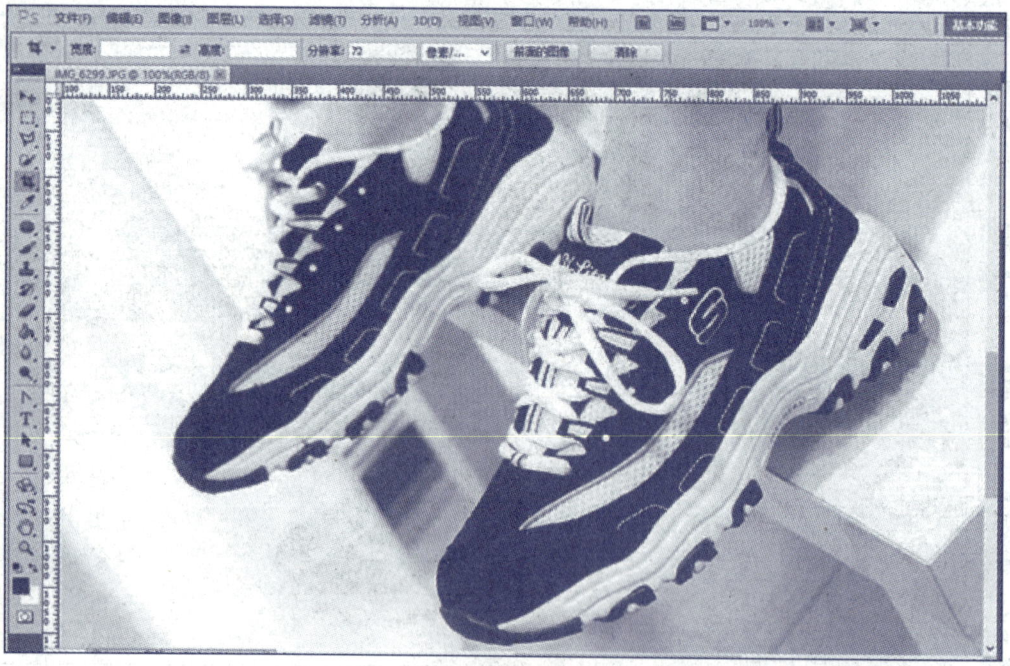

图 4－24　原始大图

【Step 2】新建一个画布，宽度为 700 像素、高度为 700 像素（见图 4－25）。

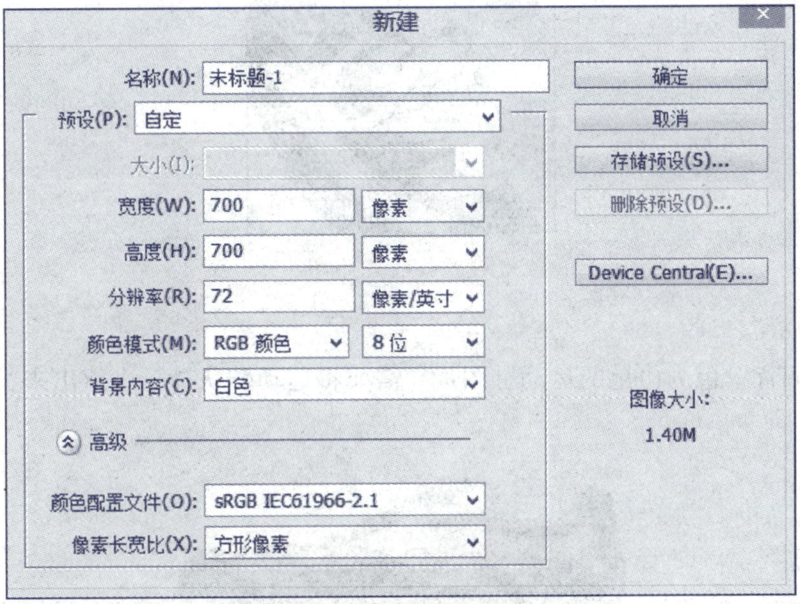

图 4－25　新建画布

【Step 3】单击原始图片窗口上的标题，切换到打开的原始图片窗口。

【Step 4】在原始图片窗口里，单击放大镜工具让图片以原始尺寸显示。

【Step 5】在工具箱上单击“抓手”工具，按住鼠标左键拖动，查看细节效果。

【Step 6】单击工具箱中的“矩形选框工具”，在要抓取的细节位置上拉出一个虚线框（见图 4－26）。得到的细节图见图 4－27。

图 4－26　框选女鞋细节

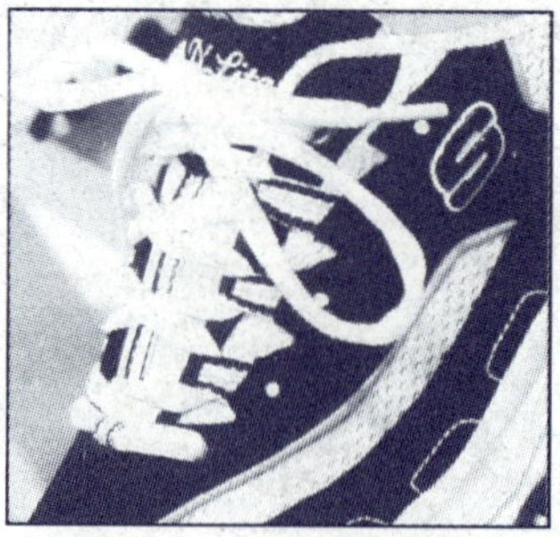

图 4-27　细节图

3. 魔棒工具

图 4-28 是一幅背景色为白色的运动鞋图片，需要将运动鞋从背景中抠出来，放在图 4-29 所示的背景图片上。

图 4-28　运动鞋

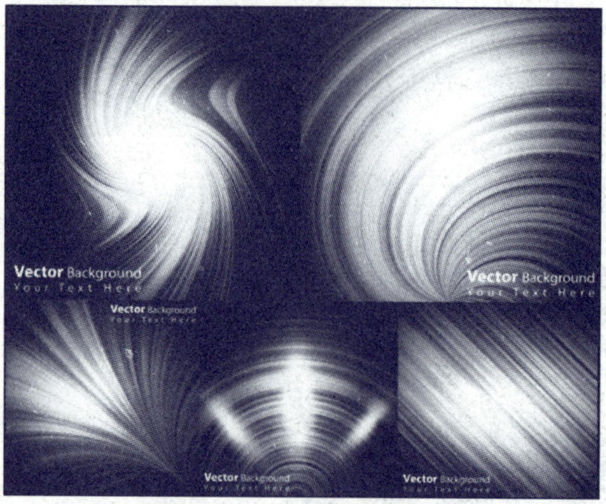

图 4-29　绚丽背景

【**Step 1**】打开“运动鞋”和“绚丽背景”图片。

【**Step 2**】在“运动鞋”图片窗口中，点击“魔棒”工具（W）。

【**Step 3**】设置容差值为 32，勾选“连续”和“消除锯齿”。

【**Step 4**】在属性栏中选择“添加到选区”，这样就可以将每次单击后产生的选区相互添加在一起；在运动鞋白色背景区域，不断单击直到所有白色部分全部被选中为止。

【**Step 5**】点击顶部菜单栏的“选择”选项，在下拉菜单中点击“反向”，反向以后选择的就是除背景以外的物体（见图 4-30）。选择物体之后，复制选区内的图层，将其粘贴到绚丽背景中。

【**Step 6**】调整运动鞋大小，最终效果见图 4-31。

图 4－30　选中白色背景后反选

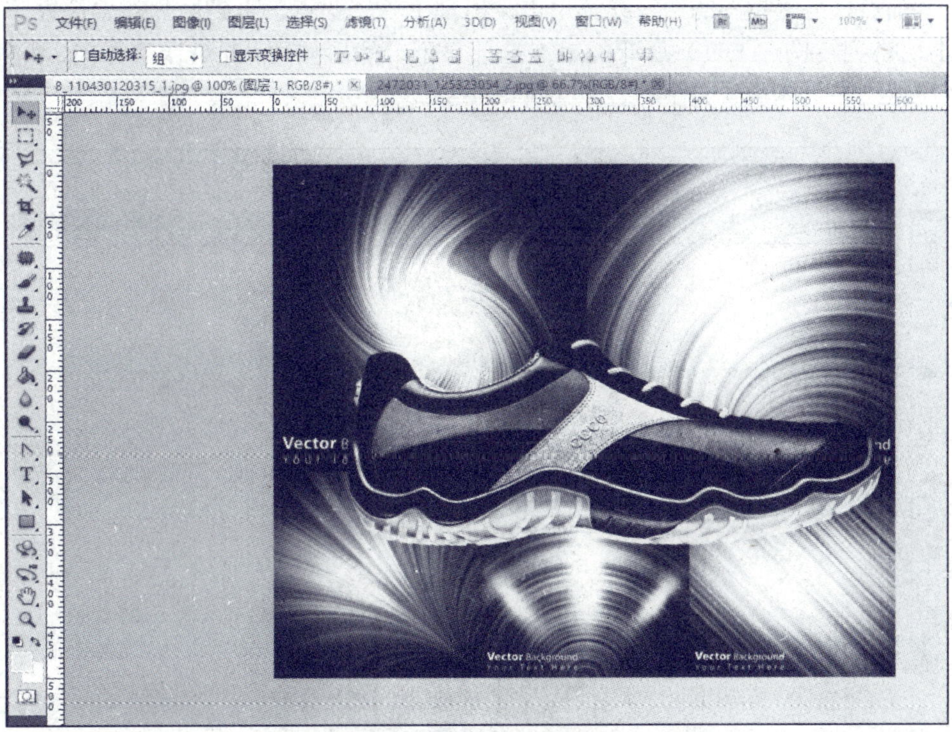

图 4－31　最终效果图

4. 钢笔工具

卖家在参加全球速卖通的促销活动时，一般都要提供白底图片。图 4－32 是一张原始图片，如果要将小熊故事机的图片背景去掉变成白底，这时用前面的几种工具操作起来就会不方便，而使用钢笔工具抠图会方便而且精确很多。

图 4－32　原始图片

【**Step 1**】打开图片文件，将图片放大显示，选中钢笔工具，沿着要抠的主体的任一边缘部位单击一下，出现一个锚点，沿着抠图的边缘继续单击，出现下一个锚点，直到回到起始位置。

【**Step 2**】切换到转换点工具，所有的锚点全部显示，然后按住 Alt 键调整方向，与下一步抠图方向一致，直到让弧线与主体边缘完全吻合（见图 4－33）。

图 4－33　选中抠图主体

【**Step 3**】在创建的锚点路径上单击鼠标右键，选择“新建选区（N）”，设置羽化半径为 1 像素（见图 4－34），选择“编辑”“拷贝”命令。

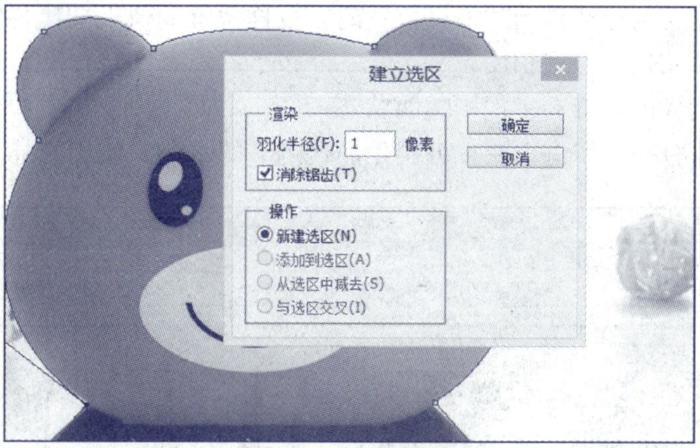

图 4－34　建立选区

【Step 4】新建一个比复制图片大一点的画布，然后粘贴，最终效果见图 4－35。

图 4－35　最终效果图

5. 修补工具

（1）功能：将选中区域的像素由其他区域的像素代替或代替其他位置的像素。

（2）特点：适合较大范围像素的修改或替换，保留了原像素亮度信息。

（3）修补工具属性栏见图 4－36。

图 4－36　修补工具属性栏

源：通过修补工具建立的选区移动到取样位置时，取样位置的像素会代替原来的像素。

目标：与源的像素填充代替方式相反。

透明：勾选填充后代替的内容会呈现半透明状态。

在图 4－37 的右下角有一个“淘宝网　韩国正品代购”的水印，使用修补工具可以快速处理。

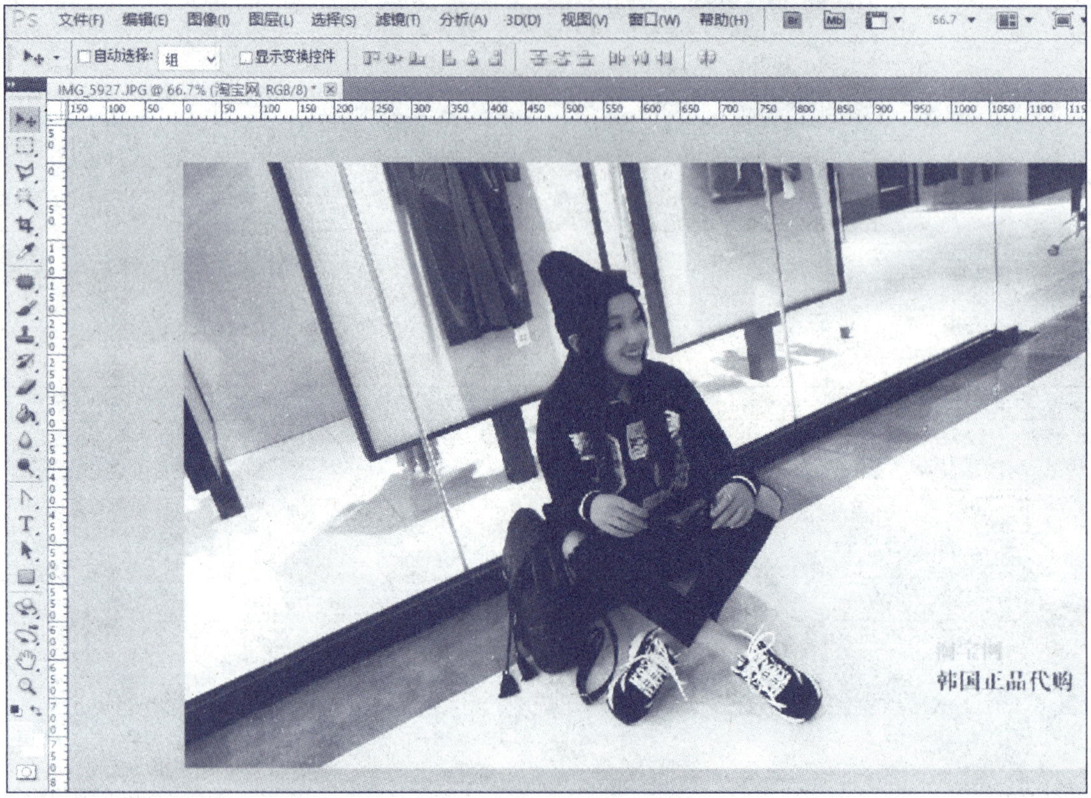

图 4－37　原图

【Step 1】画圈选中要去除的部分，然后松开鼠标（见图 4－38）。

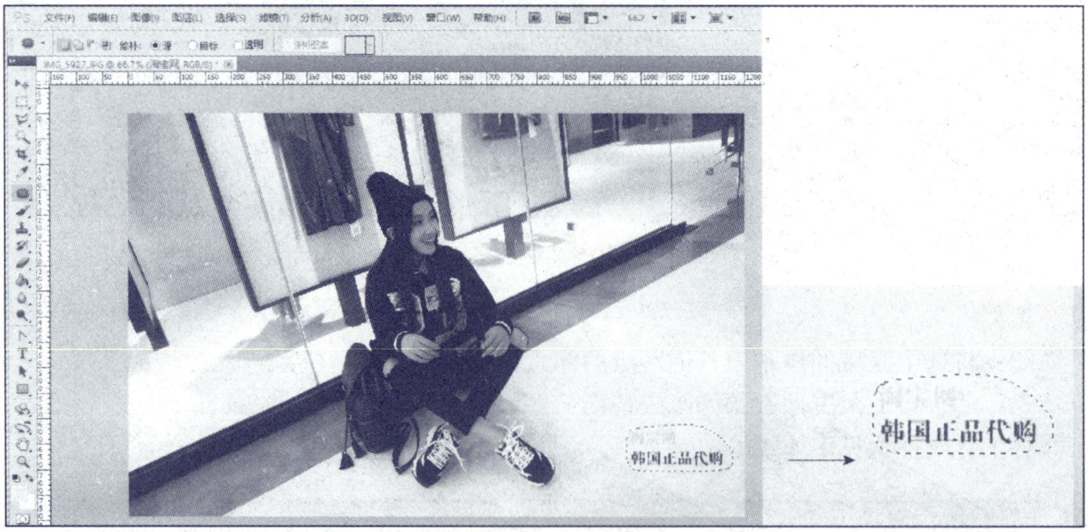

图 4－38　圈选区域

【Step 2】按住鼠标左键将圈选的选区拖动到可以填补这块选区的地方（见图 4－39）。

图 4－39　修补图片

【Step 3】修补完成后原来的选区虚线仍存在，按住快捷键 Ctrl+D 取消选区的虚线，完成修补（见图 4－40）。

图 4－40　取消选区虚线

最终效果见图 4－41。

图 4－41　最终效果图

工作任务 4　AI 快速生图

一、认识 AI 快速生图

随着人工智能（Artificial Intelligence，AI）技术的不断发展，AI 可以快速生成符合用户特定需求和风格的图像，打破了传统设计的限制，为图像创作带来了新的可能性，提高了产品上架效率。目前，国内外都有众多 AI 生图软件。

（一）国外的 AI 生图软件

目前，国外的 AI 生图软件领域最强的两款软件是 Midjourney 和 Stable Diffusion。表 4－2 是两者的区别。

表 4－2　Midjourney 和 Stable Diffusion 的区别

项目	Midjourney	Stable Diffusion
基本情况	借助于云端算力，相当于“自动挡”，更加灵活	对设备要求较高，相当于“手动挡”，操作复杂，精细控制为强项，更适合专业的图像创作者
如何收费	1. 按月 / 按年订阅收费 2. 10 ～ 120 美元 / 月不等（每月结算，分为基本计划、标准计划、专业计划、大型计划 4 档）	免费开源

续表

项目	Midjourney	Stable Diffusion
设备要求	1. 没有要求 2. 本质是网页 3. 电脑、笔记本、平板、手机都能直接使用	仅电脑端使用，且对于显卡有门槛要求（6G 最低门槛、8G 勉强够用、12G 可用于渲染视频或使用 SPXL 等大模型）
安装部署	1. 不需要安装 2. 打开网站即可直接使用	手动安装部署
学习成本	1. 简单、高效 2. 能轻松覆盖各种不同的画风，60 秒生成 8 ～ 16 张高质量图片，可以搭建各种场景 3. 上手难度低、界面友好	1. 操作复杂 2. 界面复杂、参数化插件众多

（二）国内的 AI 生图软件

国内的 AI 生图软件公司在研发过程中，会充分考虑国人的审美特点和文化背景，生成的作品更符合国人的审美标准和使用需求。众多 AI 生图软件通常会提供本地化的服务和支持，包括中文界面、客服支持等，支持 AI 绘画、文生图、图生图、扩图、局部重绘、擦除、抠图、高清放大等功能，方便国内用户使用和交流。同时，这些 AI 生图软件公司也会根据国内市场的需求和反馈，不断优化和改进产品，创作门槛低且操作便捷，更加适合普通用户使用。

1. 豆包

豆包是字节跳动公司基于云雀模型开发的 AI 工具。目前，豆包没有使用次数限制，提供了图像生成模块。豆包提供的常规的几款生图模型可供用户选择，能够生成多种艺术风格的图片（见图 4－42）。用户输入描述词后，短时间内就能生成图片。场景图片和概念图片为豆包的强项。

图 4－42　多种艺术风格的图片

豆包可以制作分辨率高达 4 096 像素 ×4 096 像素的图片，细节丰富度和清晰度较高。豆包在处理皮肤、头发、织物等复杂纹理时表现出色，能够生成具有真实质感的纹理。用户在使用豆包生成图片时应确保不侵犯他人的知识产权。

（1）可以做的图。

1）AI 绘画：选择适合的插画模型，输入提示词即可生成插图。

2）文生图：根据生图词汇描述生成图片。

3）图生图：基于一张图片，通过图生图技术生成具有创意的新图像。

4）扩图：根据已有图像的内容和模式，智能地生成新增区域的像素信息，以填补因尺寸扩大而产生的空白部分，同时尽可能保持图像的原有风格、细节和质量。

5）局部重绘：对选定区域进行重新绘制，确保生成内容与原图风格一致，实现整体画面的自然融合和视觉连贯。

6）擦除：删除图像上不需要的部分或元素，同时智能地填补被擦除区域，使画面整体上保持视觉连贯。

7）抠图：上传商品图后，能够智能识别商品边缘并抠图，效果有差异。

8）产品展示图：可以生成不同角度、不同光影效果下的产品图片。

9）场景图：生成生活使用场景图片，帮助消费者更好地想象产品在实际生活中的使用效果。

10）概念图：生成尚未实际生产或难以通过实物展示、网络上难以寻找到的图片。

（2）不可以做的图。

1）高精度真实产品图：在极高精度和真实感的情况下，可能无法完全替代专业的产品摄影图片，无法完全准确地呈现产品功能或特殊的设计细节。

2）复杂的人物模特图：在生成人物模特穿着服装或使用产品的图片时，人物的面部表情、肢体动作、服装的褶皱和贴合度存在不自然、不协调的可能。

3）具有特定版权的图片：如知名动漫角色、品牌标志等。

4）商品抠图和场景融合：融合效果较差，会篡改产品。

5）商业设计元素：无法满足商业营销的高标准要求，文案以及策划元素还需借助 Photoshop 进一步优化。

2. Pic Copilot

现在市面上免费的 AI 生图软件数量有限，大多数 AI 生图软件是以即梦 AI 平台的积分制收费。对于跨境电商卖家快速出图的需求，如生成包含商业信息的商用图片，则可以使用 Pic Copilot 网页 AI（见图 4－43）。

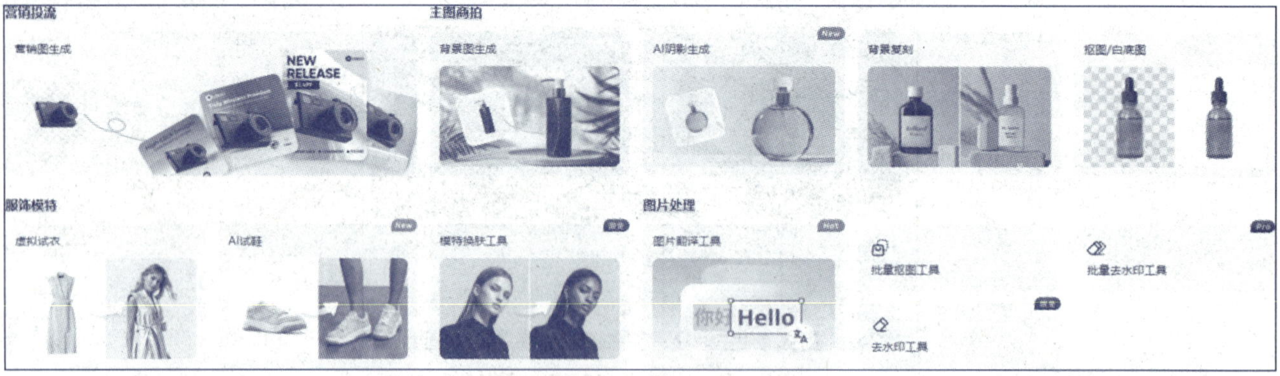

图 4－43　Pic Copilot 网页 AI

Pic Copilot 是阿里巴巴国际站推出的一款 AI 电商图片处理工具。

（1）Pic Copilot 的优势。

1）生成商品营销图：提供多种营销风格、不同行业类目和尺寸的模板，用户只需点击，一键即可生成商品营销图，帮助跨境电商和海外商家快速创建广告。

2）一键抠图：用户上传商品图后，Pic Copilot 能够智能识别商品边缘并抠图，去除杂乱背景。

3）图片翻译：用户上传带有文字的图片后，Pic Copilot 能够识别图片中的文字并将其翻译成目标语言，同时保持原有图片版式，方便用户在跨语言的环境中使用和理解图片所传达的信息，对于跨境电商来说尤为重要。

4）背景图生成：用户上传产品图片后，Pic Copilot 能够一键生成所需风格的商品背景图，快速完成商业级别的商品图制作。

5）模特换肤：可以为专属模特替换服装和造型，适应不同的市场和用户的需求。

（2）Pic Copilot 的不足。

1）模板风格相对有限：虽然 Pic Copilot 提供多种营销风格模板，但是无法完全满足所有用户对于独特风格的需求，生成的图片在风格上可能存在一定的重复性，难以展现出非常个性化的创意。

2）细节处理不够精细：在抠图、背景生成等方面，对于一些复杂的图像或细节丰富的物体，Pic Copilot 的处理效果不够理想。

3）生成效果不稳定：Pic Copilot 在生成商品营销图或其他图像时，可能会出现生成结果与预期不符的情况，或者生成的图像存在一些不合理的元素，需要用户花费时间进行调整和修改。

二、AI 生图词汇描述框架

一般来说，一个完整的 AI 生图词汇描述框架包含以下几个关键部分。

（一）主体内容

该框架应明确图像中要呈现的核心元素，这是图像的焦点。主体可以是人物、物体、生物等。例如："一位优雅的芭蕾舞女""一辆复古的跑车"。

（二）环境背景

该框架应描绘主体所处的环境，包括地点、场景等信息，为主体提供背景支撑，增强画面的故事性和氛围感。例如："在华丽的大剧院舞台上""穿梭在充满霓虹灯的未来都市街道""在神秘的魔法森林深处"。

（三）风格设定

该框架应指定图像的艺术风格，不同的风格会给图像带来截然不同的视觉效果。常见的风格包括写实、卡通、油画、水彩、赛博朋克、蒸汽波等。

（四）色彩氛围

该框架应通过描述色彩来营造特定的氛围。色彩是影响图像情感表达的重要因素。例如："以暖色调为主，金黄色的灯光照亮场景""整体色调偏冷，以蓝色和紫色营造神秘氛围""色彩鲜艳明快，充满活力"。

（五）细节特征

该框架应添加关于主体或环境的细节，使图像更加丰富和生动。细节可以是纹理、图案、装饰等方面的描述。例如："芭蕾舞女身着带有蕾丝花边的舞裙""跑车车身有着独特的火焰图案""独角兽的角上闪烁着神秘的符文"。

（六）视角与构图

该框架应确定图像的视角和构图方式，这会影响观众对图像的视觉感受和信息传达。例如："采用俯瞰视角，展现整个城市的风貌""中心构图，突出主体的重要性""三分法构图，使画面更加平衡"。

（七）特殊效果

如果希望图像带有特定的效果，如光影效果、模糊效果、动态效果等，可以在此部分进行描述。例如："阳光透过树叶的缝隙洒下，形成斑驳的光影""背景虚化，突出主体""呈现出动态的模糊效果，表现速度感"。

工作任务 5　从工厂自选产品并对产品进行信息化处理

一、准备拍摄器材

（一）相机

"工欲善其事，必先利其器。"如果要将商品"美"的一面展现在客户面前，就需要拍摄精美的商品图，此时要选对合适的相机（单反相机示例见图 4－44）。用于拍摄商品图片的相机通常会在功能方面有更高的要求，但这并不意味着需要购买最高配置的数码相机。因此，我们在选购相机时只要能够满足以下四个要求，对于网络商品拍摄来说就足够了。

（a）　　　　（b）

图 4－44　单反相机示例

1. 合适的图像传感器

提到数码相机，不得不说到数码相机的心脏——电荷耦合器件（CCD），它是图像传感器的一种类别。CCD 尺寸决定了显示图像的清晰程度。CCD 是由面阵感光元素组成的，每一个元素都称为像素，像素越多，图像越清晰。我们应尽量选择 CCD 尺寸较大的数码相机，这样能够确保更优的成像质量。如今，数码相机普遍使用的是 CMOS 图像传感器，它的读取速度更快，在拍摄高帧率视频和连拍时比 CCD 更具优势。但是 CCD 数码相机自带的"磨皮"和"柔光"效果，透露着朦胧的质感，仍然受到很多人的青睐。

2. 强劲的手动模式

手动 M 挡能更加灵活地对光线进行控制，将商品更美丽地展现出来，所以 M 挡是网拍必不可少的要素。

3. 必备的热靴插槽

热靴是各种数码影像器材连接各种外置附件的一个固定接口槽。热靴的主要用途是连接和固定外置闪光灯。只要在热靴插槽上安装外置闪光灯进行拍摄，那么在按下快门的瞬间，拍摄信号就会通过热靴插槽的电子触点传递到外置闪光灯上，从而使闪光灯闪光。

4. 强劲的微距功能

微距功能是数码相机的特色之一，主要作用是拍摄离镜头很近的物体，力求将被摄主体的细节表现出来，将商品的细节部分放大拍摄后呈现在客户的眼前，让客户能够仔细地观看商品，对商品的各个部位更加了解，有利于交易的达成。

总结：在选购相机时，首先，应避免选择轻巧的卡片机，因其图像传感器尺寸普遍偏小、成像质量不高；其次，在准专业相机中选择价位相同但图像传感器尺寸相对较大的型号；再次，查看相机是否有手动 M 挡；最后，甄别相机是否有热靴插槽。如今的相机都具备微距功能，所以可基本不考虑这一点。

通过以上几步筛选就可以选中 2 ～ 3 部相机，再参考网友评测便可以选出一部适合自己的网拍相机。

购物平台对商品图片的要求一般为：800 像素 ×800 像素、JPG 或 GIF 格式。由此可见，网店商品图片对相机的像素值并没有太高的要求，普通相机都能胜任。

（二）三脚架

三脚架的主要作用是稳定照相机（见图 4－45）。

（a）　（b）　（c）

图 4－45　各种规格的三脚架

（三）网拍摄影棚、摄影箱

网拍摄影棚、摄影箱见图 4－46。

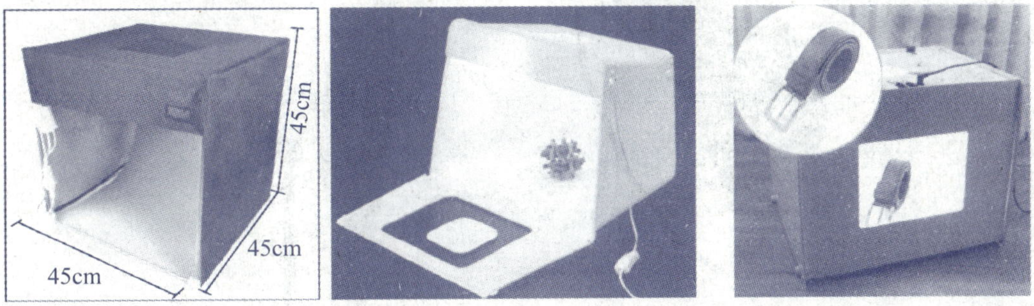

（a）　（b）　（c）

图 4－46　网拍摄影棚、摄影箱

（四）网拍摄影台

网拍摄影台见图 4－47。

（a）　（b）

图 4－47　网拍摄影台

（五）网拍摄影灯

网拍摄影灯见图 4－48。

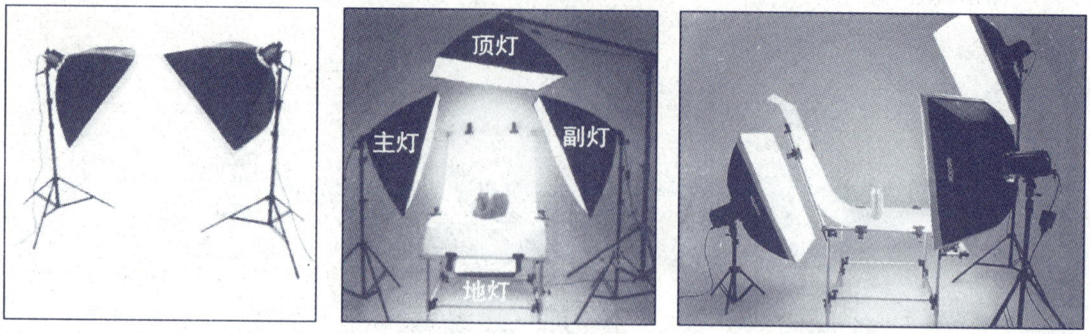

（a）　（b）　（c）

图 4－48　网拍摄影灯

（六）柔光箱

拍摄时使用柔光箱（见图 4－49）能消除照片上的光斑和阴影，使照片呈现的光线更柔和。尤其是反光物体，其需要均匀和充足的光照。柔光箱的作用就是柔化生硬的光线，使光线变得更加柔和。

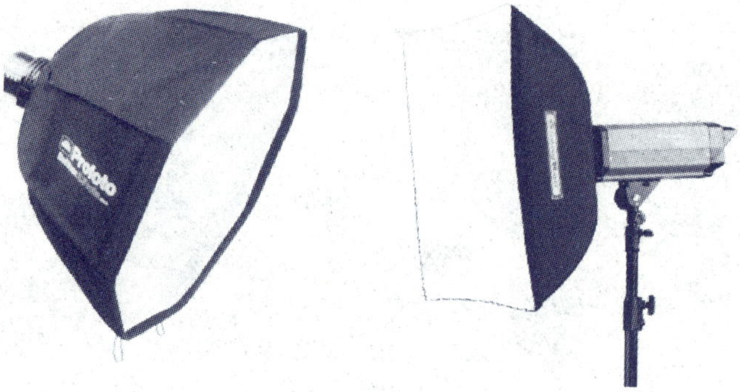

（a）　（b）

图 4－49　柔光箱

由于功能上的差异，柔光箱的结构多种多样，常见的柔光箱有矩形、八角形、伞形、立柱形、条形、蜂巢形等。柔光箱有各种规格，有专配外置闪光灯使用的超小柔光箱，八角形柔光箱口径从 40cm 到 120cm 不等。

（七）反光伞

反光伞是一种专用反光工具，有一定的反射能力（见图 4－50 和图 4－51）。反光伞有不同的颜色：银色和白色的伞面不会改变闪光灯光线的色温；金色的伞面会使闪光灯光线的色温适当降低；蓝色的伞面会使闪光灯光线的色温适当提高。在闪光摄影中，最常采用的反光伞是白色或银色的。

（八）摄影背景

为了能更好地展现商品本身，在拍摄时需要搭配一些好看的背景，起到美化商品的作用。各种背景纸见图 4－52。

图 4 - 50　反光伞使用示意图 1

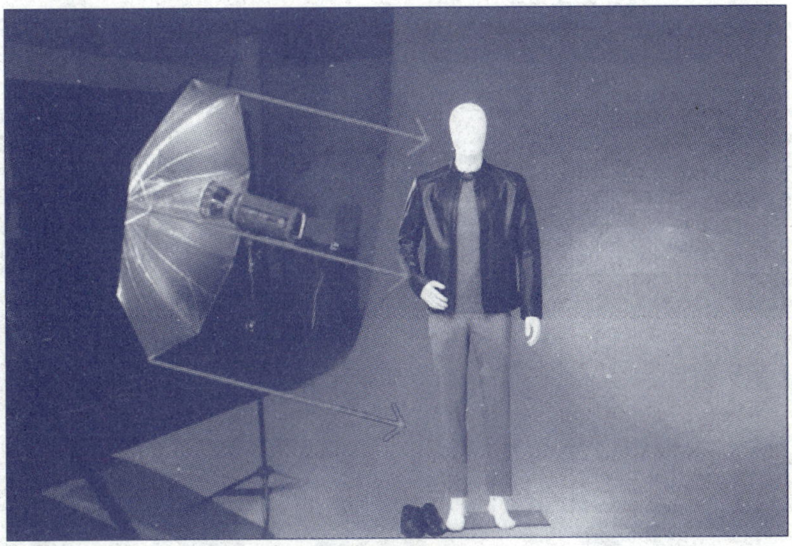

图 4 - 51　反光伞使用示意图 2

图 4 - 52　各种背景纸

（九）摄影道具

摄影道具见图 4－53 和图 4－54。

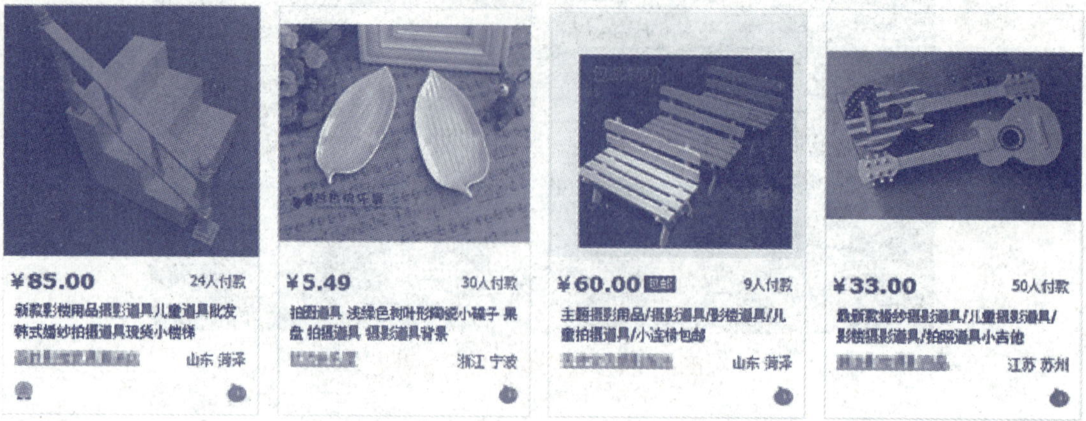

图 4－53　各类摄影道具网购页面

图 4－54　各类摄影道具

二、熟悉数码相机基本功能

（一）相机基本按钮

以佳能 EOS 450D 为例，相机基本按钮图示见图 4－55。

图 4－55　相机基本按钮图示

(二) 相机常用参数：光圈、快门、感光度、焦距

1. 光圈

光圈是位于镜头内部的小叶片集合，控制透过镜头进入相机内部感光元件的光亮。光圈孔径越小，进光量越少。我们通常用 F 值来表示光圈孔径的大小（见图 4－56）。

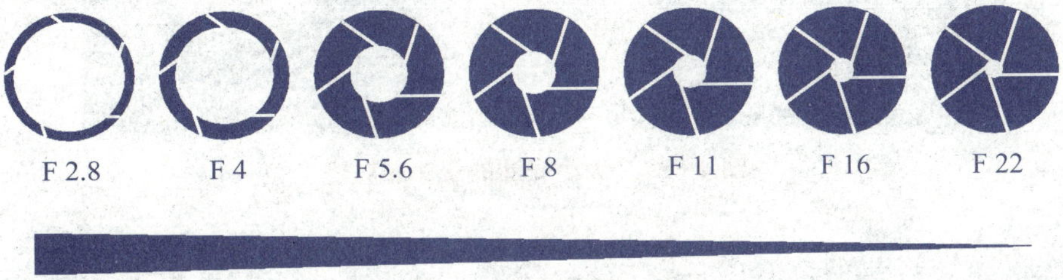

图 4－56　光圈大小示意图

从图 4－57 可以看出，在选用不同光圈值时同样的场景显示出不同的明暗程度：F 值越大，进光量越少，得到的画面就越暗；反之，F 值越小，进光量越多，得到的画面就越亮。从图 4－58 至图 4－60 可以看出，光圈也会影响景深，小光圈得到的是大景深，大光圈得到的是小景深。

图 4－57　光圈反映画面的明暗程度

图 4－58　光圈大小反映景深程度对比

图 4－59　大小光圈的景深图对比

图 4－60　光圈大小与景深的关系图展示

因此，我们得出以下结论：F 值越大，光圈越小，景深越深，背景越清晰；F 值越小，光圈越大，景深越浅，虚化越明显。

2. 快门

快门是相机上控制感光元件有效曝光时间的一种装置（见图 4－61）。快门类似一个帘子，挡在镜头光圈和感光元件之间。按下快门的一瞬间，快门帘就打开了。快门速度以秒为单位。如果把进光量比喻成水的话，那么光圈其实就是水管，而快门就是控制水管的阀门。

图 4－61　快门

快门的主要功能是与光圈系数配合，控制感光元件的曝光量，使所摄照片得到适合的曝光。另外，拍摄者可以通过控制快门的快慢，抓取瞬间的动作，得到高速摄影和慢速摄影时不同效果的照片。

快门速度是指快门开合一次所需的时间，有高速快门和慢速快门之分。快门速度越慢，开启时间越长，进光量就越多；反之，快门速度越快，开启时间越短，进光量就越少。一般来说，安全快门速度不能低于 1/60 秒。快门速度慢，捕捉的是过程，表现的是过程美；快门速度快，抓拍的是瞬间，表现的是瞬间美（见图 4－62）。

（a）快门速度慢　　（b）快门速度快

图 4－62　快门的应用

3. 感光度

感光度（ISO）是感光元件对光线强弱的明暗程度。感光度越高，对曝光量的要求就越少，说明该感光材料的感光能力越强。应注意的是，拍摄时应尽量选择合适的感光度值，并不是越高越好。常见的感光度值见图 4－63。

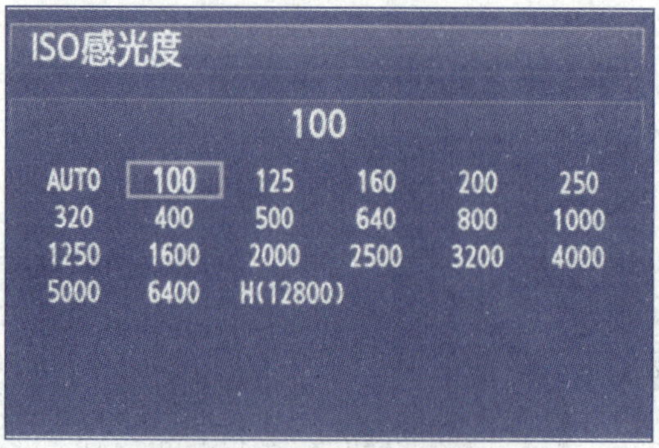

图 4－63　常见的感光度值

感光度越高，所拍的照片越亮，噪点越多；感光度越低，所拍的照片越暗，噪点越少（见图 4－64 至图 4－68）。

图 4－64　在光线不足的情况下，通过提高感光度值来保证拍摄快门速度

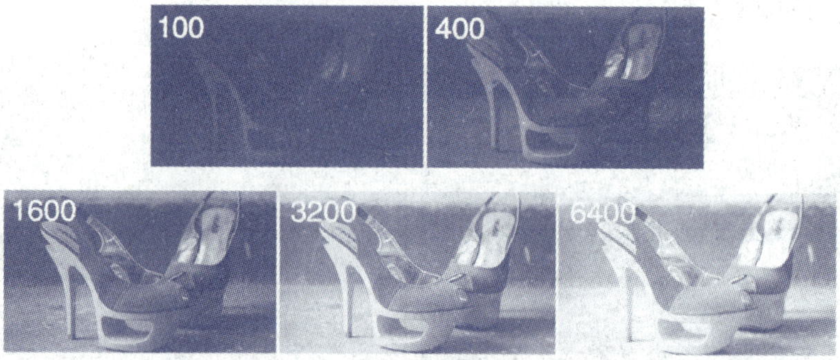

图 4－65　不同感光度值的拍摄效果

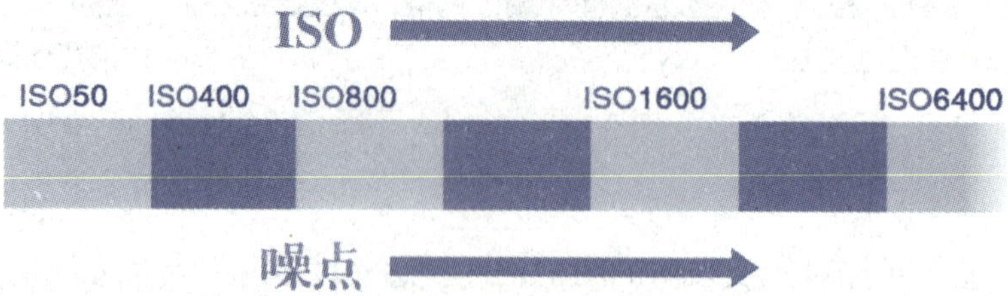

图 4－66　感光度和噪点关系

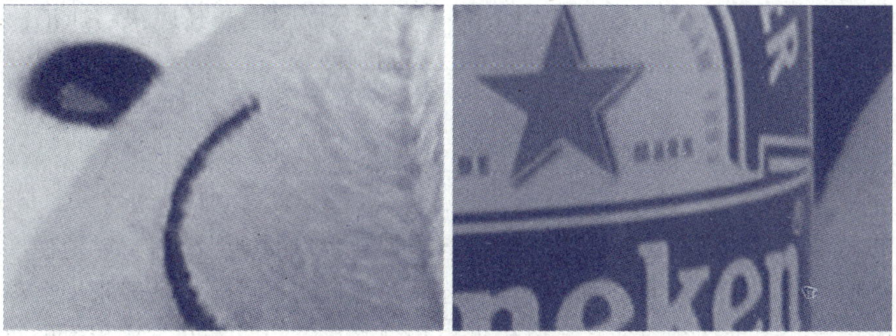

图 4－67 感光度值为 64 的拍摄效果

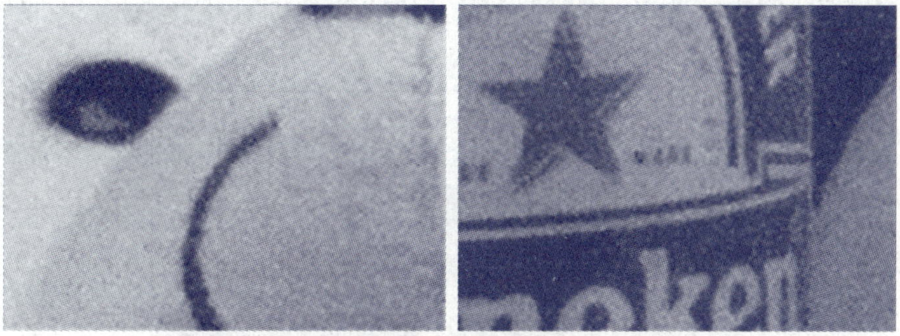

图 4－68 感光度值为 2 000 的拍摄效果

4. 焦距

焦距是从镜头的光学中心（主点）到成像面（焦点）的距离。焦距值可以决定拍摄画面视野的大小。焦距值越小，拍摄画面的范围就越大；焦距值越大，拍摄画面的范围就越小（见图 4－69 和图 4－70）。

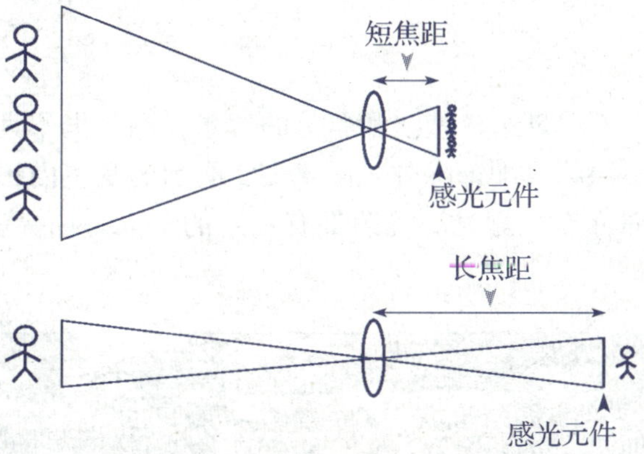

图 4－69 焦距原理图

图 4－70 不同焦距对比图

总结：光圈控制画面的明暗和景深；快门 1/60 秒为安全快门值，高速快门抓拍；提高感光度值可以提高画面的整体亮度；焦距调节拍摄范围的大小，控制画面景深。

三、学会取景

（一）小件商品的拍摄环境

图片是商品的灵魂，一张漂亮的商品图片可以直接刺激客户的视觉感官，让他们产生了解的兴趣和购买的欲望。一张精美的商品图片与拍摄时的环境选择和布置密不可分。一般来说，小件商品适合在单纯的环境或空间中拍摄。由于这类商品本身体积很小，因此在拍摄时不必占用很大的空间。图 4－71 所示的微型摄影棚就能有效地解决小件商品的拍摄环境问题，不仅免去了布景的麻烦，而且有助于拍摄出漂亮的、主体突出的商品照片。如果没有准备摄影棚的话，尽量使用白色或者纯色的背景来替代，如白纸和颜色单一、整洁的桌面等。

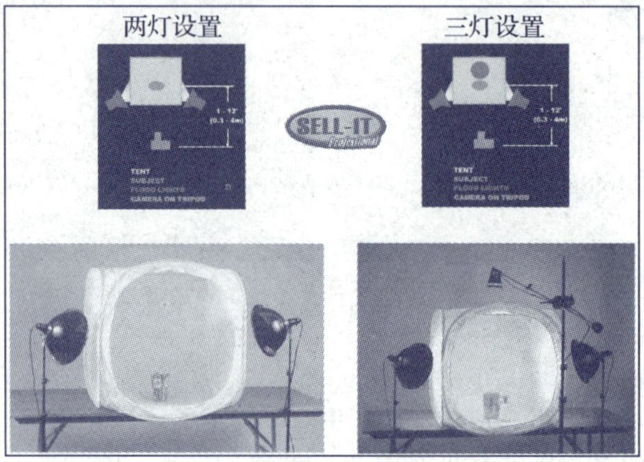

图 4－71　小件商品的拍摄环境

（二）大件商品的室内拍摄环境

在室内拍摄大件商品时，要尽量选择整洁和单色的背景，图片里不宜出现其他不相关的物体和内容，为了衬托商品而使用的参照物或配饰除外。图 4－72 所示的是室内拍摄大件商品的环境布置。室内拍摄对拍摄场地面积、背景布置、灯光环境等都有一定的要求。拍摄者只有准备类似的拍摄环境，才能拍出具有专业感的照片。

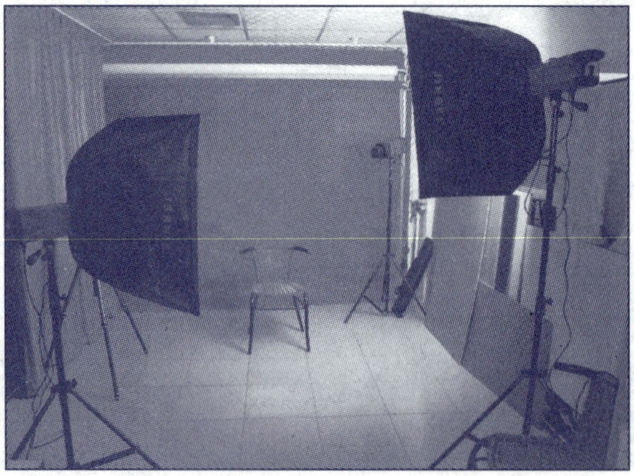

图 4－72　大件商品的室内拍摄环境

（三）大件商品的室外拍摄环境

在室外拍摄时，拍摄者应选择风景优美的环境作为背景，采用自然光加反光板补光的方式进行拍摄，这样易于呈现独特的照片风格和营造泛商业化的购物氛围（见图 4－73）。在室外拍摄大件商品时，拍摄者可选择都市街景，这样就会形成一种时尚、前卫的潮流风格，让人耳目一新。

图 4－73　大件商品的室外拍摄环境

四、学会布光

常见的布光方式见图 4－74。

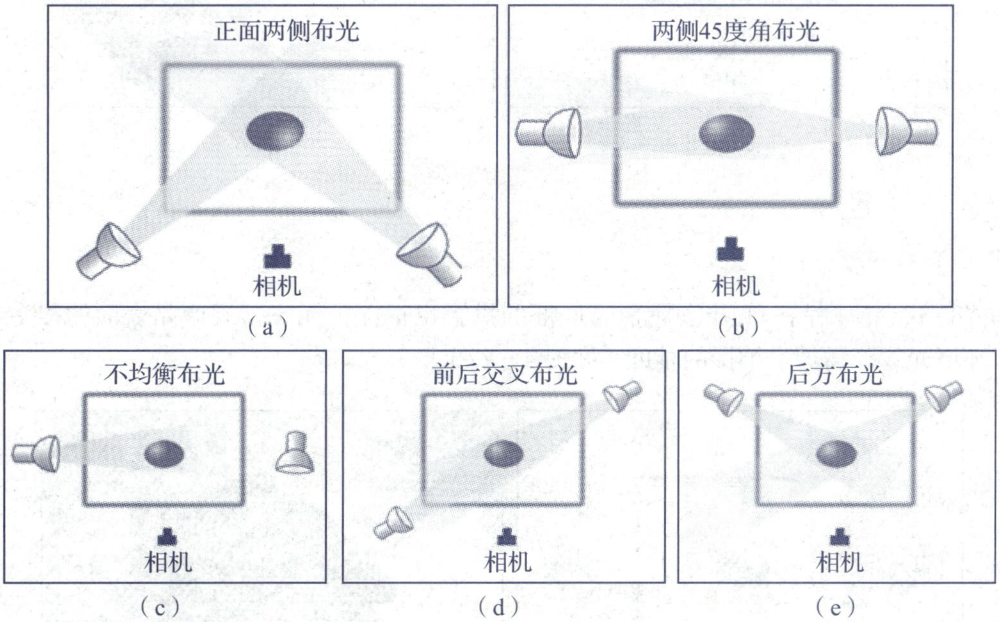

图 4－74　常见的布光方式

（一）正面两侧布光

这是商品拍摄中最常用的布光方式，正面投射出来光线全面而均衡，商品表现全面、不会有暗角（见图 4－75）。

（a）　　（b）

图 4－75　正面两侧布光

（二）两侧 45 度角布光

这一布光方式使商品的顶部受光，正面没有完全受光，适合拍摄外形扁平的小商品，不适合拍摄立体感较强且有一定高度的商品（见图 4－76）。

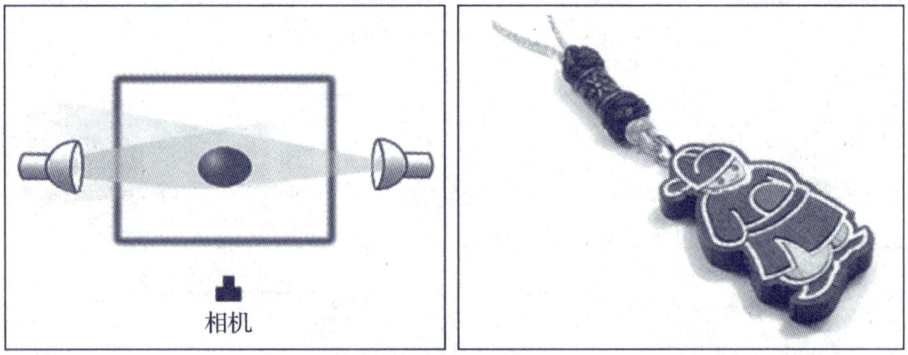

（a）　　（b）

图 4－76　两侧 45 度角布光

（三）不均衡布光

这一布光方式会使商品一侧出现阴影，底部的投影也很深，无法呈现商品表面的很多细节，同时由于减少了环境光线，增加了拍摄的难度（见图 4－77）。

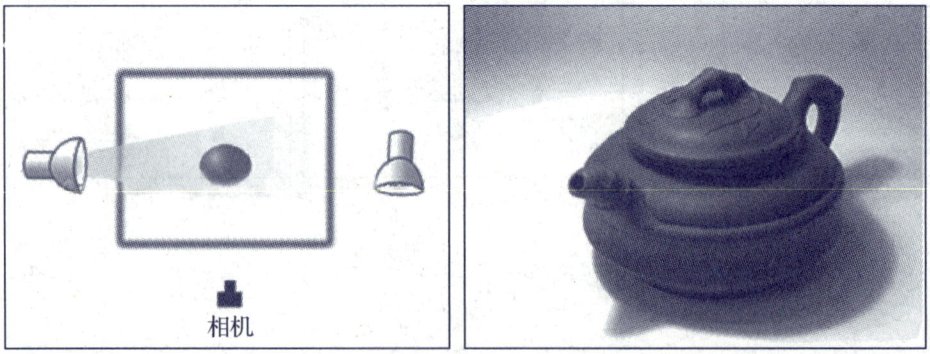

（a）　　（b）

图 4－77　不均衡布光

（四）前后交叉布光

前后交叉布光既能表现出商品的层次感，又能呈现所有的细节，比单纯关掉一侧灯光的效果更好（见图 4－78）。

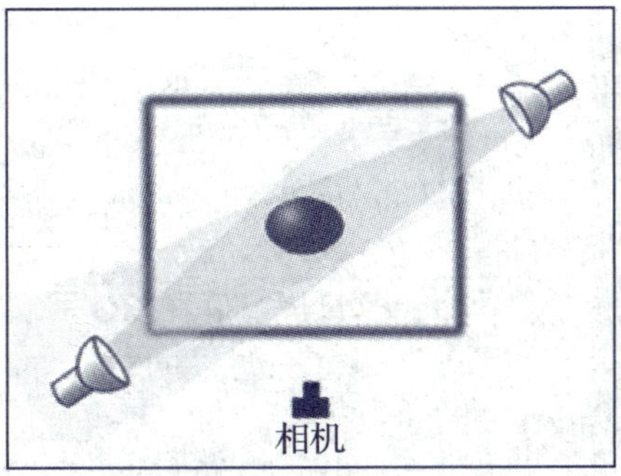

（a）

（b）

图 4－78　前后交叉布光

（五）后方布光

这一布光方式会使商品的正面因没有光线而产生大面积的阴影，无法呈现商品的全貌。因此，除拍摄通透性的商品外，不要轻易尝试这种布光方式（见图 4－79）。

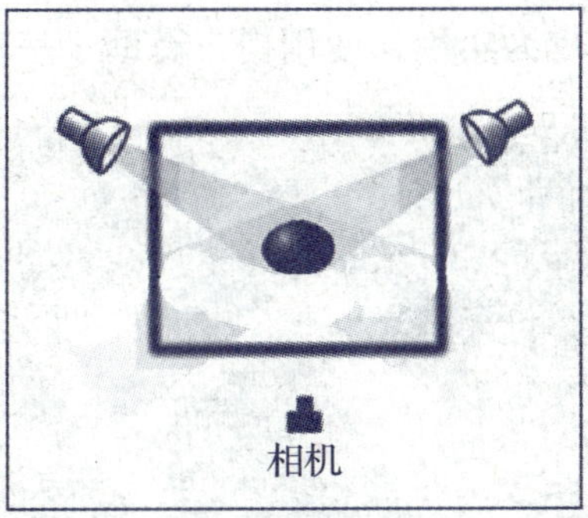

（a）

（b）

图 4－79　后方布光

五、学会构图

（一）横式构图

横式构图是商品呈横向放置或者横向排列的横幅构图方式（见图 4－80）。这种构图方式能够给人一种稳定、可靠的感觉，是一种常用的构图方式。

图 4－80　横式构图

（二）竖式构图

竖式构图是商品呈竖向放置和竖向排列的竖幅构图方式（见图 4 - 81）。这种构图方式可以表现出商品的高挑，常用来拍摄长条的或者竖立的商品。在商品的拍摄中，竖式构图方式也是经常使用的。

（a）　　　　（b）

图 4 - 81　竖式构图

（三）斜线构图

斜线构图是商品斜向摆放的构图方式，其特点是富有动感、个性突出（见图 4 - 82）。对于表现造型、色彩或者理念等较为突出的商品，斜线构图方式较为实用，使用得当有助于呈现完美的画面效果。

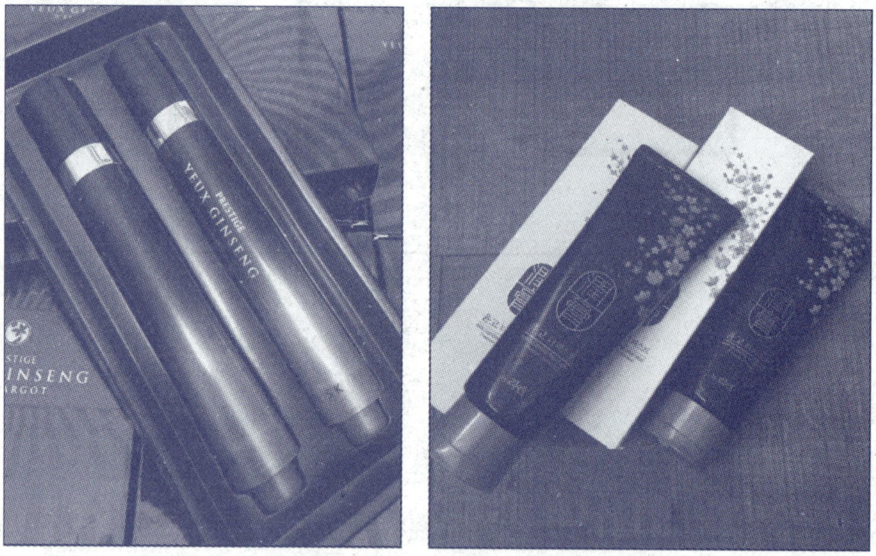

（a）　　　　（b）

图 4 - 82　斜线构图（对角线构图）

（四）黄金分割构图

黄金分割是广泛存在于自然界的一种现象，简单地说，就是将被摄主体放在位于画面大约 1/3 处，让人觉得画面和谐、充满美感。黄金分割构图法，又称三分构图法则，是指将画面分成九个相等的部分，由两条直线和两条水平线交叉形成四个交叉点，这些交叉点被认为是视觉焦点，最适合放置画面中的重要元素（见图 4 - 83）。

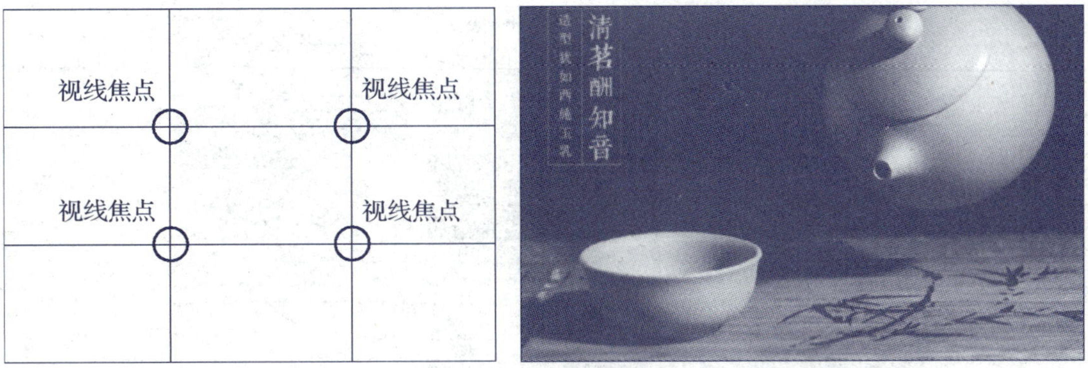

（a）　　（b）

图 4-83　黄金分割构图

六、注意商品的摆放

（1）商品摆放的角度。因为人们的视觉习惯是视点朝下，所以从这个角度看东西可以使眼睛更舒服。

（2）商品外形的二次设计。在拍摄时，拍摄者应充分运用想象力来进行二次设计并美化商品的外部线条，使之呈现出一种独特的设计感和美感（见图 4-84 和图 4-85）。

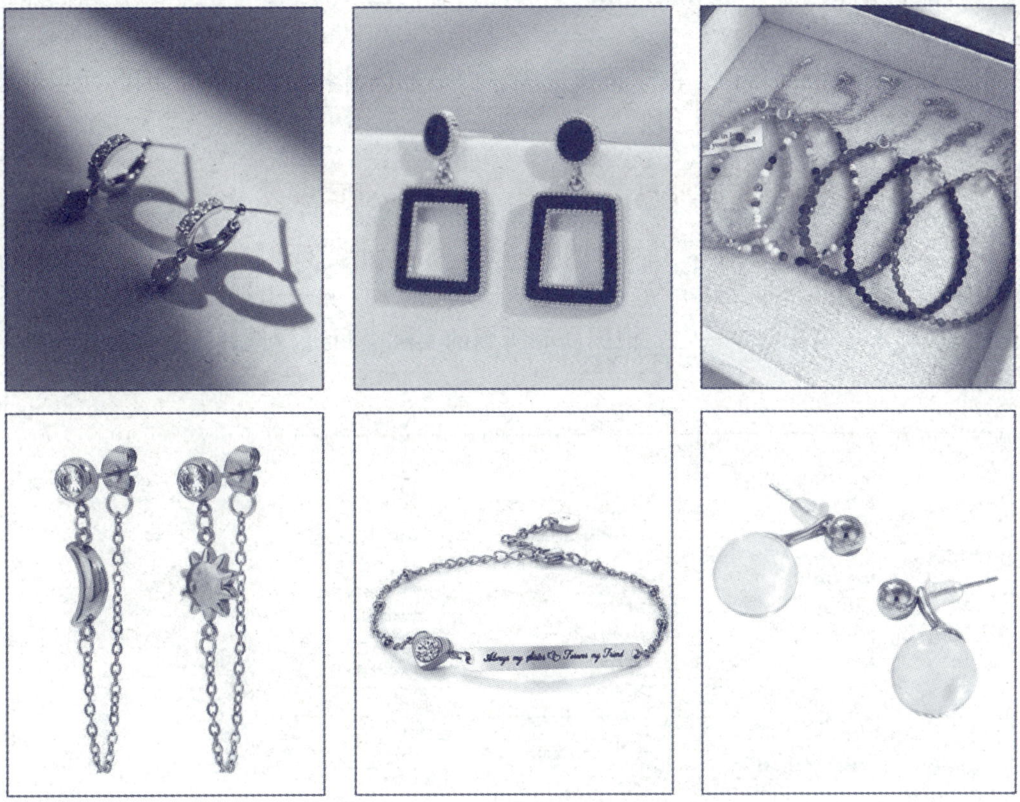

图 4-84　商品摆放图例 1

（3）更好地传达故事和情感。在拍摄商品照片时，拍摄者可运用颜色来传达情绪，选择合适的拍摄主体位置，以此来营造沉浸式的购物氛围。

图 4－85　商品摆放图例 2

（4）商品组合产生的韵味。拍摄者要在一堆琳琅满目的商品中，让买家一眼就能发现卖家想要表达的主题。

（5）摆放的疏密与序列感。采用疏密相间和有序列感的摆放方式，不仅可以使画面显得饱满、丰富，而且会呈现节奏感和韵律感。

（6）表里一致蕴含的商品价值。由于买家更关注商品的内部构造和细节，因此适当地展示商品的内部构造细节是消除买家疑虑的重要手段。

工作任务 6　登录卖家店铺管理页面对商品分类属性进行设置

【**Step 1**】登录卖家店铺管理页面。登录全球速卖通后台，点击“发布商品”按钮，进入商品发布页面。

【**Step 2**】选择类目（见图 4－86）。选择类目“工具—动力工具—电钻”，遵循并同意“全球速卖通平台规则（卖家规则）”。请注意，一定要根据商品所属的实际类目进行选择，这样可以方便买家更加快速地找到商品。

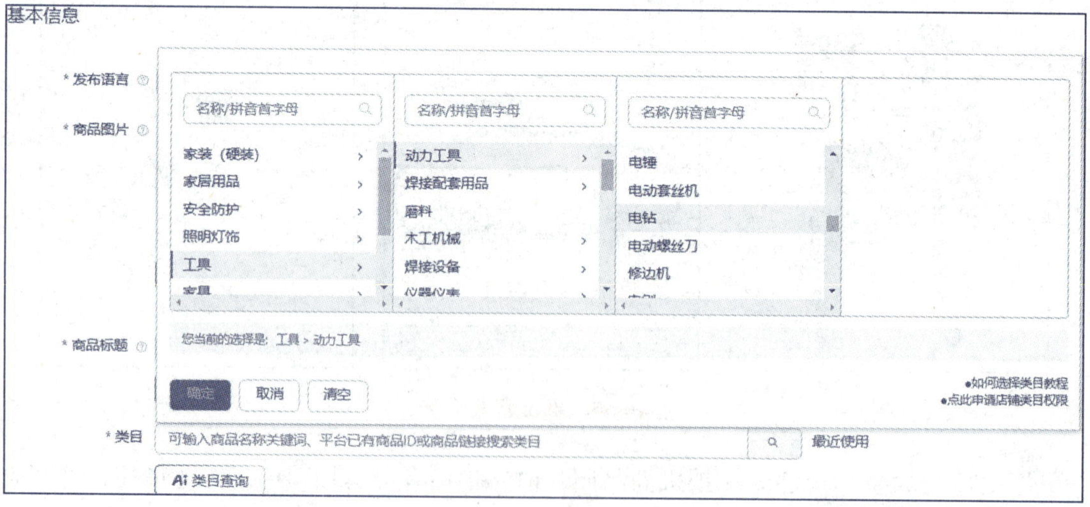

图 4－86　选择类目

【**Step 3**】商品属性设置（见图 4－87）。卖家应正确设置品牌、高关注化学物质、认证、电源类型、是否可定制、型号、电钻种类、额定电压、适用范围、产地（国家或地区）、使用范围、空载转速、频率、额定转矩、最大钻孔直径、重量、电机类型、额定输入功率等属性信息，并添加自定义属性。

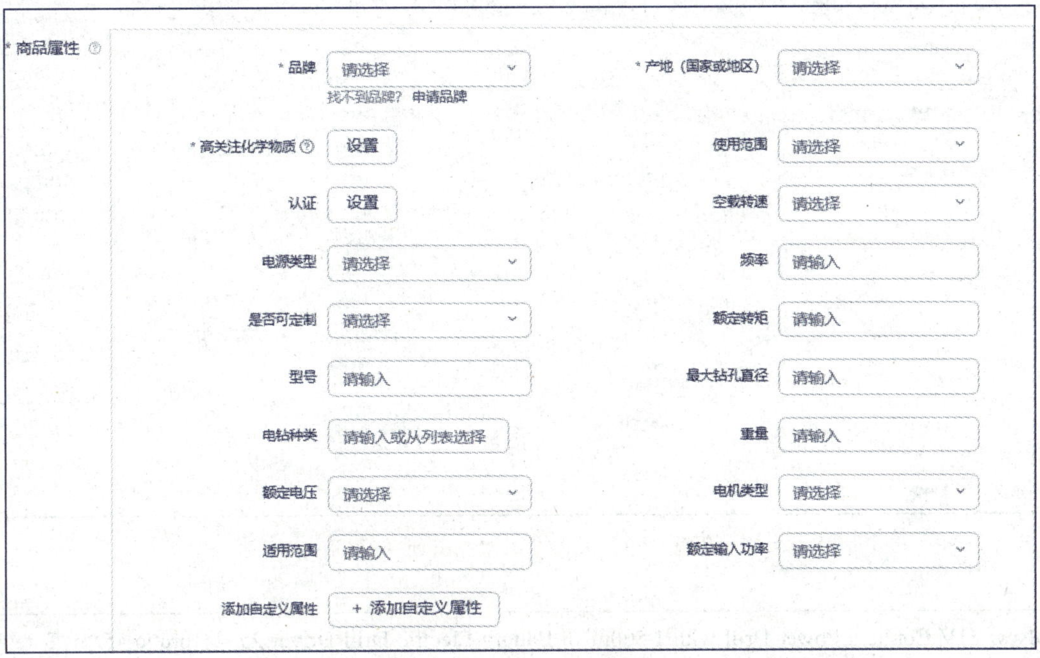

图 4－87　商品属性设置

工作任务 7　对商品标题进行描述，对商品其他情况进行详细描述

以工具为例具体分以下几个步骤。

【**Step 1**】确定想要销售的商品，首先了解该类商品的基本属性以及类型（见图 4－88），然后打开“生意参谋”，进行搜索词分析。

图 4－88　电钻

【**Step 2**】下载最近 7 天数据分析关键词（见图 4－89）。

【**Step 3**】找出适合的关键词，采用营销词＋核心关键词＋属性词的方式，为商品拟定合适的标题。假设营销词为 2025 New，核心关键词为 Electric Drill，遵循基本的形容词＋名词的原则，形成基本标题（见图 4－90）。

搜索分析

统计时间（美国太平洋时间）2025-01-09 ~ 2025-01-15　　7天　30天　　工具 > ...具 > 电钻　　全部国家

热搜词　飙升词　零少词　　　请输入搜索词

搜索词		是否品牌原词	搜索人气	搜索指数	点击率	支付转化率	竞争指数	Top3热搜国家
makita	查看商品	Y	30,706	163,391	21.84%	0.25%	6.16	波兰 法国 英国
taladros inalámbrico	查看商品	N	14,511	63,359	30.21%	0.35%	9.37	墨西哥 智利 西班牙
dewalt tools	查看商品	N	9,179	50,810	23.48%	0.27%	11.34	英国 美国 波兰
dremel	查看商品	N	11,961	42,837	28.35%	0.48%	7.78	西班牙 法国 波兰
milwaukee tools	查看商品	N	7,957	41,362	23.02%	0.20%	10.72	美国 英国 澳大利亚
milwaukee	查看商品	Y	10,697	37,985	19.05%	0.23%	3.51	波兰 俄罗斯 英国
makita 18v	查看商品	N	6,957	37,179	21.96%	0.34%	7.36	波兰 法国 荷兰
juegos de herramientas el...	查看商品	N	9,764	35,626	17.89%	0.12%	6.61	西班牙 墨西哥 智利

图 4-89　最近 7 天数据分析关键词

> 2025 New 21V Cordless Power Drill with 1 500mAh Battery Electric Drill Driver 25+1 Torque 45Nm Screwdriver Kit Combi Drill 3/8"

图 4-90　形成基本标题

【**Step 4**】填写详细的商品属性（见图 4-91）。尤其是加“!”的选项，是必填项，要将商品中没有的选项添加到自定义选项中。卖家应完善商品属性，优化客户的浏览体验。

Specifications

Hign-concerned Chemical	None	Usage	Home DIY
Rated Torque	45NM	Max. Drilling Diameter	23MM
Origin	Mainland China	Brand Name	Feytory
Rated Voltage	21V	Power Source	Battery
Drill Type	Cordless Drill	Torque Setting	25+1 position
Gear	2 speed	Drill wood	23MM
Drill iron	10MM	Clamp drill bit	0.8-10MM
Rotation speed	0-400/1400rpm	Type	21V Cordless Combi Drill Set
Keyless chuck	0.8 - 10mm	Lithium battery	1.5AH
Running time	30-45 minutes	Charging time	1.5-3 hours

图 4-91　填写详细的商品属性

知识链接

一、品类

按照国际知名的 AC 尼尔森市场研究公司的定义，“品类即产品类别，其与消费者的感知有关，应基于对消费者需求驱动和购买行为的理解”；而家乐福公司则认为“品类即商品的分类，一个小分类就代表了一种消费者的需求”。本书认为：品类（Category）是指消费者认为相关且可相互替代的一组特殊商品或服务。

二、品类结构

首先，应从大类角度选择，包括儿童用品、摄像器材、汽车配件、手机周边、服装服饰、电脑周边、电子产品、美容保健、家居园艺、首饰手表、办公用品、体育用品、玩具收藏品、游戏配件等。

其次，应考虑产品线的宽度和深度。

（一）宽度方面

（1）充分研究该类别，拓展品类开发的维度，全面满足用户对该类别产品的不同方面的需求，在拓宽品类宽度的同时，也提升了品类的专业度。

（2）应考虑该品类与其他品类之间的关联性，提高关联销售度和订单产品数。

（二）深度方面

（1）每个子类的产品数量要有规模、品相足够丰富；

（2）产品有梯度，体现在价格、品相、质量等方面；

（3）挖掘有品牌的产品进行合作，提高品类的知名度；

（4）对目标市场进行细分研究，开发针对每个目标市场的产品。

三、品类管理

品类管理（Category Management，CM）是指分销商和供应商合作，将品类视为策略性单元来经营的过程，通过创造商品中的消费者价值来创造更佳的经营绩效。品类管理是企业将所经营的商品分为不同的类别，并将每一类商品作为企业经营战略的基本活动单位进行管理的一系列相关活动。它通过强调向消费者提供超值的产品或服务来提高企业的营运效果。

四、选品

选品，即从供应市场中选择适合目标市场需求的产品。从用户需求的角度来看，企业进行选品时，要满足用户对某种效用的需求，如生活便利、带来愉悦等方面的生理或心理需求。从产品的角度来看，企业选出的产品应是在外观、质量和价格等方面符合目标用户需求的产品。由于需求和供给都处于不断变化之中，因此选品也是一个不断变化的过程。

五、了解顾客需求

企业应了解顾客需求，并借助研究报告、行业展会及网络分析工具，明确产品品类的市场需求状况。

（一）从行业角度分析

从行业角度而言，企业既可以通过第三方研究机构或行业发布的调查报告获取信息，又可以通过行业展会、贸易公司或工厂等了解情况。关于客户需求的几个重要指标如下：

访客数占比：在统计时间内该行业访客数占上一级行业访客数的比例。一级行业占比为该行业占全网的比例。

浏览量占比：在统计时间内该行业浏览量占上一级行业浏览量的比例。一级行业占比为该行业占全网的比例。

成交额占比：在统计时间内该行业支付成功金额占上一级行业支付成功金额的比例。一级行业占比为该行业占全网的比例。

成交订单数占比：在统计时间内该行业支付成功订单数占上一级行业支付成功订单数的比例。一级行业占比为该行业占全网的比例。

供需指数：在统计时间内该行业中商品指数 / 流量指数。供需指数越小，表明竞争越不激烈。

（二）利用数据分析工具

从数据来源来看，数据分为外部数据和内部数据。外部数据是指企业以外的其他公司、市场等产生的数据。内部数据是指企业内部经营过程中产生的数据。企业要想制定科学、正确的决策，需要对内、外部数据进行充分的调研和分析。例如：企业可以利用 Google Trends、KeywordSpy、Alexa、平台内部数据分析（如全球速卖通平台“生意参谋”中的各种数据）等。

六、红海与蓝海

如今的市场由两种“海洋”所组成：红海和蓝海。红海代表现存的所有产业，也就是已知的市场空间；蓝海则代表当今还不存在的产业，即未知的市场空间。在红海中，每个产业的界限和竞争规则都为人们所知。随着市场空间越来越拥挤，利润获取和规模增长也越来越难。与之相对的是，蓝海代表亟待开发的市场空间，代表创造新需求，代表高利润增长的机会。尽管有些蓝海完全是在已有产业边界以外创建的，但大多数蓝海则是通过在红海内部扩展已有产业边界而开拓出来的。

七、如何避免类目错放

为了给平台新老买家提供良好的购物环境和搜索体验，在线交易平台会对类目错放进行统一规范和处理，以确保卖家将产品放置在正确的类目下，促进产品转化。类目错放大致分为两类情况：

一是有意的类目错放。这种有意使发布商品时选择的类目与商品实际类目不符以骗取曝光的行为被称为类目错放搜索作弊行为。为了保障卖家间的公平竞争，在线交易平台会对这种恶意行为进行打击和处罚。

二是无意的类目错放。导致这种情况的原因大体是卖家对在线交易平台和类目结构了解不够深入。例如：假设卖家销售的实际商品是婚纱，卖家却误发布在晚礼服类目下，那么买家在搜索婚纱的时候，该商品不会出现在搜索结果中，这样会影响交易转化率。

类目错放常见问题见表 4－3。

表 4－3　类目错放常见问题

行业	发布类目	常见问题
服装 / 服饰配件	Wool & Blends	Wool & Blends 类目下，标题里不能出现 tshirt、t shirt、t-shirt 或 camisole
服装 / 服饰配件	Wedding Dresses	Wedding Dresses 类目下，标题里不能出现 accessories 或 accessaries
服装 / 服饰配件	Vests	Vests 类目下，标题里不能出现 tshirt、t shirt、t-shirt 或 camisole
服装 / 服饰配件	Trench	Trench 类目下，标题里不能出现 tshirt、t shirt、t-shirt 或 camisole

续表

行业	发布类目	常见问题
服装 / 服饰配件	Skirt Suits	Skirt Suits 类目下，标题里不能出现 sexy
服装 / 服饰配件	Shorts	Shorts 类目下，标题里不能出现 dress、underwear
服装 / 服饰配件	Shirts	Shirts 类目下，标题里不能出现 vest
服装 / 服饰配件	Pants	Pants 类目下，标题里不能出现 shorts
服装 / 服饰配件	Leather & Suede	Leather & Suede 类目下，标题里不能出现 tshirt、t shirt、t-shirt 或 camisole
服装 / 服饰配件	Jackets	Jackets 类目下，标题里不能出现 tshirt、t shirt、t-shirt 或 camisole
服装 / 服饰配件	Fur & Faux Fur	Fur & Faux Fur 类目下，标题里不能出现 tshirt、t shirt、t-shirt 或 camisole
服装 / 服饰配件	Down & Parkas	Down & Parkas 类目下，标题里不能出现 tshirt、t shirt、t-shirt 或 camisole
服装 / 服饰配件	Coats & Jackets	Coats & Jackets 类目下，标题里不能出现 tshirt、t shirt、t-shirt 或 camisole
服装 / 服饰配件	Suits & Blazer	Suits & Blazer 类目下，标题里不能出现 sport 或 sports
服装 / 服饰配件	Skullies & Beanies	Skullies & Beanies 类目下，标题里不能出现 baseball、visor、fedora 或 bomber
服装 / 服饰配件	Socks	Socks 类目下，标题里不能出现 pantyhose、stocking
服装 / 服饰配件	Blouses & Shirts	Blouses & Shirts 类目下，标题里不能出现 tshirt、t shirt、t-shirt 或 camisole
服装 / 服饰配件	Dresses	不要在标题中同时使用 half-length（半身裙）、full dress（礼服）、one-piece dress（连衣裙）这些意思不相近的描述不同产品的词

八、如何避免侵犯他人知识产权

如果卖家的产品含有某公司品牌或商标，则该产品必须由该公司或由该公司授权的生产商制造，否则产品即存在侵权的可能性。

全球速卖通平台尊重和保护知识产权。卖家在全球速卖通平台发布任何品牌产品信息，都应将相关授权许可证明发送至邮箱 sellerproducts@aliexpress.com，并注明公司名称和会员账号，待证明文件被全球速卖通验证后，此类信息方可正常发布。

卖家可参考全球速卖通规则频道首页的品牌列表，但需注意该参考并未涵盖所有受保护的知识产权品牌。知识产权除了商标权之外，还包括专利权和著作权。

如果卖家的产品因为涉嫌侵权被退回 / 删除，或者被知识产权所有人或者买家投诉，全球速卖通都会发送通知邮件到该卖家的邮箱。若卖家对退回结果或者投诉有异议，均可以按照通知邮件的操作指引进行申诉。一旦申诉成功，对应的扣分分值将会取消。如果申诉不成功，卖家应该极力避免相同的情况再次发生。

九、产品图片处理不当、被界定为假货的情况

（1）产品品牌或标识与知名品牌高度类似或接近，使消费者误认为自己买到了名牌；
（2）产品图片中有名人出镜；
（3）产品图片中出现知名品牌包装袋；
（4）产品图片中人脸被遮挡，图片来源不明、可能侵权；
（5）产品标识被模糊修图或刻意遮挡。

能力实训

一、选择题

1. [多选] 适合在全球速卖通平台销售的产品的特征包括（　　）。

A. 体积小　　B. 价值较高　　C. 有特色　　D. 价值低

2. [多选] 以下适合在全球速卖通平台销售的产品有（　　）。

A. 假发　　B. 山地车　　C. 项链　　D. 裙子

3. [单选] 运动短裤可能出现在全球速卖通平台的（　　）类目中。

A.Fashion　　B.Bottoms　　C.Accessories　　D.Hobbies

4. [单选] 以下产品图片能通过亚马逊平台审核的是（　　）。

A.

B.

C.

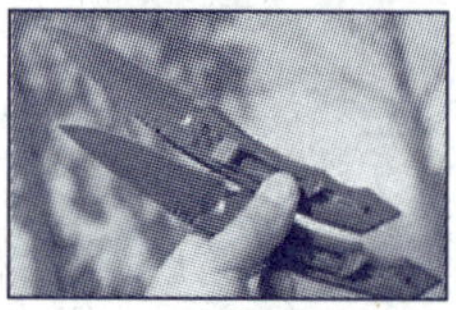

D.

二、判断题

1. 保健食品和保健用品可以在全球速卖通平台发布。（　　）

2. 发布产品主要包含类目选择、商品属性、产品标题、详细描述、包装信息、物流设置、服务模板、其他信息的设置等。（　　）

3. 高仿名牌手包可以在全球速卖通平台销售。（　　）

4. 亚马逊平台提供产品比价功能。（　　）

三、能力拓展

【工作任务 1】全面了解全球速卖通平台，并选择一种你最感兴趣的产品品类进行分析，撰写分析报告。

【工作任务 2】从全球速卖通店铺后台数据提供的“蓝海行业”中，选择一种你最感兴趣的行业进行分析，撰写分析报告。

【工作任务 3】在全球速卖通店铺发布一款电子产品，请正确选择类目，并完整填写商品属性。

【工作任务 4】选择一种具体的产品并发布，要求标题符合要求，属性填写正确、详细，详情页面要求完整（暂时没有评论的可以不加）。

【工作任务 5】选定一款 AI 工具，利用 AI 在线生图工具创作一张色彩鲜艳、活力满满的速卖通户外探险装备主图。

个性化成长记录表

序号	评价内容	学生成长记录	评价方式	评价主体	备注
1	微课学习（5%）		平台考试测验	平台	
2	课前测试（5%）		平台考试测验	平台	
3	课中测试（5%）		平台考试测验	平台	
4	仿真实训（5%）		平台系统评分	平台	
5	课后作业（5%）		平台考试测验	平台	
6	学习活跃度（3%）		平台系统评分	平台	
7	资源贡献度（2%）		平台系统评分	平台	
8	技能操作完整度（10%）		操作成果评分 实战成果评分	教师	
9	技能操作规范度（10%）		操作成果评分 实战成果评分	教师	
10	成果展示（10%）		操作成果评分 实战成果评分	教师	
11	方案制定（5%）		能力评估表	自评 / 互评	可选
12	技能操作完整度（5%）		能力评估表	自评 / 互评	
13	技能操作规范度（5%）		能力评估表	自评 / 互评	
14	成果展示（5%）		能力评估表	自评 / 互评	
15	选品和视觉设计模拟实战（20%）		绩效考核评分 满意度调查表	企业	
16	1+X 考证		考试通过率	评价组织	增值评价，可选，一般为年度考核
17	技能大赛		获奖等级	技能大赛组委会	增值评价，可选，一般为年度考核
备注：各部分权重占比可根据单元实际情况进行调整。					

学习情境五

跨境产品刊登和发布操作

微课资源

学习目标

素养目标

培养劳动意识和“零违规、零侵权”等规则意识和底线思维，形成“精准定位市场，细节成就品牌”的职业价值观。

知识目标

1. 熟悉成本、费用、利润等基本概念。
2. 熟悉全球速卖通佣金扣点和银行卡等的手续费扣款。
3. 掌握上架价格（List Price)、销售价格（折后价）（Discount Price）和成交价格（Order Price）的基本含义。
4. 熟悉全球速卖通平台产品定价规则。
5. 了解其他第三方跨境电商平台定价规则。
6. 熟悉全球速卖通平台产品刊登规则。
7. 了解其他第三方跨境电商平台产品刊登规则。

能力目标

1. 能够合理核算产品的上架价格。
2. 能够在全球速卖通平台发布产品信息。
3. 能够在亚马逊等平台发布产品。

工作项目

浙江金远电子商务有限公司的跨境电商运营专员陈倩经过对业务的熟悉，调研了跨境电商全球市场，熟悉了跨境物流、选品和对产品的信息化处理等工作，近一段时间她的主要任务是负责产品的价格核算、刊登和发布。具体工作任务如下：

工作任务 1：核算产品成本、费用和利润，设置产品上架价格

价格是交易的核心，所有的交易条件都会在价格中得以体现。设置合理的上架价格对产品成交起着决定性作用。

工作任务 2：审核产品标题、属性和详情页描述，在全球速卖通平台发布产品

产品标题和详情页的描述直接影响买家的搜索，好的标题和详情页可以提升卖家搜索排名，增加访客量，从而提高转化率和成交率。设置合适的产品标题、关键词和详情页至关重要。

操作示范

工作任务 1　核算产品成本、费用和利润，设置产品上架价格

卖家对产品进行定价时，要考虑产品类型（爆款、引流款、利润款）、产品的特质（同质性、异质性、可替代程度）、同行竞品价格水平、店铺本身的市场竞争策略等。

【例 5－1】陈倩从 1688 网站采购了一批人造珍珠蝴蝶（珍珠镶嵌）项链，共 100 条，每一条项链的包装重量为 25 克，采购价为 0.95 元 / 条，国内快递费为 8 元，预期采购利润率假定为 100%，平台佣金率是 5%，银行美元买入价按 1 美元 = 6.6 元人民币计算，其他成本忽略不计，请计算上架价格。

解答：

预期采购利润是基于采购价格的利润，是一个已知数，每条项链的预期利润为 0.95 × 100% = 0.95 元。

如不计算跨境物流费用：

上架价格 =（采购价 + 国内快递费用 + 预期采购利润）/（1− 佣金率）/ 银行美元买入价
=（0.95+8/100+0.95）/（1−5%）/6.6
≈ 0.32（美元 / 条）

如考虑包邮：

第一步：先计算跨境物流费用，查询中国邮政挂号小包价格表，按照全球包邮到俄罗斯计算成本（报价表：重量在 0 ～ 150g，包裹正向配送费为 58 元 /kg，挂号服务费为 24 元 / 单），则跨境物流费用为：

跨境物流费用 = 25/1 000 × 58+24 = 25.45（元）

第二步：计算上架价格。

上架价格 =（采购价 + 国内快递费用 + 跨境物流费用 + 预期采购利润）/
（1− 佣金率）/ 银行美元买入价
=（0.95+8/100+25.45+0.95）/（1−5%）/6.6
= 4.37（美元 / 条）

【例 5－2】陈倩从 1688 网站采购某品牌户外运动包，单个户外运动包包装后重量为 0.68kg，采购价格为 63 元 / 个，卖家预期利润率是 30%，平台佣金率为 8%，汇率为 1 美元 =6.60 元人民币，其他成本忽略不计，使用中国邮政挂号小包，包邮到俄罗斯（报价表：重量在 300g 以上，包裹正向配送费为 53.5 元 /kg，挂号服务费为 23 元 / 单），请计算该产品上架价格。

解答：

预期利润理解为销售利润，即基于销售价格的利润。所以：

上架价格 =（采购价格 + 跨境物流费用）/（1− 预期利润率）/（1− 佣金率）/ 汇率
=（63+0.68 × 53.5+23）/（1−30%）/（1−8%）/6.6
= 122.38/0.7/0.92/6.6
= 28.79（美元）

工作任务 2　审核产品标题、属性和详情页描述，在全球速卖通平台发布产品

一、审核产品标题

标题是产品非常重要的组成部分，它直接影响买家的搜索结果。一个好的标题可以提高访客量，从而提高成交率。卖家在审核标题时，要注意：先挖掘产品自身属性词，再登录系统后台寻找买家搜索词（见图 5－1）。

（1）标题最长可输入 128 个字符；

（2）标题中同一个单词只能用一次；

（3）标题中不能出现与实际产品属性无关的词；

（4）多设置热搜属性词；

（5）品类词尽量放在后面，最重要的关键词放在品类词前面；

（6）标题语法尽量简单；

（7）标题尽量不用符号分隔；

（8）将准备好的关键词组合起来就是标题。

图 5－1　产品标题

卖家设置标题时，应遵循以下几个原则：

（1）相关关键词要与类目属性相关，关键词要与产品标题相关。

（2）策略关键词的选择策略：长尾关键词中包含二级关键词，二级关键词中包含顶级关键词。

（3）标题的制定策略：营销关键词＋意向性关键词＋属性卖点词＋主关键词＋长尾关键词。

二、审核产品属性

（一）产品属性的检查

对于产品属性的检查，卖家应注意产品属性信息的填写必须与实物相符，标题以及关键词都要与基础描述相符。要注意的是，由于目前很多属性都没有设置成必填项，因此很多卖家忽略了对一些属性的填写。完善属性填写有助于为买家提供更好的体验，从而提高转化率（见图 5－2）。

（1）品牌：如果店铺已申请品牌，则选择已申请的品牌，如无，则选择“NONE”。

（2）高关注化学物质：如果商品含有高关注化学物质，卖家应以相关法律法规要求的化学物质英文原文为准进行勾选。

（3）金属类型：根据项链材质填写，此项链链条主材质为锌合金，故选择“锌合金（Zinc Alloy）”。

（4）产地（国家或地区）：根据项链产地进行选择。

（5）项链类型：该项链有吊坠，所以为吊坠项链，此项根据产品实际信息填写。

（6）性别：必填项，可在下拉菜单中选择产品适用的性别。

图 5－2　产品属性

（7）功能：根据项链的功能进行选择，如果没有这些功能可不选择。

（8）型号：根据产品型号或编码自行填写。

（9）风格：根据项链的设计风格进行选择。

（10）认证：如果产品已经进行相关检测，具有 REACH 检测报告可勾选；反之，则无须勾选。

（11）形状 / 图案：可根据产品设计的图案进行勾选，如动物、植物、水滴等。

（12）吊坠尺寸：根据测量的实际吊坠长度填写，如果产品无吊坠可不填写。

（13）珠宝或饰品：默认选择“时尚（Fashion）”。

（14）材质：根据项链的主要材质进行选择，如亚克力、玻璃、陶瓷等。

（15）场合：根据项链适用的场合进行选择，如宴会、婚礼、纪念日等。

（16）链类型：根据项链的链条类型进行选择，如 O 字链、蛇链等。

（17）产品类型：因为产品为项链，所以产品类型默认选择“项链（NECKLACES）”。

（18）兼容性：可根据产品实际是否具备兼容性进行选择。

其中，带星号（*）的为必填属性，卖家必须根据产品实际情况正确填写或选择；不带星号（*）的为非必填属性，卖家可以根据产品实际有无该属性进行填写或选择。完整且正确的产品属性有助于提升产品曝光率。

（二）产品自定义属性的检查

产品自定义属性（见图 5－3）既是对产品属性的完善，也是对产品信息的补充，如产品的产地、颜色、购买方式、风格等。卖家应填写一些默认属性中不能体现出的产品特征，特别是产品的卖点与价值，给买家更多下单的理由。详细填写产品自定义属性有助于帮助买家更好地了解产品，提高成交率。

Place of origin	Zhejiang,China (Mainland)	删除
Shipping	Free shipping	删除
Color	Blue/Red	删除
Crowd	Women/Female/Girl/Office Lady	删除
Occasion	Party/Dinner/Prom/Wedding	删除
Pattern	Leopard	删除
Brand Name	NEOGLORY Jewelry	删除

添加自定义属性

图 5－3　产品自定义属性

三、审核产品详情页

目前，对于详细描述板块，平台提供了两种装修工具：PC 详描编辑器和 App 详描编辑器，系统支持 PC 详描和 App 详描一键同步（见图 5－4）。

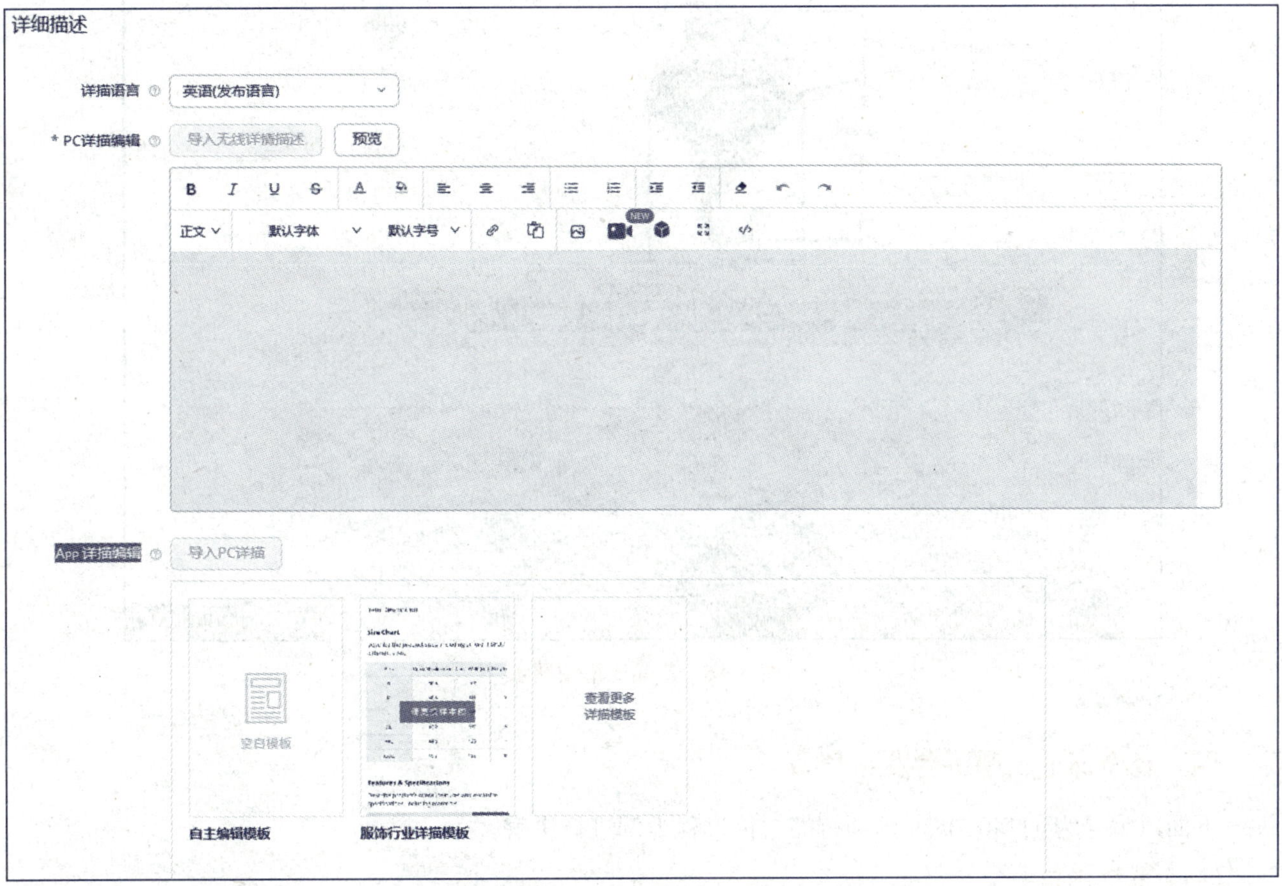

图 5－4　产品详细描述

产品详细描述是买家从点击到购买至关重要的一环。产品详细描述要将买家关注的产品特色、功能、服务、包装及运输等信息展示出来，主要作用是让买家全方位地了解产品并有意向下单。

通常而言，买家浏览网页的等待时间不会超过 7 秒，如果 7 秒内，产品页面还没有打开，买家很可能就会直接关闭网页，所以产品描述的图片不能太大。一些代销商家会将详情图截成一整张大图，那么这张大图就会影响买家的浏览速度，因此卖家应尽量将大图改为小图之后再上传。另外，产品图片一定要清晰，最好是卖家自己拍的实物图，争取每个细节都可以很好地展示，因为买家是不可能接触到产品的，他们对产品的印象都是通过图片展示获得的。在保证图片清晰的前提下，图片占用空间尽量要小，否则会影响页面打开的速度。卖家应尽量使用图文结合的方式展示图片（见图 5-5），这样既可以让买家更好地了解产品，又可以激发买家的购买欲望。好的图片展示可以优化买家体验。

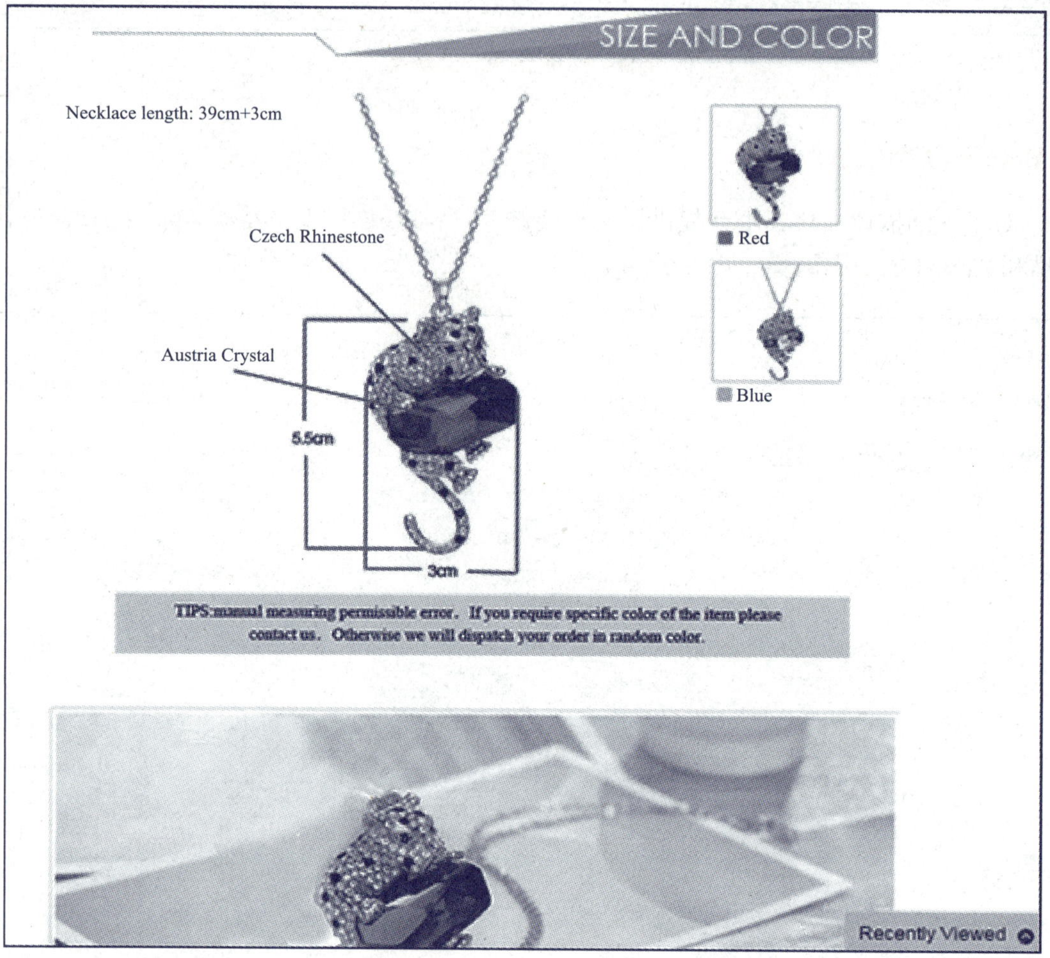

图 5-5　产品详情图展示

四、在全球速卖通平台发布产品

下面以编号为 1114020539 的项链的上传过程为例进行讲解。

（一）选择类目

卖家应选择正确的类目。卖家可以按照类目结构，逐级选择产品对应的类目（见图 5-6）。卖家选择类目时一定要仔细，一旦有误将直接影响上传操作，甚至导致审核不通过。

类目选择的范围由大到小，即珠宝饰品及配件→流行饰品→项链。卖家若确定与产品类目没有出入，则可点击“确定”。建议发布前阅读卖家规则，以免在产品上传的过程中出现违规操作。

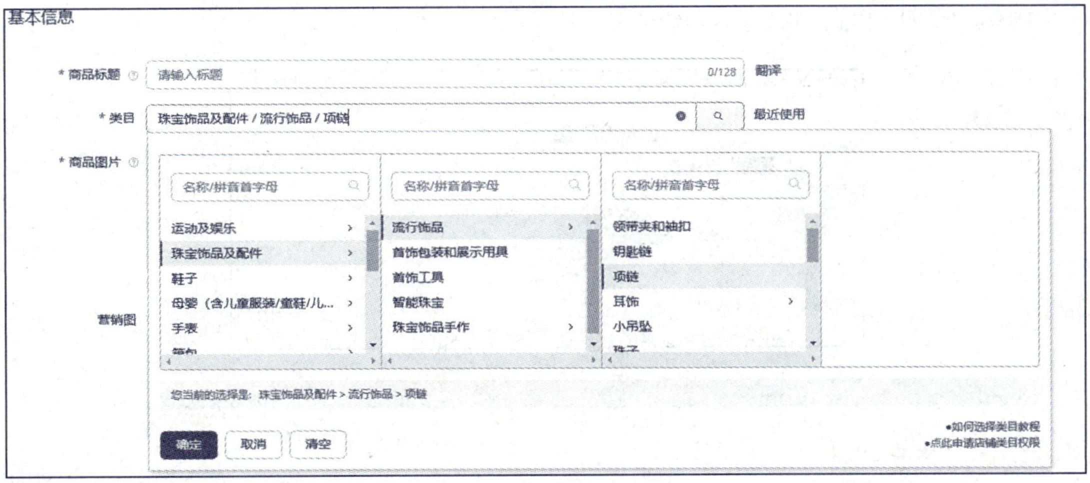

图 5－6　选择类目

（二）编辑产品标题

标题是影响买家搜索并吸引买家点击进入产品详情页面的重要因素。一个完整的产品名称应该包括准确的产品关键词、能够吸引买家的产品属性、服务承诺及促销语。整个产品名称的字数不应太多，应尽量准确、完整、简洁。全球速卖通产品的标题有 128 个字符的限制，建议尽量写满 128 个字符，而且要注意大小写字母的搭配使用，禁止使用标点符号。

（三）上传商品图片

1. 商品图片

商品图片即商品主图，卖家要借助商品图片全方位、多角度地展示自己的产品，以激发买家对产品的兴趣。

图片要求：大小在 5MB 以内，支持 jpg、jpeg、png 格式；横向与纵向比例为 1∶1（大于 800px × 800px）或 3∶4（大于 750px × 1 000px），且所有图片比例一致。产品主体占比建议大于 70%，风格统一，不建议添加促销标签或文字。切勿盗图、涉嫌禁限售或侵犯他人知识产权，以免受处罚。一款产品同时上传最多 6 张图片（见图 5－7）。

图 5－7　上传商品图片

2. 营销图

营销图，又称第 7 张图，会在营销导购场景下透出显示。使用优质的商品图片且按行业特性选择性透出显示 1∶1 白底图、3∶4 场景图、商品主图，对导购转化有明显的正向提升效果。营销图最多可上传 2 张，其中一张为正方形白底图，要求图片比例为 1∶1，像素 ≥ 800 × 800，图片背景色必须为纯白色或透明；另一张为场景图，要求图片比例为 3∶4，像素 ≥ 750 × 1 000，图片背景可以为某场景。不论是白底图还是场景图，格式都可以是 jpg、jpeg、png，图片大小不能超过 5MB。

3. 商品视频

由于商品视频会展示在商品主图列表中，因此视频内容要与产品相关。建议视频比例为 1∶1、

3∶4 或者 9∶16，视频时长在 30 秒内，视频大小在 2GB 内（见图 5－8）。

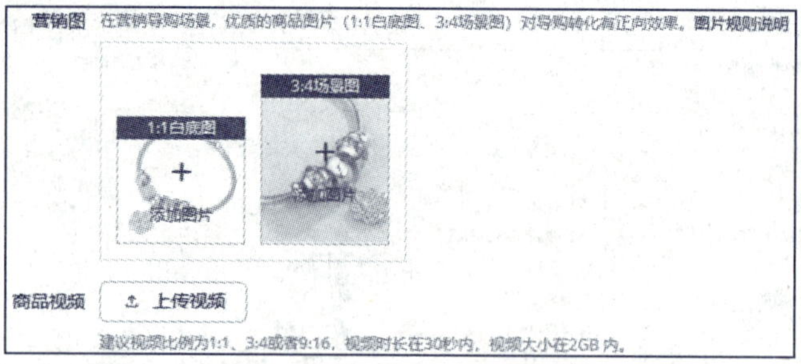

图 5－8　上传营销图及视频

（四）准确填写产品属性

在信息发布过程中，产品属性是非常核心的内容，卖家应完整、准确地填写产品属性（见图 5－9）。

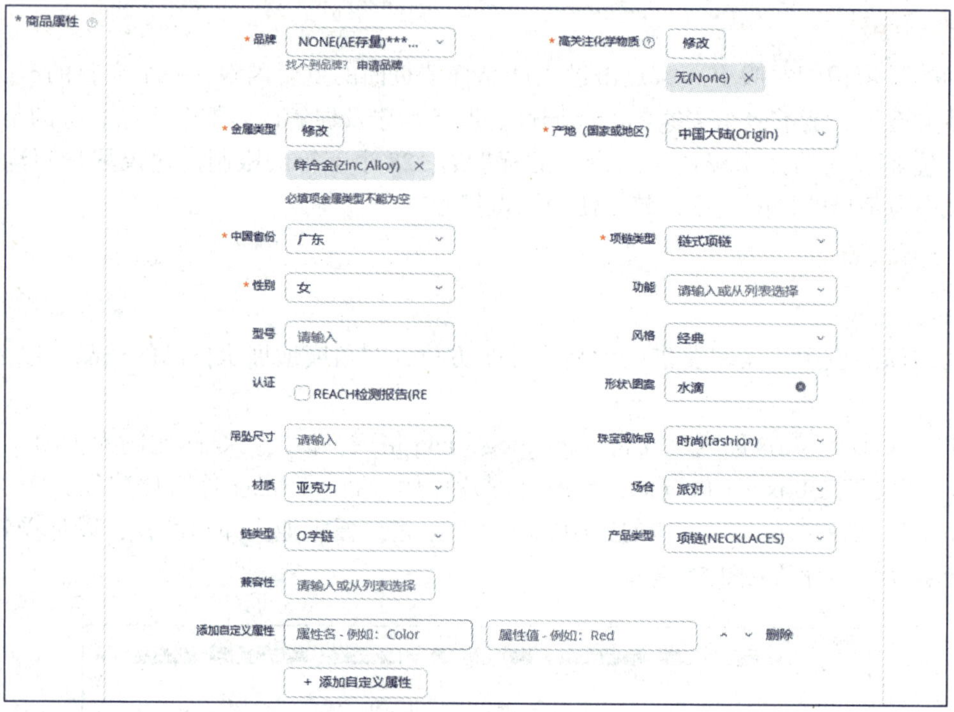

图 5－9　属性填写

完整、正确地填写产品属性有助于提高买家搜索时的搜索率和产品的曝光率。买家可以根据某些属性对产品进行筛选，从而全面地了解产品。所以，卖家应尽量将产品属性填写率保持在 100%。注意在填写属性时，带红色 * 标注的属性是必填项。在选择品牌时，卖家应仔细核对产品的品牌，以避免产品的侵权问题。在添加自定义属性时，最好添加 5 个以上，以保证产品属性的完整性。一般产品的自定义属性包括产地、邮费等。自定义属性的内容应有别于系统属性，这样就可以提高自定义属性的搜索率与产品的曝光率。

（五）准确填写价格与库存

产品价格与库存模块主要是对产品的最小计量单元、销售方式、金属颜色、链长、主石颜色、发货地、零售价、商家仓库存、SKU 编码、区域零售价、批发价等信息进行填写或选择，如图 5－10 所示。

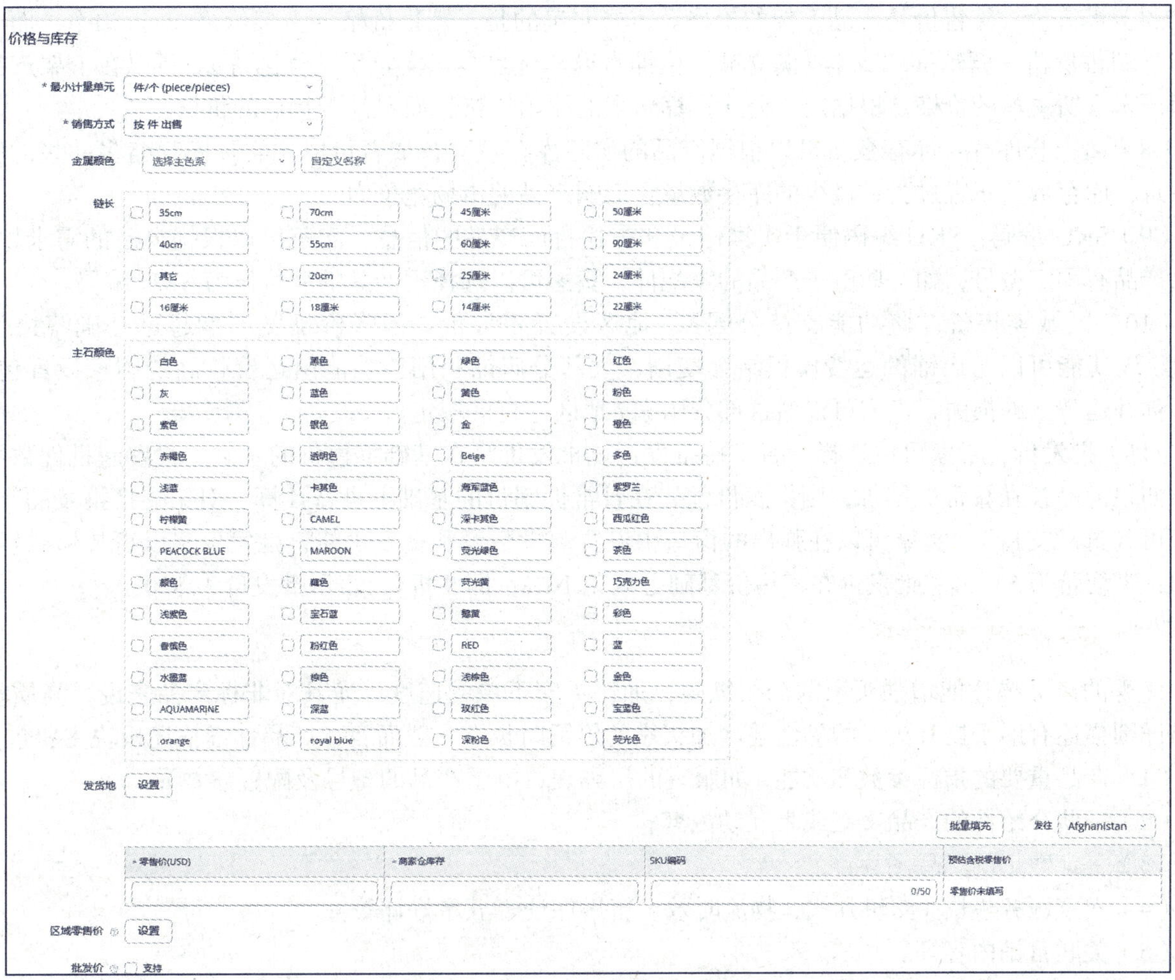

图 5－10 产品的价格与库存

（1）最小计量单元：根据产品特性选择合适且准确的计量单元，如袜子是双、衣服是件等。同时，卖家要选择准确的售卖方式，如果选择打包出售，则需要准确注明一包里面所包含的数量。

（2）销售方式：根据重量、体积和货值决定是单件出售还是打包出售。一般而言，产品单价较高、重量和体积较大的产品适合单件出售；而产品单价较低、重量和体积较小的产品（如珠宝首饰、3C 配件等）适合多个组成一包出售。

（3）金属颜色：可选择一个或多个主色系，建议选择与产品金属颜色匹配的色块，但是如果系统提供的颜色无法与产品颜色匹配，可以选择任意颜色，并设置对应的自定义名称或上传 SKU 自定义图片，自定义图片可以代替 SKU 色卡，这样在买家端页面展示的就是自定义的名称及产品图片。卖家应避免出现货不对版的情况，导致买家不满意。

（4）链长：根据产品的实际链长在系统提供的链长选项中进行选择。如果没有符合的链长选项，可以选择“其他”，然后在产品自定义属性或详情页中进行准确描述。

（5）主石颜色：如果项链有主石，需要根据主石颜色在系统提供的颜色选项中进行选择。如果选项颜色都与项链主石颜色不符，可以不选择，之后在产品自定义属性或详情页中进行准确描述。

（6）发货地：可以根据实际情况选择一个或多个发货地。发货地一般默认中国发货，如果没有其他海外仓的商家可以不选择。如果是有海外仓的卖家或者工厂在国外的卖家，可以根据仓库的实际地址进行选择，这样买家在下单时可以根据需求选择发货地。

（7）零售价：零售价是产品上架的价格。需要明确的是，销售价格 = 上架价格 × 折扣率，而成交价格 = 销售价格 - 营销推广成本（满立减、店铺直通车优惠券、卖家手动优惠等）。所以在上架产品的页面，卖家所填写的价格是根据定价公式计算出来的原始价格，而不是折扣后的价格。

（8）商家仓库存：库存数量可以根据产品的实际库存填写，或者可以比实际库存略多一些，但是要注意，库存数量不宜过少，过少的库存数量会影响产品的市场竞争力。

（9）SKU 编码：SKU 编码便于卖家记录和查找自己产品的信息，卖家可以根据自己的需求填写；如果产品有固定型号，如一些电子产品的零配件，卖家可以选择用产品的型号作为 SKU 编码。

（10）区域零售价：该功能支持分国家 / 地区设置零售价，但降价幅度不能超过基础零售价的 50%。该功能可以与店铺的运费模板结合使用，大部分店铺利用该功能给运费较高的国家设置包邮。为了弥补运费上的损失，卖家可以对这部分国家 / 地区进行区域定价。

（11）批发价：卖家可以选择是否支持批发价。批发价是在基础零售价的基础上设置起批件数与折扣。如果商品存在日常促销价，则批发价优先在日常促销价的基础上进行计算。对于支持批发的产品，卖家可勾选“支持”。卖家可以在弹出的窗口中设置起批数量和批发价格，批发价格以折扣形式填写。例如：零售价为 $100，“批发价在零售价基础上减免 10%，即 9 折”，表示批发价为 $90。

（六）填写产品详细描述

优秀的产品描述能增强买家的购买欲望，加快买家下单的速度。尤其对非标产品来说，高质量的产品详细描述有助于提升买家的黏性并增加买家的停留时长。一般而言，产品详细描述板块主要包含：

（1）产品重要的指标参数和功能（如服装的尺码表、电子产品的型号及配置参数）；

（2）一些介绍性的产品文案或者互动内容；

（3）一定数量的产品图片；

（4）卖家服务板块（支付方式、物流时效、售后保证、五星好评等）；

（5）关联营销内容等。

对时间、精力有限的卖家而言，可以选择编辑 App 详描。卖家可以直接选择详描模板进行编辑，相对省时省力，而且 App 端流量比 PC 端流量多，所以 App 端详描更重要。编辑完成之后，卖家可以选择将 App 端详描内容一键同步至 PC 端，或者重新编辑 PC 端详描内容（见图 5 - 11）。

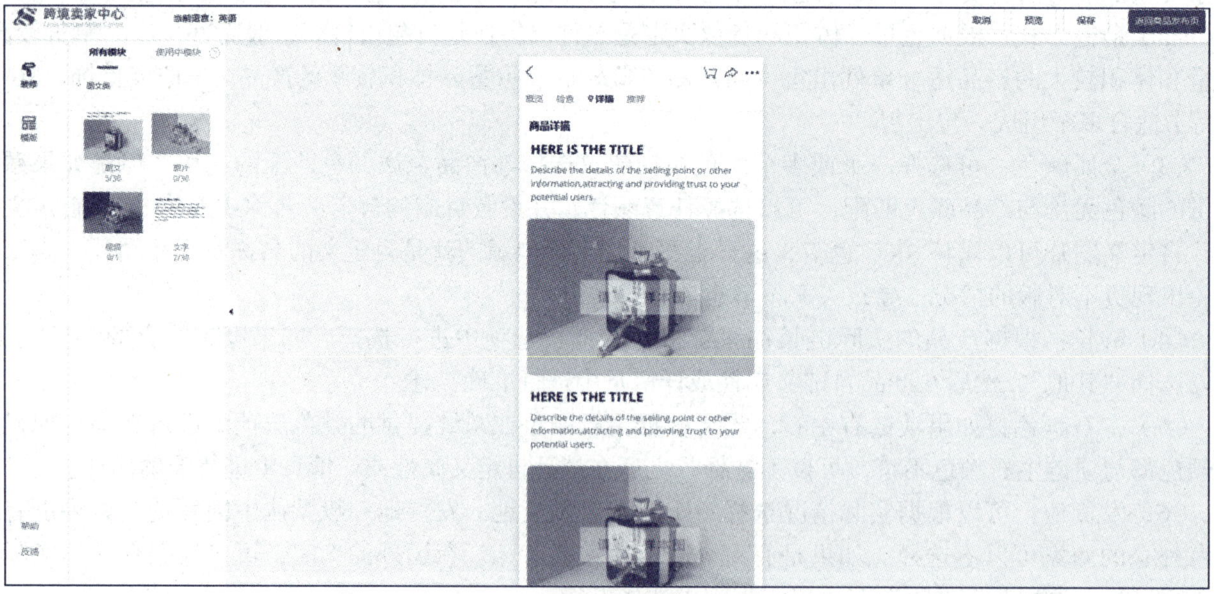

图 5 - 11　产品 App 端详描编辑

（七）填写包装、物流等信息

卖家应依据产品预先设置好的信息来依次填写包装信息、物流信息、服务模板及其他信息（见图 5－12）。

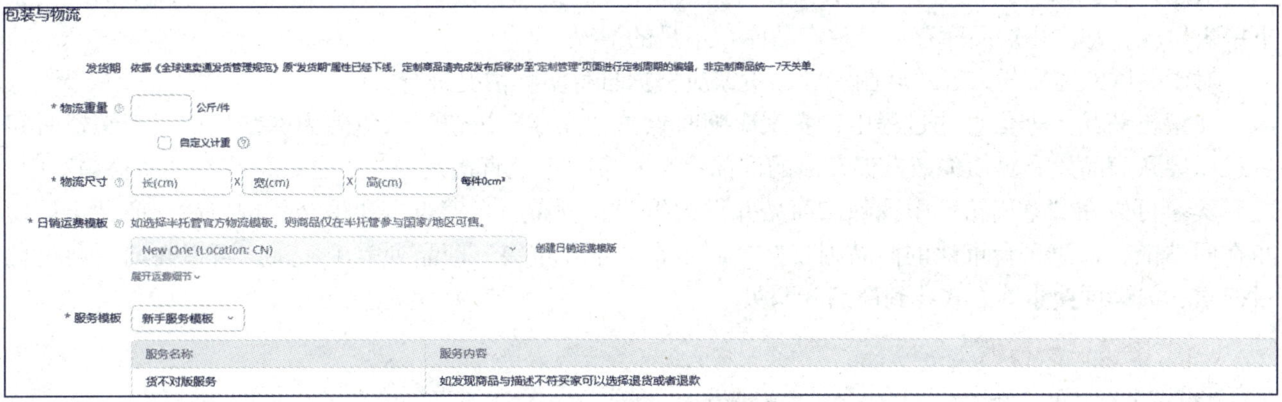

图 5－12　包装与物流信息

卖家可根据实际产品的重量或尺寸填写物流重量和物流尺寸，避免出现因为产品重量或尺寸有误差，导致买家下单后而卖家实际无法发货的情况出现。

卖家在发布产品之前，需要先设置好日销运费模板。如果未设置日销运费模板，卖家也可以选择新手运费模板发布产品，或者之前设置的能满足该重量、体积产品运输的运费模板。

服务模板则可以选择之前已设置好的适用于该发布商品的服务模板，或选择新手运费模板（见图 5－13）。

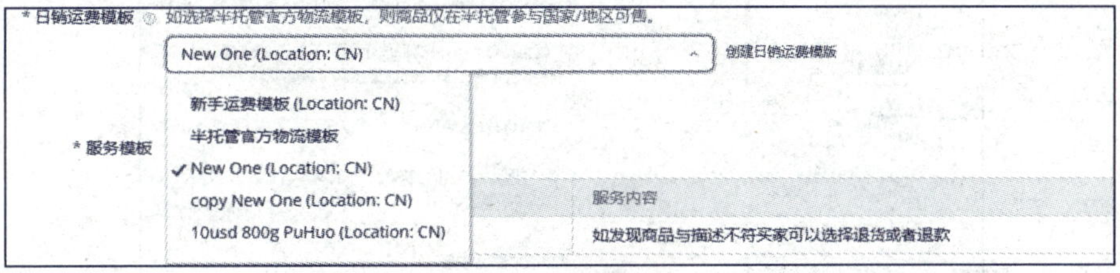

图 5－13　运费模板

（八）其他设置

在其他设置中，卖家需要确认商品是否参与半托管服务、设置商品分组、确认库存扣减方式等（见图 5－14）。

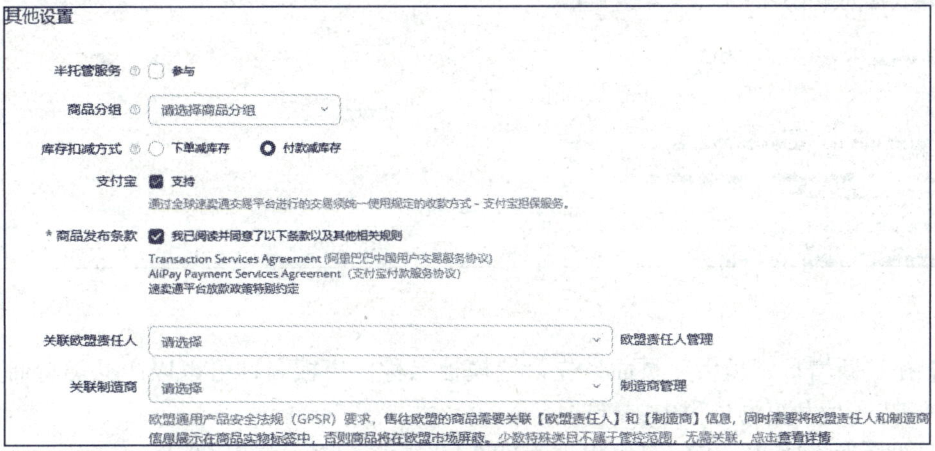

图 5－14　其他设置

商品分组是指把同类商品集合到一起，并能够将商品整合展示在店铺中的功能。卖家可以将商品设置成不同的商品组分类展示到网站上。卖家可以根据商品的特点、类型等进行分组。

对于库存扣减方式，建议卖家选择“付款减库存”。如果卖家选择“下单减库存”，就会出现买家下单未付款，却占用产品库存，导致产品库存不足的情况。

对于关联欧盟责任人、关联制造商，卖家应根据自身实际情况进行关联。

在编辑商品上架信息的过程中，卖家应随时点击“保存”按钮，以免因为网络拥堵或者编辑时间过长而导致商品发布页面失效。保存后的商品信息不会被系统直接发布，而会被保存在“草稿箱”中，之后卖家可以在“草稿箱”中找到该商品并继续编辑和发布。卖家点击“提交”按钮后，商品会被发布在网站上，通过平台审核的商品则直接会展示在“正在销售”商品列表中，买家可以在前台通过类目搜索、关键词搜索等方式找到商品并购买。

（九）设置运费模板

【**Step 1**】点击“物流”类目下的“运费模板”（见图 5－15）。

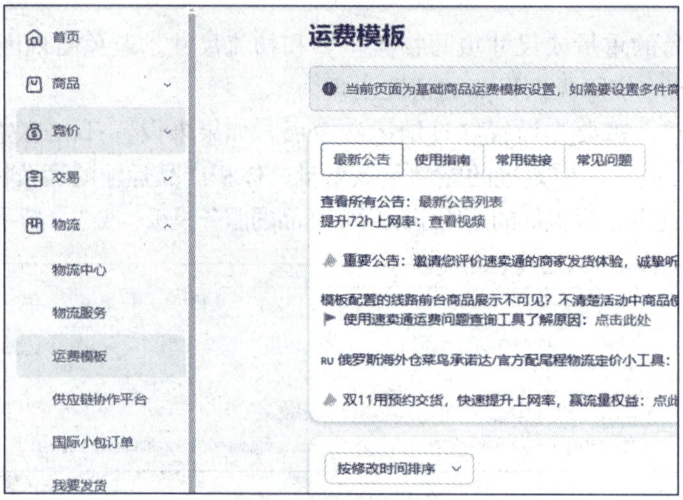

图 5－15　运费模板设置入口

【**Step 2**】点击“新建运费模板”下的“基础模式（旧版）”（见图 5－16）。

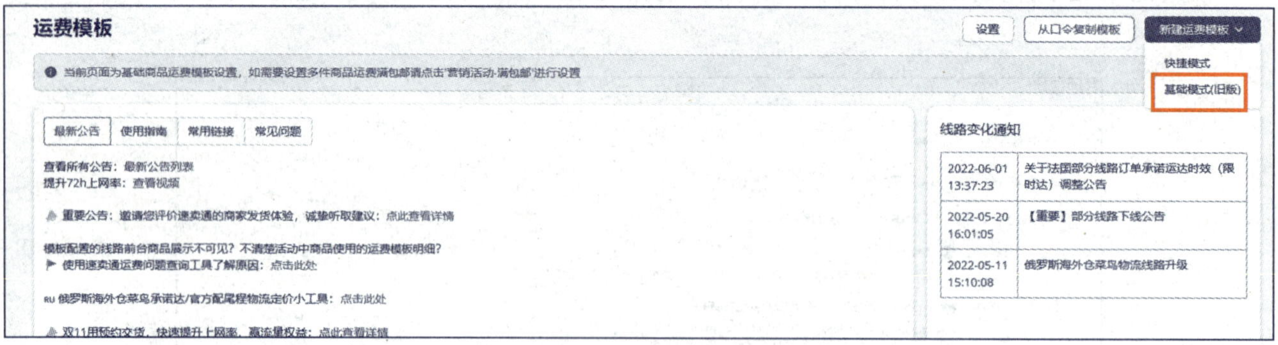

图 5－16　新建运费模板

【**Step 3**】在“新增日销模板”页面，先设置模板名称。模板名称可以以产品类型命名或者以产品重量命名，方便在产品发布的过程中进行选择。

【**Step 4**】选择发货地址。卖家可以根据海外仓所在国家和配送范围选择合适的发货地址。如果没有海外仓，发货地址只需要选择中国即可。

【Step 5】根据产品的重量、体积、价格等因素选择合适的物流线路。速卖通物流方式主要分为经济类物流、简易类物流、标准类物流以及快速类物流（见图 5－17）。

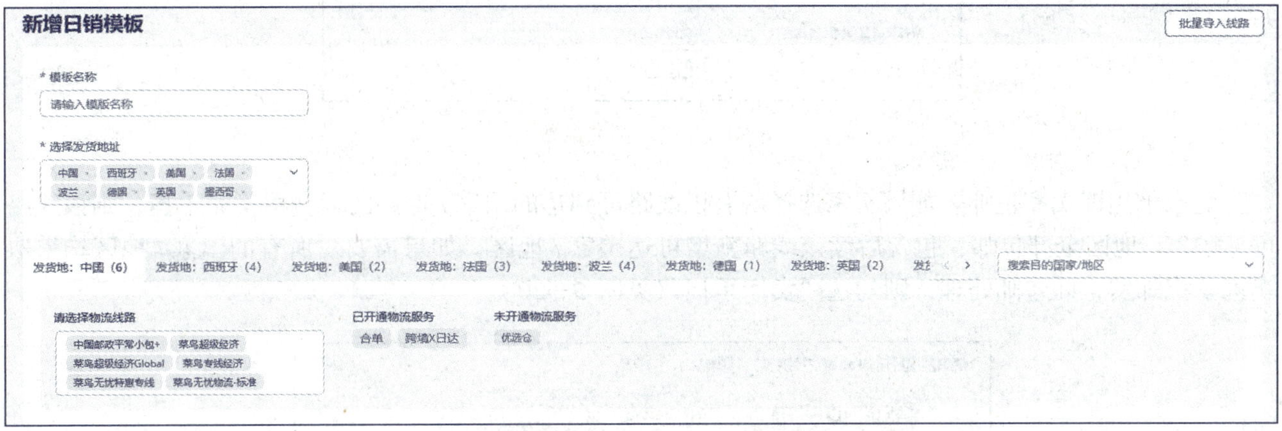

图 5－17　设置模板名称、选择发货地址及物流线路

【Step 6】选择了需要的物流线路之后，卖家需要针对所有选中的物流线路设置对应的运费（见图 5－18）。下面以“菜鸟超级经济 Global（经济类）”物流线路为例进行运费模板设置操作说明。物流线路的运费计算方式主要有三种：标准运费、卖家承担和自定义运费。

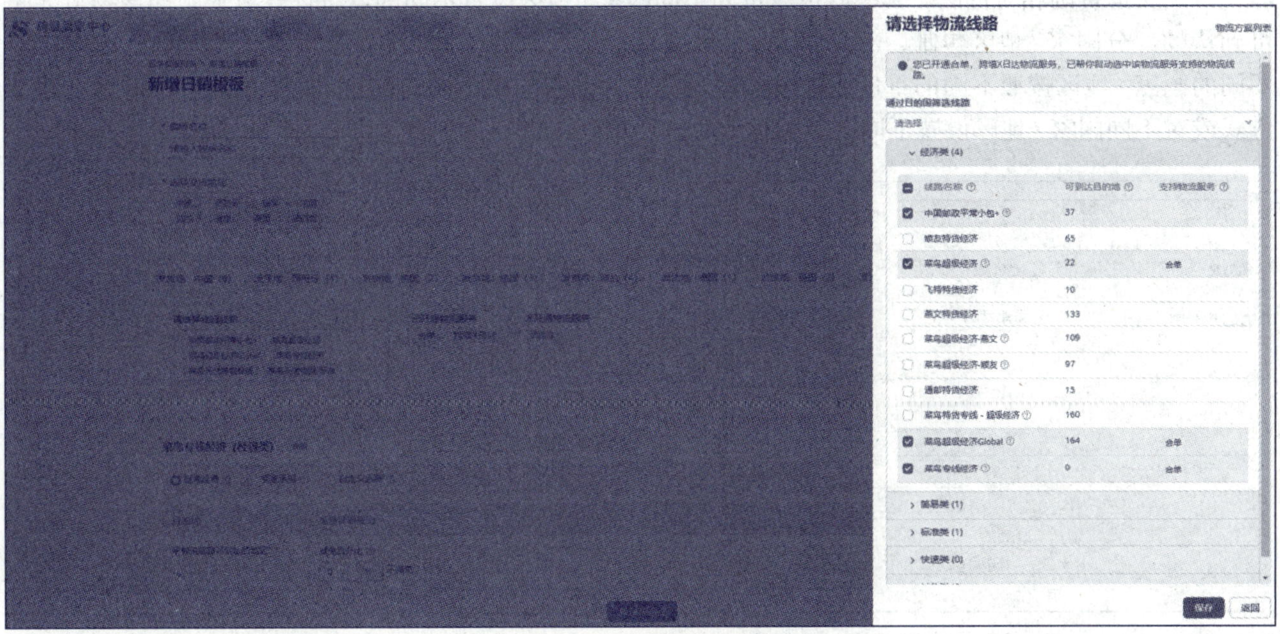

图 5－18　选择物流线路

标准运费是指所有该物流线路可到达国家 / 地区按照固定报价计算运费，即按照商品重量实收运费。一般情况下，如果商品物流包装的体积重量、实际重量达到大件标准，不建议使用标准运费。如果卖家确认对该物流线路可送达的所有国家 / 地区都收取标准运费或进行标准运费技术上统一的减免百分比，则可以勾选“标准运费”（见图 5－19）。

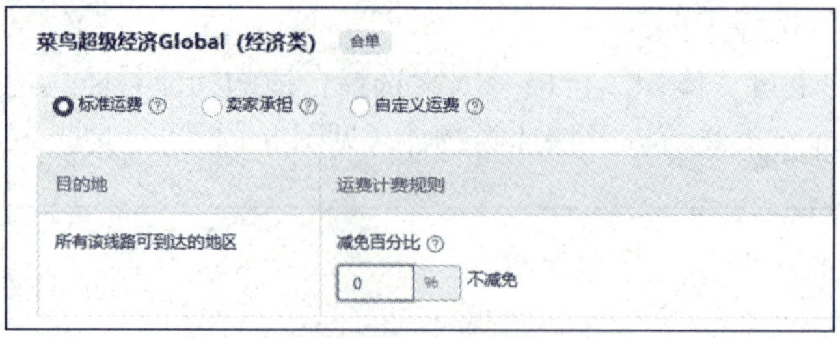

图 5-19　标准运费

卖家承担即卖家包邮。如果卖家选择所有该线路可到达的国家 / 地区的运费由卖家承担，则该线路可达国家 / 地区全部包邮，包含后续该线路新增可达国家 / 地区。如果需要对所有的国家 / 地区均采取卖家承担邮费，即包邮处理，则勾选“卖家承担”（见图 5-20）。

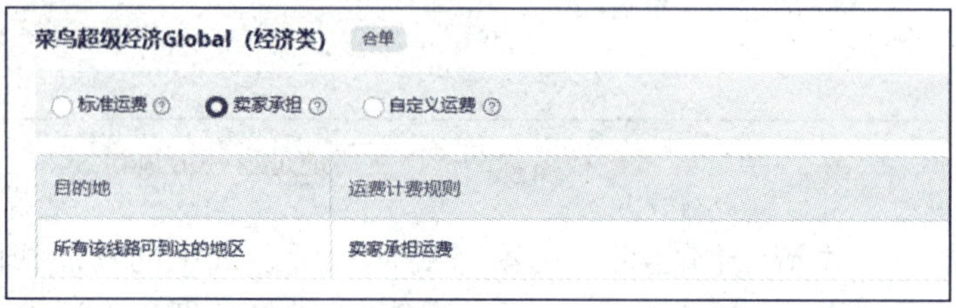

图 5-20　卖家承担

自定义运费则相对自由，卖家既可以按照不同国家 / 地区设置不同的运费计算方式，如该物流线路可到达的部分国家 / 地区包邮、部分国家 / 地区减免运费、部分国家 / 地区按标准运费收取，也可以对不同的国家 / 地区按照不同的重量或数量计算运费。如果需要对不同的国家 / 地区设置不同的运费收取方式或对不同国家 / 地区设置不同的减免百分比，卖家则可以勾选“自定义运费”（见图 5-21）。

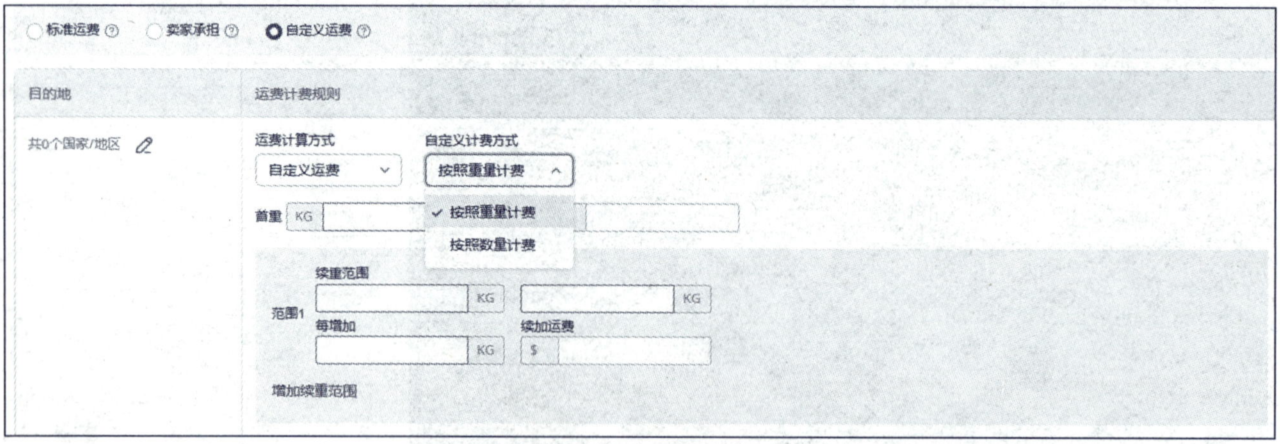

图 5-21　自定义运费

在设置自定义运费的过程中，卖家可以根据自身需求设置不同的目的地组合。在不同的目的地组合中选择国家 / 地区时，可以按大洲选择目的地或者按物流商分区选择目的地，之后再手动选择地区或批量选择地区进行具体的国家 / 地区选择（见图 5-22）。

卖家可以将要设置同样运费的国家 / 地区选在一个目的地组合里，然后进行统一的运费设置，如需对更多的国家 / 地区进行个性化设置，则点击“新增目的地组合”（见图 5-23）。

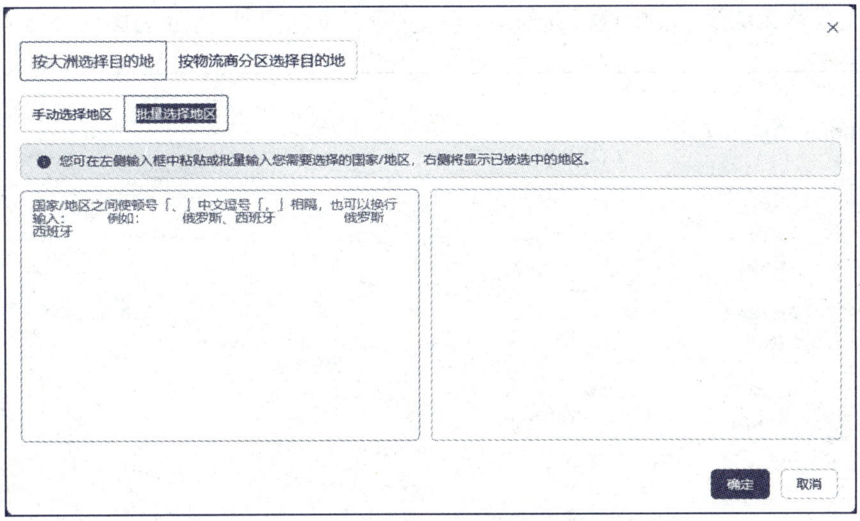

图 5－22　国家 / 地区选择

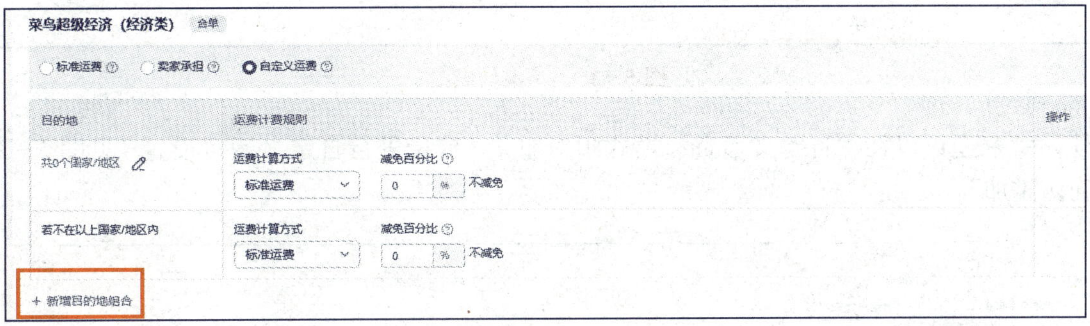

图 5－23　新增目的地组合

例如，卖家针对哈萨克斯坦、土耳其设置包邮；对俄罗斯、乌克兰设置标准运费减免 90%，其他国家 / 地区标准运费减免 50%，则可以设置三个目的地组合，其中哈萨克斯坦、土耳其为一个组合；俄罗斯、乌克兰为一个组合；剩余该物流线路可送达国家 / 地区为一个组合。卖家在添加完目的地组合后，可以针对每一个目的地组合设置运费计算方式（见图 5－24）。

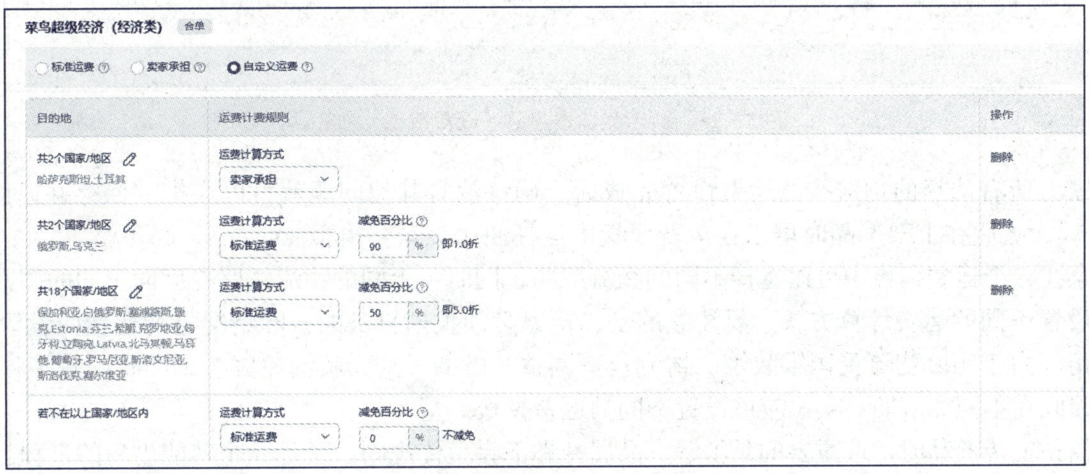

图 5－24　自定义运费—目的地组合

如果是该物流线路无法送达的国家 / 地区，建议卖家选择“不发货”(见图 5－25)。

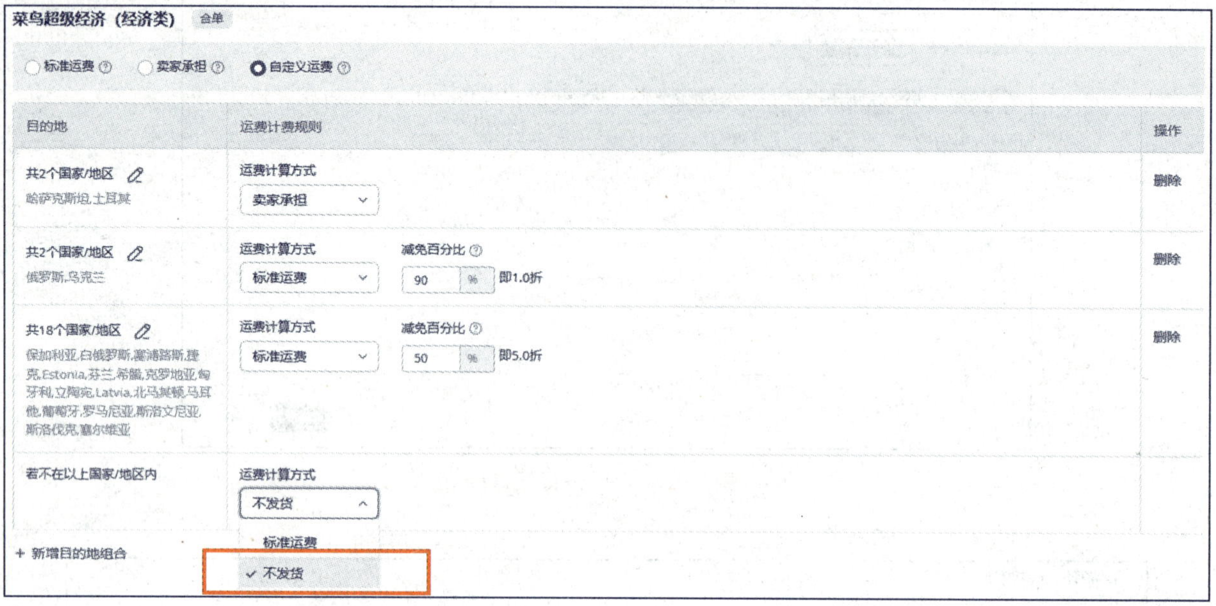

图 5－25　不发货设置

此外，卖家还可以在“自定义运费”模式中对重量 / 数量进行自定义运费设置（见图 5－26)，并点击“确认添加”。

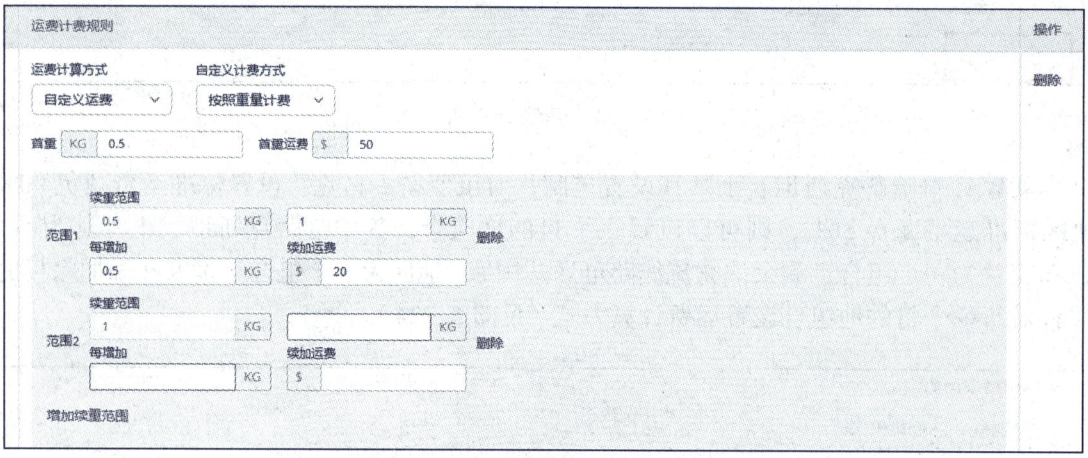

图 5－26　自定义运费设置（设置重量 / 数量）

卖家对所有选择的物流线路运费设置完成后，确认没有其他问题就可以点击“保存并返回”（见图 5－27)，之后在上架产品时可以在运费模板中选择使用该运费模板。

卖家在一个运费模板中可以选择不同的物流线路，同时，不同的物流线路在面向不同的国家 / 地区时可以设置不同的运费计算方式。要注意的是，卖家必须根据自身的实际情况进行运费的设置，切忌盲目模仿。由于国际物流受国家政策、物流资费调整、极端天气、政治原因、邮路状况等多种因素的影响，因此在不同的时期，卖家应该设置不同的运费模板。

总结：上传商品时，最重要的是了解商品属性和平台上传规则。这是一个熟能生巧的过程。

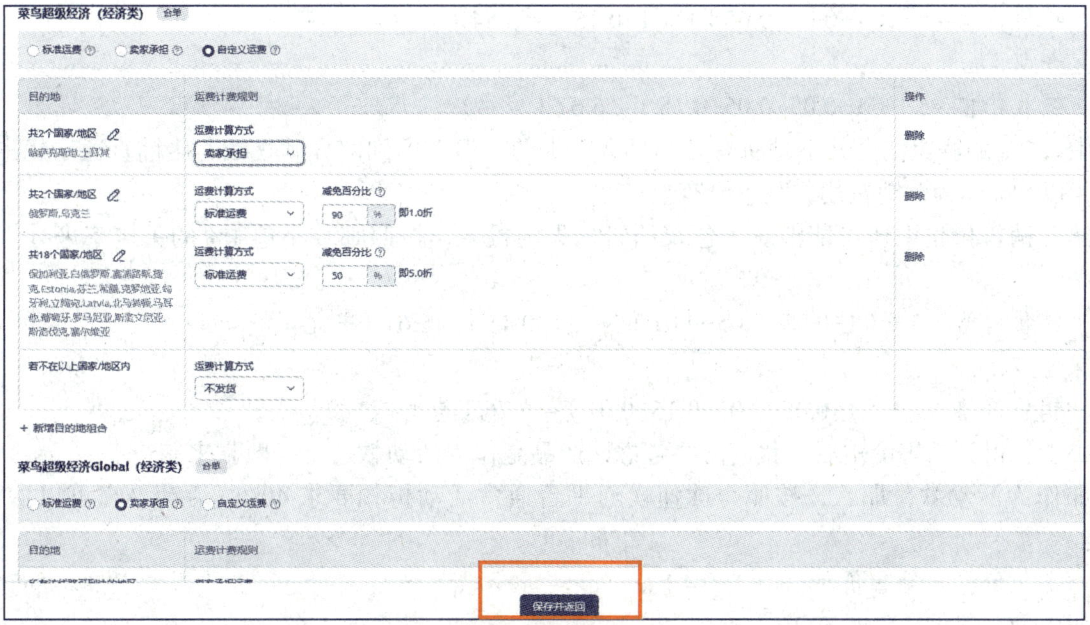

图 5－27　保存运费模板

知识链接

一、跨境电商产品的价格

（一）价格构成

价格 =（采购价 + 费用）/ 汇率 /（1－ 利润率）/（1－ 佣金比例）/（1－ 折扣）

其中，采购价为从产品供应平台（如 1688）或从工厂采购（批发或者零购）的成本价，可含税（增值税，如能提供增值税发票，可享受退税）。

费用主要包括国内运费、跨境物流运费及其他费用。

利润是指企业在一定时期内生产经营的财务成果。卖家可根据产品的实际情况、竞争者的价格、产品定位以及市场情况确定合理的利润率。

（二）与价格有关的几组术语

（1）上架价格（List Price，LP）是指产品在上传时所填的价格；

（2）销售价格（折后价）(Discount Price，DP）是指产品在店铺折扣下显示的价格；

（3）成交价格（Order Price，OP）是指客户在最终下单后所支付的单位价格。

以上价格之间的联系如下：

销售价格 = 上架价格 × 折扣率

成交价格 = 销售价格 － 营销推广成本

（三）上架价格计算

【例 5－3】某产品成本是 5 美元，按照全球速卖通目前的平均毛利润率（15%）、佣金费率 5%，以及部分订单产生的联盟费用 5%，如何计算上架价格？

第一步：计算销售价格。

销售价格 =5 ÷（1−0.05−0.05）÷（1−0.15）= 6.54（美元）

再保守点，

销售价格 =5 ÷（1−0.05−0.05−0.15）= 6.67（美元）

其中，5% 的联盟佣金并不是所有订单都会产生的，但考虑到部分满立减、店铺直通车优惠券等营销投入，以 5% 作为营销费用，基本没有差错。

当然，销售价格中还可能涉及丢包及纠纷损失的投入，按照邮政小包 1% 的丢包率来计算，又可以得到：

销售价格 = 5 ÷（1−0.05−0.05−0.01）÷（1−0.15）= 6.61（美元）

再保守点，

销售价格 = 5 ÷（1−0.05−0.05−0.15−0.01）= 6.76（美元）

第二步：得到销售价格后，我们需要考虑该产品是作为活动款还是一般款来销售。

假如作为活动款，那么，按照全球速卖通平台通常活动折扣要求 40%（活动最高可以达到 50%）来计算：

上架价格 = 销售价格 ÷（1−0.4）

假如作为一般款，平时打 30% 折扣。

上架价格 = 销售价格 ÷（1−0.3）

建议折扣参数不低于 15%，因为平台大促所要求的折扣率是不高于 50%，折扣过大容易给客户虚假折扣的感觉。根据全球速卖通官方的统计，折扣在 30% 左右是买家最钟情的，属于合理预期范围。

对于 50% 折扣的活动要求，基于以上定价的模式，卖家基本上相当于平出，不会亏本或者略亏，假如客户购买两件及两件以上产品，卖家就有利润可赚。

（四）定价方法与技巧

1. 认真研究市场价格

很多产品的价格已经相当透明，卖家对自己经营的产品价格要有敏感度。

（1）卖家可以通过对比平台相同产品的价格来定价；

（2）没有完全相同的产品时，卖家可参考材质、款式等相似的同类产品来定价；

（3）如果在平台上找不到同类产品，建议利润率控制在 20% 左右。

全球速卖通平台的价格是美元，没做过外贸的卖家对汇率换算很困扰。例如：近一年美元兑人民币汇率都在 7 ～ 7.4 波动，那么卖家就可以按照 7 左右的汇率来计算价格。卖家应随时关注汇率的变化。

2. 根据买家特点定价

跨境电商平台的买家绝大多数是经营网店或实体店的中小批发商，他们的特点是库存量小、产品订购频繁、专业性不强。他们一般会同时经营几条产品线，比较看重转售利润空间，在意卖家的专业性和售后服务。根据这类买家的特点，对于小巧、轻便的产品，卖家可以打包销售并包邮。跨境电商平台卖家的批发定价一般要比国外市场单价至少低 30%，这 30% 既包括买家转售的利润空间，又包括买家在国外转售产品的基础成本。

3. 借鉴平台同类产品的价格

这种方式最直接、简单，但是它的弊端是不同质量的产品可能是一样的价格。例如：同样是玩具，材质不同，价格相差较多，买家购买后容易产生纠纷。因此，卖家需要了解某品类不同档次产品的市场价格，通过搜索选项将该产品价格从高到低进行排序，并进行比较。

4. 仔细计算运费，帮助买家控制成本

运费是跨境电商实践中让新手卖家比较头疼的地方，新手卖家应给予足够的重视。对于单位价值

较低的商品，设置免运费可以隐藏高额运费。卖家在上架商品前，应对每个商品进行仔细的称重并计算运费，将运费成本降到最低，并将省下的运费让利于买家，从而在价格上具有更大的竞争优势。

二、全球速卖通平台商品搜索排名规则常见问题

常见问题 1：什么是重复铺货？

重复铺货是指发布的商品信息与在同个店铺内或在同个卖家 / 平台基于多重特征认定的同个主体开立的其他店铺内已发布的商品信息完全相同或主要商品信息（如图片、标题、价格、属性等）雷同。

卖家发布商品时，应避免直接引用已有商品的主图或者直接拷贝已有商品的标题和属性。卖家发布商品时除了在主图上体现差异外，应同时在标题、属性、详细描述等方面填写商品的关键信息。

常见问题 2：什么是类目错放？

类目错放是指商品实际类别与发布商品所选择的类目不一致，如将"布料"放到"婚纱"类目，未将赠品 / 补运费 / 补差价 /VIP/dropshipping 等特殊交易放置到其他特殊类。这类错误可能导致网站前台商品展示在错误的类目下。平台将对类目错放的商品采取调整搜索排名、删除商品、下架商品的措施，并对店铺保留搜索推荐排名降权、店铺扣分、冻结、关闭等处罚。卖家需检查错放商品的这类信息，进行修改，对于新发布的商品，正确填写类目信息。

常见问题 3：什么是属性错选？

属性错选是指发布的商品虽然类目选择正确，但是选择的属性与商品的实际属性不一致。这类错误都可能导致网站前台商品展示在错误的属性下。平台将对属性错选的商品采取调整搜索排名、删除商品、下架商品的措施；如违反搜索作弊规则的商品累积到一定量，平台将对店铺内全部商品或部分商品（包括违规商品和非违规商品）采取调整搜索排名的措施；情节严重的，平台将对店铺内所有商品进行屏蔽；情节特别严重的，平台将冻结账户或关闭账户。卖家需要检查错放商品的这项信息，进行修改，对于新发布的商品正确填写属性信息。

常见问题 4：商品关键词是不是越多越好？如何设置才能增加被买家搜索到的概率？

目前，商品搜索排名系统判断商品是否与买家搜索词相关时，主要参考指标包括标题、类目、属性等；同时，商品发布时设置的常见关键词也是搜索排名相关性方面的参考指标之一，堆砌和填写不相关的内容都会削弱真正核心内容的影响力，影响商品排名。因此，卖家应认真设置类目、填写好商品关键属性和标题中的商品词。

常见问题 5：什么是价格作弊？

价格作弊主要包括 4 种情形：

（1）产品超低价：指卖家以较大偏离正常销售价格发布商品，或因低价导致监管机构质疑（如被海关直接查扣或查扣频率偏高或提出质询等），或被举报投诉价格不合理，或其他平台根据自主判断认为可能存在不合理低价的情形。

（2）产品超高价：指卖家以较大偏离正常销售价格的价格发布商品，或因高价导致监管机构质疑（如被海关直接查扣、查扣频率偏高或提出质询等），或被举报投诉价格不合理，或其他平台根据自主判断认为可能存在不合理高价的情形。

（3）运费倒挂：指商品本身设置较低的价格，但是运费设置偏离正常运费的高价。

（4）SKU 作弊：指卖家滥用 SKU 的设置功能（如以非常规方式设置规格、数量、单位、邮费等信息，或通过 SKU 的设置变更关键商品要素）发布偏离正常价格的高价或低价的 SKU，或不支持出售（包括不支持按常规方式出售）或到达的 SKU。

常见问题 6：频繁重新发布商品，更新商品的在架时间，是否有利于卖家的商品排名？

短期内多次重新上架 / 下架商品只会更新商品的在架时间，即更新商品在网站展示的有效期限，对商品搜索排名没有任何提升作用。事实上，商品发布时间、重发时间、修改时间、距离下架剩余时间，在全球速卖通平台目前均不对商品排名有影响。平台会淘汰旧的有曝光但没有交易的商品和卖家，给新商品和卖家以曝光机会。

常见问题 7：全球速卖通平台搜索排名的规则是怎样的？卖家该从哪些方面提高卖家的商品排名？

影响卖家搜索排名的因素很多，简单来说可概括为以下五大类：

（1）商品的信息描述质量；

（2）商品与买家搜索需求的相关性；

（3）商品的交易转化能力；

（4）卖家的服务能力；

（5）搜索作弊的情况。

常见问题 8：为什么卖家的商品有交易记录，好评率也比其他客户高，排名还在别人后面？

平台商品搜索排名综合考虑了多方因素，而非一方因素。目前的搜索排名的参考维度分成几个大类：（1）商品的信息描述质量；（2）商品与买家搜索需求的相关性；（3）商品的交易转化能力；（4）卖家的服务能力；（5）搜索作弊的情况。这就好比判断一个人是否优秀，是需要综合各方面来考察这个人，而不是只看某一方面。

常见问题 9：为什么买家搜索不到卖家正在销售的商品？

买家搜索不到商品，分两种情况：

（1）如果店铺商品是刚发布的，用后台设置关键词或者商品标题进行搜索，找不到商品，是因为系统尚未同步该条商品信息。

（2）如果店铺商品原本是在架状态，那么会有两种情况。

1）店铺部分商品搜索不到，可能是由于：

a. 商品在架时间到期，自动下架；

b. 商品因侵犯第三方知识产权而被删除；

c. 受搜索规则调整影响，部分商品的搜索排名靠后。

2）店铺全部商品搜索不到，可能是由于：

a. 无货空挂、拍而不卖行为情节严重的卖家的所有商品将不参与排序；

b. 纠纷严重的卖家的所有商品将不参与排序；

c. 平台介入纠纷率过高的卖家的所有商品将不参与排序。

常见问题 10：卖家的商品原来排名在前几页，为什么现在排名却下降了？

搜索排名主要参考几个维度：（1）商品的信息描述质量；（2）商品与买家搜索需求的相关性；（3）商品的交易转化能力；（4）卖家的服务能力；（5）搜索作弊的情况。

商品排名不是一成不变的，搜索排名规则会综合考虑商品的转化能力和卖家过往的服务表现，转化率高、卖家服务好的商品会排名靠前；排名靠前的商品，倘若卖家服务质量指标下降，排名也将下降。要特别注意，如果卖家有相关的搜索作弊行为，将会大大影响商品的排名甚至没有排名的机会。

常见问题 11：是不是图片越多，越有利于排名？

在其他排名因子相同的条件下，有图片的产品排名会比无图片的商品排名更有优势；有图片商品有助于提升买家体验，但要真正提高产品排名，并不是以图片多取胜。

平台提倡卖家对自己所销售的商品进行实物拍摄，在展示商品时，能够进行多角度、重点细节的展示，图片清晰美观，这些将有利于买家快速了解商品，作出购买决策。另外，严格禁止盗用其他卖家的图片，因为这样做不但会让买家怀疑其诚信，而且会受到平台严厉的处罚。如果自己的图片被其他卖家盗用，卖家可直接联系平台进行投诉，平台有专人负责受理并严厉处罚盗用图片的卖家。

常见问题 12：发现他人盗图，该如何投诉?

投诉方卖家在发现其他卖家盗用自己图片后，可以直接在商品详情页面上方点击“report item”按钮，选择“商品发布违规”类型进行举报（见图 5－28）。

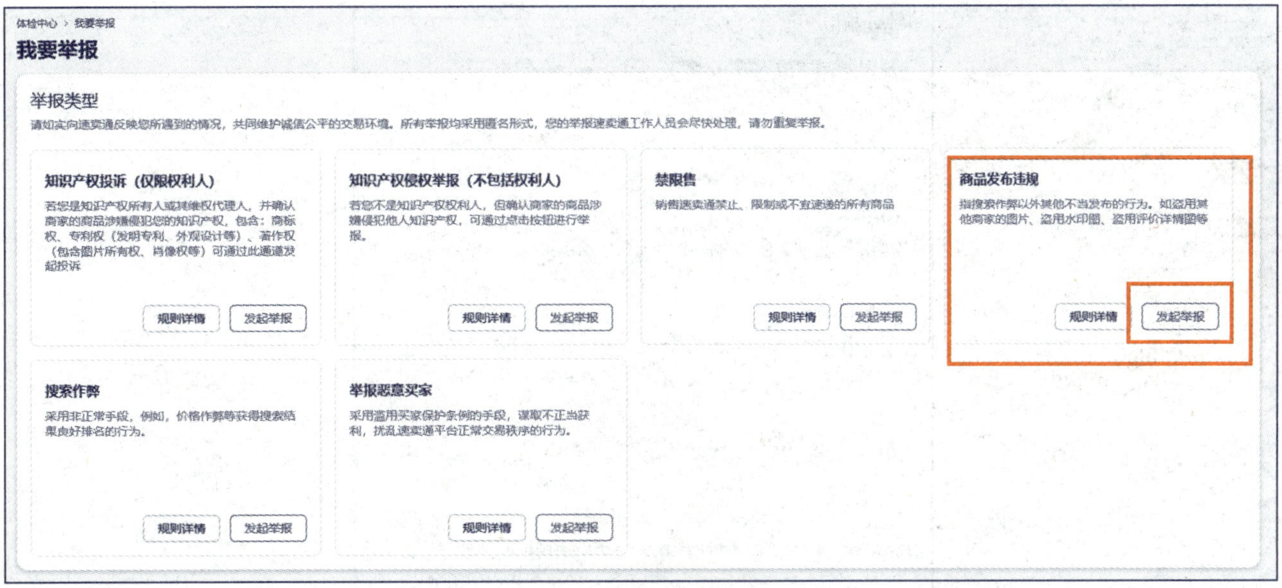

图 5－28　举报盗图

根据平台要求，在举报盗图时，需要选择举报类型，填写被举报产品链接，上传 1 张 5MB 以内未经处理的产品原图以及最多 3 张 5MB 以内未经处理的产品花絮图片，并填写具体原因（见图 5－29）。平台根据证据核实后，将对盗图方进行处理。

常见问题 13：重复发布同一个商品是否能得到更多的曝光机会?

平台将重复铺货行为列为搜索作弊行为，原因在于：重复铺货严重影响了买家的选购体验，重复出现同样的商品增加了买家的选购成本。重复铺货不仅不会得到更多的曝光机会，反而会严重影响商品的排名。从 2014 年 11 月下旬开始，平台已对重复铺货的商品搜索进行降权和过滤。

常见问题 14：卖家该如何设置商品标题、商品属性和商品类目，才能获得更多的曝光机会?

（1）标题的描写是重中之重，卖家应真实、准确地描述商品，符合海外买家的语法习惯，没有错别字及语法错误，不要千篇一律，买家也有审美疲劳。

（2）标题中切忌堆砌关键词，如“mp3，mp3 player，music mp3 player”。这样的标题关键词堆砌不仅不能帮助卖家提升排名，反而会被搜索降权处罚。

（3）标题中切忌进行虚假描述，如卖家销售的商品是 MP3，但为了获取更多的曝光，在标题中填写类似“MP4/MP5”字样的描述，平台会监测此类作弊商品，虚假描述也会影响卖家商品的转化情况，得不偿失。

（4）商品发布类目的选择一定要准确，正确的类目选择有助于买家通过类目浏览或者类目筛选快速定位到卖家的商品，错误地放置类目会影响曝光机会并且可能受到平台的处罚。

（5）商品属性填写应完整、准确，真实、准确的详细描述有助于买家通过关键词搜索、属性筛选快速地定位到卖家的商品。

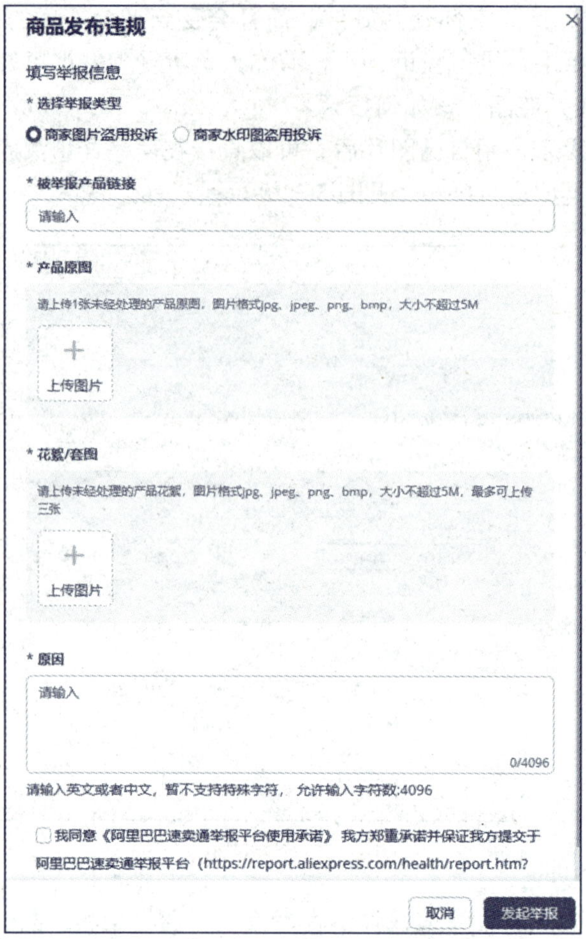

图 5－29　举报盗图—提交证据

三、全球速卖通平台知识产权规则

全球速卖通平台严禁用户未经授权发布、销售涉嫌侵犯第三方知识产权的商品或发布涉嫌侵犯第三方知识产权的信息。若卖家发布涉嫌侵犯第三方知识产权的信息，或销售涉嫌侵犯第三方知识产权的商品，则有可能被知识产权所有人或者买家投诉，平台也会随机对店铺信息、商品（包含下架商品）信息、商品组名进行抽查，若涉嫌侵权，则信息、商品会被退回或删除。平台会根据侵权类型执行处罚（具体处罚规则见表 5－1）。

表 5－1　速卖通处罚规则

侵权类型	定义	处罚规则
商标侵权	严重违规：未经注册商标权人许可，在同一种商品上使用与其注册商标相同或相似的商标。	1）三次违规者关闭账号。侵权情节特别显著或者极端或者故意、恶意违规的，平台可以一次即关闭账号。 2）可并收取违约金（请参见本规则附录第 6 条）。
	一般违规：其他未经权利人许可使用他人商标的情况。	1）首次违规扣 0 分； 2）其后每次重复违规扣 6 分； 3）累达 48 分者关闭账号

续表

侵权类型	定义	处罚规则
著作权侵权	未经权利人授权，擅自使用受版权保护的作品材料，如文本、照片、视频、音乐和软件，构成著作权侵权。 实物层面侵权：1）盗版实体产品或其包装；2）实体产品或其包装非盗版，但包括未经授权的受版权保护的作品。 信息层面侵权：产品及其包装不侵权，但未经授权在店铺信息中使用图片、文字等受著作权保护的作品。	1）首次违规扣 0 分； 2）其后每次重复违规扣 6 分； 3）累达 48 分者关闭账号
专利侵权	侵犯他人外观专利、实用新型专利、发明专利、外观设计（一般违规或严重违规的判定视个案而定）。	1）首次违规扣 0 分； 2）其后每次重复违规扣 6 分； 3）累达 48 分者关闭账号（严重违规情况，三次违规者关闭账号）

附录

1. 速卖通会按照侵权商品投诉被受理时的状态，根据相关规定对相关卖家实施适用处罚。

2. 同一天内所有一般违规及著作权侵权投诉，包括所有投诉成立（商标权或专利权：被投诉方被同一知识产权投诉，在规定期限内未发起反通知，或虽发起反通知，但反通知不成立；著作权：被投诉方被同一著作权人投诉，在规定期限内未发起反通知，或虽发起反通知，但反通知不成立），及速卖通平台抽样检查，扣分累计不超过 6 分。

3. 同三天内所有严重违规，包括所有投诉成立（即被投诉方被同一知识产权投诉，在规定期限内未发起反通知；或虽发起反通知，但反通知不成立）及速卖通平台抽样检查，只会作一次违规计算；三次严重违规者关闭账号，严重违规次数记录累计不区分侵权类型。

4. 速卖通有权对卖家商品违规及侵权行为及卖家店铺采取处罚，包括但不限于：

（1）退回、删除或特定国家 / 区域屏蔽商品 / 信息；

（2）限制商品发布；

（3）暂时冻结账户；

（4）关闭账号（可包括所有关联店铺账号）。对于关闭账号的卖家，速卖通有权收取特定违约金并采取措施防止该用户再次在速卖通上进行登记。

5. 每项违规行为自处罚之日起有效 365 天（关闭账号的处罚除外）。

6. 故意 / 恶意严重违规的行为包括但不限于：采取一定方式规避平台检查，包括使用第三方链接、站外小组、站内 IM、店铺内存在大量遮盖 / 涂抹商标和 / 或采取明显不当暗示行为进行侵权商品（信息）展示及销售（平台根据个案判定）。处罚执行由平台根据个案侵权程度及卖家行为规避平台治理采取的方式进行判断并执行处罚措施，用户可以针对平台处置在申诉期内发起申诉，未发起申诉或申诉不成立的，速卖通将视情节严重程度直接从卖家支付宝国际账户、卖家关联国际支付宝账户、速卖通账户及保证金中划扣固定金额违约金，固定金额不低于人民币 45 000 元；不足部分（如有），速卖通有权继续向卖家追索。

7. 当用户侵权情节特别显著或极端时，速卖通有权对用户单方面采取解除速卖通商户服务协议及免费会员资格协议、直接关闭用户账号及速卖通酌情判断与其相关联的所有账号、及 / 或采取其他为保护消费者或权利人的合法权益或平台正常的经营秩序，由速卖通酌情判断认为适当的措施。该等情况下，速卖通除有权直接关闭账号外，还有权冻结用户关联国际支付宝账户资金及速卖通账户资金并根据故意 / 恶意严重违规的处罚标准扣除违约金或向商家追索平台因此而遭受的经济损失，其中依据包括为确保消费者或权利人在行使投诉、举报、诉讼等救济权利时，其合法权益得以保障。“侵权情节特别显著或极端”包括但不限于以下情形：

（1）用户侵权行为的情节特别严重；

（2）权利人针对速卖通提起诉讼或法律要求；

（3）用户因侵权行为被权利人起诉，被司法、执法或行政机关立案处理；

（4）因应司法、执法或行政机关要求速卖通处置账号或采取其他相关措施；

（5）用户所销售的商品在产品属性、来源、销售规模、影响面、损害等任一因素方面造成较大影响的；

（6）构成严重侵权的其他情形。

8. 速卖通保留对以上处理措施等的最终解释权及决定权，也会保留与之相关的一切权利。

9. 本规则如中文和非中文版本存在不一致、歧义或冲突，应以中文版为准。

能力实训

一、选择题

1. [多选] 下列属于全球速卖通平台搜索作弊中的违规行为的是（　　）。

A. 类目错放　　B. 属性错选　　C. 重复铺货　　D. 运费不符

E. 标题与类目不符

2. [多选] 全球速卖通平台主要是从（　　）三个角度判断重复铺货的。

A. 商品主图　　B. 详情页　　C. 标题　　D. 属性

3. [多选] 全球速卖通平台产品搜索排名综合考虑了多方因素，目前的搜索排名的参考维度主要有（　　）。

A. 商品的信息描述质量　　B. 商品与买家搜索需求的相关性

C. 商品的交易转化能力　　D. 卖家的服务能力

E. 搜索作弊的情况

4. [单选] 全球速卖通平台交易违规处罚中被判定为特别严重货不对版的行为，平台将直接扣除（　　）。

A.2 分　　B.12 分　　C.36 分　　D.48 分

5. [单选] 全球速卖通平台产品的首张图片是作为产品样图在平台产品列表、店铺产品列表内进行展示的。所以首张图片的效果一定要清晰、突出产品的重点。图片大小最好为（　　）。

A.200px × 200px　　B.400px × 400px

C.800px × 800px　　D.600px × 600px

二、判断题

1. 全球速卖通平台中引导线下交易中的一般违规行为卖家将被扣 2 分 / 次。（　　）

2. 全球速卖通平台中类目错放是指商品实际类别与发布商品所选择的类目不一致。（　　）

3. 全球速卖通平台中产品搜索排名系统判断商品是否与买家搜索词相关时，主要参考标准包括标题、类目、属性等。（　　）

4. 在其他排名因子相同的条件下，有图片的产品排名会比无图片的产品排名更有优势；有图片产品有助于提升买家体验，图片越多，越有利于排名。（　　）

5. 商品属性填写完整、准确，详细描述真实、准确，有助于买家通过关键词搜索、属性的筛选快速定位到卖家的商品。（　　）

三、能力拓展

【工作任务 1】陈倩从 1688 网站采购某品牌女士凉鞋，每双包装后重量为 1.03kg，采购价格为 44 元 / 双，卖家预期利润率是 35%，平台佣金率为 8%，汇率为 1 美元 =7.2 元人民币，假定到美国的关税为 35%，其他成本忽略不计，使用无忧物流 – 标准，包邮到美国（报价表：重量在 701g 以上，包裹正向配送费为 58.9 元 /kg，挂号服务费为 33 元 / 单）。请计算产品上架价格（人民币）和产品上架价格（美元）。

【工作任务 2】根据提供的产品标题描述和详细描述（见图 5 – 30），审核并在全球速卖通平台发布产品信息。

2025 summer kids clothes floral bow 100% cotton child party princess girl dress sundress size 4-14 Free Shipping

Department Name: Children
Gender: Girls
is_customized: Yes
Place of origin: Made in China
Fabric Type: Broadcloth
Dresses Length: Knee-Length
Silhouette: A-Line
Sleeve Length: Sleeveless
Decoration: Bow
Pattern Type: Floral
Sleeve Style: Regular
Style: Casual
Material: Cotton
Model Number: PO0011
Style: Suspender skirt/tank dress
Skirt Type: A-Line skirt
Male / Female: Female
Season: Summer

图 5－30　儿童裙

个性化成长记录表

序号	评价内容	学生成长记录	评价方式	评价主体	备注
1	微课学习（5%）		平台考试测验	平台	
2	课前测试（5%）		平台考试测验	平台	
3	课中测试（5%）		平台考试测验	平台	
4	仿真实训（5%）		平台系统评分	平台	
5	课后作业（5%）		平台考试测验	平台	
6	学习活跃度（3%）		平台系统评分	平台	
7	资源贡献度（2%）		平台系统评分	平台	
8	技能操作完整度（10%）		操作成果评分 实战成果评分	教师	
9	技能操作规范度（10%）		操作成果评分 实战成果评分	教师	
10	成果展示（10%）		操作成果评分 实战成果评分	教师	
11	方案制定（5%）		能力评估表	自评 / 互评	可选
12	技能操作完整度（5%）		能力评估表	自评 / 互评	
13	技能操作规范度（5%）		能力评估表	自评 / 互评	
14	成果展示（5%）		能力评估表	自评 / 互评	
15	产品上架模拟实战（20%）		绩效考核评分 满意度调查表	企业	
16	1+X 考证		考试通过率	评价组织	增值评价，可选，一般为年度考核
17	技能大赛		获奖等级	技能大赛组委会	增值评价，可选，一般为年度考核
备注：各部分权重占比可根据单元实际情况进行调整。					

学习情境六

跨境店铺运营及推广操作

微课资源

学习目标

素养目标

培养精益求精的工匠精神，坚定文化自信和产品自信，形成“数据驱动决策，智慧引领市场”的职业价值观。

知识目标

1. 熟悉全球速卖通店铺后台使用规则（商品、我的店铺、营销活动、生意参谋等）。
2. 熟悉曝光量、浏览量、访客数、询盘数、订单数、转化率等的含义。
3. 熟悉全球速卖通产品标题优化、图片优化、详细信息优化等的一般做法。
4. 熟悉全球速卖通价格优化的常规做法。
5. 熟悉全球速卖通店铺优化、营销推广的一般手段。
6. 熟悉站外营销推广的一般手段和方法。

能力目标

1. 能够在全球速卖通平台对产品标题、详细信息、店铺等进行优化。
2. 能够制定营销方案并进行推广。
3. 能够根据店铺和产品的流量表现情况调整营销策略。

工作项目

浙江金远电子商务有限公司的跨境电商运营专员陈倩在全球速卖通平台店铺上传了 10 款产品。产品上架之后，曝光量、浏览量、访客数等指标均表现不佳，店铺的成交量为零。这可把陈倩急坏了。经理浏览了店铺情况后，发现产品在标题、描述和价格设置上均存在一些问题，在店铺的装修等方面也存在不足。经理建议陈倩对产品标题、描述、价格还有店铺装修进行优化，以进一步优化访客数等关键指标，从而提高转化率。

工作任务 1：对产品标题描述进行优化

寻找准确的核心词、属性词、流量词、热搜词、长尾词等，对标题进行优化。

工作任务 2：对产品详情页进行优化

通过完善属性、美化图片、优化文案等方式对产品详细描述进行优化。

工作任务 3：对产品价格进行优化

合理利用上架价格、销售价格、成交价格等的关系对产品价格进行优化，确定热销产品和利润产品。

工作任务 4：对店铺进行优化

通过完善店铺装修模块、统一店铺风格、开展店铺营销活动等对店铺进行优化。

工作任务 5：制定营销方案，对产品和店铺进行推广

通过速卖通后台营销中心开展店铺营销，如通过限时限量折扣、全店铺打折、全店铺满立减、店铺优惠券等方式对产品和店铺进行免费推广。

操作示范

工作任务 1　对产品标题描述进行优化

一、产品标题需要优化的情形

（1）产品滞销。产品上架后，如果产品的浏览量与访客数持续低于预期，表明市场反响未达预期。此时，针对产品标题进行优化和调整，成为提升关注度与吸引潜在顾客的关键步骤。

（2）同款产品竞争居于弱势。在面对平台上同类产品的激烈竞争时，若本店产品销量相较于其他店铺同类商品显著下滑，尤其是在价格区间相近的情况下，优化产品标题以突出差异化优势，成为增强竞争力的有效手段。

（3）曝光量低、跳失率高。产品曝光频次不足且买家快速跳出页面（高跳失率），往往反映了标题可能未能精准传达产品核心特性、卖点或价值主张，导致潜在顾客兴趣缺失。在此情形下，对产品标题进行深度优化，确保标题精准、吸引人且全面展现产品亮点，对于提升产品吸引力、降低跳失率至关重要。

二、产品标题优化的时机

新品上架时，卖家在对新品不熟悉的情况下，可采用单品折扣、满减活动、店铺 Code 等方式进行推广。一段时间后，卖家可查看“生意参谋”中相关产品的数据，对数据较差的产品进行关键词优化。

【例 6－1】陈倩发布了一款女士凉鞋，原标题见图 6－1。发布 14 天后，她发现产品流量不佳，通过观察产品数据，陈倩认为产品标题存在一定问题：

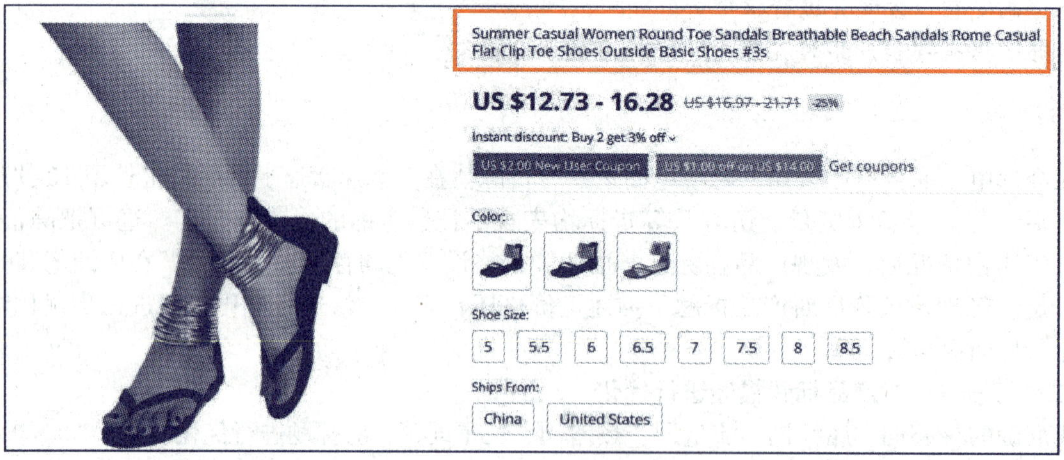

图 6－1　女士凉鞋标题

问题 1：缺少核心关键词，如 Women’s sandals；

问题 2：缺少类目词，如 shoes、Woman shoes 等；

问题 3：缺少属性词，如防滑等；

问题 4：有一些作用不大的单词，如 #3s。

于是，陈倩决定通过平台内“生意参谋”板块中的“选词专家”工具筛选表现更好的关键词并进行标题优化。她在“选词专家”页面，通过类目筛选找到“女士凉鞋”，并通过筛选时间维度“最近 30 天”、关键词类型“热搜词”来查看各个相关关键词的数据表现，平台给出了如图 6－2 所示的结果。

搜索词	翻译词	是否品牌词	搜索人气	搜索指数	点击率	成交转化率	竞争指数	操作
shoes	shoes	N	361,794.00 较前30日 8.30% ↑	1,169,678.00 较前30日 9.91% ↑	14.81% 较前30日 5.91% ↓	0.05% 较前30日 28.57% ↓	4.04 较前30日 9.56% ↑	查看趋势 查看商品
sandalias de mujer	Women's sandals	N	129,506.00 较前30日 14.77% ↓	1,180,925.00 较前30日 11.93% ↓	22.08% 较前30日 2.21% ↓	0.15% 较前30日 11.76% ↓	25.43 较前30日 0.44% ↑	查看趋势 查看商品
shoes women	shoes women	N	98,077.00 较前30日 5.37% ↓	405,588.00 较前30日 5.00% ↓	17.35% 较前30日 1.20% ↓	0.11% 较前30日 21.43% ↓	5.28 较前30日 4.37% ↓	查看趋势 查看商品
zapatos de mujer	Woman shoes	N	77,600.00 较前30日 20.40% ↑	487,524.00 较前30日 25.03% ↑	18.58% 较前30日 1.59% ↓	0.12% 较前30日 14.29% ↓	7.77 较前30日 14.83% ↓	查看趋势 查看商品
heels	heels	N	57,608.00 较前30日 11.63% ↓	368,952.00 较前30日 8.59% ↓	27.69% 较前30日 1.02% ↑	0.15% 较前30日 16.67% ↓	18.26 较前30日 2.98% ↓	查看趋势 查看商品
women's shoes	women's shoes	N	45,915.00 较前30日 7.08% ↓	257,733.00 较前30日 1.74% ↑	17.96% 较前30日 1.58% ↑	0.09% 较前30日 52.63% ↓	11.09 较前30日 6.74% ↑	查看趋势 查看商品
크록스	Crocs	N	40,001.00 较前30日 45.36% ↓	145,078.00 较前30日 55.37% ↓	17.85% 较前30日 6.74% ↓	1.13% 较前30日 8.87% ↓	0.30 较前30日 27.82% ↓	查看趋势 查看商品
sandalias	Sandals	N	36,858.00 较前30日 23.23% ↓	199,926.00 较前30日 25.28% ↓	19.89% 较前30日 0.45% ↓	0.16% 较前30日 27.27% ↓	13.98 较前30日 7.73% ↓	查看趋势 查看商品

图 6－2　女士凉鞋热搜词分析

由此可以看出，搜索人气排在前几位的除类目词 shoes 之外，Women’s sandals、shoes women、Woman shoes、Sandals 等都是与产品相关度较高的关键词。

同时，陈倩又用同样的方式查看了“女士凉鞋”的飙升词。根据搜索指数、飙升幅度、商品增长幅度、卖家增长幅度等，得出图 6－3 所示结果。

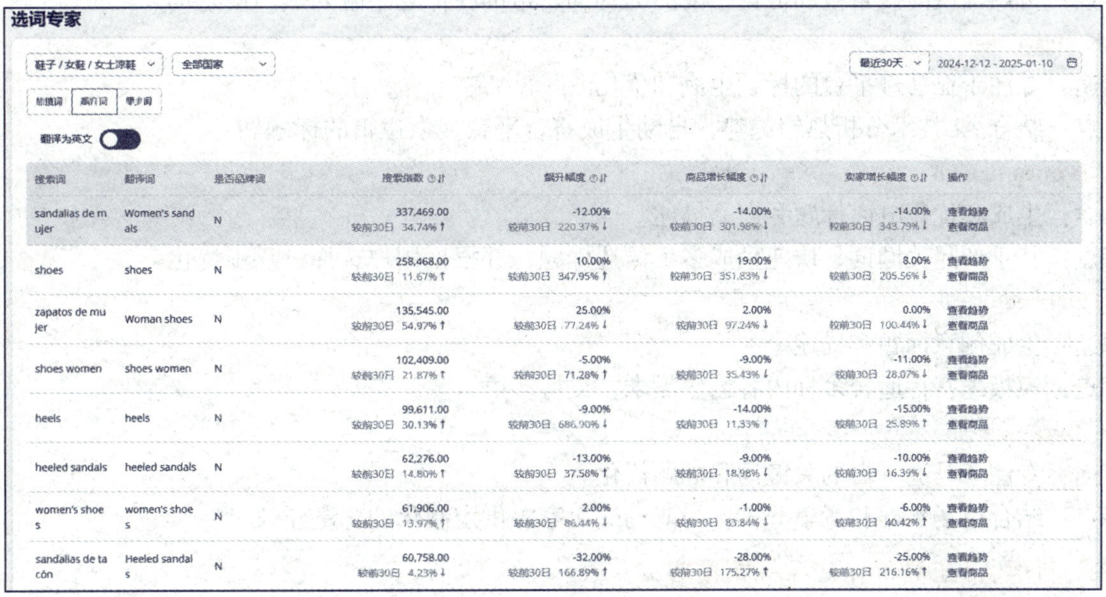

搜索词	翻译词	是否品牌词	搜索指数	飙升幅度	商品增长幅度	卖家增长幅度	操作
sandalias de mujer	Women's sandals	N	337,469.00 较前30日 34.74% ↑	-12.00% 较前30日 220.37% ↓	-14.00% 较前30日 301.98% ↓	-14.00% 较前30日 343.79% ↓	查看趋势 查看商品
shoes	shoes	N	258,468.00 较前30日 11.67% ↑	10.00% 较前30日 347.95% ↑	19.00% 较前30日 351.83% ↓	8.00% 较前30日 205.56% ↓	查看趋势 查看商品
zapatos de mujer	Woman shoes	N	135,545.00 较前30日 54.97% ↑	25.00% 较前30日 77.24% ↓	2.00% 较前30日 97.24% ↓	0.00% 较前30日 100.44% ↓	查看趋势 查看商品
shoes women	shoes women	N	102,409.00 较前30日 21.87% ↑	-5.00% 较前30日 71.28% ↑	-9.00% 较前30日 35.43% ↓	-11.00% 较前30日 28.07% ↓	查看趋势 查看商品
heels	heels	N	99,611.00 较前30日 30.13% ↑	-9.00% 较前30日 686.90% ↓	-14.00% 较前30日 11.33% ↑	-15.00% 较前30日 25.89% ↑	查看趋势 查看商品
heeled sandals	heeled sandals	N	62,276.00 较前30日 14.80% ↑	-13.00% 较前30日 37.58% ↑	-9.00% 较前30日 18.98% ↓	-10.00% 较前30日 16.39% ↓	查看趋势 查看商品
women's shoes	women's shoes	N	61,906.00 较前30日 13.97% ↑	2.00% 较前30日 86.44% ↓	-1.00% 较前30日 83.84% ↓	-6.00% 较前30日 40.42% ↑	查看趋势 查看商品
sandalias de tacón	Heeled sandals	N	60,758.00 较前30日 4.23% ↓	-32.00% 较前30日 166.89% ↑	-28.00% 较前30日 175.27% ↑	-25.00% 较前30日 216.16% ↑	查看趋势 查看商品

图 6－3　女士凉鞋飙升词分析

根据列表，可以看出 Women's sandals、Woman shoes、heels 等关键词的搜索指数增长幅度较大；shoes、shoes women、Heeled sandals 等关键词的飙升幅度较高，其中 Women's sandals、Woman shoes 与发布的产品匹配度高。

综合考虑以上两点因素，结合产品属性及特点，可考虑修改标题如下："Women's Sandals Wedges Low Heels Open-toe Summer Casual Women Platform Breathable Beach Outside Basic Shoes"。

三、利用 AI 工具优化产品标题

（一）常用的帮助生成、优化产品标题的 AI 工具

1. ChatGPT

用途：生成富有创意、优化关键词的产品标题。

特点：可以根据目标市场语言定制标题，支持 SEO 优化，提供多种语言支持。

2. Copy.ai

用途：生成标题、描述和营销文案。

特点：内置电商模板，支持多语言，适合快速生成能够吸引买家眼球的标题。

3. Jasper.AI

用途：生成高质量的标题和产品描述。

特点：支持 SEO 优化，结合关键词推荐功能，生成适合不同电商平台（如亚马逊、eBay）的标题。

4. Writesonic

用途：快速创建产品标题和广告文案。

特点：支持多语言生成，可根据平台要求调整标题长度和风格。

5. AI21 Labs（Wordtune 或 Jurrassic-2）

用途：优化和改写现有的标题。

特点：强调语言表达和风格调整，适合改进已有标题的可读性和吸引力。

6. SEO 优化工具（如 Ahrefs、SEMrush）

用途：结合关键词数据生成更优化的标题。

特点：可以提供高搜索量和低竞争度的关键词，帮助在标题中融入热门搜索词。

7. Sellesta.AI

用途：专注于亚马逊平台的标题生成和优化。

特点：结合 AI 技术分析热销趋势，自动生成符合平台搜索逻辑的标题。

8. Hypotenuse.ai

用途：生成和优化电商标题和产品描述。

特点：基于产品关键词，快速生成多个候选标题，并根据用户选择进一步优化。

9. Rytr.me

用途：生成创意标题和描述。

特点：模板丰富，适合多种内容创作需求，支持多语言。

10. Amalyze

用途：专注亚马逊平台的关键词和标题优化。

特点：结合市场数据和竞争分析，为亚马逊卖家提供定制化的标题建议。

（二）利用 AI 工具优化产品标题技巧

【**Step 1**】收集优质爆款标题。首先，收集经过验证的优质爆款标题作为语料库。这些标题应该能

够准确反映产品的特点和卖点，并且具有较高的点击率和转化率。

【Step 2】让 AI 工具总结爆款标题的特点。AI 工具通过学习这些优质标题，总结出它们的特点和成功要素。AI 工具需要理解这些标题为何能够吸引用户，从而在后续的生成过程中模仿这些特点。

【Step 3】结合自己的方法和 AI 工具总结的特点，将个人的产品知识和市场洞察与 AI 工具总结的特点相结合，形成一套指令或规则，指导 AI 工具生成更符合需求的标题。

【Step 4】使用 AI 工具生成标题。利用 ChatGPT 模型框架和案例给 AI 工具下达任务。这一步是测试爆款标题指令是否能够生成高质量的标题。利用 AI 工具，结合速卖通的标题规则生成符合要求的标题。之后还需要进行大面积推理，测试这个指令是否能够高质量地生成适用于不同场景的高质量标题。

【Step 5】实时测试和优化。通过 A/B 测试不同版本的标题，收集点击率和转化率数据，不断调整和优化标题。AI 工具可以自动轮换测试多个版本的标题，快速收集数据并做出优化。

【Step 6】符合平台规则和用户心理。标题不仅需要符合速卖通平台的规则，还要符合买家的搜索习惯，所以，运营人员在编辑产品标题时，不能完全依靠 AI 工具，还需要结合市场反馈不断调整关键词及词序。

工作任务 2　对产品详情页进行优化

一、产品图片优化

一般而言，产品图片中发挥最重要作用的是产品主图。在速卖通网站首页，买家通过产品关键词或者类目搜索，展现在眼前的第一张图片就是产品的第一张主图。无论买家是通过关键词搜索的，还是通过类目搜索的，搜索结果中显示在买家眼前的是由一组相关产品或类似产品主图组成的搜索页面，买家可以根据自己的需求或者被某个产品主图吸引而选择其中的一张产品主图，进入产品详情页，进而进入店铺，产生有效流量。产品主图是买家搜索产品时展示的产品图片（见图 6－4）。

图 6－4　搜索结果页产品主图

产品主图不仅能够吸引买家眼球，而且能够展示产品的主要信息。产品搜索结果页主图的质量不仅影响产品的排序，而且将影响产品的点击率及转化率。产品在同样的位置下，假设曝光量不变、访问精准度相同，如果首图的点击率从平均的 0.25% 提升到 0.5% 的话，流量可以提升两倍，带动销售额的提升，所以优质的主图对于店铺及产品运营十分重要。

（一）产品图片要求

速卖通平台支持最少上传 1 张、最多上传 6 张商品图片。第一张图片展示在搜索推荐页面，6 张图片都会展示在产品详情页。

图片格式只支持 jpg、jpeg、png，且大小不超过 5MB；图片比例可以是 1∶1，像素不低于 800×800，或者图片比例为 3∶4，像素不低于 750×1 000，且同一组图片比例必须保持一致。要注意，速卖通平台严禁盗图，一经发现将对产品进行下架处理，同时将对商家予以处罚。

不同行业对产品主图的要求略有不同，在图片尺寸、背景色、商品主题比例、Logo 放置等方面都会有相关要求。在上传产品主图之前，卖家需要先了解平台对商品图片的要求。

（二）优化产品图片

产品图片对产品本身来说是非常重要的信息载体和传达媒介，产品图片一般承载着该产品的款式、风格、颜色、规格、尺码、适用范围等属性与信息，直接影响买家对于该产品的喜好程度，对产品销售起到重要的作用。产品主图还会出现在搜索页、首页、列表页、产品详情页这几个页面中，因此，制作产品主图是一项非常重要的工作。

卖家应充分利用图片功能，注重首图的展示效果，可以从正面、侧面、反面、细节、包装等方面呈现产品。建议卖家可以通过以下方式优化产品图片：

1. 图片大小

图片横纵比例为 1∶1（像素≥ 800×800）或 3∶4（像素≥ 750×1 000）且所有图片比例一致。为了保证图片清晰度，图片不能太小，但也不能超过 5MB，避免图片加载速度慢；图片格式必须为 jpg、jpeg、png。

2. 图片背景

图片背景应简明、清晰，可以是自然场景或者纯色背景。如果是纯色背景，建议最好是白色底或者浅色底。如果店铺已经形成统一风格，可以使用风格化背景色，但要求无杂乱背景，并且不能与产品颜色过于接近，不能影响产品展示（见图 6－5）。

（a）

（b）

图 6－5　主图示例

3. 产品主体展示

主图中产品主体数量不宜过多，建议重点展示一类主体，要保证产品主体清晰，产品主体大小占图片比例应为 70% 以上，严禁拼图或出现多宫格图片。

4. 图片 Logo 使用

如果是自有品牌或已经获得授权的品牌，卖家可将设计好的品牌 Logo（建议使用英文 Logo）放置于主图的左上角，Logo 不宜过大，大小约为主图的 1/10，且全店铺所有商品主图 Logo 最好保持统一。

5. 图片文字

图片上不能出现多余文字，严禁出现汉字，不得包含促销、夸大描述等文字说明，该文字说明包括但不限于秒杀、限时折扣、包邮、× 折、满 × 送 × 等。

6. 边框水印

主图不允许加边框，可以添加水印，但不允许加中文水印。水印必须是浅色的且不能够影响产品展示。

7. 拼图问题

主图建议不要出现任何形式的拼图，尤其是多种颜色的产品使用多宫格的展示方式。在一张图片中出现多个产品是可接受的，但建议不要出现拼图。如果是多 SKU 产品，可以在 SKU 图片处上传产品颜色图、款式图，平台会通过另外的方式实现买家端的展示（见图 6－6）。

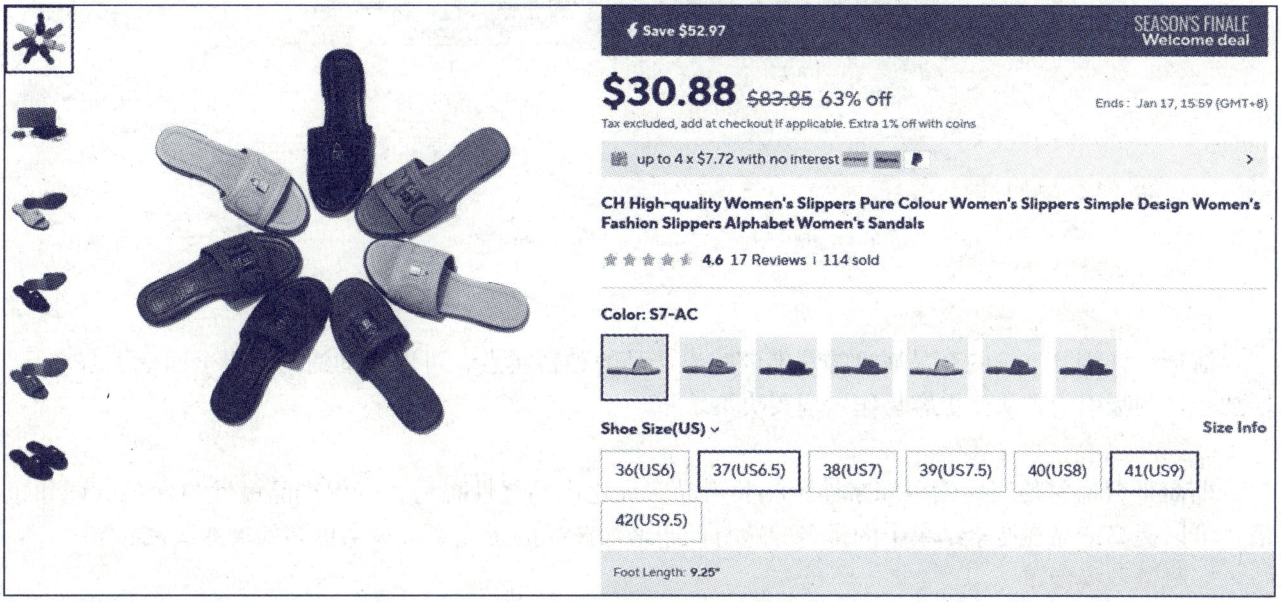

图 6－6　SKU 图展示产品颜色

8. 图片排版

在产品颜色较多的情况下，应重点突出其中一个单品。卖家可选择当前流行的颜色款，或颜色最热销款作为主推产品，将其图片放大，而其他颜色图片缩小［见图 6－7（a）］。卖家应重视模特效果图。从吸引力上来说，产品使用效果图优于放置不用效果图［见图 6－7（b）］。

单张图片还可以加上多角度拍摄图片，一张图片就可以全面展示产品［见图 6－8（a）］。如果想突出产品的卖点，可以以单品图＋细节图的方式展示［见图 6－8（b）］。

（a）　　　　（b）

图 6－7　图片排版示例

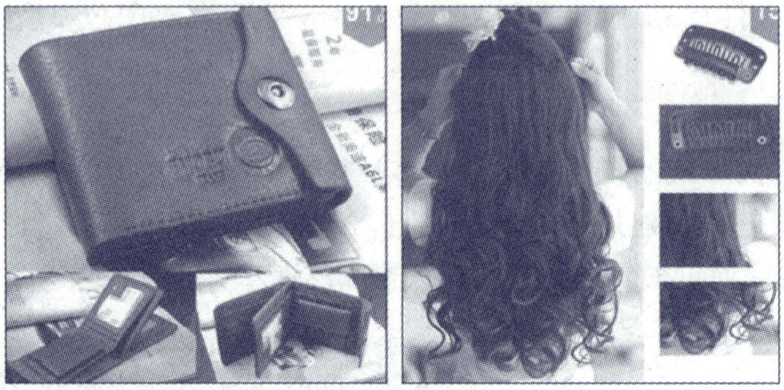

（a）　　　　（b）

图 6－8　图片展示示例

二、完善产品属性填写

（一）产品属性的作用

1. 促进消费者作出购买决策

清晰、详细且准确的产品属性描写能够突出产品的独特卖点，可以帮助消费者更全面地了解产品，增加产品的吸引力，从而更容易作出购买决策。

2. 提高搜索引擎排名

电商平台通常使用搜索引擎来展示相关产品。优化产品属性描写，确保产品属性包含关键词和短语，可以提高产品在搜索结果中的排名。这有助于增加产品的曝光率，吸引更多的潜在买家。

3. 降低退换货率

准确描述产品的尺寸、材质、功能等属性，可以减少因信息不对称而导致的误解和误购，有助于降低纠纷率和退换货率，提高客户满意度和忠诚度。

4. 提升转化率

优质的产品属性描述能够更准确地匹配消费者的需求和期望，从而提高转化率（即从浏览者转化为购买者的比例）。

5. 提升品牌形象

精心编写的产品属性描述能够展现品牌的专业性，加深消费者对产品的了解。一致且高质量的内容有助于建立品牌的信誉和可靠性。

（二）产品属性填写优化

产品属性分为必填属性和自定义属性两部分。为了更方便买家搜索到自己的产品，卖家应该根据产品情况正确地填写产品的相关属性。产品发布页面会提示该产品属性在平台上的平均完整度，卖家在填写产品属性时应尽量高于该平均值，增加产品被搜索的机会。卖家优化产品属性填写时，应做到以下几点：

1. 准确填写系统属性

卖家应确保系统属性中的关键属性（如尺寸、材质、颜色、功能等）都得到准确且详细的描述。系统属性是客户购买时最关注的属性，如服装的尺码、颜色，电子产品的型号等。这些属性必须确保准确、完整，以便客户快速找到他们需要的产品。

2. 完善自定义属性

自定义属性是对系统属性的补充，可以丰富产品的描述，如服装的材质成分、电子产品的屏幕分辨率等。填写完整的可选属性有助于提高产品的质量分数，让客户更全面地了解产品。

3. 确保信息一致

填写或选择的产品属性必须与产品图片、视频等多媒体元素中呈现出来的产品卖点、优势等是一致的。

4. 关键词埋词

卖家可在属性中合理地分布关键词，如颜色、尺寸、材质等，以提高搜索排名。但注意不要堆砌关键词，以免被搜索引擎降权。同时，卖家可以及时关注热门搜索词和流行趋势，将相关热门词汇融入产品属性中，如当前流行“复古风格”，如果与自身产品相关可适当提及。

5. 遵循格式规范

卖家填写自定义属性时，要按照规范的格式要求来填写属性名，避免使用特殊符号等，确保填写的内容清晰易读；同时，确保拼写和语法准确无误，避免使客户感到困惑。

6. 定期检查产品描述

卖家应定期检查并更新产品描述，以反映产品的最新变化或改进。

【例 6－2】陈倩在完善某款式钱包属性填写时，根据产品本身的性质准确填写必填属性（见图 6－9）。尤其对于钱包内部结构的部分，她非常重视。产品属性的准确、完整填写有助于客户最终下单。

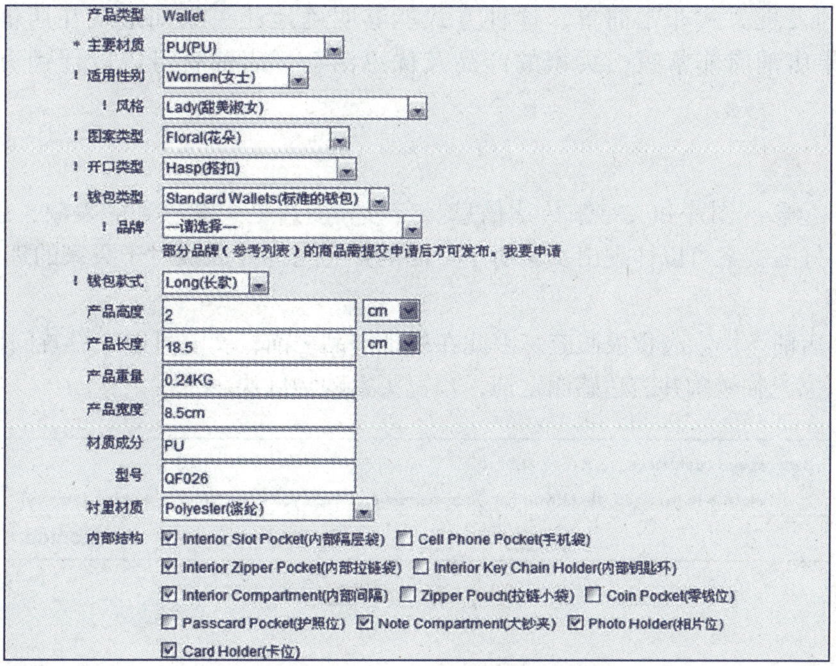

图 6－9　产品属性

三、优化产品详情页

产品详情页不仅是详细介绍产品信息及特点，展示卖家服务的直观渠道，而且是卖家与买家展开对话，进一步激发买家的购买欲望，影响和说服买家下单的关键。

一方面，完善的产品详情页可以使消费者产生更多的信赖感。产品详情页的设计好坏会影响消费者对店铺的印象。另一方面，产品详情页设计得好，将会成为促使消费者购物下单的催化剂。消费者在浏览产品详情页时会更加坚定自己的选择。

一般而言，产品详情页的各组成部分的设计原则为：产品详情页的开始部分应该以激发买家购买欲望为目标；产品详情页的中间部分要设计能够提升买家转化率的内容；产品详情页的页尾应以增加买家的访问深度为主要目标。产品详情页涵盖的内容包括视频、店铺的品牌或产品海报图、营销海报；关联模块；产品重要信息、提示信息和注意事项（文案）；产品图片（实拍图、细节图、模特图等）；尺码表；服务信息、售后模板、公司实力介绍等。

卖家可以从以下几个方面优化产品详情页：

（一）优化视频

产品详情页的视频时长应不超过 4 分钟，画面长宽比为 16 : 9，文件大小不超过 1GB。但是考虑到买家的浏览体验，建议视频时长为 30 秒到 1 分钟。这一时长范围既能有效传达关键信息，又能避免因视频过长而导致的买家流失。一方面，现代生活节奏快，买家往往没有充足时间来观看冗长的视频；另一方面，内容过于冗长可能导致信息过载，影响买家的观看体验和购买决策。

为了充分利用详细描述与主图视频两个资源位，建议两者在内容上有所区分，避免重复展示相同内容。产品详情页视频应更加注重深度与广度，以公司及产品生产流程介绍、产品推广视频为核心内容，同时可融入公司实力展示及展会视频等元素，以全方位、多角度地展现产品优势及公司形象。

（二）促销海报优化

促销海报其实就是活动营销图，顾名思义就是用图片 + 文案的形式介绍某产品或者店铺的营销活动。促销海报显示产品图及各种产品的不同折扣，或者展示店铺产品的降价力度及优惠券信息等。产品 + 文案的表现方式非常简单，这种方式能够明确地让买家知道现在店铺的优惠活动，刺激买家购买。如果店铺有非常吸引买家的产品及优惠活动，店铺就可以以促销海报的方式展示给买家。

（三）产品文案优化

卖家主要依靠色彩、图片和文字来传达信息。色彩和图片是买家看到的表象，思想才是隐藏在背后的核心和灵魂。好的文案可以体现出卖家对于产品的熟悉与专业以及对于买家的理解与尊重。

1. 设置问候语

对于买家光临店铺，卖家应积极回应。因此在展现产品之前，卖家可以先设置问候语（见图 6－10、图 6－11），欢迎买家光临选购并表达感谢之情，预祝买家购物愉快。

> Dear valued customers,
>
> Welcome to my shop, thank you for your custom and wish you have a nice shopping journey!
>
> --Monica

图 6－10　问候语

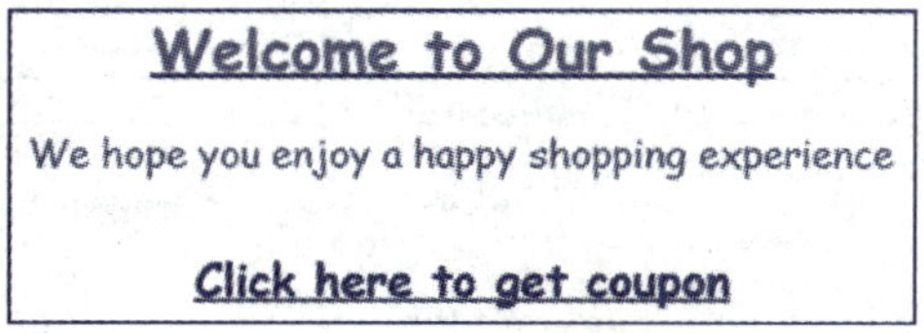

图 6－11　店铺问候语

2. 优化购物须知

不同的店铺会有不同的营销方式。在买家选购产品前，卖家应尽可能设身处地地为买家着想，将买家可能遇到的购物问题收集起来，以购物须知的方式呈现在买家面前，解决买家的后顾之忧（见图 6－12、图 6－13）。如果店铺有优惠活动，卖家应提醒买家活动时限，指导买家使用店铺优惠券。

Following sizes mean age ranges for girls, they are for general guidance only. Please check the measurement carefully with your girl before purchase.

Size Chart: (1cm=0.39inches)

Size	Length(cm)	Shoulder(cm)	Bust(cm)	Waist(cm)	Suggest height
4-5	57	25	64	60	110-120cm
6	62	26	68	62	120-130cm
7-8	66	27	70	66	130-140cm
9-10	70	28	74	68	140-145cm
11-12	74	29	76	72	145-155cm
13-14	78	30	78	76	155-160cm

图 6－12　产品尺寸

Shipping

Usually we will send all packets by China Post Air Mail or Hongkong Post Air Mail, but when you order more than 200 dollars, we will send DHL, the customers can receive product in 3-7 days.

Usally we ship your products via China Post Air Mail or Hongkong Post Air Mail,it takes 7-30 business days to reach your location.

Country	Delivery Time(Days)						
	Workdays	6-12	10-16	17-22	23-28	29-36	>37
USA	Rate(Items arrived)	4.70%	44.50%	32.20%	11.50%	7.00%	If still don't receive items,we will help to track,if confirm lost,will resend or refund
Brazil	Rate(Items arrived)	0.00%	0.00%	1.00%	20.00%	79.00%	
Russia	Rate(Items arrived)	2.00%	19.90%	49.90%	19.90%	8.30%	
UK	Rate(Items arrived)	8.80%	59.70%	24.90%	5.30%	1.30%	
Australia	Rate(Items arrived)	24.90%	53.00%	11.60%	6.60%	3.90%	
Spain	Rate(Items arrived)	3.20%	21.00%	53.90%	12.80%	9.10%	
Other	Rate(Items arrived)	About 10-25 working days					

图 6－13　物流信息

3. 优化产品描述

从不同角度，产品描述可以划分为不同的种类。

（1）产品展示类：可以通过图文结合的方式，展示产品的色彩、细节、优点、卖点、包装、搭配及效果。

（2）实力展示类：主要展示产品的品牌、荣誉、资质、销量、生产及仓储情况。

（3）吸引购买类：主要通过对产品卖点的描述、细腻的情感打动买家，还可以通过展示买家评价（见图 6－14）、热销盛况来刺激买家购买。

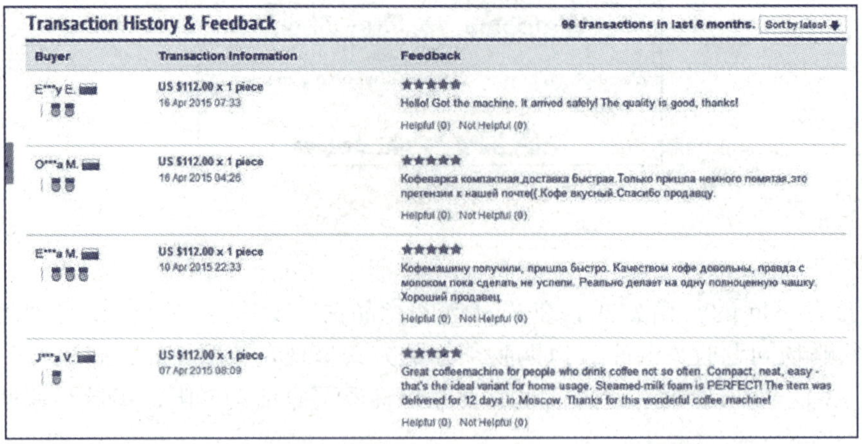

图 6－14　买家评价

（4）交易说明类：对产品购买、付款、收货、验货、退换货、保修等情况均需做出说明，以消除买家的后顾之忧（见图 6－15）。

图 6－15　售后说明

（四）优化详情图

一般而言，产品详情页展示的图片以产品实拍图、模特图及细节图为主。一方面，因为主图数量有限，能展示的图片少，所以需要通过产品详情页来展示更多的产品图片。另一方面，线上购物不像线下购物那样，买家可以直接观看和触摸产品，买家只能依靠卖家的描述和产品图片，以及其他买家的评论来了解产品的质量，从而决定是否购买。在产品详情页的图片中，实拍图能够让买家了解产品的实际情况，如果是经过美化处理的图片，可能会存在失真、与实际产品有出入的问题；模特图能够让买家了解产品实际的上身效果、使用效果等，有更直观的产品印象；产品的细节图更是产品详情页不可或缺的内容，通过细节图，买家可以更细致地了解产品的材质、质量、做工等信息，对产品产生信赖，坚定下单的信心。

卖家在保证产品图片清晰、美观的同时，也要避免过度修图，以免造成产品与图片相差过大，导致后期纠纷。

（五）增加卖家承诺

卖家应以符合目标客户习惯的语言方式给予承诺，增强买家的信任感（见图 6－16）。

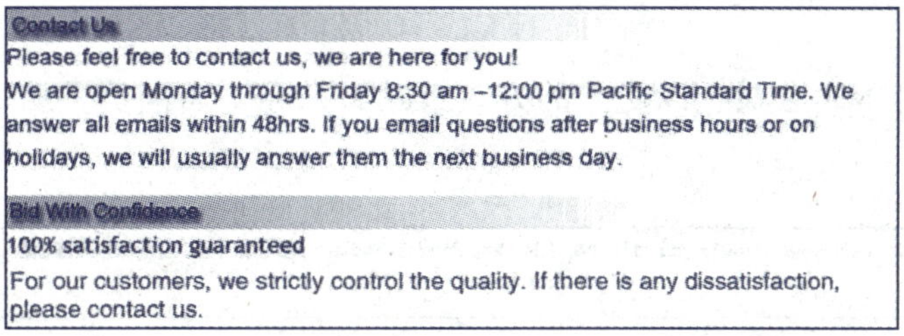

图 6－16　卖家承诺

（六）指导买家购物

在电商平台上，文字传递着语言的力量。卖家可使用清晰明了的图片或文字，指导买家挑选产品、选择物流、付款、参与店铺活动、使用店铺或平台的优惠券等，从而拉近买家与卖家之间的距离，提升买家的购物体验，提高产品的销量（见图 6－17、图 6－18）。

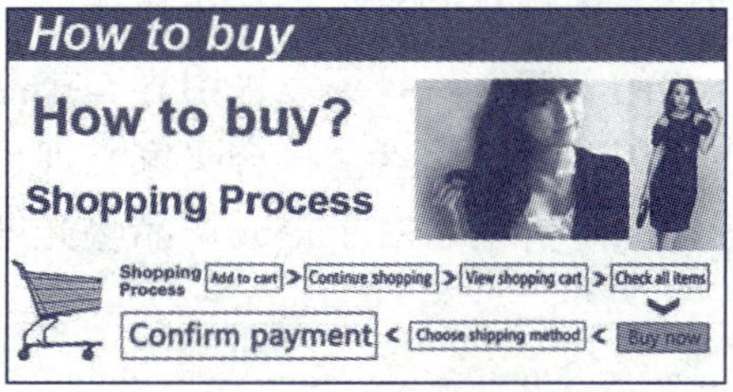

图 6－17　购买指示 1

图 6－18　购买指示 2

（七）引导买家评价

良好的购物体验能供其他买家参考。卖家邀请买家对产品进行评分，既是对买家的尊重，也是给潜在购买者的一个信号，表现出卖家经营的热情（见图 6－19）。

图 6－19　引导买家评价

（八）鼓励买家忠诚

卖家应邀请买家成为本店会员，以优惠的方式鼓励买家在本店消费，从而获得忠诚客户，提高产品的销量（见图 6－20）。

Honey:We sincerely want to invite you to be our VIP. Only need to add our store to your favorites.And that we will give you Discount or Gifts.

图 6－20　邀请买家成为会员

另外，优秀的卖家不仅能了解客户的购买需求，还能引导客户的购买需求。卖家可进一步分析当前产品的优缺点，引导买家购买有上升需求的产品，这也是一种不错的选择。

工作任务 3　对产品价格进行优化

价格因素在电商平台上扮演着至关重要的角色，它不仅会影响产品在平台搜索结果中的排名，还在很大程度上左右着产品的点击率。合理且具有竞争力的价格能够吸引更多潜在买家的注意，促使他们点击进入产品详情页面进行进一步的了解。一旦买家被引导至产品详情页面，价格的高低往往成为他们衡量产品价值与决定是否下单购买的关键因素。符合买家心理预期的价格可以增强买家的购买意愿，从而促成交易的达成。因此，精准定价策略对于提升产品曝光度、激发买家购买兴趣以及最终达成转化具有不可估量的价值。

一、产品自我优化

（1）对于多个 SKU 产品，卖家可将出单数最少的产品价格设置得低一些，刺激买家浏览购买。

【例 6－3】陈倩发布了一款 T 恤衫，黑色比白色好卖，大码比小码好卖，设置白色 S 码价格最低，最终商品售价上会显示一个价格区间（见图 6－21）。如果买家按价格由低到高搜索，较容易看到该产品，这样可以增加产品曝光率。

图 6－21　产品价格优化

（2）合理设置批发价格。为刺激买家购买，对于 2 件及以上的产品（重量在物流规定范围内），卖家可参照批发价，给予买家 3% ～ 10% 的折扣，将国际物流费用优惠的一部分让利给买家。

二、参考竞品价格

平台总是充满竞争的，卖家优化产品价格时需要参考竞品的价格。因此，竞品的进货价格、折扣率和折扣后的价格都是卖家需要了解和分析的。

【例 6－4】陈倩发布了一款鳄鱼纹牛皮钱包，原先售价 US $23.99，上架一个月，无人问津。她在平台上搜索了竞品的价格（见图 6－22）。

图 6－22　竞品价格

陈倩分析，该产品拿货价格为：1～4个，每个40元人民币；5～14个，每个37元人民币；15个及以上，每个35元人民币。国内物流费用为10元人民币。产品包装后重量为120克，根据物流商与陈倩公司达成的合作，菜鸟无忧标准物流方式寄到美国的价格为18.8元人民币，产品无须另外包装，但是最外层包装袋需更换新的，费用为0.8元人民币/个。因此，以最小采购量计，该产品的成本为40+10+18.8+0.8=69.6元人民币。以US $18.75的售价，扣除平台佣金后，按汇率7.0折算成人民币，还有60多元人民币的利润。陈倩觉得该利润属于可接受的范围。竞品未打折，陈倩认为为保留促销能力，暂不设置比其他卖家更低的价格，以免恶性竞争，于是按照竞品价格将自身产品价格修改为US $18.75。

三、巧用价格临界点

买家在购物时，心里会有预算，会以数字0或5作为价格的临界点。如果卖家将产品价格设置为US $9.99而非US $10，就会让买家觉得没有超过预算，下单意愿更加强烈。

工作任务4　对店铺进行优化

一、店铺装修

（一）店铺装修入口

登录全球速卖通账户，进入卖家后台，点击“店铺”按钮，可以看到“店铺装修”模块（见图6－23），卖家可以选择不同方式对店铺进行装修。

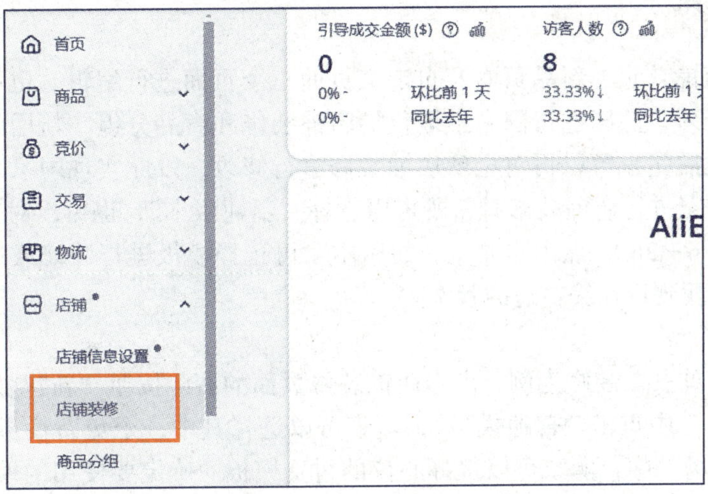

图 6－23　店铺装修入口

（二）店铺装修模式

目前，速卖通平台主要有两种店铺装修模式。一种是智能装修托管模式。新入驻或从未装修发布过首页的商家无须进行单独装修，且无法使用自定义装修模式，直接进入智能装修托管模式（见图 6－24）。该模式不仅为卖家提供装修减负方案，而且提供不同行业及国家装修模板的定制，实现差异化体验升级。

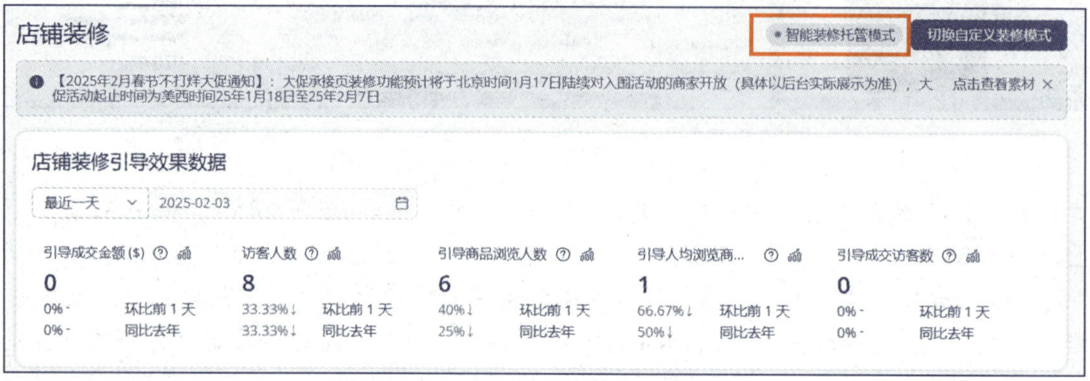

图 6－24　智能装修托管模式

另一种是自定义装修模式。已经装修发布过首页的商家可一键发布智能装修托管模式，同时支持切换自定义装修模式（见图 6－25）。

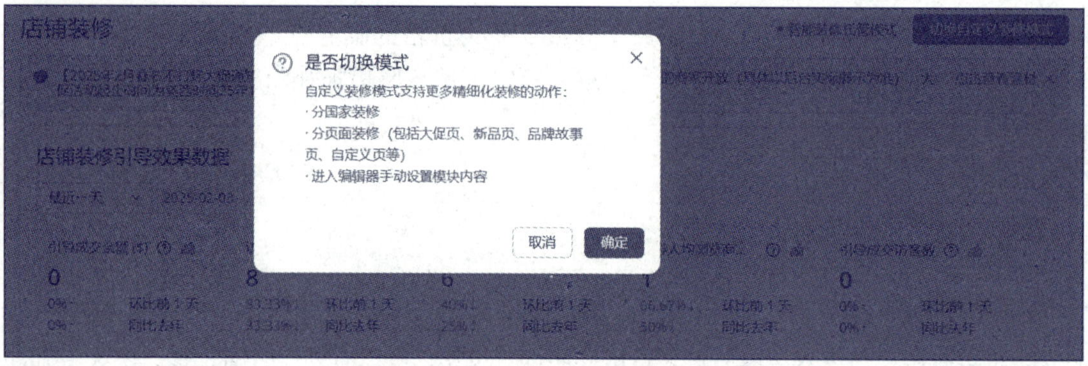

图 6－25　切换自定义装修模式

（三）充分利用店铺自定义装修工具

卖家既可以针对店铺首页、新品页面及自定义页面三个页面进行编辑，也可以通过“新增国家装修”功能对巴西、西班牙、法国进行国家本地化的店铺装修和商品分组，新增的国家店铺装修将会复制全球店铺的装修。之后卖家可以再对全球店铺装修进行修改，以此实现国家本地化店铺装修和全球店铺装修的差异化。卖家进行店铺装修时，既可以选择“新建版本”，也可以对“历史版本”进行编辑或者复制等操作（见图 6－26），点击右侧“新建版本”可选择模板进行装修或进行系统一键装修，点击右侧“历史版本”可找到以往编辑过的版本。

1. 巧用装修模板

以全球装修中的“首页”装修为例，点击店铺装修页面的右侧按钮“新建版本”，之后可以进行模板选择。在“新建版本”中点击“普通模板”，卖家可以选择其中一个免费模板使用；在“高级模板”以及“AE 模板服务市场”中，卖家可以选择心仪的付费模板。确定要使用的模板之后，点击“发布”即可完成一键装修（见图 6－27、图 6－28）。

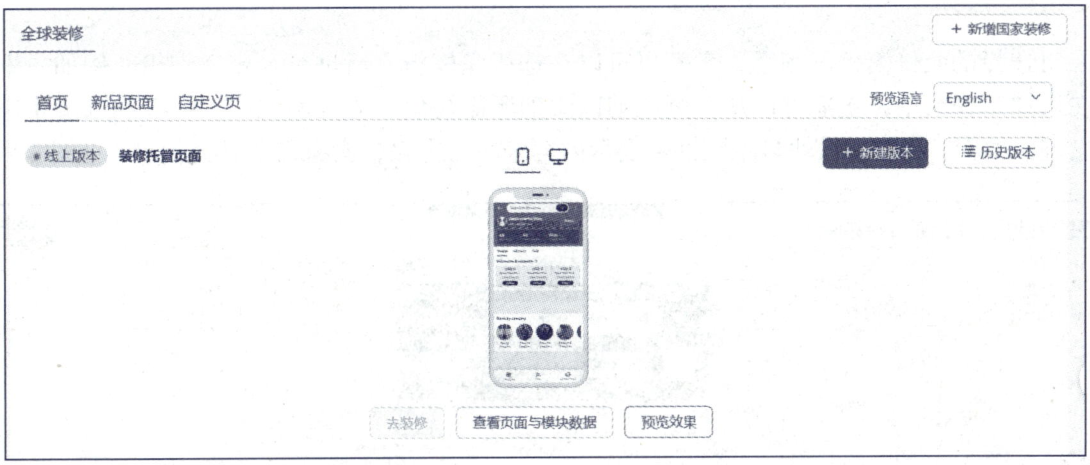

图 6－26　店铺自定义装修页面

图 6－27　选择模板装修

图 6－28　模板装修发布

2. 自定义装修模块

如果对选择的装修模板不满意，卖家也可以在选择完模板之后进行自定义编辑。例如，添加店铺模块。在店铺工作台中，卖家可以从左侧拖动以添加所需模块（见图 6－29），在右侧点击相应按钮对模块信息进行编辑，当右侧模块显示红框时表示内容未填写完整，卖家需要补充信息（见图 6－30）。

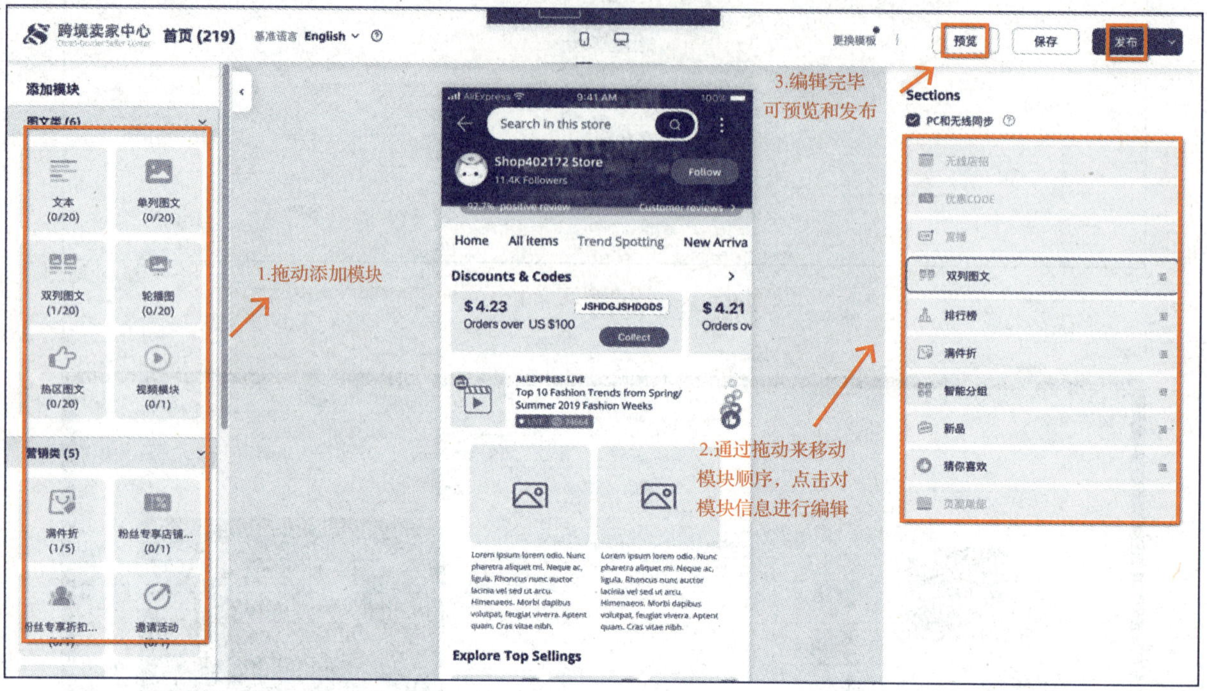

图 6－29　添加装修模块

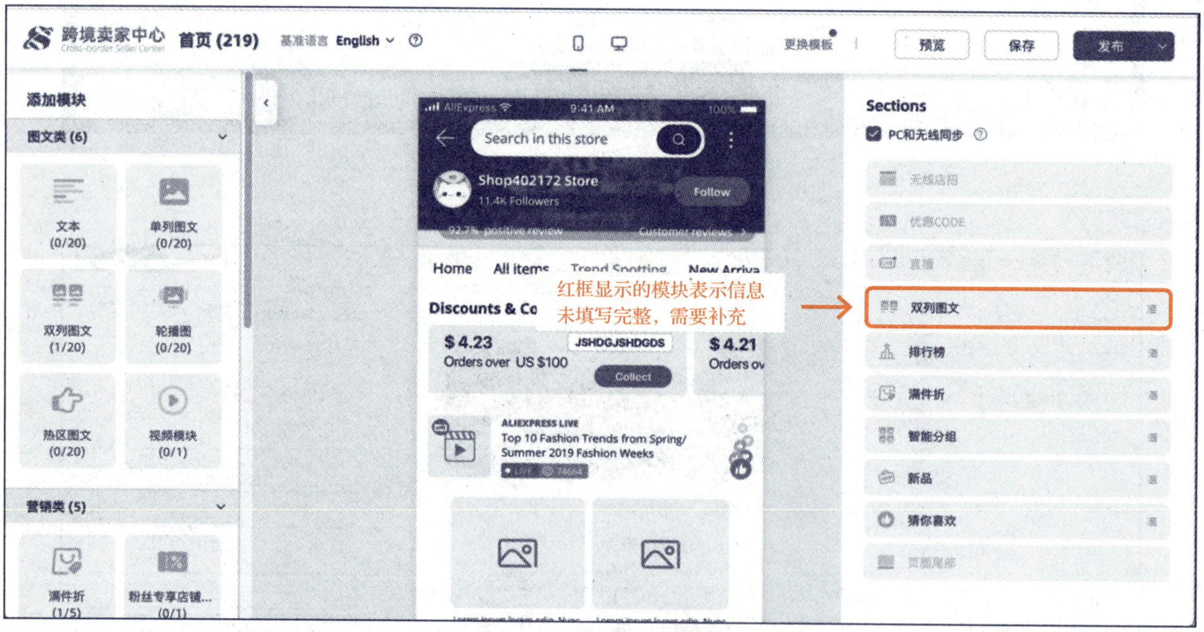

图 6－30　编辑装修模块

当然，对于不需要且不是必须展示的模块，卖家也可以对其进行删除操作（见图 6－31）。

图 6－31　删除装修模块

店招图片会被展示为商品详情的店铺卡片背景，以及店铺顶部背景，卖家应进一步完善店招模块（见图 6－32）的内容。为了优化买家的阅读效果，建议卖家使用深色背景图片，不带文字类信息更佳。其中，无线端（App 端）店招自定义背景图片尺寸为 750px × 300px，支持 JPG、PNG 图片格式，大小不得超过 2MB。

图 6－32　店招模块

装修好的店招效果如图 6－33 所示。

图 6－33 店招装修效果

店铺主推产品应放置于图片轮播位，利于买家看到。轮播图模块上传的图片的建议大小为宽度750px，高度不超过 1 000px，支持 JPG 和 PNG 图片格式，大小不超过 2MB。注意，组中图片的高度必须完全相同。图片既可以智能生成，也可以自主上传（见图 6－34）。

图 6－34 轮播图编辑

设置好轮播图后，卖家在店铺首页查看时，系统会自动切换图片，卖家也可手动切换。图 6－35 是图片轮播效果。

图 6－35 图片轮播效果

在“商品列表”模块，卖家可以充分利用该模块进行商品推荐。在该模块中，卖家可以通过手动选择或者自动选择的方式来选择想要推荐给买家的商品，并通过不同的排序方式控制商品展示的顺序（见图 6－36）。

图 6－36　进行商品推荐

卖家也可以通过添加商品类模块下的其他模块，如“新品”“智能分组”“猜你喜欢”“排行榜”等模块进行商品推荐（见图 6－37）。

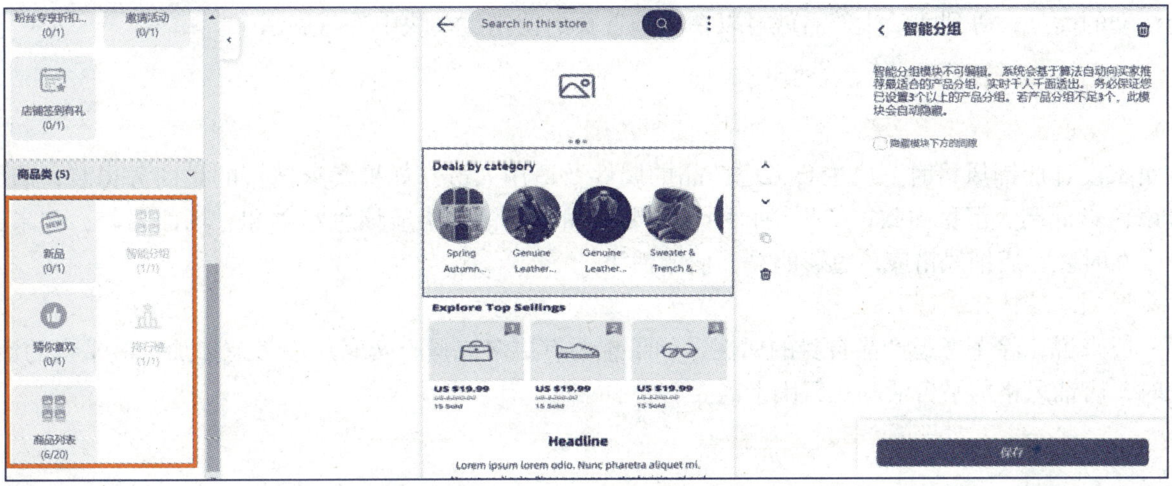

图 6－37　更多商品推荐方式

其中，“新品”模块不可编辑。系统会基于算法自动向买家推荐店铺最适合的上新产品，实时千人千面透出。注意，如果店铺 1 个月内上新产品不足 5 个，此模块会自动隐藏。“智能分组”模块也不可编辑。系统会基于算法自动向买家推荐店铺最适合的产品分组，实时千人千面透出。但是，如果店铺产品分组不足 3 个，此模块也会自动隐藏。“猜你喜欢”模块也不可编辑，系统会基于算法自动向不同买家推荐最适合的产品，实时千人千面透出。“排行榜”则默认展示整店前三个热卖产品（按最近 3 个月销量排序），引导买家购买店铺爆款。

营销类模块则可以有效地向买家展示店铺现有活动，鼓励买家在店铺多选多买，刺激买家转化（见图 6－38）。

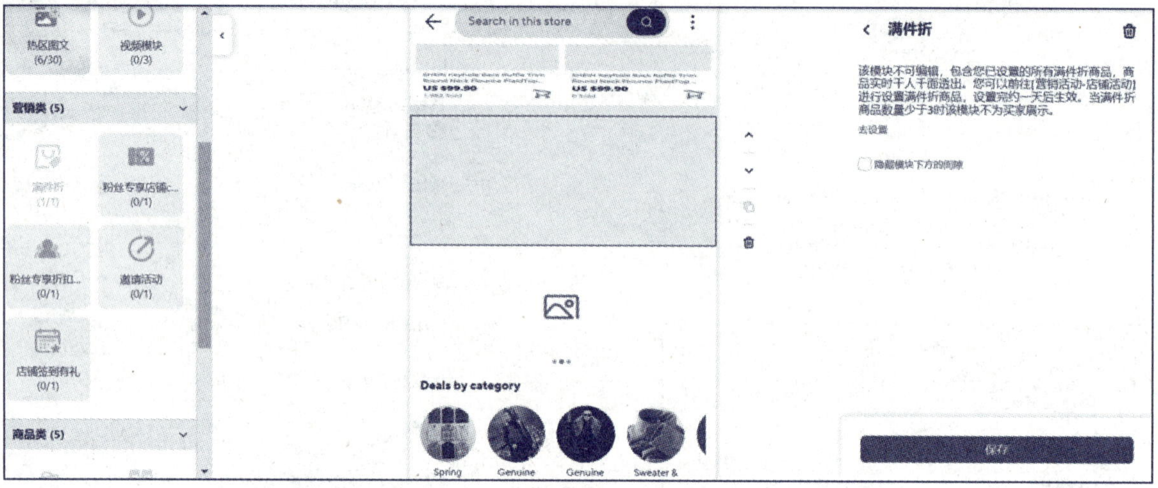

图 6－38　店铺装修—营销类模块

但是需要注意，营销类模块均不可编辑，需要在店铺活动中设置相关活动才能够在装修模块中进行展示。例如：“满件折”模块会包含卖家已设置的所有满件折商品，商品实时千人千面透出。但卖家需要前往“营销活动—店铺活动”设置满件折商品，设置完约一天后这些已经设置满件折的商品才会展示在“满件折”模块下，买家才有机会在店铺首页浏览的过程中看见相关的店铺活动及活动商品，而且当满件折商品数量少于 3 时该模块不会向买家展示。这就意味着，如果卖家想要在店铺装修页面展示店铺的营销活动及参与营销活动的商品，需要提前在营销活动中选择合适的店铺活动类型及想要参与活动的商品，等到活动生效后就可以在店铺首页的营销类模块中进行展示了。

（四）统一店铺风格

1. 根据产品优化店铺风格

卖家设计店铺风格时，应主要考虑产品的属性及适用人群。如果卖家销售的是商务男装，店铺风格应该色彩低调、沉稳内敛；如果销售的是母婴产品，店铺风格应该色彩柔和、场面温馨；如果销售的是少女时装，店铺风格应该色彩明亮、俏丽活泼。

2. 根据活动优化店铺风格

一般来说，除了考虑产品自身的属性，如果想要有更多流量，卖家还应考虑参加一些平台的活动。而此时，店铺风格与平台活动在氛围上需要契合。

（五）一键同步 PC 端和无线端装修

卖家开启 PC 端和无线端同步后，系统会将共有的模块按照当前编辑页面内容自动同步（无线端独有店铺签到有礼和邀请活动无法同步）（见图 6－39）。但由于图片尺寸原因，部分图片同步后仍需要重新调整上传（无线端同步 PC 端会导致 PC 端尺寸较小）。如果卖家在店铺装修时，选择的是高级装修模板，部分使用高级装修模板的店铺可能无法使用同步功能，则需要联系模板商解决。建议卖家先勾选“PC 和无线同步”，待其中一端装修完毕后，点击切换到另一端后取消“PC 和无线同步”，调整图片尺寸。

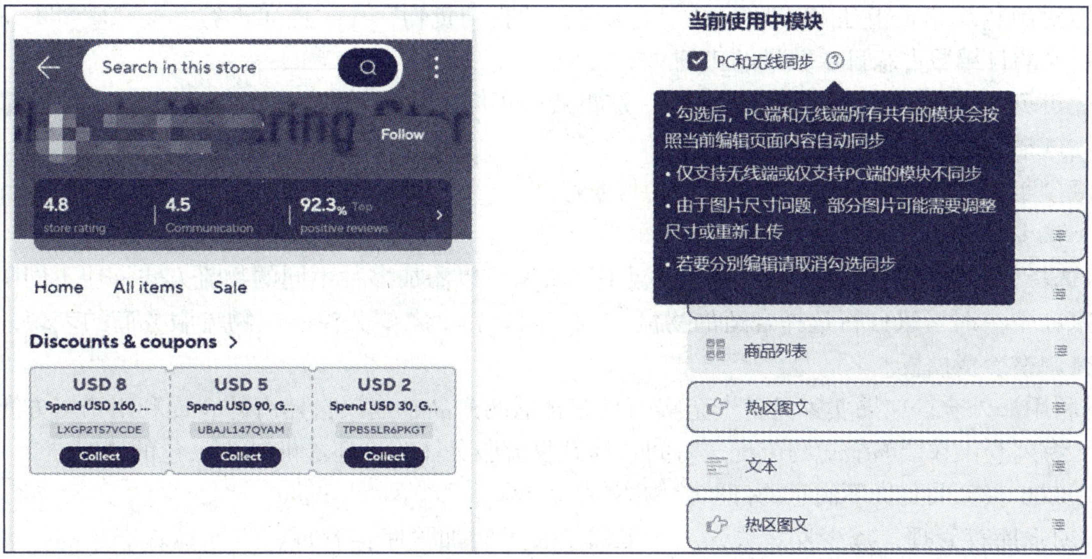

图 6－39　PC 和无线同步

二、提升店铺服务分

店铺的商品质量和服务能力对于买家的购买决策有着至关重要的影响，特别是在商品描述及评价、沟通效率、纠纷处理效率和态度等方面。买家强烈希望在选择商品时能快速识别出商品质量好和服务表现良好的卖家。

店铺服务分是体现卖家服务能力的综合指标，店铺服务分结果将应用于能否被速卖通推荐、能否有资格参加速卖通平台活动和相关的计划、店铺能否正常运营等场景。

店铺服务分主要有 5 个考核指标：最近 30 天好评率、SNAD（货不对版）纠纷率、NR（未收到货）纠纷率、IM24 小时回复率、及时发货率。由此可以看出，如果要优化店铺、提升店铺服务分，卖家需要做到以下几个方面：

（一）提升买家好评率

1. 提供与描述相符的产品

买家在平台上下单时，最看重的还是产品本身。卖家在描述产品时，应该实事求是，不可夸大。

2. 选择性价比高的物流方式

卖家选择物流方式时，应优先考虑买家可接受的物流方式，并与物流公司达成相关协议，争取优惠价。

3. 通过赠送小礼物、关心客户等方式提升买家购物体验

卖家可以通过论坛中获取的客户的相关信息，结合店铺运营的经验分析客户类型：针对经济型客户，为其提供平价的产品，并附赠具有一定价值的小礼物，可获得客户的好感；针对情感型客户，可通过节日问候、重要日子关怀提醒等方式，表达对客户的关心，提升客户对店铺及卖家的好感。

（二）降低纠纷率

速卖通订单纠纷主要分为两种类型：未收到货纠纷和货不对版纠纷。这就意味着买家发起纠纷的主要原因一是没有收到货物，二是对收到的货物不满意。

店铺服务分的两个考核指标为：

未收到货纠纷率是指在考核时间内，买家因未收到货物提起纠纷订单数占总订单数量的比例。

货不对版纠纷率是指在考核时间内，买家选择“收到货物”—“描述不符”或“质量不符”等原因提起纠纷的订单数占总订单数量的比例。

由此可见，如果卖家想降低纠纷率，一是要减少买家未收到货或收到货不满意的订单数量，二是增加考核订单数量。

1. 减少买家未收到货或收到货不满意的订单数量

（1）减少买家未收到货的订单数量。

1）选择多种物流方式。在一个运费模板中，卖家可以添加多种不同的物流方式，让不同国家或地区的买家在下单时可以自行选择合适的物流方式。同时，卖家要关注不同物流服务商的表现，择优选择，及时调整运费模板。

2）利用海外仓。如果卖家具备资金实力且有合适的产品，建议自建海外仓或利用第三方海外仓进行发货。海外仓不仅能够缩短物流配送时间，提升物流服务体验，还能够减少丢包的情况。

（2）减少买家收到货不满意的订单数量。

1）加强库存管理，减少发货失误。卖家需要在平时加强库存管理，定期检查产品的外观有无生锈、霉迹、褪色等情况，以及零部件有无缺损。卖家在发货前应仔细核对品名、数量、颜色、款式等，尽量减少发货失误。尤其是在店铺参加活动期间，卖家更需要加强发货管理。

2）加强与买家的沟通，安抚买家可能产生的负面情绪。在与买家开始接触后的环节中，卖家需要积极与买家沟通，安抚买家可能产生的任何负面情绪。

买家咨询时：卖家应简洁、清晰地解答买家疑问。

买家确认下单后：卖家应发送站内信，告知买家已经在备货；如果缺货，马上告知买家，协商解决。

卖家发货后：卖家应发送站内信，告知买家已经发货，提供物流方式和物流跟踪单号，供买家查询；告知买家预计到达时间，提醒买家关注。

卖家发货一段时间后：卖家应主动关注物流信息，如果有任何晚于计划到达时间的可能，卖家应积极告知买家，解释可能的原因，安抚买家的焦虑情绪。

买家收到货后：卖家应发送站内信，询问买家对产品的满意程度，解答买家在收货后的各种疑问。如果买家满意，建议买家给予好评；如果买家不满意，与买家协商解决。具体内容详见本书“客户维护”部分。

2. 增加考核订单数量

增加考核订单数量其实就是增加产品销量。卖家可以结合本学习情境前面的内容，通过优化产品标题、价格、产品详情页及设计营销活动来增加产品销量。

（三）提升 IM24 小时回复率

（1）利用速卖通卖家 App。卖家应争取做到手机端 App 账户全天在线，这样当买家发来消息时，卖家能够第一时间收到提醒，做到及时回复，增强买家的信任和好感。

（2）设置自动回复。卖家应在速卖通后台设置自动回复，包括欢迎语、常见问题解答等，当买家发起咨询时，能够迅速给出回应，提升回复效率。

（3）使用快捷短语。卖家应预设一些常用的快捷短语，如发货时间、物流信息、退款流程等，客服人员只需选择相应的快捷短语即可快速回复买家，减少打字时间。

（4）巧用第三方工具。卖家可利用 ERP 工具的批量触达功能，针对特定买家群体，如已下单但未付款、已付款但未发货等，使用批量触达功能发送提醒信息，提高回复率。卖家也可以在自动回复中设置交互式服务卡片，买家点击卡片上的关键词即可获得相应的回复，提升回复效率和买家体验。

（四）提高及时发货率

及时发货率 = 最近 30 天内（支付成功的订单数 − 未及时发货订单数）/ 最近 30 天内支付成功的订单数

其中，未及时发货包括未按 JIT 约定时间发货、虚假发货、成交不卖。卖家应做好以下几个方面以提高及时发货率。

（1）优化库存管理。一方面，卖家应分析热门商品的销售趋势，提前进行备货，确保订单产生后可以迅速打包发货。另一方面，卖家可以使用自动化工具跟踪库存变动，确保库存数据实时更新。卖家应定期检查物理库存与系统记录，确保数据准确一致。同时，卖家可以设置库存预警，当库存降到某一预设水平时，系统自动提醒补货，以避免断货影响发货。

（2）提升订单处理效率。卖家应使用专业的订单管理软件自动处理订单，从确认订单到生成发货单，减少人工操作时间。同时，卖家应编制固定的打包流程和检查清单，确保每个订单都按标准流程得到快速处理。卖家可对相似订单进行批量处理，如同时处理所有去往同一地区的订单，减少重复劳动。

（3）建立稳定的合作关系。一方面，卖家应与供应商保持良好沟通，确保货源充足，避免因供应商问题导致的发货延迟。另一方面，卖家应与物流公司建立合作关系，以获得更好的服务和可能的优惠，同时确保物流渠道的稳定性和可靠性。

工作任务 5　制定营销方案，对产品和店铺进行推广

随着跨境电商的蓬勃发展，许多传统电商卖家以及传统外贸出口企业都纷纷看中跨境电商这块蛋糕，并从第三方平台进入这一领域，如从全球速卖通、eBay、敦煌网等平台起步。现在以全球速卖通为例，介绍如何进行产品和店铺推广。

一、新店铺的推广

新店铺卖家应与销售同类产品、具有一定的品牌知名度和口碑的老店铺进行比较，以发现新店铺的不足，然后采取有效措施。一般而言，新店铺往往有下列不足之处：

（1）缺少热卖产品，导致店铺无法根据市场精准定位；

（2）店铺信誉低、评价少，导致转化率低；

（3）人气低，排名靠后，流量少且不稳定。

卖家应根据上述新店铺的劣势，再结合产品类型及店铺特点来制定营销方案。

（一）推广方案思路

（1）从选品、选词和产品描述等方面着手，开始初步的推广；

（2）根据数据分析，调整推广方案，优化产品结构；

（3）采用基本营销模式，完善推广方案。

（二）推广方案搭建

1. 搭建初步推广方案

（1）考虑推广产品选择法则。新店铺的产品选择是卖家需重点考虑的问题。卖家可以按照 2∶7∶1 的法则进行产品分类选择。

“2”表示引流产品，目的是低价引流；

“7”表示热销产品，可以进行打折促销以提升转化率；

“1”表示品牌款（当然有可能会引起品牌纠纷）。

采用这一法则的目的就是依靠热销产品来引流并赚取利润，依靠品牌款来提升品牌价值。例如：某卖家想卖手机配件，就需要先了解目前市场上手机配件的哪些款式、材质、价位更受欢迎。

a. 一模一样——价格更低，做引流款；

b. 款式略有差异——打折，但还有利润空间；

c. 材质不同——打造高品质产品。

需要注意的是，这些与热卖品相近的商品就是店铺的主打产品。其他的商品可作为附属产品进行推广，以确定店铺更吸引买家的产品类型。再如：某卖家想要打造自己的特色，不想参考别家店铺的商品，在不知道哪些款比较受欢迎之前，可以选择几款自己认为可能比较受欢迎的商品，按照重要程度进行推广。

不管基于哪种情况，这里都要强调一个原则：新店一定要推广更多的优质商品。

（2）注意选词和排名。买家搜索的关键词肯定是五花八门的，总体来讲可分为两类：热门关键词和长尾关键词。热门关键词即竞争大、流量高的词，如 phone case。长尾关键词就是竞争小，但也有一定流量的词，如 cell phone cases iPhone 14。现在就讲讲这两类关键词如何排名。

热门关键词只适合短期投放，不建议新店铺大量添加热门关键词进行推广，或者投入高竞价以使产品展示在搜索结果首页位置，因为前期市场定位可能不准确，会导致支出了广告费，但未收到成效。新店铺可以等到有一定交易量积累时，再重点推广。

长尾关键词是店铺最主要的流量来源，卖家可按照流量的高低分开来使用。对于主打商品，卖家应使用较高流量的长尾关键词，及时调整以保证排名靠前；对于其余商品，卖家可使用一般流量的长尾关键词，以查看效果，不断优化。

总结：长尾关键词和热门关键词结合使用，多用长尾关键词，关注排名，合理竞价，开通直通车。

（3）优化产品描述。当完成一个产品上架之后，卖家还需要注意以下几点：

标题的描述：突出卖点，如促销、材质、质量等。

图片的处理：要做一定的处理，让产品得到全方位展示。

产品详情描述：产品描述可以从质量证明、认证入手，突出卖家实力、客户好评截图等。

经过以上介绍，卖家需要分别从选择产品、选词和排名、产品描述几个方面入手，搭建初步的推广方案。

2. 调整推广方案

（1）重视日常操作。

1）关注已有关键词的排名情况，保证流量，及时调整。

2）把控预算，保证足够的推广时长。

3）从行业资讯等各种渠道获得搜索词，及时做出调整，添加市场上新增的与产品相关的词。

（2）及时进行数据分析。通过运用多种方法推广后，卖家需要 1 ～ 2 周的时间分析店铺数据，再进行推广调整。

卖家应将曝光率比较高的词和转化率比较高的商品进行组合。对于曝光率比较高、点击率比较低的商品，建议优化图片、标题、排位等，或者更换替代商品。对于点击率比较高、一直没有成单的商品，卖家需分析产品详情描述中有哪些需改进之处。

3. 完善推广方案

在产品和店铺完成优化的基础上，新店铺还可以选择全球速卖通平台基本的推广方式，使推广方案更加完善。这里介绍一些常规营销活动。

（1）平台活动。

根据活动量级不同，全球速卖通平台活动被分为 S、A+、A、B、C 五个级别。其中：

S 级活动主要是全球速卖通战略级别营销活动，包括周年庆、“6・18”、“8・28”、“双 11”、“黑五”。

A+ 级活动是指面向覆盖多行业的月度重点营销活动，或国家的年度地区重要营销活动，如“3・8”春上新、礼物季、冬季清仓、Trend spotting 等（见图 6－40）。

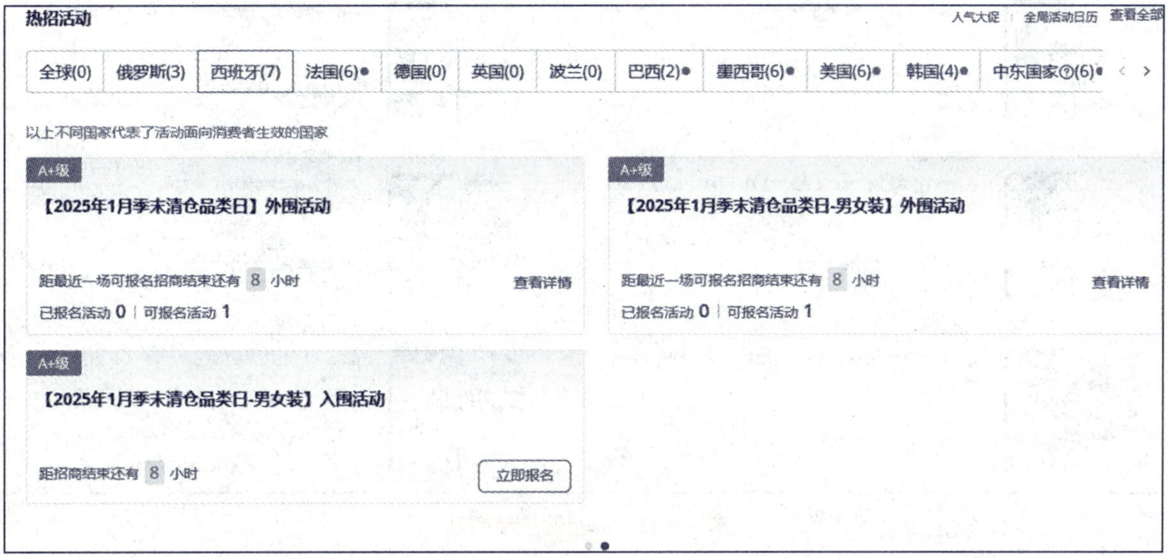

图 6－40　速卖通平台活动

A 级活动是指面向全球打造的 IP 专题促销活动、国家月度特色主题活动或高爆发行业活动，如品类节、超品日、会员日等。

B 级活动是指速卖通全球、行业、国家的重点与潜力促销项目，如玩具总动员、家电清凉周等。卖家参加平台活动可以提高产品曝光量，获得大流量，快速出单，提高转化率。

C 级活动是指日常主题性导购类活动、频道类活动（SuperDeals、俄罗斯团购、金币超级抵扣、品牌闪购、团购、试用、砍价）等（见图 6－41）。

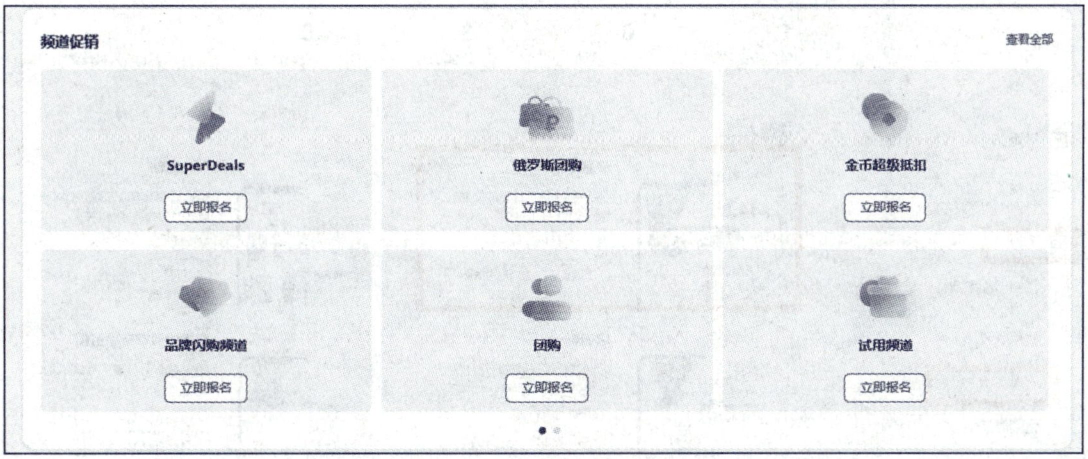

图 6－41　速卖通频道促销

参加平台活动可以提高商品曝光率，获得较高流量，提高转化率，有助于快速出单。

（2）店铺活动。

速卖通店铺活动主要有单品折扣、满减活动、店铺 Code、高净值买家专享折扣、互动活动、定向人群优惠（见图 6－42）。

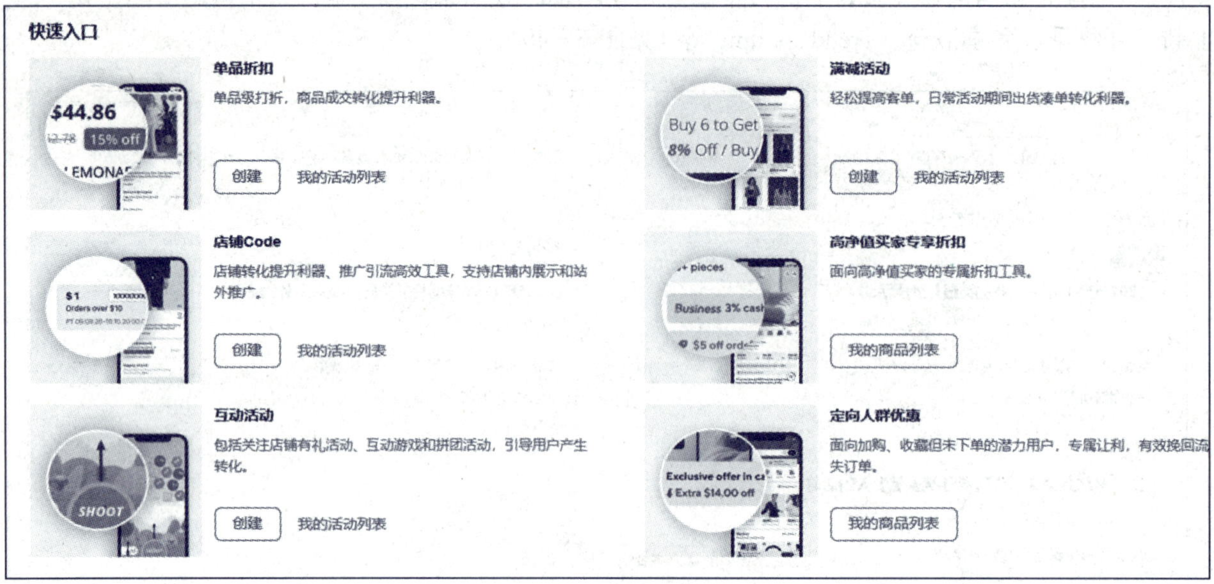

图 6－42　速卖通店铺活动

1）单品折扣。

单品折扣是指单品打折，是商品成交转化提升利器。单品打折优惠用于店铺自主营销，单品的打折信息将在搜索、详情、购物车等买家路径中展示，提高买家转化率，有助于卖家快速出单。

单品折扣活动设置的具体操作：

【**Step 1**】登录“我的速卖通”，点击“营销”，在“店铺活动”中选择“单品折扣”(见图 6－43)。

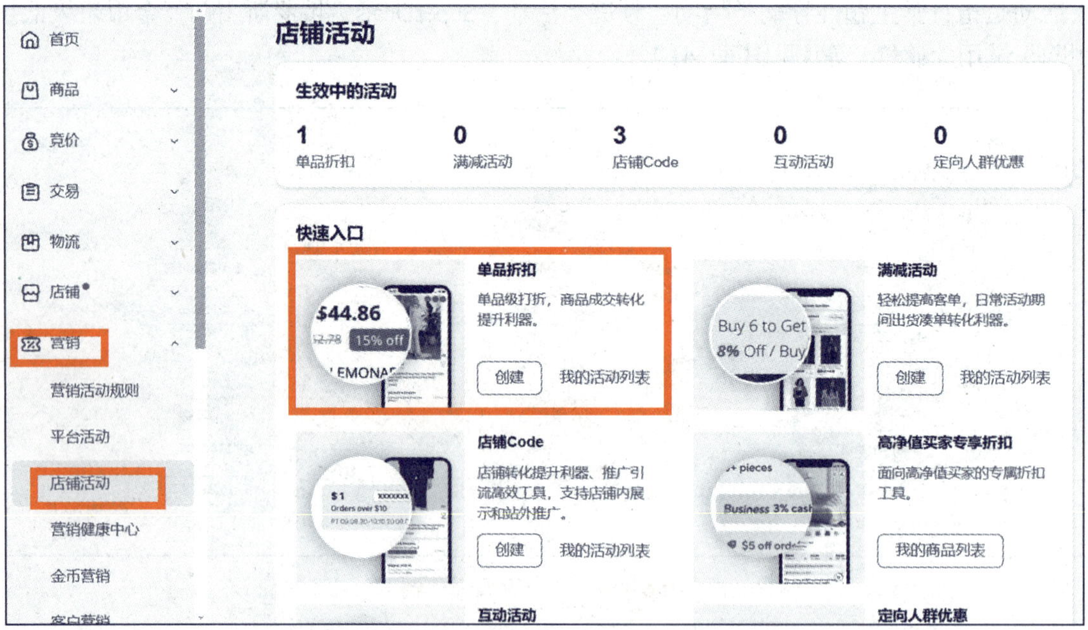

图 6－43　营销—店铺活动

【**Step 2**】点击“创建”，进入创建单品折扣活动页面（见图 6－44）。

图 6－44　单品折扣活动—活动基本信息

活动基本信息设置：

a. 点击“创建”进入活动基本信息设置页面。

b. 活动名称最大字符数为 200 个，只供查看，不展示在买家端。

c. 活动起止时间为美国太平洋时间。

d. 最长支持设置 180 天的活动，且取消每月活动时长、次数的限制。

e. 活动设置的时间开始后，活动即时生效（请注意，如在设置过程中已到活动展示时间，则活动即开始）。

f. 点击“提交”后进入设置优惠信息页面。

【Step 3】选择参加活动的商品。

a. 可筛选全部已选商品和未设置优惠商品，支持商品 ID、商品名称搜索（见图 6－45）。

图 6－45　选择商品

b. 支持批量选择商品，卖家可以根据营销分组、表格导入形式设置（见图 6－46）。

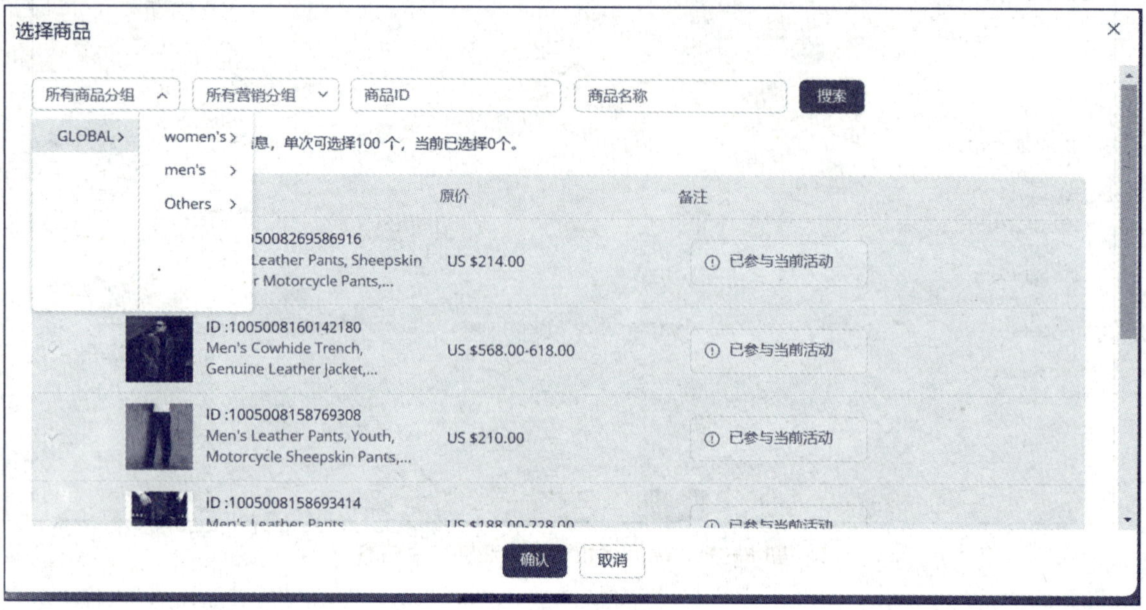

图 6－46　批量选择商品

【Step 4】设置折扣信息（见图 6－47）和商品活动库存。卖家既可批量设置折扣、批量设置限购、批量删除（默认所有 SKU 都参加活动），也可单独设置。

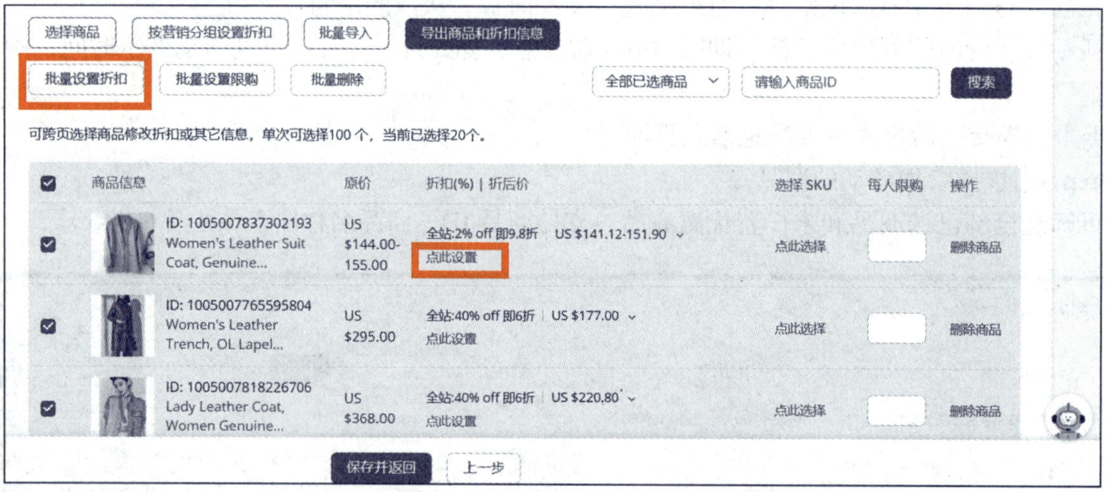

图 6－47　设置折扣信息

卖家除对活动商品设置全站折扣外，还可以针对店铺粉丝设置额外的折扣（见图 6－48）。

卖家点击“保存并返回”后即完成单品折扣活动设置（见图 6－49）。

单品折扣活动的特点：

a. 单场活动最长支持设置 180 天。

b. 允许在活动进行中暂停活动（适用于活动设置错误时及时止损）。

c. 活动进行中允许操作新增 / 退出商品（无须暂停活动即可操作），以及编辑折扣，且实时生效。

d. 取消锁定商品编辑及运费模板，编辑后可实时同步到买家前台（仅针对单品折扣活动的商品生效）。

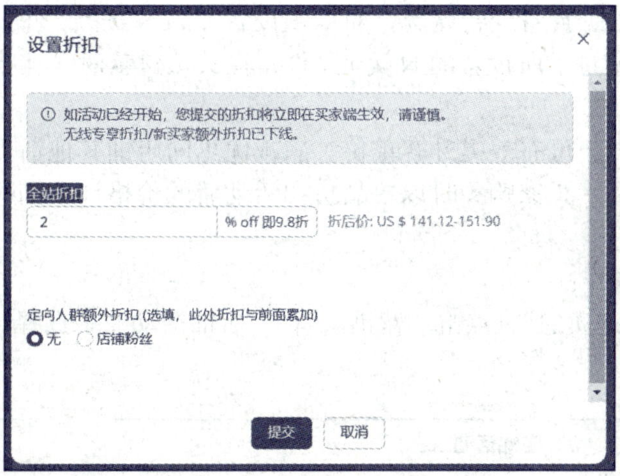

图 6－48　设置额外折扣

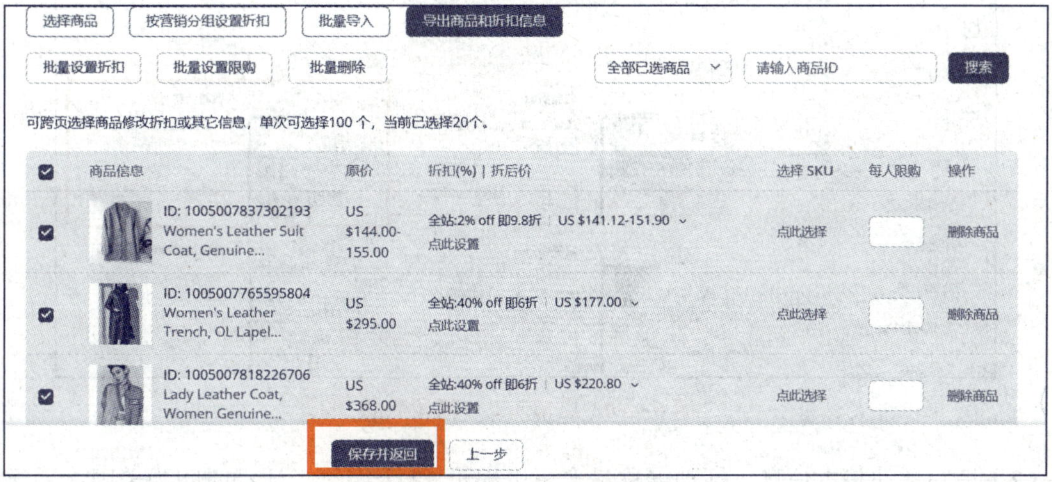

图 6－49　提交活动

e. 单场活动支持最多设置 10 万个商品。

f. 可通过 Excel 批量上传。

g. 支持单个商品设置粉丝专享折扣。

以上场景均适用于日常活动，大促场景下的单品折扣活动不允许暂停活动，预热开始后不允许新增 / 退出商品，不允许编辑商品（同平台活动锁定逻辑一致）。

2）满减活动。

满减活动是一款店铺自主营销工具。只要开通速卖通店铺，卖家即可免费使用。满减优惠包括满立减、满件折、满包邮三种活动类型，均不限制活动时长和活动次数。

a. 满立减。卖家可以根据自身经营状况，对店铺设置“满 X 美元优惠 Y 美元”的促销规则，即订单总额满足 X 美元，买家付款时则享受 Y 美元优惠扣减。

b. 满件折。卖家可以根据自身经营状况，对店铺设置“满 X 件优惠 Y 折”的促销规则，即订单总商品满足 X 件，买家付款时则享受 Y 折优惠，卖家无须修改价格。

满件折、满立减的优惠是与其他店铺活动优惠叠加使用的。对于已经参加折扣活动的商品，买家购买时以折扣后的价格计入满件折、满立减规则中。所以，同时使用打折工具和满件折、满立减工具时，卖家一定要计算好利润。

c. 满包邮。卖家可以根据自身经营状况，对店铺设置“满 N 美元 / 件包邮”的促销规则，买家下单时，若是订单总商品数超过了所设置的 N 美元 / 件，在买家付款时，在指定的地区范围内，系统将自动减免邮费。

卖家以包邮作为利益点，可有效提升客单价。满减优惠同店铺其他活动优惠可累计使用。对于已经参加单品折扣活动的商品，买家购买时以单品折扣活动后的价格计入满减优惠规则中，卖家应准确计算利润。

满减活动设置的具体操作：

【**Step 1**】登录“我的速卖通”，点击“营销”，在“店铺活动”中选择“满减活动”，点击“创建”（见图 6－50）。

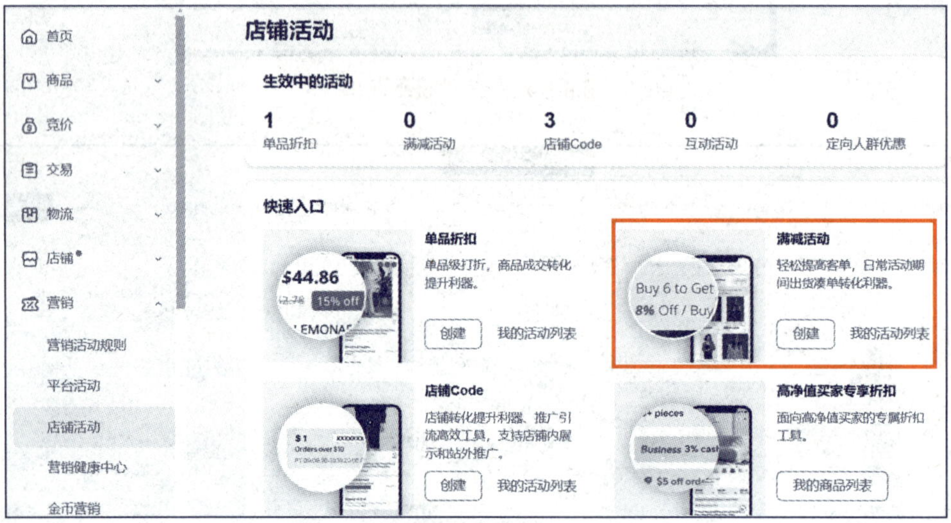

图 6－50　店铺活动—满减活动

【**Step 2**】填写活动基本信息。活动名称最多可以编辑 32 个字符，活动时间为美国太平洋时间，卖家可以根据自身需求进行设置（见图 6－51）。

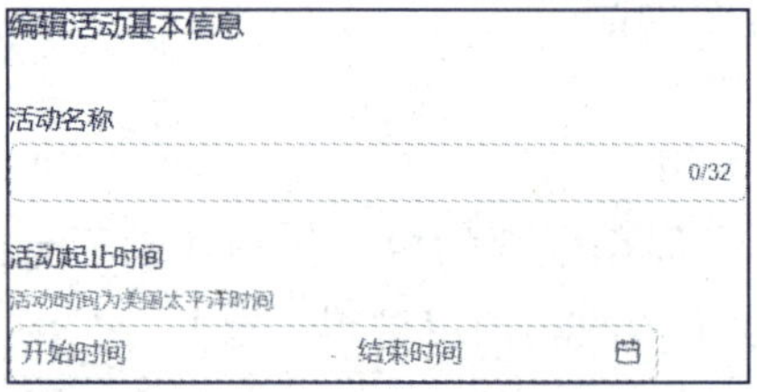

图 6－51　填写活动基本信息

【**Step 3**】设置活动类型和活动详情。满减活动主要有满立减、满件折、满包邮三种类型，卖家可以根据店铺需求及产品特征选择合适的活动类型。以满立减为例，在选择完活动类型为“满立减”之后，卖家需要继续设置活动使用范围、满减适用国家及活动详情（见图 6－52）。

活动使用范围既可以是全店所有商品，也可以是店铺中的部分商品。如果卖家选择部分商品可用，则需要在提交活动后选择可使用满立减的商品。满减适用国家既可以是全部国家，也可以是卖家有针对性选择的部分国家。在活动详情部分，卖家可以只设置一个条件梯度，则系统默认是单笔订单件数条件以及立减条件，如勾选“优惠可累加”，即促销优惠按设定优惠往上累计，上不封顶（如促销规则为满 100 减 10 时，勾选则满 200 减 20，满 300 减 30，以此类推）。卖家也可设置多个条件梯度，最多可以设置 3 个梯度的满立减优惠条件。使用多个条件梯度时，后一梯度的订单件数必须大于前一梯度的订单件数，后一梯度的优惠力度必须大于前一梯度的优惠力度。

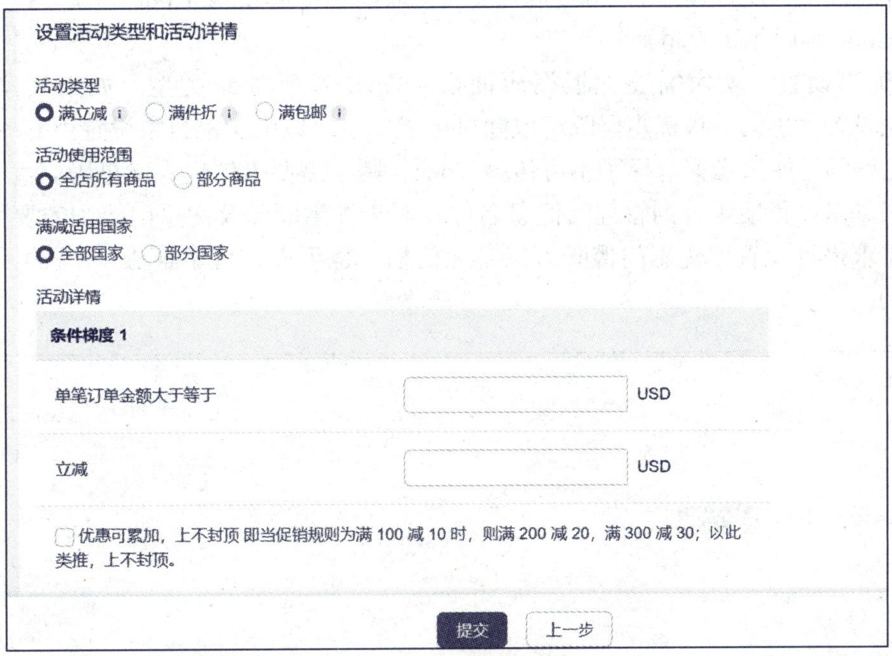

图 6－52　设置活动类型和活动详情

【Step 4】提交活动。活动设置完成后，卖家点击“提交”按钮即可完成满减活动设置。

3）店铺 Code。

原店铺优惠券和店铺优惠码合二为一，升级为店铺 Code。店铺 Code 更贴近海外用户习惯，通过设置优惠金额和使用门槛，刺激用户转化，提高客单价。

店铺 Code 设置的具体操作：

【Step 1】登录“我的速卖通”，点击“营销”，在“店铺活动”中选择“店铺 Code”，点击“创建”（见图 6－53）。

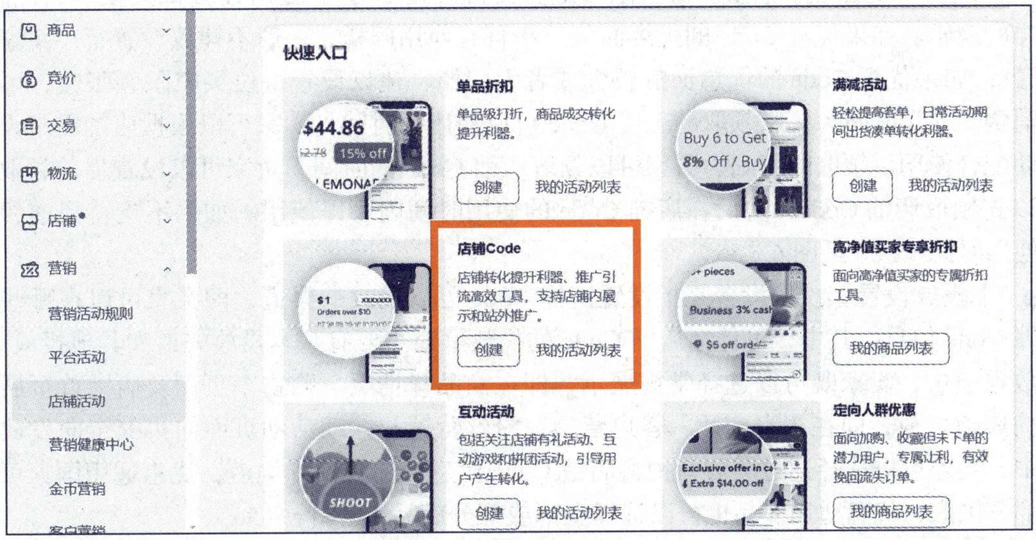

图 6－53　店铺活动—店铺 Code

店铺 Code 有可传播（通用型）Code 和不可传播（专享型）Code 两种类型。对于可传播 Code，用户领取前可以看到 Code 码，同时该 Code 码可以被用户复制传播给其他用户使用；而不可传播 Code 是针对特定人群的优惠，用户领取后 Code 码可见（领取前不可见），该 Code 码仅支持该领取用户使用（其他用户获取 Code 码后无法使用）。

【**Step 2**】优惠设置。卖家需要先根据店铺推广需求选择 Code 类型。如果卖家选择了可传播 Code，则需要先设置优惠码。该优惠码既可以随机生成，也可以由卖家自主设置由 6 ～ 12 位数字、英文字母组成的优惠码。如果卖家选择了不可传播 Code，则不需要事先生成优惠码。优惠名称仅在卖家后台展示，卖家可以设置便于查询管理的优惠名称。对于优惠面额及优惠门槛则需要卖家根据店铺产品售价及活动需求进行设置。优惠门槛既可以是无门槛，也可以是订单金额（含税）大于等于某一金额（见图 6－54）。

图 6－54　优惠设置（1）

发放总张数最多支持设置 9 999 999 张。如果优惠 Code 的优惠面额较小且有使用门槛，卖家可以设置较多的张数，方便更多的买家领取并使用；如果优惠 Code 的优惠面额较大或者无门槛，卖家需要根据自身推广经费设置合理的数量。每人限领最多支持设置 20 张，是否设置每人限领的优惠 Code 数量也是一样的逻辑。如果优惠 Code 的优惠面额较小且有使用门槛，一般不建议设置每位买家领取优惠 Code 的张数；如果优惠 Code 的优惠面额较大或者无门槛，建议设置每位买家限领张数，可以更好地刺激买家消费。使用时间为买家领取的店铺 Code 可以使用的时间，卖家可以根据店铺需求设置或与其他平台活动配合使用。领取时间则为买家可以领取店铺 Code 的时间，卖家可以设置提前领取，这意味着买家可以先领取店铺 Code，之后在店铺 Code 的使用时间内可以使用。如果不支持提前领取，则领取时间同使用时间一致（见图 6－55）。

【**Step 3**】投放设置。投放设置是指设置店铺 Code 可以投放的渠道，即买家可以在哪些页面看到相关的店铺 Code 信息。其中，可传播店铺 Code 的投放渠道主要有基本投放渠道和其他投放渠道两种。在基本投放渠道中，卖家既可以选择常规展示，即在商品详情页、购物车页面及店铺首页展示；也可以选择定向渠道发放，即在买家会话、客户营销、粉丝营销及互动活动页面向买家定向发放。在其他投放渠道中，卖家可以选择通过联盟营销将店铺 Code 信息传递到站外渠道。优惠适用国家可以选择全部国家或部分国家；优惠适用商品也可以选择全部或部分商品（见图 6－56）。

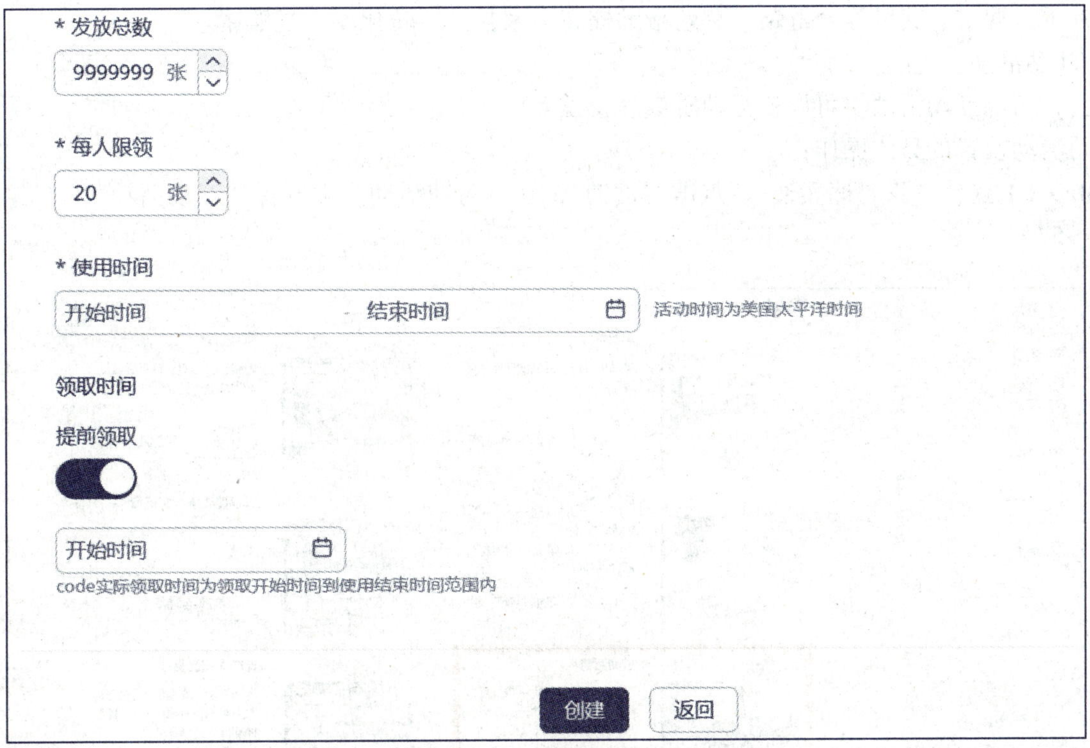

图 6－55　优惠设置（2）

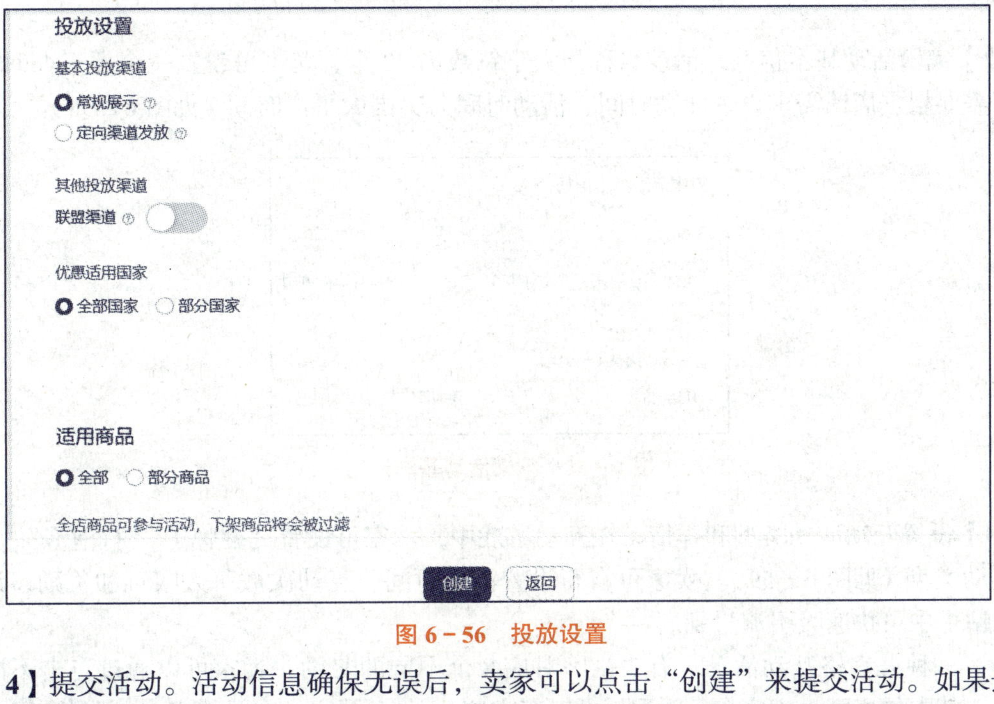

图 6－56　投放设置

【 **Step 4**】提交活动。活动信息确保无误后，卖家可以点击“创建”来提交活动。如果选择了适用商品为部分商品，则在创建活动后需要自行选择可以使用店铺 Code 的商品，否则活动无法正常生效。

4）高净值买家专享折扣。

高净值买家专享折扣是面向高净值买家的专属折扣工具。在该活动中，卖家可为高净值买家提供额外优惠，最低可设置额外折扣为 3% off。设置高净值买家专享折扣的商品可以获得专属的商详打标，并透传首页、搜推、支付等全链路，有效帮助提高买家黏性、转化率、复购率。

5）互动活动。

目前，店铺互动活动仅可设置互动游戏。

互动活动设置的具体操作：

【**Step 1**】登录“我的速卖通”，点击“营销”，在“店铺活动”中选择“互动活动”，点击“创建”（见图 6－57）。

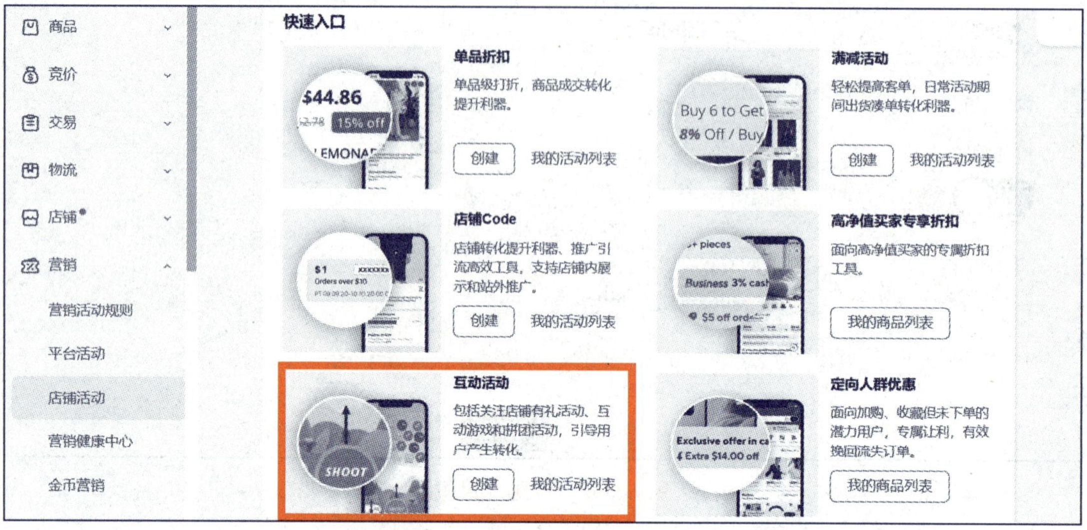

图 6－57　店铺活动—互动活动

【**Step 2**】编辑活动基本信息。活动名称最大字符数为 32 个，卖家可设置一个便于查询管理的名称即可。卖家需要根据店铺需求设置活动时间，活动时间为美国太平洋时间（见图 6－58）。

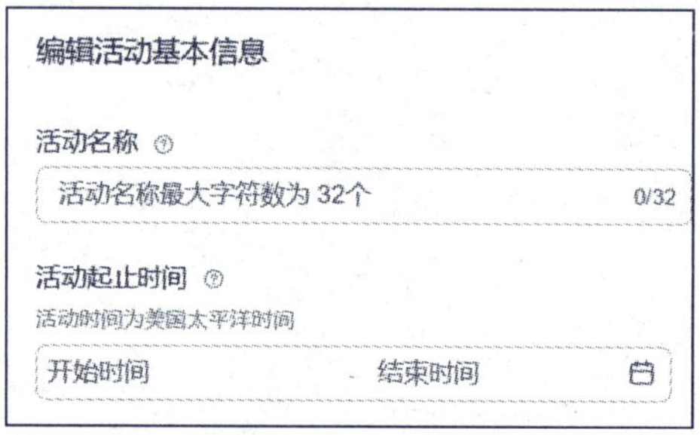

图 6－58　编辑活动基本信息

【**Step 3**】设置互动活动类型和详情。在互动游戏中，卖家可设置“翻牌子”“打泡泡”“关注店铺有礼”三种活动类型（见图 6－59）。卖家可自行设置活动时间、互动次数每人限玩和奖励，设置后选中放入粉丝趴帖子中可快速吸引流量到店。

翻牌子：一种九宫格互动活动，有 8 张牌对应 8 个不同的奖励，买家可以通过点击不同的牌获取不同的奖品，其中的奖励由卖家自行设置（可以有空奖），一个买家一次只能点击一张牌。

打泡泡：一种买家发射箭击破泡泡的互动活动，每个游戏有 18 个泡泡，其中的奖励由卖家自行设置（可以有空奖），买家一局游戏只能互动一次。

关注店铺有礼：一种卖家自行设置的互动活动，买家收藏店铺之后，可以获得相应的奖励，奖励由卖家自行设置。

我们以关注店铺有礼为例进行设置。卖家需要先设置互动次数每人限玩，可以设置活动期间限制每天互动次数（1 ～ 100）或者活动期间限制互动总数（1 ～ 10 000）。关注店铺有礼活动一般不添加图片。之后卖家可以进行奖励设置。选择奖励时，卖家仅可选择不可传播的店铺 Code，因此卖家只有先在店铺 Code 活动中设置一个符合互动活动时间的不可传播的店铺 Code，才可以顺利完成关注店铺有礼活动设置。

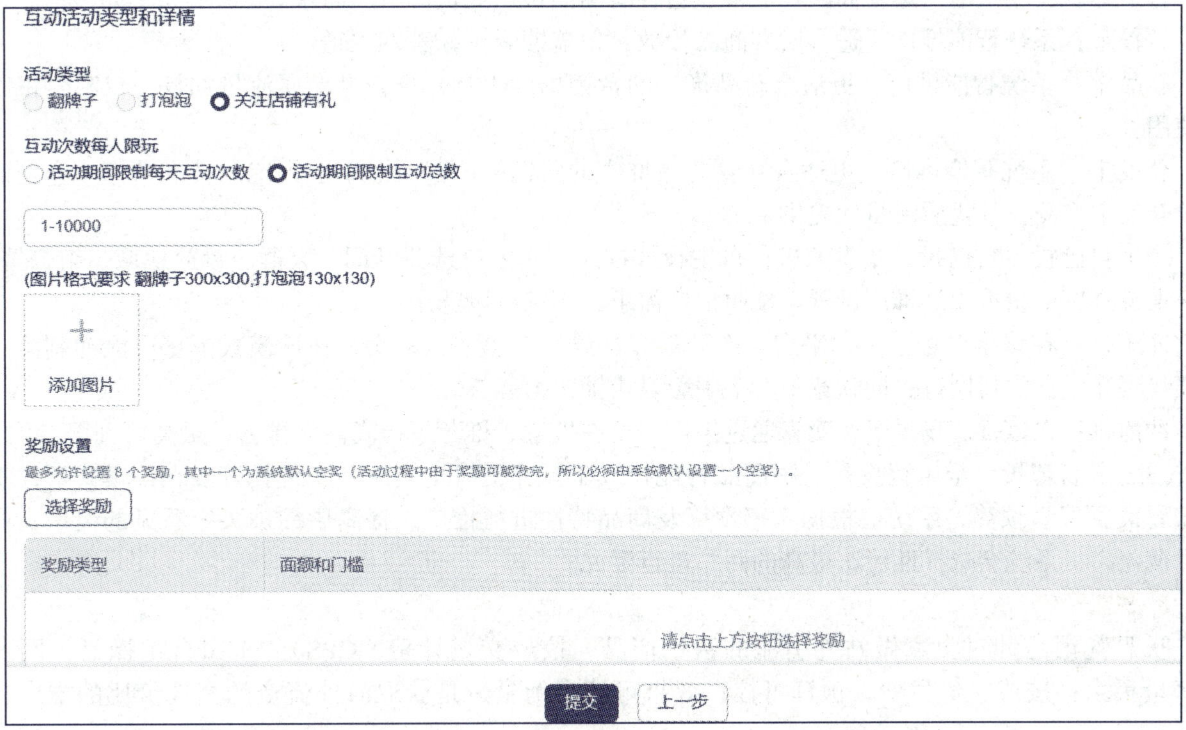

图 6－59　互动活动类型和详情

6）定向人群优惠。

定向人群优惠活动是针对有加购物车 & 收藏商品行为的买家提供额外的优惠，即在商品的单品折扣价（如有）、商品活动价（如有）及可能的店铺优惠（Code/ 满减活动）基础上叠加定向优惠折扣，以此来有效挽回此部分高潜力用户。

二、常规产品和店铺的推广

新店铺经过一段时间的经营，积累了一定的销量以后，卖家应调整推广方案。

（一）推广方案思路

（1）在做好自然流量引入的基础上，继续选择合适的店铺活动方式，增加流量；

（2）采用站内推广及联盟营销进行推广；

（3）委托专业公司进行推广；

（4）通过社交媒体进行推广。

（二）推广方案搭建

卖家可首先通过选品、优化产品、打造爆款等方法引入自然流量，然后参加免费的店铺活动来增加流量。我们在新店铺推广中已经有了详细说明，在此不再复述。

1. 速卖通直通车推广

速卖通直通车推广是速卖通提供给卖家进行商品站内付费广告推广的工具，主要功能有智能投、自己投和全店智投。

（1）智能投。智能投是指通过智能系统进行商品推广，卖家只需要选品和设置预算。按照商品特点，卖家可以选用：

打造爆款：精选潜力爆款商品及流量，适合有商品快速成长诉求的商家。

智投宝：系统智能推广，适合所有商品投放，覆盖搜索 + 推荐双渠道。

新品宝：系统智能推广，更适合新品推广的营销推广工具，享新品专属流量加权，仅限金银牌商家使用。

仓发宝：系统智能推广，更适合仓发商品推广的营销推广工具。享国家定向精准营销。仓发商品投放仓发宝享受额外优质流量优先供给。

（2）自己投。自己投是指卖家进行自主投放推广。卖家自选关键词、人群、投放地域，组合搜索、推荐渠道推广，精准规划推广设置。按照推广需求，卖家可以选用：

冲第一：在该推广场景下，平台首次开放多场景绝对第一位，卖家在该模式下尽可能冲刺第一位并强势曝光，在类目同行、同款竞争对手中彰显店铺实力。

冲前排：在该推广场景下，卖家通过推广，可在搜索、推荐下提高商品排名，最高可到第二位。

（3）全店智投。全店智投是一种商品智能投放工具，支持全店商品一键托管。在该模式下，卖家只需要设置每日预算，系统会根据卖家预算及商品特性进行推广，提高店铺被买家看见的概率，商品多、覆盖广，系统会选择性价比最高的商品进行曝光。

2. 联盟营销

联盟营销是针对卖家做站外引流的营销产品，按成交量计费（CPS）。卖家自主操盘，网罗全球海量买家；按成交量付费，预算可控；效果可清晰衡量，是获取海外流量的高性价比的推广首选利器。

卖家参加联盟营销，联盟会将卖家的产品投放到 App、社交网站、导购网站等站外渠道进行推广，若有买家通过联盟营销的链接进入店铺购买产品并交易成功，则卖家需要支付佣金给联盟。

卖家加入联盟营销还需重点关注以下信息：

（1）卖家支付佣金 = 商品实际成交价格（不包含运费或其他第三方服务商费用）× 商品佣金比率。佣金是在订单交易成功（确认收货）时从店铺绑定的支付宝账户中扣除的。

（2）卖家加入联盟推广默认全店产品参加，无法选择某一产品参加或者不参加。

（3）卖家可针对不同产品设置不同的佣金比率，未设置佣金比率的产品将默认按照该产品对应类目下的标准佣金比率计算佣金。

3. SNS 推广

（1）国外主要的 SNS（社交网站）。利用 SNS 进行推广也是一种方法。跨境电商卖家应了解国外买家喜欢上哪些社交网站。

1）脸书（Facebook）。Facebook 是世界最大的社交网站之一，多年来一直稳居 Alexa 排行榜第二名（2023 年 1 月）。Facebook 仅次于谷歌，是全世界 PV 第二高的网站。

2）Twitter（原中文名为推特，2023 年 7 月更名为 X）。Twitter 是典型的微博应用。微博作为消息传递最快、最方便的途径之一，一直深受国内外用户的喜爱，每天的访问量很高。

3）VK。这是俄罗斯最大的社交网站，以俄罗斯等国用户为主。主要买家市场在俄罗斯的卖家可以多关注 VK。

4）缤趣（Pinterest）。Pinterest 是美国一家以图片分享为主的社交网站。Pinterest 以瀑布流的形式展现图片内容，用户无须翻页，新的图片会不断自动加载在页面底端，让用户不断地发现新的图片。用户可以将感兴趣的图片保存在 Pinterest 中，其他网友既可以关注，也可以转发图片。

（2）SNS 推广方法。由于 SNS 网站的火爆，在各类 SNS 网站上进行推广的商家数量不断增加。但是对于国内的跨境电商卖家来说，到国外的 SNS 网站进行推广的难度不小。

第一，访问限制。上述 4 个国外知名的社交网站未开通在我国（港澳台除外）的服务。

第二，语言局限。跨境电商卖家大多有外语基础，但想用完全适宜、得体的外语来宣传店铺的商品并非易事。

第三，粉丝少。SNS 推广的关键在于粉丝数量要多，如此卖家发出去的信息才能被更多人看到、被转发、被喜欢、被分享等。而国内的卖家首先很难访问国外的知名 SNS 网站，即便访问成功，也会因为语言文化的差异，难以获得众多的粉丝。

如果能解决上述问题，SNS 将是一个很好的免费推广渠道。然而这往往需要一段很长的时间，尤其是粉丝数量的积累难以一蹴而就。如果卖家硬生生地投放广告，一般都难以获得预期的推广效果。跨境电商卖家也可以将推广业务外包给专业的公司，这些公司一般都有些粉丝众多的"大号"，卖家花不多的钱就可以将自己的商品信息展示给众多 SNS 活跃用户，还会一传十、十传百，吸引站外流量访问自己的店铺。

当然，除了上述方法外，速卖通卖家还可以通过微博、博客、播客、微信、在线论坛等社会化媒体来进行产品和店铺推广。

知识链接

一、产品标题优化的方法

（一）产品标题构成分析

【例 6－5】2025 New Fashion Jacquard A-Line Mini Long Sleeve O-neck Beading Casual Women Evening Dress HT789

2025 年新款提花 A 字迷你裙长袖圆领钉珠休闲款女式晚礼服型号 HT789

该标题列出了产品的年份、材质、裙型、裙长、领型、装饰、风格、型号等信息，其中 Dress 是产品的核心词，是买家搜索的类目，其他都是属性词，表明了产品特定的属性。这是列标题的基本方法。

【例 6－6】2025 New Women Casual Clothes Autumn Winter Sexy Slim Bandage Vestidos Black White Plus Size Hot Sale

2025 年新款女式休闲服秋冬季性感修身绑带裙黑白大码热销

该标题列出了产品的年份、风格、适用季节、款式、名称、颜色、尺码、销售状态等信息。

此标题中，Vestidos（葡萄牙语，意为裙子）品名也是核心词，是卖家针对巴西客户推出的，考虑到巴西客户的语言习惯，采用了目标客户搜索该类目时常用的搜索词。2025、New、Plus Size、Hot Sale 为促销词，巴西女性存在跟随潮流的心理，"大码""热销"能为产品搜索带来流量。Casual Clothes、Autumn Winter、Sexy Slim、Bandage、Black White 为属性词，表明了该产品的各类属性。

此标题充分考虑了目标客户群体的语言、生理、心理等特点。由此可以看出，好的标题应包括以下部分：产品品名或所属类目、产品属性词和能带来流量的词。

（二）标题写作“三段法”——核心词＋属性词＋流量词

1. 核心词

核心词是顶级热搜词（该词影响排行，影响点击率）。核心词可以是产品名称、所属类目，甚至某个知名品牌。买家主动搜索时，往往会输入核心词。

2. 属性词

属性词表示产品特定的属性（该词影响排行，影响点击率），如颜色、长度、风格、款式、包装、品牌、销售属性（单个或打包等），用以区分该产品与其他产品的不同之处。

3. 流量词

流量词是能给产品带来流量的词。流量词，又称长尾词或促销词，如特殊尺码、为节日或特别的群体、特色服务如定制、产品来源如工厂店、全网最低价等。

【例 6－7】某卖家于春夏之交发布了一款女童短裙，核心词为“dress”。考虑到产品适用于夏天，因此标题里加入“summer”一词，以增加搜索流量。裙子为棉质（cotton），图案为花朵（floral），细节部分为带蝴蝶结（bow），这些都是产品的属性词（见图 6－60）。另外，运用促销词“party princess”“Free Shipping”引起买家注意。设置标题时，考虑到买家的视觉集中点，应将核心词前置。

图 6－60　设置标题

（三）优秀的标题应避免的情况

1. 搜索作弊

（1）标题中含有与实际销售产品不相符的关键词。

【例 6－8】某卖家发布了一款带钻石的流行发饰（钻石为人造，非真钻），标题设置为“New Bridal Wedding Flower Crystal Diamond Hair Clip Comb Pin Diamond Silver”。标题中出现“Diamond”字眼，与实物不符，误导了买家。因此，该产品的标题部分的“Diamond”应该换成“Rhinestone”，或者用“Simulated Diamond”“Synthetic Diamond”“Imitation Diamond”才是正确表达。

（2）关键词堆砌。

【例 6－9】某卖家发布了一款棉质女式礼服，设置标题为“2025 New Fashion Women Cotton Casual Dress Evening Dresses Cocktail Dresses Party Dresses HT789”。该标题中多次出现“Dress”一词，Casual Dress、Evening Dresses、Cocktail Dresses、Party Dresses 是不同类目，这种设置标题的行为属于关键词堆砌，卖家应选择其中一个正确类目，删除多余关键词。

2. 知识产权侵权

【例 6－10】某卖家发布了一款塑料拼接玩具，设置标题为“Building Blocks Set LEGO Friends 442 Pcs 2 Toy Figures DIY Swimming Pool Brinquedos Bricks Toys for Girls”。标题中出现“LEGO”（乐高，丹麦著名玩具品牌），属于侵权行为，不得发布。如果该产品与“LEGO”正品也能一起使用，在“LEGO”一词前加上“Compatible with”（与乐高产品兼容）字样，则可以发布。

3. “Free Shipping”滥用

【例 6-11】某卖家发布了一款动漫玩具，运费模板设置为中国邮政小包，对 1 至 5 区的国家免运费。标题设置为“Free Shipping Anime Dragon Ball Z Super Saiyan Son Goku PVC Action Figure Collectible Toy 17cm DBFG071”。该行为属于运费作弊，会影响产品搜索排名。只有当产品对所有国家免邮时，才能在标题里设置“Free Shipping”。

（四）产品标题优化的具体方法

1. 关键词的筛选与整理

（1）建立产品关键词库。优化标题前，卖家应先建立产品关键词库，尽可能找出所有能描述、修饰该产品的关键词。

（2）能准确描述该产品的关键词。卖家应从关键词库里筛选出能准确描述该产品的关键词。

（3）通过产品类目点击搜索，参考竞品关键词。卖家可使用竞品关键词搜索，再与自身产品进行比较。如果竞品与自身产品较相符，卖家可保留竞品标题中的热搜词。

（4）使用搜索栏自动推荐关键词。搜索栏下拉框会自动弹出当期的热搜词或相关产品使用度较高的关键词，以及与搜索词相关的长尾关键词，可供卖家参考。

（5）使用站内工具提供的关键词。速卖通平台的“生意参谋”板块会提供关键词分析工具（选词专家），可供卖家参考使用。

（6）使用站外工具。

1）谷歌趋势。卖家可以将关键词输入到谷歌趋势中，查看这些关键词的热度，找到热度相对较高且与产品相关的关键词，从而优化标题。

2）竞争分析工具。通过分析竞争对手的销售数据和关键词排名等信息，卖家可以了解市场需求和竞争情况，从而筛选出有竞争力的关键词，用于优化标题。例如：Jungle Scout、AMZScout 等工具都可以提供这样的功能。

3）关键词搜索工具。通过输入关键词，关键词搜索工具会自动筛选出与该关键词相关的产品，并提供销售数据、评论数等详细信息，帮助卖家判断产品的潜在市场需求，并据此筛选关键词。Helium 10、MerchantWords 等工具都是非常受欢迎的关键词搜索工具。

4）社交媒体趋势分析工具。随着社交媒体的兴起，越来越多的人通过社交媒体分享和推荐商品。一些站外工具能够通过分析社交媒体上的关键词、话题等信息，找到与之相关的热门产品和潜在市场需求，从而筛选出适合用于标题的关键词。BuzzSumo、Brand24 等工具都能提供这样的功能。

2. 标题布局优化

（1）充分利用字符限制。速卖通商品标题长度可达 128 个字符，但每个产品展示给买家的标题通常只有前 45 个字符。因此，卖家必须确保这前 45 个字符内包含最重要的信息。特别是前 15 个字符，应放置主关键词或产品重要信息，因为这些位置的搜索权重最高。

（2）控制词频。卖家应避免关键词过度重复，这样不仅浪费字符空间，还可能导致降权。卖家应尽量确保每个关键词在标题中的出现频率合理。

（3）调整词序。标题中的词序对搜索权重会产生较大的影响。在调整关键词顺序时，卖家需全面考虑调整后的综合权重，确保词序既能体现产品的核心卖点，又能符合买家的搜索习惯。

（4）避免使用特殊符号。在速卖通标题中，不要轻易使用特殊符号。这些符号可能会打断关键词的连续性，导致搜索权重降低。建议使用空格来分隔单词。

3. 标题内容优化

（1）精选关键词。卖家应选择与产品高度相关且搜索量较大的关键词作为主关键词。这些关键词应放置在标题的前部，以提高搜索权重。同时，卖家应关注季节性热词和热门事件相关词汇，及时更新标题以获取更多流量。

（2）合理使用促销词。虽然促销词有助于提升转化率，但是卖家应谨慎使用，避免在标题的前 45 个字符中使用过多的促销词，以免挤占重要信息的展示空间。卖家可将促销词放在标题的后部或适当位置。

虽然促销词与产品本身并没有紧密的联系，但是这类词却有出其不意的效果。例如：“gift for Valentine’s day”“factory shop”“custom”“the lowest price”“hot sale”“bestselling”。促销词不仅能补充说明产品的属性、功能，还能触动买家的购物心理。因此，恰当地使用促销词，也是标题优化的重要一环（见图 6－61）。

图 6－61　促销词设置

（3）突出品牌词。如果卖家经营的是知名品牌产品，可在标题中突出品牌词以提升转化率。但需注意品牌词的准确性和合法性，避免侵权或误导买家。对于知名度较低的品牌，可考虑不加入品牌词或替换为其他有吸引力的词汇。

（4）添加属性词。卖家应在标题中加入与产品属性相关的词汇，如颜色、尺寸、材质等。这些词汇有助于买家更准确地了解产品信息，提高点击率。属性词也是搜索引擎进行匹配的重要依据之一。

4. 其他注意事项

（1）避免抄袭和重复。卖家应确保标题具有独特性和个性化，避免直接复制其他卖家的标题。抄袭标题不仅会降低产品的搜索权重，还可能引发侵权纠纷。

（2）定期更新和优化。根据市场变化、数据分析和客户反馈等渠道，卖家应定期更新和优化标题。这有助于保持标题的时效性和吸引力，提升产品的曝光率和点击率。

（3）考虑小语种市场。针对速卖通的新兴市场，如巴西等，卖家可考虑编辑小语种标题以吸引更多的潜在买家。但需注意小语种标题的准确性和可读性，避免自动翻译带来的偏差。

二、产品详情页优化的方法

（一）自定义属性填写

因为平台处于不断的发展与完善之中，保留了自定义属性的部分，所以对于一些平台上未设定的属性，卖家可根据情况进行编辑。如果该产品的卖点不能通过必填属性来体现，可以通过自定义属性来体现。如果是可填可不填的属性，建议不填，以免买家搜索时难以匹配，反而影响产品流量。

（二）优化详情页

1. 图片上杜绝中文

速卖通面对的是全球买家，图片上若出现中文，会影响买家读取信息，降低客户的购物体验。因此，卖家应努力将图片上的中文信息转化成英文或目标客户的常用语言。

2. 不要过分修图

尽管视觉效果绝佳的图片能带来更多的点击与购买，但是过分修饰图片会直接导致客户产生较高的期望值。待客户收到实物后，更容易产生失望情绪，轻则给予卖家差评，重则投诉卖家，要求退换货等。对卖家来说，得不偿失。

3. 多角度、全方位地展现产品

买家在电商平台上只能通过视觉来判断产品，触觉体验是没有的。因此，卖家应多角度、全方位地展现产品，让买家更多地了解产品，有助于买家下单。

4. 参数、包装方式要详细

产品的参数越详细，越能体现卖家对产品的熟悉程度，买家自然会觉得卖家很专业，产生信赖感。包装方式既体现了卖家的经营实力，也反映了卖家对物流方式的熟悉程度。卖家应将打包好的产品图片呈现在买家面前，让买家产生“已经拿到实物”的感觉，从而刺激买家购买。

三、产品价格优化的方法

（一）厘清产品价格术语

（1）上架价格：卖家在上传产品时所填的价格。

（2）销售价格 / 折后价：产品在店铺折扣下显示的价格。

（3）成交价格：客户在最终下单后所支付的单位价格。

这几个价格之间的关系如下：

销售价格 = 上架价格 × 折扣率

成交价格 = 销售价格 − 营销推广成本

（二）产品价格构成分析

一般来说，产品价格包括以下几个部分：

（1）产品成本。产品成本既包括产品的进货价格，也包括国内物流费用。卖家选择不同的进货渠道和物流，产品成本差异会很大。

（2）产品包装费用。有的产品可直接使用国内物流的包装，有的则需要另外包装。不同的包装方式产生的包装费用也不相同。如寄送一件衬衣，既可以使用纸盒，也可以使用牛皮纸袋，在选择同一种物流方式的情况下，使用牛皮纸袋的话，成本会更低。

（3）国内及国际物流费用。包装不仅决定了产品自身的包装费用，也决定了产品最终的重量，进而决定了物流费用。

（4）理想利润。这是卖家的经营目标，是可以根据营销战略目标调整的部分。

（5）平台佣金。这取决于平台的规定，卖家没有选择的权利。

（6）汇率。跨境电商平台一般采用美元结算，卖家在结汇或提现时会受到汇率的影响。

如果卖家想要在平台上获得有竞争力的价格，一般会采用压缩进货成本、优化包装方式、降低利润等方式。

（三）产品价格设置中应避免的问题

1. 粗心误操作

（1）销售方式选择失误。一些商家会将 Lot 和 Piece 搞混。有的卖家在产品包装信息的销售方式一栏选择的是“打包出售”，填写产品价格的时候，误把 Piece 当成 Lot，填的是 1 件产品的单价。结果，买家看到的实际产品单价也就严重缩水了。

（2）"off"一词被误用。国内折扣，如 7 折，指的是原价 100 元人民币的商品，现卖 70 元人民币。卖家在设置产品折扣时，需要转换思维，平台上"off"表示折扣减免的部分。如果卖家想对产品打 7 折，"off"一词前应设置为 30%，而不是 70%，否则就是给产品打了 3 折。卖家一旦发布该产品，有买家下了订单，卖家将自行承担损失。

2. 价格设置过低，未保留促销能力

速卖通平台开展活动时，打折力度会很大，对卖家会有一定的折扣要求。如平台大促时，折扣不得低于 5% off，联盟折扣不得低于 3% off。而参加这些活动前，卖家不能先提价再打折。所以，卖家平时在设置产品价格时，不要设置过低，要预留一定的打折余地。

3. 未关注同行价格

在设定产品价格时，卖家应参考同行的定价策略，但应避免陷入价格战。参考同行价格的主要目的在于深入了解市场行情，确保自身的定价既不过高而导致失去竞争力，也不过低以至于损害利润空间。因此，在定价过程中，关键在于在充分保证合理利润的基础上，做出明智的价格决策。

4. 未关注运费

在跨境电商平台上，运费是影响产品价格的一个重要因素。不同于固定成本，运费往往因物流方式、目的地国家、政治局势、社会动态以及季节性需求变化等多重因素而呈现出高度的灵活性与不确定性。

特别是在全球贸易环境日益复杂的今天，国际关系的微妙调整、地区冲突的突发、自然灾害的肆虐，乃至国内政策的调整，都可能迅速引发物流成本的剧烈波动。这些不可预见的变动，直接关联到卖家需承担的运费成本，进而影响产品的市场竞争力以及卖家的最终利润水平。

因此，跨境电商卖家必须时刻保持对市场动态的敏锐洞察，密切关注运费的最新动态与趋势，以便在运费上涨初期就能迅速响应，及时调整产品售价，或通过优化库存管理或探索更经济的物流解决方案等措施，有效缓解运费上涨带来的压力。

四、店铺优化的方法

（一）充分利用橱窗位

速卖通会根据本月商家层级和上新能力分赠送一定数量的橱窗位，橱窗页面会在每月 14 日更新月橱窗配额。卖家在橱窗位上架产品后，橱窗位会在速卖通相关页面进行展示，从而达到提高产品曝光的目的。此外，上架橱窗位的商品在速卖通搜索页面中也会获得一定的排名靠前。

目前，根据商家层级和上新能力分，卖家可获得的橱窗数如图 6－62 所示。

商家层级	上新能力分	橱窗数
S	60分以上	25→50
	0~60分（含60分）	20
A	60分以上	15→40
	0~60分（含60分）	10
B/N	60分以上	10

注：假发行业不计算上新能力分，S级商家为20个，A级商家为10个

图 6－62　卖家可获得的橱窗数

卖家在使用一段时间的橱窗位之后，应该对橱窗位商品进行数据分析，保留曝光率高、转化率高的商品，剔除曝光率低、跳失率高的商品，并换成其他的商品进行橱窗位展示。橱窗位展示是一个动态的过程，卖家应不断地优化该项资源，使橱窗位得以充分利用。

（二）重视店铺服务分

店铺服务分以百分制统计，根据每个指标商家所在的主营二级行业均值及商家指标对比统计得出（分国家指标根据商家所在的主营二级对应销售目的国行业均值及商家对应销售目的国指标对比统计得出）。若某个指标达到 0 分标准，该项指标将直接得 0 分。

店铺单日服务分每日更新，全球单日服务分低于 60 分或服务分评级为单项指标特别差则影响每日流量（包括站内及站外流量）。分国家单日服务分低于 60 分或服务分评级为单项指标特别差则影响对应国家每日流量（包括站内及站外流量）。

店铺月度服务分则会在每月 3 日统计并显示上月月度服务分，月度服务分评估周期：取月底最后一天往前总计 30 天的数据。若最后一天无数据，往前递推，最多递推 5 天，通常每月 3 日展示上月服务分评级。月度服务分有对应的月度服务分评级。评级分为以下四种：

（1）不考核：90 天未满足 30 单或 30 天未满足 10 单。

（2）合格：月度服务分大于等于 60 分。

（3）不及格：全球 / 分国家月度服务分低于 60 分。影响平台活动权益的享受（以具体活动规定为准）。全球月度服务分低于 30 分，回收店铺经营权限，永久冻结店铺；分国家月度服务分低于 30 分，屏蔽店铺商品对应国家售卖。

（4）单项指标特别差：全球某个指标远偏离底线值，回收店铺经营权限，永久冻结店铺；分国家某个指标远偏离底线值，屏蔽店铺商品对应国家售卖。

五、全球速卖通卖家基础规则（营销规则）

为了促进卖家成长，增加更多的交易机会，在平台定期或不定期组织卖家的促销活动以及卖家自主进行的促销活动中，卖家应当遵守如下规则：

第一条 卖家在速卖通平台的交易情况需满足以下条件，才有权申请加入平台组织的促销活动：

（1）有交易记录的卖家及商品，需满足如下条件：

1）店铺好评率≥ 90%；

2）店铺里商品的 DSR 描述分≥ 4.2；

3）店铺货不对版纠纷率≤ 8%；

4）店铺里商品的 72 小时上网率 >80%；

5）商家不存在诚信经营方面的问题，不存在欺诈消费者或其他任何损害消费者权益的行为，不存在以作弊、欺诈等方式获取平台保护政策或其他权益的行为，或任何扰乱速卖通平台经营秩序的行为；

6）速卖通平台对特定促销活动设定的其他条件。

备注：上述的“好评率”、“货不对版纠纷率”、“ DSR 描述分”、“72 小时上网率” 的要求非固定值，平台有权依据不同类目、特定活动或遇到不可抗力事件影响，会适当进行调整。

（2）无交易记录的卖家：由速卖通平台根据实际活动需求和商品特征制定具体的卖家准入标准。

第二条 卖家在促销活动中，应该遵守国家法律、法规、政策及速卖通规则，不得发生涉嫌损害消费者、速卖通及任何第三方正当权益，或从事任何涉嫌违反相关法律法规的行为，否则无法参与平台营销活动，类型包含但不仅限于：

（1）知识产权严重侵权 2 次及以上；

（2）知识产权禁限售违规 18 分及以上；

（3）交易违规合计扣 24 分及以上；

（4）因存在其他违法或违规行为，经平台合理决定店铺不得参与平台营销活动的，包括但不限于本店铺或其关联店铺因违法或严重违规行为被平台处以关店或冻结处罚。

第三条 卖家在促销活动中发生违规行为的，速卖通平台有权根据违规情节，禁止或限制卖家参加平台各类活动，情节严重的，速卖通平台有权对卖家账号进行冻结、关闭或采取其他限制措施。具体规定见表 6－1。

第四条 卖家在促销活动中的行为如果违反本规则其他规定或其他网站规则，平台会根据相应规则进行处罚。

第五条 全球速卖通保留变更促销活动规则并根据具体促销活动发布单行规则的权利。

第六条 卖家因为一些不可抗力（如地震、洪水）等导致无法参加促销活动，若情况属实，平台会根据情况进行特殊处理。

第七条 特定营销活动，包括但不限于定期或不定期举办的营销活动，特定会场、频道举办的营销活动，或主要针对某国家、市场消费者的营销活动，商家及商品还应符合其他要求，包括但不限于经营情况、经营规模、纠纷率、投诉率、好评率、商品销量、库存数量、折扣要求、包邮等。

表 6－1　速卖通平台违规处罚

违规行为	违规行为定义	违规处罚
出售侵权商品	在促销活动中，卖家出售假冒商品、盗版商品等违反规定的产品或其他侵权产品的行为	取消当前活动参与权；根据速卖通相应规则进行处罚
违反促销承诺	卖家从参加报名活动开始到活动结束之前，要求退出促销活动，或者要求降低促销库存量、提高折扣、提高商品和物流价格、修改商品描述等的行为	取消当前活动参与权；根据情节严重程度确定禁止参加促销活动 3～9 个月；根据速卖通相应规则进行处罚
提价销售	在买家下单后，卖家未经买家许可，单方面提高商品和物流价格的行为	取消当前活动参与权；根据情节严重程度确定禁止参加促销活动 3～9 个月；根据速卖通相应规则进行处罚
成交不卖	在买家下单后，卖家拒绝发货的行为	根据情节严重程度，禁止参加促销活动 6 个月
强制搭售	卖家在促销活动中，单方面强制要求买家买下其他商品或服务，方可购买本促销商品的行为	禁止参加促销活动 12 个月；根据速卖通相应规则进行处罚
信用及销售炒作	卖家在促销活动中，通过虚构或隐瞒交易事实、规避或恶意利用平台规则等不正当方式，获取虚假的商品销量、店铺成交金额等不当利益的行为	取消当前活动参与权；根据情节严重程度，禁止参加平台及店铺营销活动 3 个月
不正当谋利	卖家采用不正当手段谋取利益的行为，包括： （1）向速卖通工作人员及/或其关联人士提供财物、消费、款待或商业机会等； （2）通过其他手段向速卖通工作人员谋取不正当利益的行为	根据不正当谋利的规则执行处罚，关闭商家店铺

能力实训

一、选择题

1. [多选] 速卖通平台完整的标题应该包括（　　）。

A. 核心词　B. 属性词　C. 流量词　D. 品牌词

2. [多选] 以下属于属性词的有（　　）。

A. 100% cotton　B. new arrival　C. hot sale　D. sleeveless

3. [多选] 产品描述从不同角度，可以划分为（　　）。

A. 商品展示类　B. 实力展示类　C. 吸引购买类　D. 交易说明类

E. 促销说明类

4. [单选] 通过展示买家评价、热销盛况刺激买家购买，属于（　　）。

A. 商品展示类　B. 实力展示类　C. 吸引购买类　D. 交易说明类

E. 促销说明类

二、判断题

1. 产品的核心词是指表明产品所属类目的词。（　　）
2. 考虑到买家的阅读习惯，标题中的关键词应该前置。（　　）
3. 填写产品属性时，越详细越好。（　　）
4. 上架价格 = 销售价格 × 折扣率。（　　）
5. 产品图片对美工要求很高，修饰得越漂亮越好。（　　）

三、能力拓展

【工作任务 1】在速卖通平台任选一款产品，对其标题描述进行优化，并用 PPT 展示汇报。

【工作任务 2】在速卖通平台任选一款产品，对其产品详细描述进行优化，并用 PPT 展示汇报。

【工作任务 3】在速卖通平台任选一款产品，对其价格进行优化，并用 PPT 展示汇报。

【工作任务 4】在速卖通平台任选一款产品，对其店铺进行优化，并用 PPT 展示汇报。

【工作任务 5】在速卖通平台任选一款产品，对其制定营销方案，对产品和店铺进行推广，并用 PPT 展示汇报。

个性化成长记录表

序号	评价内容	学生成长记录	评价方式	评价主体	备注
1	微课学习（5%）		平台考试测验	平台	
2	课前测试（5%）		平台考试测验	平台	
3	课中测试（5%）		平台考试测验	平台	
4	仿真实训（5%）		平台系统评分	平台	
5	课后作业（5%）		平台考试测验	平台	
6	学习活跃度（3%）		平台系统评分	平台	
7	资源贡献度（2%）		平台系统评分	平台	
8	技能操作完整度（10%）		操作成果评分 实战成果评分	教师	
9	技能操作规范度（10%）		操作成果评分 实战成果评分	教师	
10	成果展示（10%）		操作成果评分 实战成果评分	教师	
11	方案制定（5%）		能力评估表	自评 / 互评	可选
12	技能操作完整度（5%）		能力评估表	自评 / 互评	
13	技能操作规范度（5%）		能力评估表	自评 / 互评	
14	成果展示（5%）		能力评估表	自评 / 互评	
15	店铺运营模拟实战（20%）		绩效考核评分 满意度调查表	企业	
16	1+X 考证		考试通过率	评价组织	增值评价，可选，一般为年度考核
17	技能大赛		获奖等级	技能大赛组委会	增值评价，可选，一般为年度考核
备注：各部分权重占比可根据单元实际情况进行调整。					

学习情境七

订单处理操作

微课资源

学习目标

素养目标

培养团队合作、与人沟通能力，形成“速度保证满意，准确赢得信任”的职业价值观。

知识目标

1. 熟悉常见的英文函电的交流词汇、短语（咨询、还价、产品描述、物流选择等）。
2. 掌握跨境电商的物流选择、产品的包装和发货操作流程。
3. 熟悉全球速卖通平台的发货规则。
4. 了解世界各国对进口产品征收关税的标准。
5. 了解海关对跨境电商产品的法规、政策和单据要求。
6. 了解其他第三方跨境电商平台的发货规则。
7. 了解我国对于跨境电商新出台的相关规定及政策。

能力目标

1. 能够正确回复跨境电商平台客户的询盘、还价等邮件。
2. 能够及时处理国外客户的订单。
3. 能够正确选择合适的跨境物流方式并及时发货。
4. 能够掌握中国邮政小包和e邮宝等基本物流面单的打印操作流程。
5. 能够掌握不同国家的报关流程及要求。
6. 能够掌握不同产品的国家进出口报检要求。

工作项目

浙江金远电子商务有限公司的跨境电商运营专员陈倩的店铺因为最近表现优异得到了经理的表扬，经过前期对产品和店铺的优化及推广，产品的访客数等关键指标得到了大幅提升，店内的订单量也不断增加。陈倩马上要着手处理的工作任务是：

工作任务1：处理客户的询盘函

回复Chat（即时聊天）中客户关于产品参数的咨询。陈倩在后台站内信中看到了客户的Chat（见图7-1），客户需要知道产品的重量（每米克数）、宽度和长度。

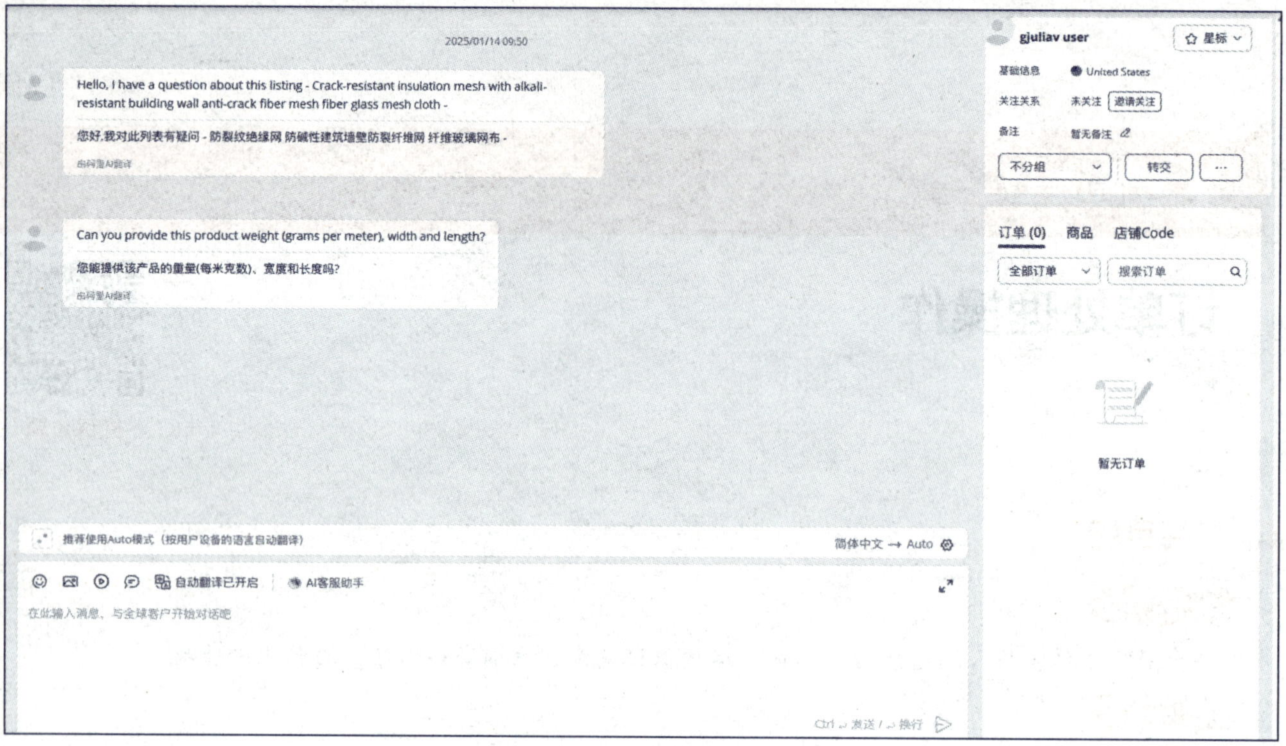

图 7－1　客户通过 Chat 询问产品参数

➋ 工作任务 2：接受订单，拟写感谢函

作为跨境电商卖家，陈倩每天都要登录后台打理店铺，查看店铺每天的交易订单，如新订单、待付款订单、待评价订单等，最重要的是待发货的新订单。一天，陈倩在后台看到一个新订单（见图 7－2），她需要检查订单的资金审核状态。若审核成功，她要给客户写感谢信并准备发货。

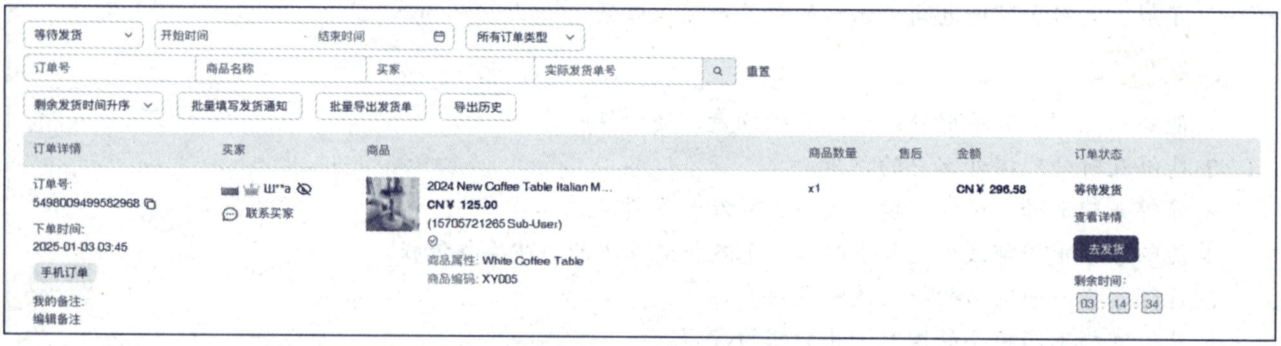

图 7－2　店铺新订单

➋ 工作任务 3：选择合适的跨境物流方式并及时发货

要想顺利地完成一笔交易，可靠、快捷的国际物流环节是必不可少的。跨境电商卖家可以选择不同的物流方式，有各种国际商业快递、中国邮政大小包、e 邮宝、各种线上的物流商等。卖家在面对不同的产品订单时，要综合考虑运费、安全、运送速度以及买家的实际需求等因素，选择合适的跨境物流方式。

陈倩在后台收到一个新订单，一位巴西的客户买了一套刀具并且已经付款，刀具的重量为 700g，交易订单见图 7－3。那么，陈倩应该如何根据订单的国家选择合适的跨境物流方式呢？

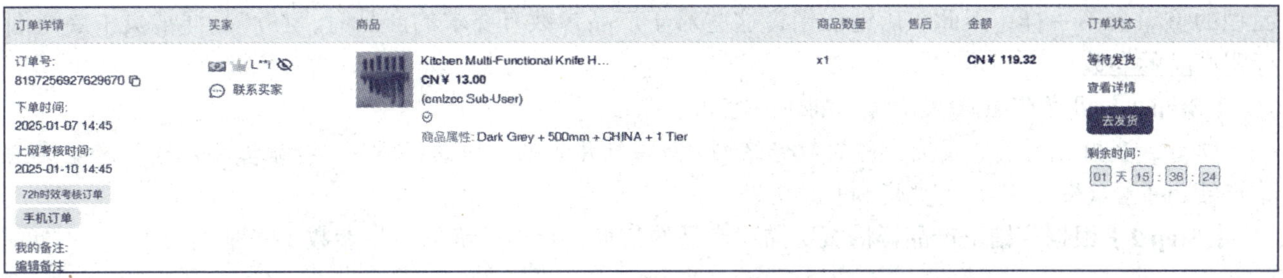

图 7－3　店铺到巴西的新订单

➋ 工作任务 4：对货物进行合适的包装并打包

跨境电商平台销售的产品类目繁多，有服饰、数码产品、玩具、五金产品等，不同产品对应的包装是不一样的。例如：服装类产品的包装比较简单，一般的快递袋都可以包装，但是五金产品、数码产品等容易在长途运输过程中压坏，易碎的货物就需要在包装外面包几层气泡垫，以防产品的损坏。

在陈倩的速卖通店铺，一名客户订了 1 个塑料收纳盒（见图 7－4），需运到巴西，陈倩需对产品进行合适的包装并打包。由于收纳盒是塑料材质的，在运送到巴西的长途运输过程中容易被压坏，因此要特别注意选用合适的包装。

图 7－4　塑料收纳盒

➋ 工作任务 5：填写并打印跨境物流单据

跨境电商卖家可以注册全球交易助手（一款针对外贸平台打造的线下管理软件），一个账户可以绑定后台的两家店铺。跨境物流单据就是卖家平时说的货物面单，用普通的打印机打印即可，上面会有国外客户的具体收货地址、联系方式、产品的基本信息、价格、物流跟踪号和跟踪条形码。

陈倩的速卖通店铺最新收到的一笔订单为 1 张茶几到俄罗斯，接下来陈倩要填写该笔订单的菜鸟大包专线的跨境物流单据并打印面单，且应确保货物和客户的信息是正确的。

操作示范

工作任务 1　处理客户的询盘函

在跨境电商平台上销售专业性强的产品时，卖家要注意标明产品的各项参数。例如：客户询问关于防裂网尺码的问题，由于不同卖家所售卖的防裂网的长和宽是不一样的，而且不同的产品相同单位面积的重量会不一样，因此，店铺在销售这些对于产品参数有要求的产品时，在产品详情页中要详细标明产品的参数。

【**Step 1**】阅读 Chat 聊天留言。翻译内容如下：

您好，我对此列表有疑问：防裂纹绝缘网 / 防碱性建筑墙壁防裂纤维网 / 纤维玻璃网布。您能提供该产品的重量（每米克数）、宽度和长度吗？

【**Step 2**】根据店铺里产品详情页所描述产品的信息，给出准确的产品参数（见图 7－5）。

Customer Reviews (15)　**Specifications**　Description　Store　More to love

Description　**Report Item**

Application:
These series are widely used in filtering, textile printing, printing plate, plastic, PVC, T-shirt, bags, leather, toys, glass, paper, silk screen, advertisement, etc.

Feature:
High strength, large elongation, excellent flexibility. Strong, good wear resistance, home all the first fiber. High temperature, borer, oil, corrosion resistance, resistance to alkali weak acid, chemical stability. Electrical insulation is good, anti-vibration sound absorption, there is a certain flame retardant.
-Net surface smooth, meshes accurate, can withstand high tension, good electrical insulation properties.
-Polyester material, non-toxic, odorless, good elasticity, dimensional stability under tension, not easy to deformation, resistance to sunlight, abrasion.
-Can be used for screen printing plate technology, widely used in printing, membrane switch, circuit boards, plastic, metal, glass, etc.

Specifications:
Material: 100% polyester
Weaving: Plain weave
Size: 16T-100T(40-250Mesh)
Color:white (If you need the yellow one, please contact with us !)
Width:1.27meters
Length:1 meter
Weight:100g/m^2

Package: For easy transportation,We'll fold the packaging mesh in one package,When you receive the goods, you will see creases, so that it will not affect the use of the mesh, don't worry it.

Note: This Price is For 1.65m*1m, For example you want 1.65x10meter ,just buy 10pieces.

图 7－5　产品参数描述

根据上面的产品参数描述，可以找到对应的信息。

Width: 1.27 meters, Length: 1 meter, Weight: 100g/m^2

接下来，陈倩就可以给客户回复相应的邮件了。

【**Step 3**】给客户回邮件，告知客户产品信息。

Dear × ×,

Thanks for your inquiry.

Width: 1.27 meters, Length: 1 meter, Weight: 100g/m^2.

【**Step 4**】站内信回复 2 ～ 3 天后再次发送邮件联系客户。

站内信回复客户之后，客服人员要关注客户的邮件或者订单情况。如果客户下了订单，卖家就可以准备发货了。但是如果站内信回复 2 ～ 3 天后客户没有反应，那么客服人员就需要及时给客户再写一封站内信，询问客户是否需要其他的咨询服务。

Dear × ×,

Do you have any other questions about the product? If you have any questions, please contact us.

Thank you and best regards.

工作任务 2　接受订单，拟写感谢函

陈倩接到一笔新的订单（见图 7－6），一位巴西客户拍了 1 套刀具，已经付款成功。卖家要确认订单的资金审核状态，订单资金在 24 小时通过审核后，订单就会显示为“待发货订单”。

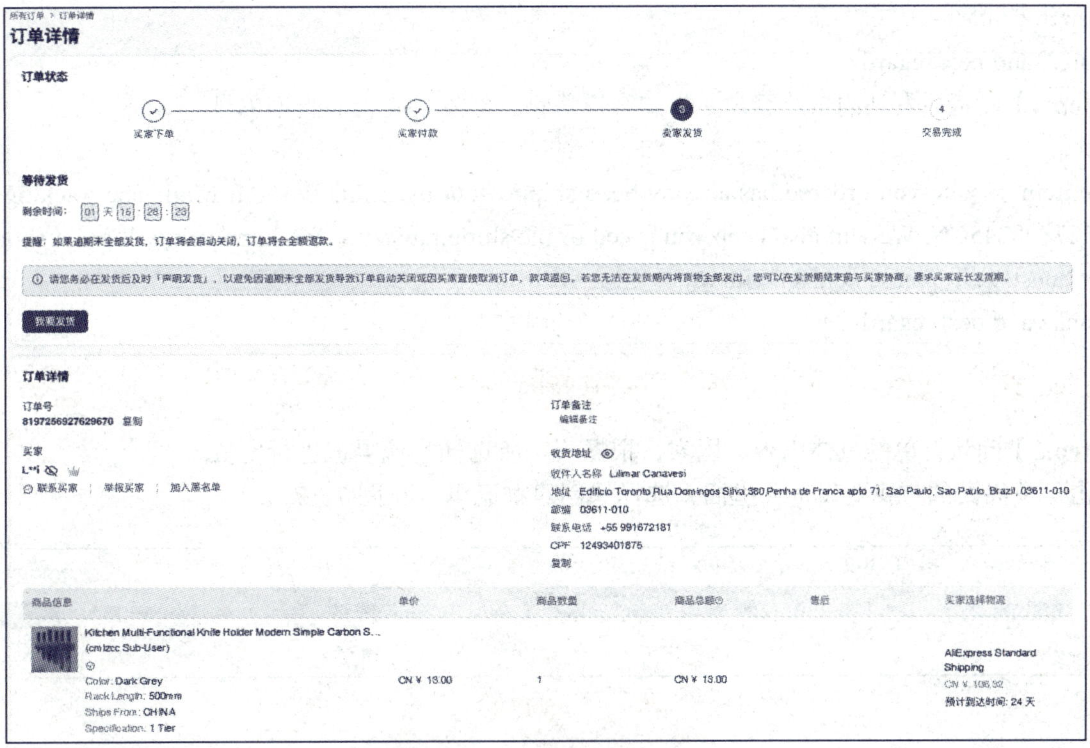

图 7－6　巴西客户的新订单

【**Step 1**】点击后台的新订单，查看订单的资金审核状态。

订单的资金审核状态一般分三种。第一种状态是“客户已完成付款订单”，对这种状态的订单卖家可以直接备货、发货、发站内信给客户；第二种状态是“资金审核中”，对这种状态的订单卖家需在 24 小时内资金通过审核后再确认发货，因为会有部分客户因存在盗卡风险或者支付问题等未通过审核；第三种状态是“客户未付款订单”，对这种状态的订单卖家可以发下面的邮件给客户，委婉提醒其付款。

Dear × ×,

We have received your order, but it seems that the order is still unpaid. If there's anything we can help with the price, size, please feel free to contact with us. After the payment is confirmed, we will process the order and ship it out soon. Sooner payment will help you get the product earlier.

Thanks.

【**Step 2**】检查库存。

卖家应根据客户的新订单检查库存量，如果没有库存了，卖家就要同时下国内订单补充货源或买货。例如：现在很多速卖通卖家都没有自己的库存，店铺中销售的很多产品都是从国内淘宝或者 1688 批发网站拿的货源，所以卖家要定期查看代销店铺的产品实时状况，以避免国外客户下订单后没货的情况发生。

【**Step 3**】写感谢信给客户。

Dear × ×,

Thanks for your order. The order number is × × × × ×.

We are now preparing the shipment for you. We will ship out the products in 2-3 working days by China Post Air Mail to you. We will keep you noted by the shipping tracking number sooner.

Keep in contact.

Thanks and best regards.

【**Step 4**】发货后发站内信给客户，告知客户货物已经发货和物流查询单号。

Dear × ×,

The item × × × you ordered has already been shipped out by China Post Air Mail. The tracking number is RJ22527898245CN. We will also keep you noted of the shipping status. We hope you will get it soon. If you have any questions，please contact with us.

Thanks and best regards.

工作任务 3　选择合适的跨境物流方式并及时发货

【**Step 1**】确认订单的具体内容、国家，根据买家所选择物流渠道进行发货。

点击订单界面的“我要发货”里面，选择“创建物流单”(见图 7－7)。

图 7－7　创建物流单

【**Step 2**】在创建了 AliExpress Standard Shipping 物流单之后，接下来就是在后台填写发货通知。

在订单界面的“我要发货”中，选择“填写发货通知”，填入 AliExpress Standard Shipping 单号，并确认物流服务名称是 AliExpress Standard Shipping，然后点击“提交物流单”(见图 7－8)。

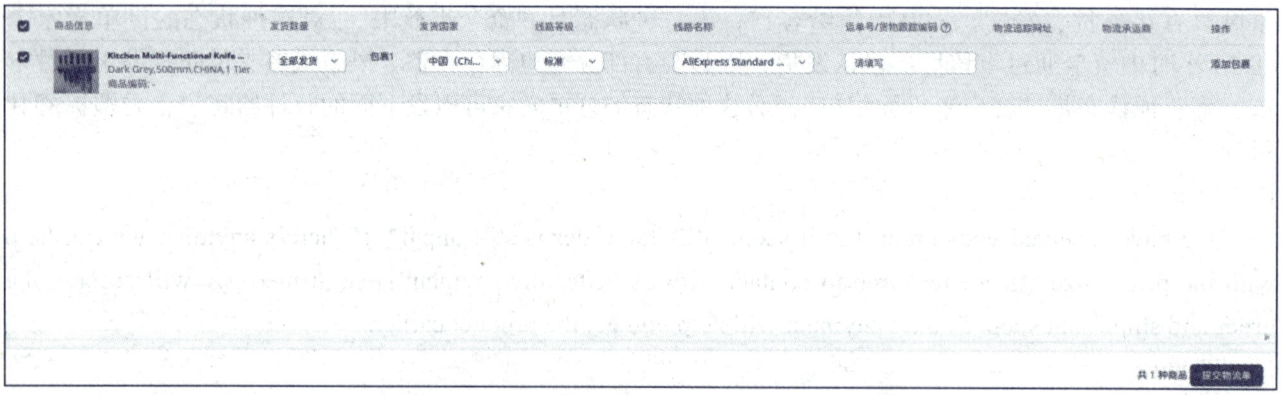

图 7－8　填写发货通知

注意：卖家在后台提交物流单号后，5 天之内可以修改单号，而且每个订单可以有两次修改机会。如果卖家发货的物流方式和买家下订单时选择的物流方式不一致，最好在发货时给客户写封站内信告知对方，以避免后期的纠纷。如果超过了 5 天的修改期，后期物流有新的变动，卖家应该通过站内信和邮件的方式一并告知客户新的物流单号，并且要重点跟踪。

【**Step 3**】给客户发站内信告知该订单已经发货。

填写了发货通知后，平台会自动提醒客户该订单卖家已经发货，卖家从服务角度出发应该给客户主动发一封站内信，告知客户已经发货以及后期可以在哪里跟踪订单的物流状态。

Dear××,

Thanks for your order. We have shipped out the product to you by China Post Registered Air Mail. The tracking number is RJ225238595CN. You can check the logistics at www.17track.net in 2-3 working days later. We will also keep you noted of the shipping status.

Thanks and best regards.

邮件里面提到的www.17track.net这个物流跟踪网的时效性是很快的，卖家可以定期将待确认收货的物流单号都在这个网站里面统一搜索，同时将每笔订单的最新物流状态截图发给客户，能够让客户第一时间了解包裹的物流信息。

工作任务4　对货物进行合适的包装并打包

塑料收纳盒在跨境运输中容易出现挤压、磕碰等问题。为了让客户能够收到满意的货物，卖家在对该品类产品的包装方面要特别注意。

【**Step 1**】确认自己的货物不会违反运输规定。

包装产品前，卖家应该与邮政速递或者货代确认运输的物品不会违反跨境物流及货代公司的规定，因为部分货物在运输中是不安全的，如液体、烟花等。如果货物体积太大或是包装材料特殊，卖家可能需要支付额外的费用。

【**Step 2**】适当、安全地包装。

建议使用一个全新坚固的箱子，并使用缓冲材料，如气泡膜（见图7－9），将空隙填满，但不要让箱子鼓起来。如果使用的是旧箱子，要把以前的标签移除，并且需要确保其足够坚固。由于气泡膜的中间层充满空气，因此重量轻，富有弹性，具有隔音、防震、防磨损的性能。此产品可替代泡沫颗粒填充料之类的防护用品，是电子产品、化妆品、音像制品等的防护包装首选。

图7－9　货物包装外面的气泡膜

【**Step 3**】封装。

卖家应先用宽大（至少6cm宽）的胶带（封箱带）来封装，避免使用玻璃胶，再使用十字交叉的方法拉紧封箱带。卖家可借助薄膜超强的缠绕力和回缩性，将产品紧凑地、固定地捆扎成一个单元，使零散小件成为一个整体，即使在不利的环境下产品也无任何松散与分离，而且没有尖锐的边缘和黏性，以免造成损伤。

【Step 4】贴物流面单。

卖家先用剪刀将物流面单按打印的边缘小心剪下，然后用透明胶带将面单平整地贴在外包装的表面（见图 7－10），尤其要注意面单上的物流条形码不能有皱褶，以便过海关时顺利通过扫描，卖家能跟踪到全面的物流信息。跨境贸易中的物流面单和国内的快递面单不一样，不能使用不干胶的打印纸，只能用透明胶带全部贴好，这是为了防止在国际运输中淋湿等情况下面单受到破坏。

图 7－10　用透明胶带贴盖物流面单

工作任务 5　填写并打印跨境物流单据

一、通过全球交易助手填写并打印跨境物流单据

陈倩的这笔订单是通过菜鸟大包专线发往俄罗斯的。现在使用得较多的针对全球速卖通及其他外贸平台的线下管理软件是全球交易助手。目前，全球交易助手支持全球速卖通、eBay 等跨境电商平台，涵盖产品发布、导出、订单管理、订单导出、图库管理，支持后台的多账号管理。

【Step 1】下载全球交易助手并注册账号。

注册账号之后在 1 个月内是免费试用期，卖家在后台可以绑定 2 家店铺；过了 1 个月的试用期后，卖家就需要交费。这个软件比较适合后台订单比较多的卖家，有助于批量处理后台的物流单据。

【Step 2】绑定后台的速卖通店铺（见图 7－11）。

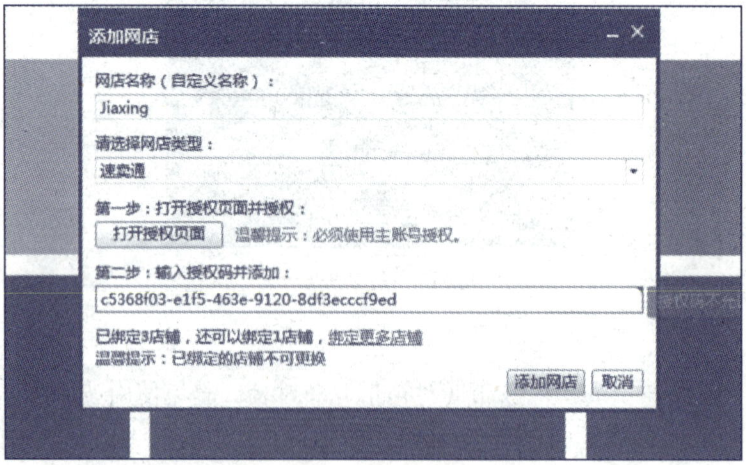

图 7－11　添加网店

【Step 3】输入确认码（见图 7－12）。

图 7－12　输入确认码

【Step 4】卖家预览拟打印的菜鸟大包专线面单（见图 7－13）并确认报关签条的相关内容。

卖家要输入商品的品名，该商品的英文名称和中文名称分别为 coffee table、茶几，重量输入 4kg，价值输入 USD$42.3，这些都是该订单在过海关时的报关签条，最后确认打印。

图 7－13　预览拟打印的菜鸟大包专线面单

现在除了全球交易助手外，还有货代的打单软件，基本的操作原理都差不多。除了中国邮政小包的物流面单，全球交易助手还可以打印店铺后台各种不同的物流面单，如 e 邮宝、e 特快等。

二、通过平台的线上发货系统可以直接在后台填写物流单据

卖家通过中国邮政平邮小包、速优宝－Itella、新加坡小包、航空专线－燕文、中俄航空 Ruston 线上发货，只需在包裹外粘贴线上发货标签即可（见图 7－14）。包裹到仓后，仓库将统一更换为对应物流渠道的标准面单。

图 7－14　线上发货标签

知识链接

一、询盘回复中的沟通模板

跨境电商卖家每天都要查看后台的新留言和站内信（见图 7－15），查看是否有新的邮件。如有，卖家应在 24 小时内回复。及时回复邮件有助于交易的顺利达成，带给客户良好的购物体验。

图 7－15　站内信

（一）催促下单，库存不多

Dear × ×,

Thanks for your e-mail.

We have checked our stock, but sorry to tell you we have few of this kind of products left. Because it is very popular. Please place your order as soon as possible.

Thanks!

（二）回应买家砍价

Dear Mr. Huang,

Thanks for your e-mail.

I am sorry but we can't offer you the low price you asked for. However, we can offer you some discount. If your order is more than × pieces, we will give you a discount of × ×% off.

Thanks!

（三）断货

Dear × ×,

We are sorry to inform you that this product is out of stock now. We will contact with the factory to see when they will be available again. Also you can choose other products in our stock.

Please let me know about any further questions.

Best regards.

（四）提醒买家付款

Dear × ×,

Thanks for your order. But we notice that you haven't made the payment. This is a kindly reminder for you. The earlier you pay, we will ship the product to you sooner.

Any problem, please come to contact with us.

Thanks again.

Best regards.

（五）订单超过 2kg，不能使用中国邮政小包发送

Dear × ×,

I am sorry to tell you that your package is more than 2 kgs. China Post Air Mail can only ship the package below 2 kgs. So please kindly choose another express carrier, such as UPS or DHL which will cost you some shipping fee.

Please kindly tell us your option.

If you have any further questions, please feel free to contact with us.

Best regards.

（六）询问客户是否要延期收货

Dear × ×,

We checked the logistics status of your package just now and the package is now still on the way to you. Do you need us to extend the time for you?

If you need this please let us know.

Thanks.

（七）询问客户是否收到产品及确认收货

Dear × ×,

We found the package had arrived in your country. Have you received the product? If you have got your product, can you please confirm the delivery and give us a five-star feedback. This is very important for us to improve our future service.

Thanks and best regards.

二、速卖通后台订单的不同状态及流程

（一）等待付款订单

等待付款订单是指客户已经下单但还未付款的订单（见图 7 - 16）。买家下单不付款可能有多种原因。例如：下单后，买家无法及时联系卖家进行产品细节确认，下单后发现运费过高，对于同类产品还需要再次比较，或者买家在付款过程中出现问题等。

对于这种状态的订单，卖家可以点击订单页面的“联系买家”按钮（见图 7 - 17），通过 IM 消息会话及时与买家沟通，了解买家没有付款的原因。如果买家在支付时遇到困难，卖家要主动帮助买家解决支付问题，增加买家的信任和购买信心；或者可以给买家发类似下面的一封邮件，提醒买家折扣即将到期，或者库存不多以刺激买家尽快付款。

图 7－16　等待付款订单

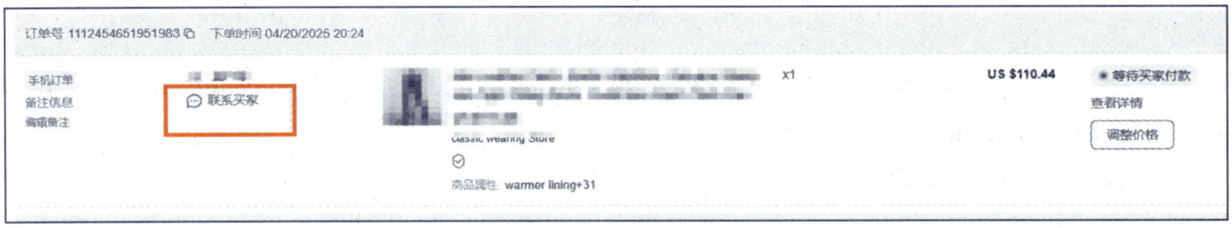

图 7－17　联系买家

Dear × ×,

Please be noted that there are only three days left for the 10% discount. Since they are very popular, please kindly make the payment soon.

If you have any questions, please come to us.

Thanks and best regards.

卖家也可以直接点击“调整价格”（见图 7－18），主动调低订单价格，这样买家端可以收到订单降价提醒，刺激买家付款。

图 7－18　调整价格

（二）等待发货订单

买家成功支付订单后，订单就会进入待卖家发货状态。对于这类订单，卖家需要积极关注，及时发货。目前，速卖通平台非定制商品订单统一 7 天关单，即发货期最长为 7 天，对于其他定制类商品卖家可以在“定制商品”页面进行管理，订单定制期 +7 天关单。速卖通平台会对卖家的及时发货率进行考核，发货率考核不合格会影响卖家的店铺服务分，进而影响店铺的权重及流量，建议卖家及时发货。

注意：等待发货订单页面的订单会按照剩余发货时间由短到长排序（见图 7－19），页面会展示每个订单的发货时间倒计时，对于发货时间剩余较短的订单卖家要格外关注，避免出现超时未发货的情况。

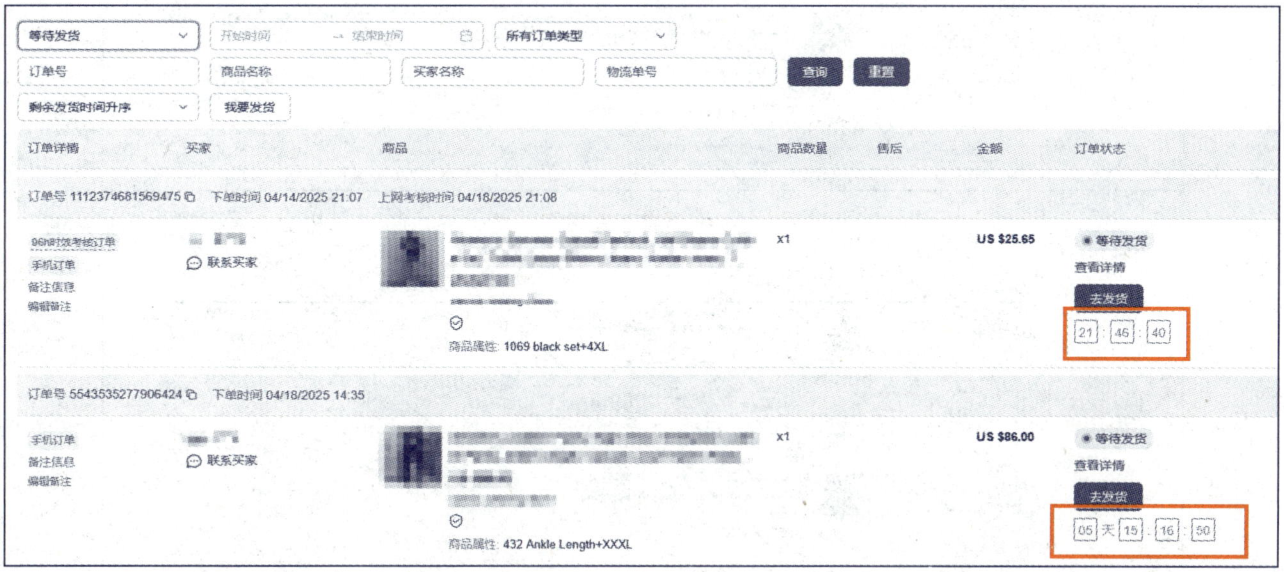

图 7－19　等待发货订单

（三）已部分发货订单

已部分发货订单是指买家付款后，卖家只发了包裹中的部分商品，还有剩余商品未发出。例如：买家购买了多件产品，因产品库存、包裹重量等原因，卖家可能会将包裹拆开发货，所以会出现这种情况。

因为部分发货订单的订单状态不会改变为“等待买家收货”，所以卖家仍要在发货期剩余时间内完成剩下商品的发货，并上传新的物流单号。

（四）等待买家收货订单

等待买家收货订单是指卖家完成发货后，等待买家确认收货的订单（见图 7－20）。这类订单会有交易保护期，买家可以在交易保护期内安心等待自己的包裹到达。如果物流出现异常或者其他原因导致买家未能在交易保护期内收到自己的包裹，或者买家在期限内收到包裹但不满意，买家可以发起纠纷并要求退款。对于买家未能在交易保护期内收到包裹的情况，建议卖家可以帮助买家延长收货时间，保障买家权益，并积极联系买家，安抚买家情绪，帮助买家寻找可行的解决方案。

（五）交易结束订单

一般而言，交易结束有订单关闭和交易完成两种情况（见图 7－21）。该页面展示的订单一般是买家成功取消、买家确认收货、纠纷结束的订单。

图 7－20　等待买家收货订单

图 7－21　交易结束订单

（六）买家申请取消订单

买家申请取消订单是指支付订单后，在卖家发货前，买家因各种原因需要取消的订单。一般在卖家发货前，买家申请取消订单，系统会自动同意取消订单，并退款给买家。

（七）纠纷中订单

纠纷中订单是指买家因长时间没有收到货，或者收到货不满意而申请退款或退货退款的订单（见图 7－22）。对于等待卖家处理纠纷的订单，卖家可以单击“立即处理”按钮来处理。

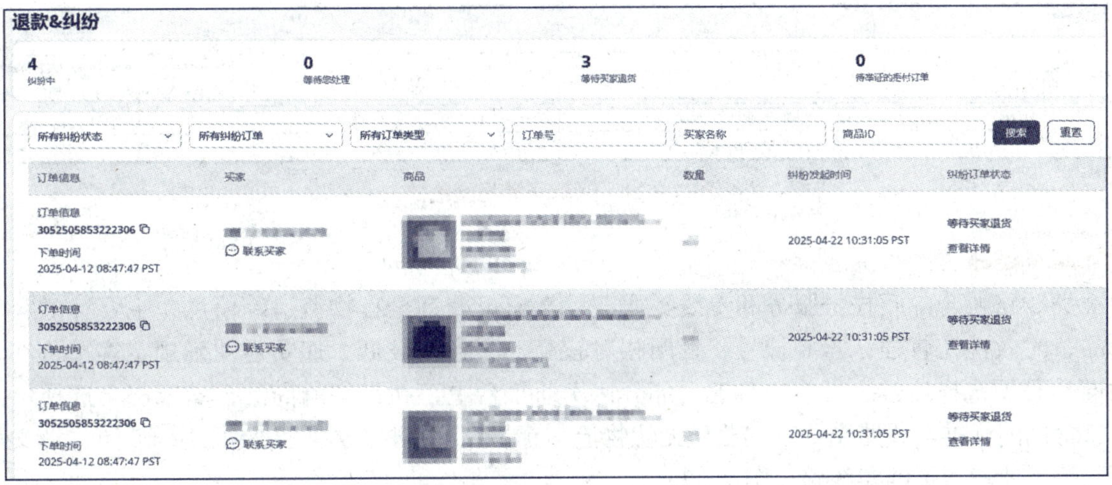

图 7－22　纠纷中订单

三、跨境物流方案

（一）速卖通线上发货方式

速卖通线上发货的物流方式有很多，分为经济类、简易类、标准类、快速类几种。不同的物流方式有不同的寄送限制、要求和时效性。

1. 经济类线路

经济类线路是一种较为廉价的快递服务，主要针对价格敏感的客户群体。经济类线路的时效性比较差，物流无法追踪，一般不要挂号费，所以整体物流费用较低、丢包率相对较高。这类线路适合货值低的商品，如客单价在 5 美元以下的商品。速卖通卖家常用的经济类物流主要有“菜鸟超级经济”“菜鸟超级经济 Global”“中国邮政平常小包 +”“菜鸟超级经济－燕文”等；在运输一些特殊货物时，速卖通卖家也会使用“菜鸟特货专线－超级经济”、“菜鸟超级经济－顺友”。速卖通经济类线路见图 7－23。

经济类线路

线路展示名称(中)	线路展示名称(英)	填写发货通知API（serviceName)	是否支持设置运费模板	是否支持线上发货	商家履约质量管控考核
菜鸟超级经济	Cainiao Super Economy	CAINIAO_SUPER_ECONOMY	√	√	×
菜鸟超级经济Global	Cainiao Super Economy Global	AE_CN_SUPER_ECONOMY_G	√	√	×
菜鸟特货专线－超级经济	Cainiao Super Economy for Special Goods	CAINIAO_SUPER_ECONOMY_SG	√	√	×
中国邮政平常小包+	China Post Ordinary Small Packet Plus	YANWEN_JYT	√	√	√
飞特特货经济	Flyt Special Economy	FLYT_ECONOMY_SG	√	×	√
顺友特货经济	SunYou Special Economy	SUNYOU_ECONOMY_SG	√	×	√
燕文特货经济	YANWEN Special Economy	YANWEN_ECONOMY_SG	√	×	√
通邮特货经济	TOPYOU Special Economy	TOPYOU_ECONOMY_SG	√	×	√
菜鸟超级经济-顺友	SunYou Economic Air Mail	SUNYOU_ECONOMY	√	√	×
菜鸟超级经济-燕文	Yanwen Economic Air Mail	YANWEN_ECONOMY	√	√	×

图 7－23　速卖通经济类线路

2. 简易类线路

简易类线路提供邮政简易挂号服务，卖家可查询包含妥投或消费者签收在内的关键环节物流追踪信息。速卖通简易类线路主要有“菜鸟无忧特惠专线”和“菜鸟特货专线－简易”。速卖通简易类线路见图 7－24。

简易类线路					
线路展示名称(中)	线路展示名称(英)	填写发货通知API（serviceName）	是否支持设置运费模板	是否支持线上发货	商家履约质量管控考核
菜鸟无忧特惠专线	AliExpress Saver Shipping	CAINIAO_ECONOMY	√	√	×
菜鸟特货专线 - 简易	Cainiao Saver Shipping For Special Goods	CAINIAO_ECONOMY_SG	√	√	×

图 7－24 速卖通简易类线路

3. 标准类线路

标准类线路包含邮政挂号服务和专线类服务，卖家可查询全程物流追踪信息，主要针对客单价较高的商品，时效性比较强，需要挂号，费用相对较高、丢包率较低。速卖通明确规定客单价在 5 美元以上的商品必须选择挂号。目前，对于大部分速卖通平台上正在销售的商品，卖家都会选择标准类线路。商家常用的标准类线路主要有“菜鸟无忧物流－标准”“中国邮政挂号小包”“e 邮宝”“燕文航空挂号小包”等。速卖通标准类线路见图 7－25。

标准类线路					
线路展示名称(中)	线路展示名称(英)	填写发货通知API（serviceName）	是否支持设置运费模板	是否支持线上发货	商家履约质量管控考核
菜鸟无忧物流-标准	AliExpress Standard Shipping	CAINIAO_STANDARD	√	√	×
菜鸟无忧集运-沙特	Aliexpress Direct	CAINIAO_CONSOLIDATION_SA	√	√	×
菜鸟无忧集运-阿联酋	Aliexpress Direct	CAINIAO_CONSOLIDATION_AE	√	√	×
菜鸟无忧集运-阿曼	Aliexpress Direct	CAINIAO_CONSOLIDATION_OM	√	√	×
菜鸟无忧集运-卡塔尔	Aliexpress Direct	CAINIAO_CONSOLIDATION_QA	√	√	×
菜鸟无忧集运-巴林	Aliexpress Direct	CAINIAO_CONSOLIDATION_BH	√	√	×
中东专线	Aramex	ARAMEX	√	√	√
菜鸟大包专线	Cainiao Heavy Parcel Line	CAINIAO_STANDARD_HEAVY	√	√	×
菜鸟特货专线 - 标准	Cainiao Standard For Special Goods	CAINIAO_STANDARD_SG	√	√	×
威海优选仓无忧标准	AliExpress Selection Shipping for Korea	CAINIAO_STANDARD_WEIHAI_WH	√	√	×
中国邮政大包	China Post Air Parcel	CPAP	√	×	√
云途全球特惠专线	YunExpress Standard Shipping	YUNEXPRESS_STANDARD	√	×	√
云途大货专线（18000）	YunExpress Standard For Heavy Parcel	YUNEXPRESS_STANDARD_HEAVY	√	×	√
云途全球特货专线	YunExpress Standard For Special Goods	YUNEXPRESS_STANDARD_SG	√	×	√
中国邮政挂号小包	China Post Registered Air Mail	CPAM	√	√	√
原飞航特敏标准专线	YFH Special Standard	YFH_SSG_STANDARD	√	×	√
华瑞百川超敏特运专线	HRBC Special Standard	HRBC_SSG_STANDARD	√	×	√
华翰特敏标准专线	Huahan Special Standard	HUAHAN_SSG_STANDARD	√	×	√
CNE	CNE Express	CNE	×	×	√
纬狮标准小包	360Lion Standard Packet	AE_360LION_STANDARD	√	×	√
通邮	TOPYOU	LAOPOST	√	×	√
e邮宝	ePacket	EMS_ZX_ZX_US	√	√	√
飞特物流	Flyt Express	FLYT	×	×	√
翼速专线	GES Express	GES	×	×	√
Meest专线	Meest	MEEST	×	×	√
顺丰国际挂号小包	SF eParcel	SF_EPARCEL	√	×	√
新加坡邮政挂号小包	Singapore Post	SGP	√	√	√
燕文航空挂号小包	Special Line-YW	YANWEN_AM	√	√	√
顺友	SunYou	SUNYOU_RM	×	×	√
UBI	UBI	UBI	√	×	√
139俄罗斯专线	139 ECONOMIC Package	ECONOMIC139	√	×	√
燕文特货挂号	YANWEN Special Standard	YANWEN_STANDARD_SG	√	×	√
顺友特货专线	SHUNYOU_STANDARD_SG	SHUNYOU_STANDARD_SG	√	×	√
递四方专线小包	4PX RM	FOURPX_RM	×	×	√

图 7－25 速卖通标准类线路

4. 快速类线路

快速类线路包含商业快递和邮政提供的快递服务，时效性强，卖家可查询全程物流追踪信息，物流服务体验好，但价格非常昂贵，适合货值高的商品。速卖通快速类线路见图 7－26。

快速类线路					
线路展示名称(中)	线路展示名称(英)	填写发货通知API (serviceName)	是否支持设置运费模板	是否支持线上发货	商家履约质量管控考核
菜鸟无忧物流-优先	AliExpress Premium Shipping	CAINIAO_PREMIUM	√	√	×
菜鸟特货专线 - 标快	Cainiao Standard - SG Air	CAINIAO_STANDARD_SG_AIR	√	√	×
DHL	DHL	DHL	√	×	√
云途全球标快专线	YunExpress Premium Shipping	YUNEXPRESS_PREMIUM	√	×	√
DPEX	DPEX	TOLL	√	√	√
EMS	EMS	EMS	√	√	√
E特快	e-EMS	E_EMS	√	√	√
Fedex IE	Fedex IE	FEDEX_IE	√	√	√
Fedex IP	Fedex IP	FEDEX	√	√	√
顺丰速运	SF Express	SF	√	√	√
UPS全球快捷	UPS Expedited	UPSE	√	√	√
UPS全球速快	UPS Express Saver	UPS	√	√	√

图 7－26　速卖通快速类线路

（二）线下发货模式

线下发货是指卖家在买家下单后，自己打包好货物，然后通过第三方物流商进行发货的一种方式。具体来说，卖家需要将货物打包好，然后联系物流公司上门取货，获得发货物流单号后，需要将物流单号上传至订单页面（见图 7－27）。

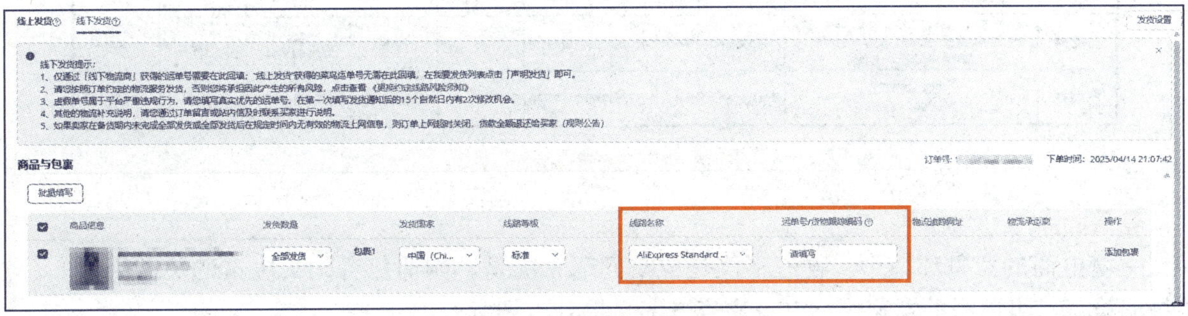

图 7－27　线下发货填写发货通知

（三）物流选择标准

卖家在选择发货方式时，一般会考虑物流时效、运费价格、赔付标准、物流政策及竞品物流等因素。

1. 物流时效

在物流服务的选择与评价中，时效性是商家和消费者共同关注的核心指标。从消费者角度来看，快速收到所购商品是基本的物流需求；而对商家而言，选择具有高效运输能力的物流服务提供商，可以帮助提升消费者的物流体验满意度。物流时效性主要体现在以下两个关键环节：（1）取件响应时效，即从下单到物流上门取件的时间效率；（2）配送时效，即商品在运输过程中的流转速度。

2. 运费价格

运费是跨境电商运营的重要成本之一，直接影响商品的最终定价和利润。选择更具性价比的物流方式，有助于卖家保持市场竞争力。高额的运费可能会降低消费者的下单意愿，尤其是对于价格敏感型商品。不同的物流模式在价格和时效上差异较大，卖家需根据商品价值、目标市场、客户需求等因素选择最优方案。

3. 赔付标准

跨境物流链条长、环节多（运输、清关、中转等），货物可能面临丢失、损毁或延误的风险。若物流问题导致商品未送达或损坏，卖家通常需补发或退款。具备完善赔付标准的物流服务可覆盖这部分损失，避免卖家承担额外成本，有效保障卖家权益，同时维护客户满意度。

4. 物流政策

一方面，速卖通平台对于不同金额的订单的物流方式有不同的要求。例如：速卖通平台要求发往俄罗斯、西班牙、白俄罗斯、乌克兰的订单，只有小于 2 美元的订单才能选择使用经济类物流，即超过 2 美元的订单不能选择经济类物流方式发货（见图 7－28）。另一方面，不同国家或地区对进口商品的检验检疫、税收政策（如 VAT、关税起征点）、禁限运清单等规定各异，符合政策要求的物流渠道可避免货物被扣留或退回。

消费者可选择物流方案		商家发货一般类目可使用物流方案							
物流等级	国家/交易金额可选择	经济类		简易类		标准类		快速类	
		线上发货	线下发货	线上发货	线下发货	线上发货	线下发货	线上发货	线下发货
经济类	* 西班牙、俄罗斯、乌克兰、白俄罗斯< =2美元 * 其余国家 <=5美元	可用	不可用	可用	无	可用	可用（以线路可达性为准）	不可用	不可用
简易类	*俄罗斯、乌克兰、白俄罗斯、韩国 <=5美元 *英国、波兰、荷兰、比利时、德国、葡萄牙、捷克、智利、法国、斯洛伐克、匈牙利、罗马尼亚、保加利亚、希腊、芬兰、丹麦、奥地利、斯洛文尼亚、克罗地亚、塞浦路斯、瑞典、爱尔兰、马耳他、卢森堡、意大利、立陶宛、拉脱维亚、爱沙尼亚、加拿大、以色列、斯里兰卡、挪威、塞尔维亚 <=8美元 *西班牙<=10美元	降级发货不可用	降级发货不可用	可用	无	可用	可用（以线路可达性为准）	8美元以上可用	8美元以上可用
标准类	*菜鸟特货专线-标准，西班牙、法国、荷兰、波兰、德国、英国、意大利、美国<=15美元 *e邮宝，俄罗斯<=10美元	降级发货不可用	降级发货不可用	降级发货不可用	无	可用	可用（以线路可达性为准）	可用	可用
快递类	巴西 >20美元 其他国家 >8美元	降级发货不可用	降级发货不可用	降级发货不可用	无	降级发货不可用	降级发货不可用	可用	可用

图 7－28　速卖通物流政策

5. 竞品物流

在跨境电商的竞争环境中，物流不仅是成本问题，更是影响消费者购买决策的关键因素。分析竞品的物流策略，可以帮助卖家优化自身物流方案，提升市场竞争力。

一方面，消费者会对比不同卖家的物流时效、运费和服务（如是否包邮、是否提供追踪服务）。如果竞品普遍采用快速物流（如 DHL、FedEx），而卖家选择经济型邮政小包，可能导致订单流失。如果竞品普遍提供免费或低价物流，而卖家收取高额运费，可能直接影响转化率。另一方面，卖家可以通过分析竞品物流挖掘差异化机会，打造物流竞争优势。例如，竞品普遍采用标准物流，卖家可通过更快的配送（如专线快递）或增值服务（如免费退换、实时追踪）形成差异化。

（四）线上发货流程

【**Step 1**】找到待发货订单。

在速卖通后台，找到“交易”板块，点击“所有订单”，通过“发货未完成”的订单状态找到所有待发货订单（见图 7－29）。

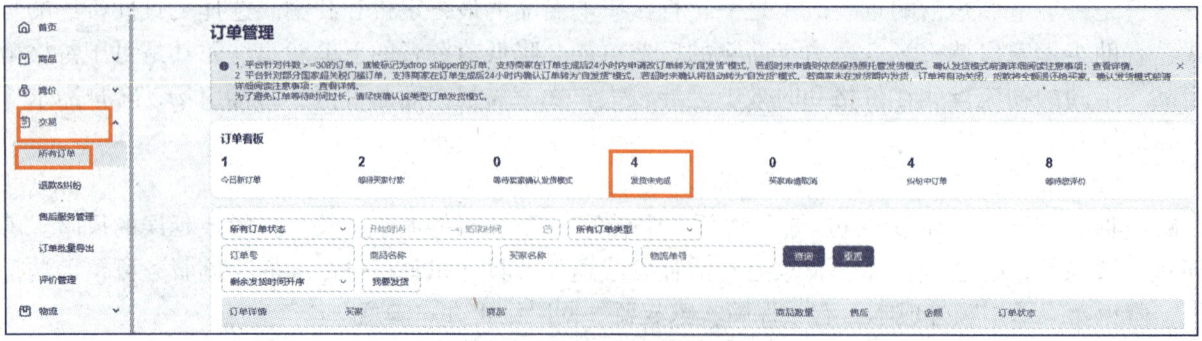

图 7－29　待发货订单

【 **Step 2** 】点击“去发货”。

找到待发货订单后，可以点击“去发货”按钮，进行线上发货（见图 7－30）。

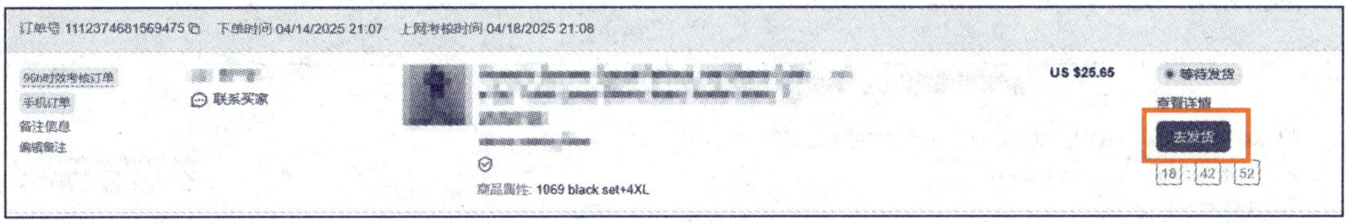

图 7－30　点击“去发货”按钮

【 **Step 3** 】创建物流单。

点击“创建物流单”进行线上发货（见图 7－31）。

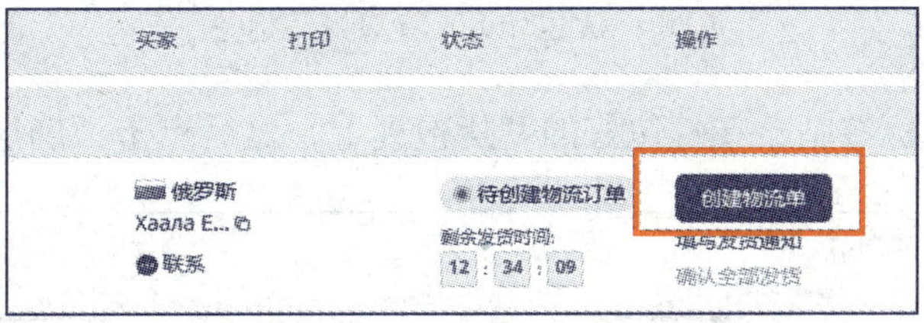

图 7－31　点击“创建物流单”按钮

【 **Step 4** 】编辑物流单信息。

（1）卖家应先确认商品信息，主要包括商品的重量、体积、货物类型及申报金额信息，这些信息在卖家上架产品时都有填写，默认与产品上架时填写的信息一致，如果信息不准确，卖家可以进行编辑。

（2）卖家确认物流线路，一般默认选择买家下单时选择的物流方式，不建议卖家私自更改。

（3）卖家确认交货方式和退件处理方式。目前，速卖通平台有揽收、自寄和自送三种交货方式。如果卖家的发货地址在物流线路的揽收范围内，选择上门揽收的方式最为便捷；如果卖家的发货地址不在物流线路的揽收范围内，卖家可以根据自己的需求选择用国内快递自寄或者自己送货到物流仓库。无法投递的快件一般选择退回，但是如果商品价值非常低，也可以选择销毁的处理方式。

卖家确认物流单相关信息都没有问题后，点击“提交物流单”进入下一步操作（见图 7－32）。

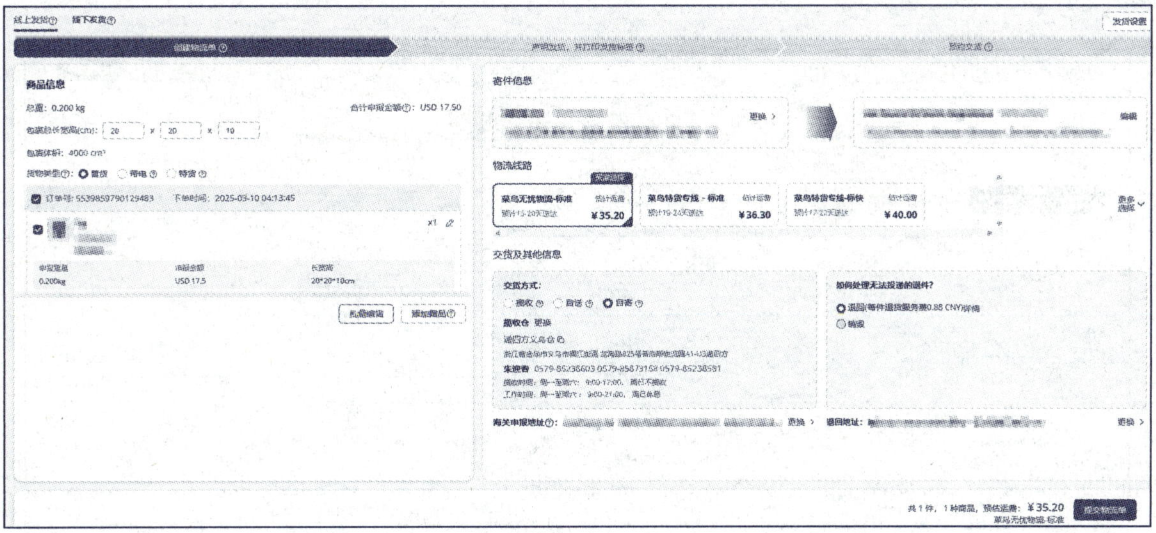

图 7－32　创建物流单详情页面

【**Step 5**】声明发货并打印发货标签。

提交物流单后，卖家可以看见物流单创建成功的页面，此时可以点击右上角“声明发货并打印标签”按钮（见图 7－33）。

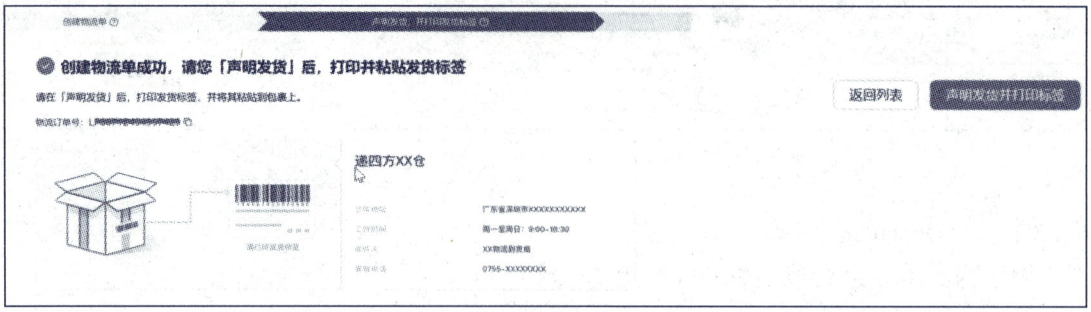

图 7－33　声明发货并打印标签

卖家可将打印好的发货标签粘贴在打包好的发货包裹上，之后点击“确认声明发货”（见图 7－34）。

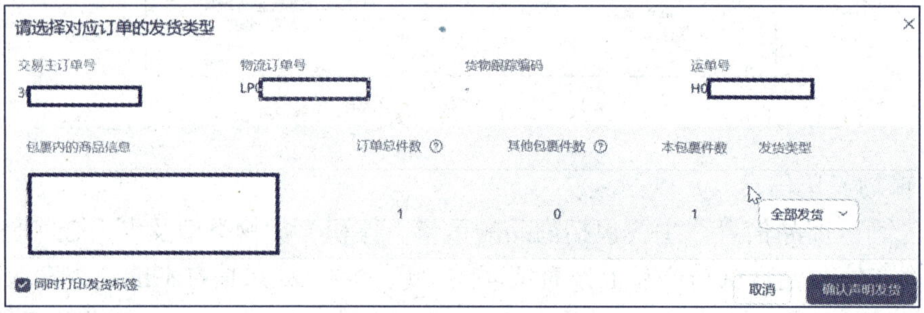

图 7－34　确认声明发货

【**Step 6**】预约交货。

卖家可以通过速卖通后台“交易”—“物流中心”—“预约交货管理”这一路径使用预约交货功能。

（1）选择预约交货的小包订单。在预约交货管理页面，卖家可以采取列表勾选或者手动录入的方式选择小包订单（见图 7－35），选择揽收仓、交货方式（揽收、自送或自寄）、约揽方式（大包约揽或批次约揽）。

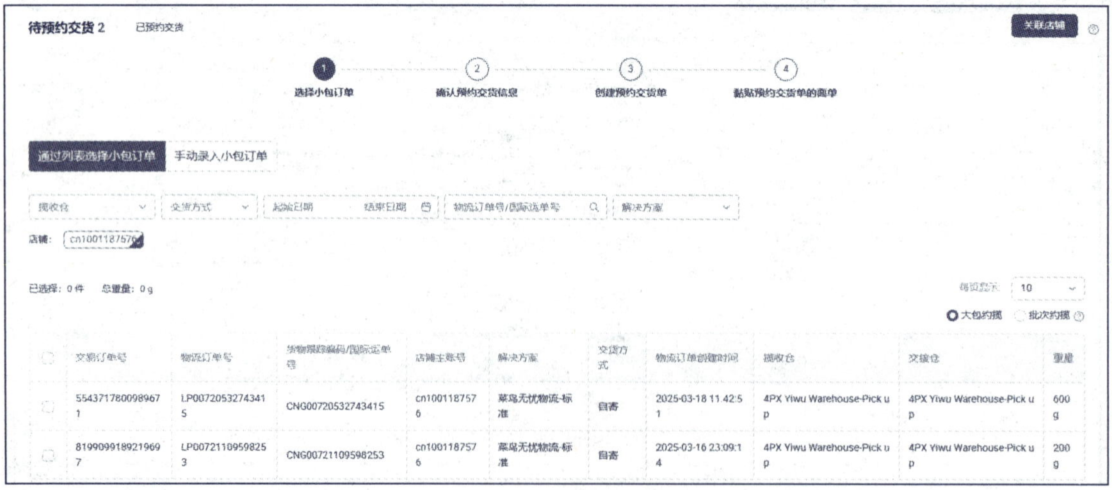

图 7－35　预约交货页面

（2）确认仓库和填写交货信息。卖家应确认揽收仓库，并填写预约交货信息，包括联系人、手机号、座机号、邮编、地址等（见图 7－36）。

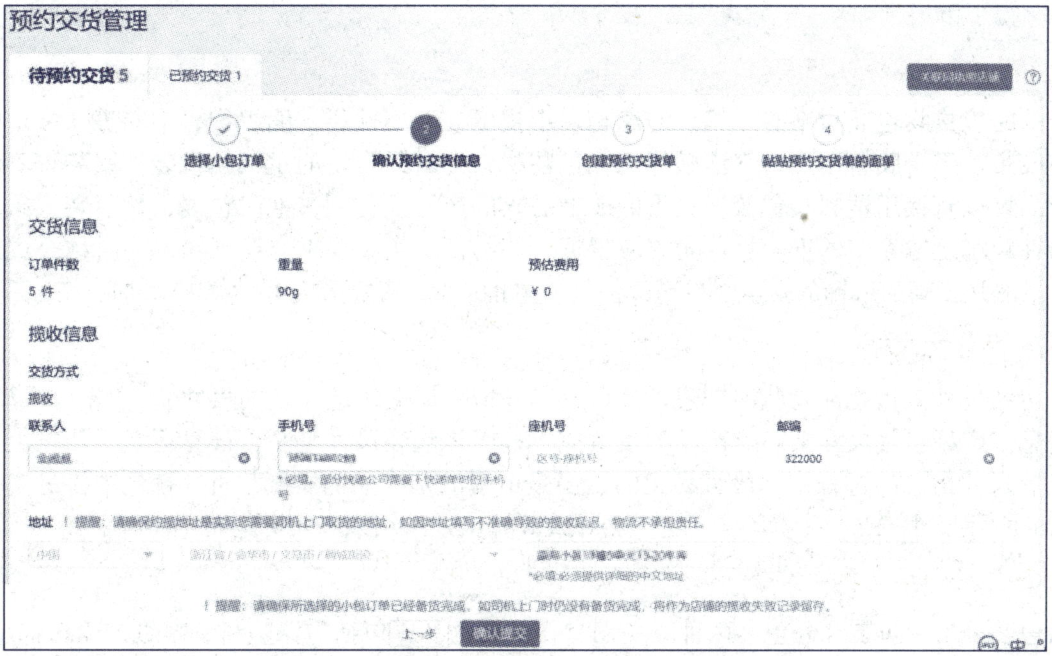

图 7－36　确认仓库和填写交货信息

（3）成功预约。卖家成功预约后，单击“查看预约详情”按钮，即可查看预约详情并打印对应的预约交货单的面单（见图 7－37）。

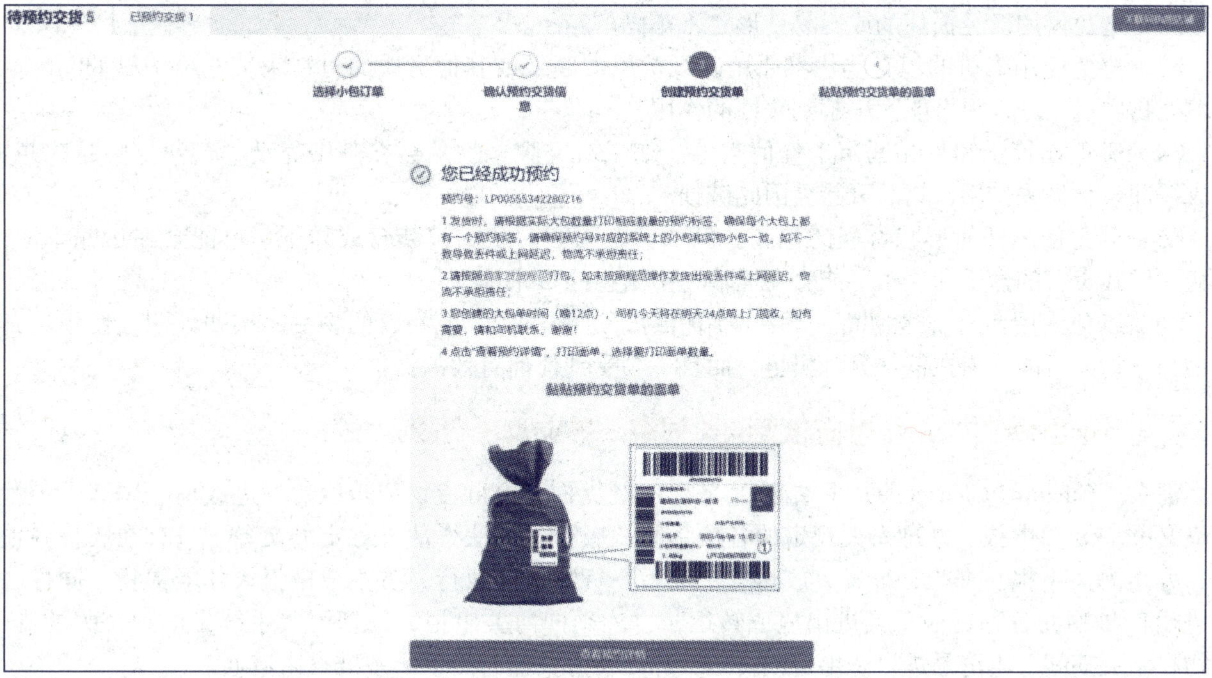

图 7－37　预约交货成功

四、跨境货物的包装

美观大方、结实牢固的包装，既能确保物品安全到达，又能赢得买家对卖家的信任。赢得客户的心，也就赢得了市场。

（一）常用的跨境货物包装材料

常用的跨境货物包装材料有纸箱、泡沫箱、牛皮纸袋、文件袋、编织袋、木箱等。常用的包装辅材有封箱胶带、不干胶警示贴、气泡膜等。在包装材料中，最常见的是纸箱包装；服装等不怕压、不怕碎的产品可以直接用塑料袋包装；贵重的或者易碎的产品要先用气泡膜包裹，然后装入纸箱中，以确保产品在跨境运输途中的安全性。卖家应根据产品特征、买家要求选购纸箱，同时结合成本投入综合考虑。虽然强度高的纸箱的安全性更高，但是成本也更高，物流费用就会相应增加。

（二）产品包装尺寸

产品包装尺寸是指物品发货时包裹的实际尺寸（物品加上快递包装的尺寸）。卖家应准确填写长、宽、高信息。产品包装尺寸会影响产品的运费成本，因为包装尺寸是平台计算运费的依据之一。卖家在填写包装尺寸信息的过程中，最容易犯的错误是填写的是产品的实际尺寸（打包销售的卖家容易填写成单品的实际尺寸）或者乱填尺寸，这样会导致计算出来的结果和实际运费不一样。

（三）产品的包装分类

产品包装分为内包装和外包装两种。一切有弹性的物品，包括泡沫塑料、报纸、珍珠棉、气泡垫、气泡膜等都可以作为产品的内包装。需要注意的是，卖家一定要将物品压紧，以防止物品在运输过程中震荡，确保客户收到的物品完好无损。

（四）包装的注意事项

（1）尽量避免使用过大的、表面有印刷物或图案的箱子。

（2）避免使用已经损坏的或容易变形、不牢固的箱子。

（3）避免使用劣质的填充物。不要用碎纸机里的废纸或其他劣质的材料来填充箱子里的间隙。如果填充物质量不好，很可能无法起到缓冲的作用。

（4）避免在箱子和物品间留下任何空隙。如果有空隙，物品会在其中晃动，会使空隙越来越大，造成缓冲材料失去作用，物品可能会因此破损。

（5）避免使用任何形状奇怪的包装。例如：使用圆筒状的包装盒或袋子，可能会在运输中滚落。形状、样式奇特的盒子和袋子可能会在运输途中给物品带来麻烦。

（6）避免使用信封寄送物品。不要使用信封寄送价值较大或易碎的物品。实践证明，使用信封寄送物品，物品可能会卡在信件分拣机里，而且不会受到任何有效的保护。

五、不同国家对于跨境电商包裹的不同海关规定及税费政策

清关（Customs Clearance），即结关，是指进口货物、出口货物和转运货物进或出一国海关关境或国境必须向海关申报，办理海关规定的各项手续，履行各项法律法规规定的义务。只有在履行各项义务，办理海关申报、查验、征税、放行等手续后，货物才能放行，货主或申报人才能提货。同样，载运进出口货物的各种运输工具进出境或转运，也均须向海关申报，办理海关手续，得到海关的许可。货物在结关期间，不论是进口、出口或转运，都处在海关监管之下，不准自由流通。

（一）速卖通平台发“新加坡小包”的海关规定

为保证物流时效及清关速度，卖家通过速卖通平台线上“新加坡小包”寄送的包裹，必须如实申

报产品品名和价值。若出现货物申报品名与实际货物品名不符，或是货物申报品名太笼统等现象，将会导致下述影响：

（1）清关延误或者无法清关。货物在海关清关的过程中，一旦被发现申报不符，极易导致清关进程缓慢，当地海关也会对每票货物的货值评估更加严格。申报不符可能会导致货物清关时效延误、扣关或产生相关关税等经济损失，甚至无法清关。

（2）后续货物跟踪查询无法成功或者丢失无法获得赔偿。卖家如果在速卖通平台上创建"新加坡小包"线上发货物流订单，必须对每票货物如实申报品名，若因"品名申报不一致"发生货物丢失、超时妥投、破损等物流纠纷，则卖家无法获得赔偿；如果卖家能提供相关的物流证据证明是线上物流商的责任，那么平台会按照卖家申报的实际价值进行赔偿。

品名申报是否一致的判定标准：卖家发货时申报的中英文品名与速卖通平台交易订单中商品发布类目的中英文名称一致。

注意：商品发布类目必须是最后一级类目。例如，笔记本电脑的类目是：电脑和办公（Computer & Office）> 笔记本与上网本（Laptops & Notebooks）> 笔记本电脑（Laptops），则申报时填写的品名应为笔记本电脑（Laptops），而不能以 Computer 的英文品名申报。

（二）欧盟 VAT

1. 什么是 VAT？

VAT 是增值税（Value Added Tax）的简称，是欧盟国家普遍采用的一种消费税，是售后增值税，也是货物售价的利润税。增值税在欧洲国家或地区之间的业务交易、进口商品和运输商品时征收，由注册了增值税的卖家根据欧洲境内的销售向消费者征收，并向相关欧洲国家的税务部门进行申报和缴纳。

举个例子，在中国从事经营活动需要向国家缴纳增值税。同样的，VAT 就是指在欧盟国家从事经营活动需要在当地缴纳的增值税。

VAT 税号是企业在欧盟国家进行商品销售、进口和出口时必须拥有的税务标识。所以，VAT 税号不仅是企业在欧洲合法经营的必要条件，也是确保税务合规的关键。

2. 哪种情况下要注册 VAT 税号？

（1）欧盟成员国卖家，只要年销售额超过 8.1 万欧元。

（2）非欧盟成员国的卖家，只要商品的最后一程投递是从欧盟发出的，如果要做 FBA 或海外仓，按规定都要注册 VAT 税号并缴纳增值税（如使用欧盟仓储的中国卖家）。

（3）从中国直邮的中国卖家，累计 12 个月销售额超过 7 万英镑，需要注册 VAT 并按规定申报和缴纳销售税。

3. 怎么注册 VAT 税号？

（1）确定注册国家。企业需要根据业务范围确定需要注册 VAT 税号的国家。通常情况下，企业需要在货物存储地或销售地所在国家注册 VAT 税号。例如，如果企业的商品存储在德国仓库，企业需要在德国注册 VAT 税号。

（2）准备注册材料。不同国家的 VAT 税号注册要求略有不同，但通常需要以下材料：公司营业执照、法人身份证明、公司银行账户信息、业务活动证明（如销售合同、发票等）。

（3）提交申请。准备好材料后，企业可以通过以下两种方式提交 VAT 税号注册申请。

自行申请：通过目标国家的税务部门官网提交申请，但需要熟悉当地语言和税务法规。

委托代理机构：选择专业的税务代理机构，如欧税通，帮助完成注册流程。

（4）等待审核。企业提交申请后，税务部门会对材料进行审核，审核时间因国家而异，通常需要 2 ~ 6 周。审核通过后，企业将获得 VAT 税号。

4. 速卖通平台欧盟 VAT 增值税代收代缴流程

目前，速卖通平台 VAT 税改仅限于欧盟 27 国：奥地利、比利时、保加利亚、塞浦路斯、克罗地亚、捷克、丹麦、爱沙尼亚、芬兰、法国、德国、希腊、匈牙利、爱尔兰、意大利、拉脱维亚、立陶宛、卢森堡、马耳他、荷兰、波兰、葡萄牙、罗马尼亚、斯洛伐克、斯洛文尼亚、西班牙、瑞典。部分欧盟二级地址不属于欧盟税改范围。

目前，欧盟税改国家已上线代收代缴，速卖通平台的商品以含税价报价。

税率：标准税率在 18% ～ 27% 不等，特定国家对满足特定条件的特定类目商品给予优惠增值税税率。

营销：含税价下门槛活动（满立减 / 店铺 Code/ 满包邮）可能提前被满足，卖家需要自行关注并有效设置。

订单：订单页面欧盟 VAT 代收代缴订单标明细见图 7－38。

订单标	含义
IOSS	平台代收代缴
OSS	平台代收代缴-海外仓
FR-VAT	平台代收代缴-单品超过150欧发往法国，该类单品发往法国需商家含关税报价，避免资损； _相关说明请搜索「法国大于150欧商品VAT增值税代收代缴流程说明」_
businessbuyer	不代收代缴-认证企业买家
欧盟地址但无标示	不代收代缴 _1、明细请查看上方了解"部分欧盟二级地址不属于欧盟税改范围"_ _2、金额不在代收代缴范围内（跨境发货大于150欧除法国）_

图 7－38　订单页面欧盟 VAT 代收代缴订单标明细

（三）巴西海关对跨境包裹的规定

巴西海关对跨境包裹的规定主要包括以下几个方面：

1. 关税和税费

（1）低于 50 美元的包裹：从 2024 年 8 月 1 日起征收 20% 的进口关税。

（2）50 至 3 000 美元的包裹：征收 60% 的进口税，但每个包裹可享受 20 美元的减免。

（3）超过 3 000 美元的包裹：继续沿用 60% 的进口税率，但超过部分不再享受减免。

2. 清关流程

（1）申报与审核：物流公司或清关代理需提交商品价值、类型等信息，海关进行审核。

（2）税费支付：消费者需要在包裹到达时支付关税和税费，部分物流公司如 DHL、FedEx 会直接联系消费者支付，邮政渠道则可能要求在线支付或到邮局缴费。

（3）补充文件：若海关质疑申报价值或商品类型，可能要求提供购买凭证或身份证明。

3. PRC（合规递件计划）

出口至巴西的包裹需完成 PRC（合规递件计划）新规注册，产品上需贴 PRC 标签，快递需在到达巴西前完成注册登记，并通过巴西邮政或其他指定快递公司缴纳 17% 的州税。未注册的包裹需缴纳至少 20% 的进口关税。

能力实训

一、选择题

1. [多选] 下列物流方式属于经济类线路的有（　　）。

A. 菜鸟超级经济　　B. 菜鸟超级经济 Global

C. 中国邮政挂号小包　　D. e 邮宝

2. [单选] 下列物流方式更适合运输货值高，且买家对物流时效要求高的商品的是（　　）。

A. 中国邮政挂号小包　　B. 燕文航空挂号小包

C. 菜鸟超级经济　　D. DHL

3. [单选] 速卖通平台“等待发货”的订单是指（　　）。

A. 买家下单还未付款的订单　　B. 买家成功支付，在发货期内的订单

C. 买家成功支付并申请取消的订单　　D. 卖家成功发货等待买家确认收货的订单

4. [单选] 下列产品不能在速卖通平台上售卖的是（　　）。

A. 衣服　　B. 手机　　C. 茶叶　　D. 玩具

5. [单选] 下面材料不适合用于跨境物品的包装的是（　　）。

A. 纸箱　　B. 木箱　　C. 纸盒　　D. 信封

二、判断题

1. 经济类线路适合运送货值低、对物流时效要求不高的商品。（　　）
2. 速卖通平台没有可以运输带电等特殊类产品的物流方式。（　　）
3. 速卖通平台上可以随便卖食品类的产品。（　　）
4. 跨境物流可以有很多选择，如中国邮政小包、e 邮宝等，卖家可以自己随便选择物流方式。（　　）
5. 跨境电商卖家只要看到后台的新订单，就要马上准备发货，填写发货通知。（　　）

三、能力拓展

【工作任务 1】 现你的速卖通店铺有了一笔新订单，产品：服装，重量：0.5kg，售价：10 美元，国家：俄罗斯。请分别计算发菜鸟超级经济、菜鸟无忧物流 - 标准和中国邮政挂号小包的运费是多少，说明你会选择哪种跨境物流方式并分析原因。

【工作任务 2】 假设你的速卖通店铺销售服装类目产品，一个俄罗斯的客户给你发了站内信，询问店铺中一款女士连衣裙的尺码选择（见图 7 - 39），请根据该产品的尺码信息（见图 7 - 40）和买家需求，写一份回复。

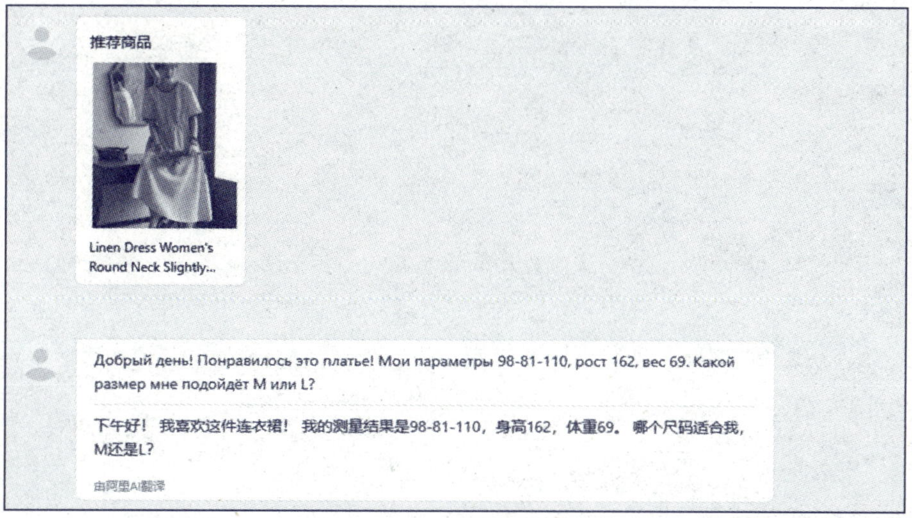

图 7 - 39　买家问题

model:

height/weight: 167cm/48kg **wearing:**S

size(cm)	length	shoulder	bust	hem	sleeve	cuffs	sleeve width
S	115	38	100	220	25	33	38
M	118	39	104	224	26	34	39
L	121	40	108	228	27	35	40

(1cm=0.39inch 1inch=2.54cm)

PS: The above dimensions are physical measurements.
Due to the different measurement errors of 1-2 cm, the relevant data are for reference only. The actual pants received is the standard.

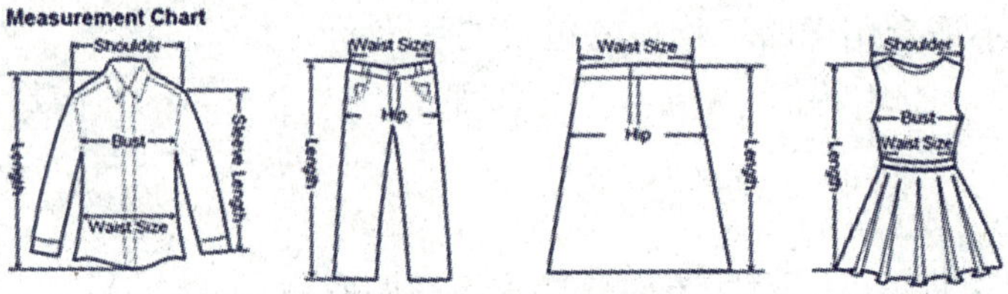

图 7－40 产品尺码

个性化成长记录表

序号	评价内容	学生成长记录	评价方式	评价主体	备注
1	微课学习（5%）		平台考试测验	平台	
2	课前测试（5%）		平台考试测验	平台	
3	课中测试（5%）		平台考试测验	平台	
4	仿真实训（5%）		平台系统评分	平台	
5	课后作业（5%）		平台考试测验	平台	
6	学习活跃度（3%）		平台系统评分	平台	
7	资源贡献度（2%）		平台系统评分	平台	
8	技能操作完整度（10%）		操作成果评分实战成果评分	教师	
9	技能操作规范度（10%）		操作成果评分实战成果评分	教师	
10	成果展示（10%）		操作成果评分实战成果评分	教师	
11	方案制定（5%）		能力评估表	自评 / 互评	可选
12	技能操作完整度（5%）		能力评估表	自评 / 互评	
13	技能操作规范度（5%）		能力评估表	自评 / 互评	
14	成果展示（5%）		能力评估表	自评 / 互评	
15	订单操作模拟实战（20%）		绩效考核评分满意度调查表	企业	
16	1+X 考证		考试通过率	评价组织	增值评价，可选，一般为年度考核
17	技能大赛		获奖等级	技能大赛组委会	增值评价，可选，一般为年度考核
备注：各部分权重占比可根据单元实际情况进行调整。					

学习情境八

客户维护操作

微课资源

学习目标

素养目标

培养合作、和谐的发展理念，形成“真诚建立联系，服务创造价值”的职业价值观。

知识目标

1. 熟悉常规电商收款途径（支付宝国际账户收款、PayPal 收款、万里汇收款等）。
2. 熟悉速卖通平台收款规则、售后评价规则、售后纠纷处理规则。
3. 了解速卖通平台三大评价指标及平台处罚方式。
4. 了解其他跨境第三方电商平台收款、售后评价及纠纷处理规则。
5. 了解客户服务的重要性，以及对客服人员知识和素质的要求。
6. 熟悉客户维护、开发的方法和路径。

能力目标

1. 能够及时回收货款。
2. 能够及时处理退换货及跨境争议。
3. 能够做好对海外客户的服务工作。
4. 能够维护老客户和开发新客户。

工作项目

浙江金远电子商务有限公司的跨境电商运营专员陈倩按时发完货之后，以为可以松一口气了，但经理告诉她，作为一名优秀的跨境电商运营专员，除了要处理好售前的相关工作之外，还要处理好与货款有关的工作如催付款、资金提现，与评价有关的工作如管理好评、差评，与售后货物有关的工作如退换货、处理纠纷等，同时还要维护好老客户、不断开发新客户。

工作任务 1：完成订单催付款及店铺资金提现

1. 订单催付款

店铺中有较多的未付款订单（见图 8-1），陈倩应该怎样催款呢？

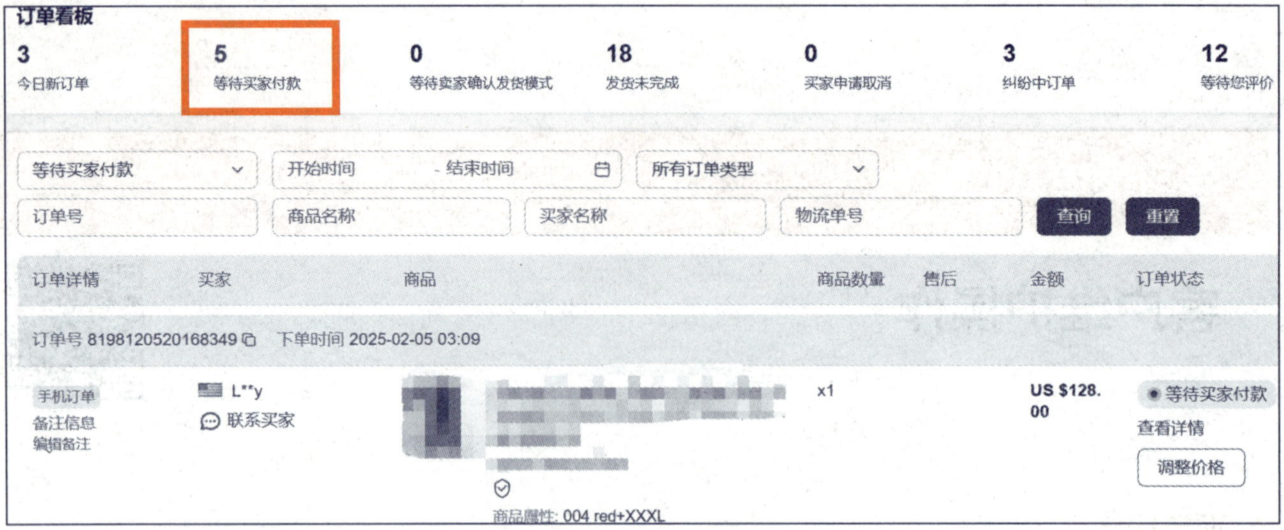

图 8－1　等待买家付款订单

2. 账户资金提现

店铺经营一段时间之后，好多订单已经交易结束，平台已放款至卖家的支付宝国际账户（见图 8－2），陈倩应该如何将这笔资金提现至法人支付宝账户？

图 8－2　可提现金额

工作任务 2：管理订单评价

订单结束后的 30 天内，买卖双方可以给对方留评（俄罗斯方向订单超过 30 天也可评价但不计入好评率），买卖双方均不可以延长评价的期限；买家在对某笔订单留评后，可以在 150 天内进行追评。

店铺有部分订单已经结束，卖家可以给这些订单留评（见图 8－3）。陈倩想要给已经结束的订单留评，她应该怎么做？

图 8－3　等待卖家评价订单

店铺已收到客户对订单的五星好评（见图 8－4），陈倩需要对客户的好评予以感谢，增强客户黏度，提升客户的良好体验，陈倩应该如何回复买家评价？

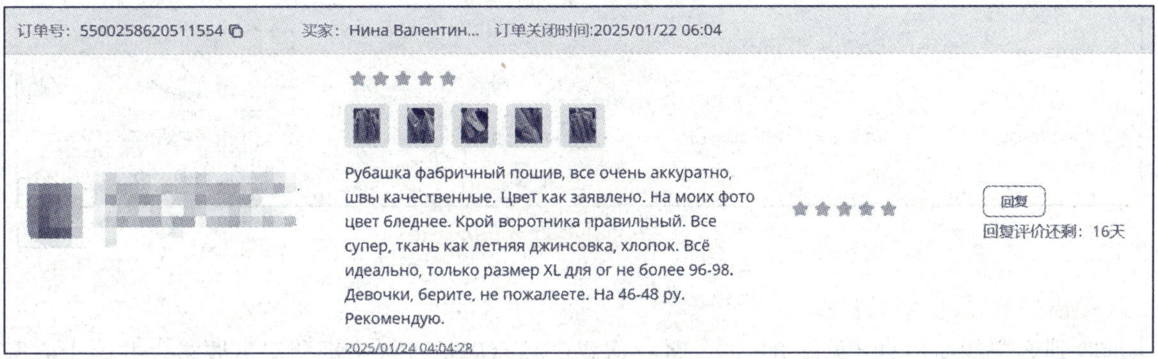

图 8－4　客户评价（好评）

如果客户对产品或服务不满意，会在订单结束后留下差评（见图 8－5），该客户愤怒地给了产品一星的评价，陈倩应如何处理？

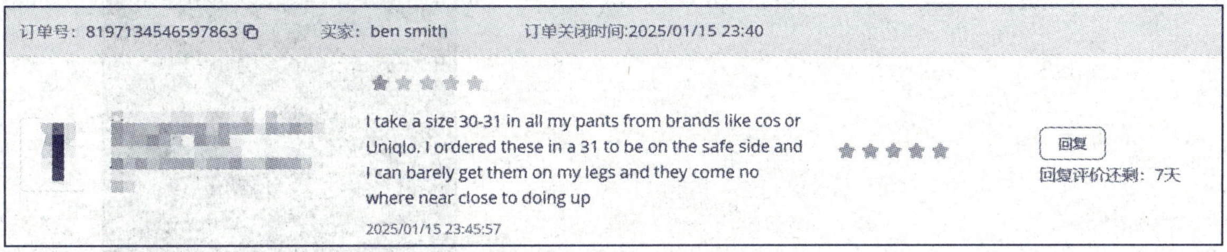

图 8－5　客户评价（差评）

工作任务 3：处理好订单纠纷及售后咨询

1. 买家未收到货的纠纷处理

店铺收到客户纠纷信息（见图 8－6），陈倩应该选择接受买家方案，还是拒绝买家方案？如果拒绝，陈倩应当如何操作？

订单号：8193735362835874

纠纷理由：货物仍然在运输途中

图 8-6　客户纠纷信息（未收到货）

相应的订单情况如下：

（1）订单相关产品信息（见图 8-7）。

商品信息	单价	商品数量	商品总额	售后	买家选择物流
 Classic Long Sleeve Oxford Shirts for Women, Chic Checked Blouse, Fem… **US $19.38** classic wearing Store Color navy blue Size M	US $19.38	1	US $19.38	纠纷结束	AliExpress Standard Shipping US $3.07 预计到达时间：12 - 23 天

图 8-7　发起纠纷订单产品信息

（2）订单相关物流信息（见图 8-8）。

物流信息

发货时间	物流方式	实际发货单号	操作
2024-10-18 05:50	AliExpress Standard Shipping	CNBR00004491705	2024-11-08 04:15 用户已签收 2024-11-08 02:35 包裹开始投递 2024-11-08 02:35 包裹到达投递站 展开 查看物流 | 更多操作

图 8-8　发起纠纷订单物流信息

2. 产品质量问题的纠纷处理

店铺收到客户纠纷信息（见图 8-9），客户抱怨产品有破损，提出部分退款要求，并附上衣服破损图（见图 8-10）。陈倩应如何处理这样的纠纷？

订单号：8194833928568039

纠纷理由：破损问题

图 8-9　客户纠纷信息（产品质量问题）

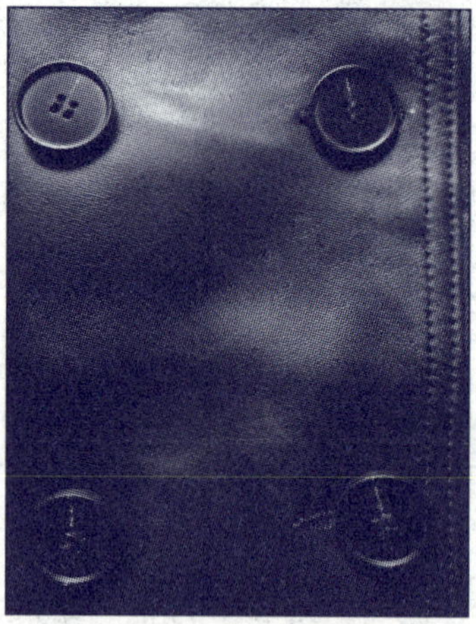

图 8-10　展示产品破损的图片

工作任务 4：做好客户营销工作

陈倩的速卖通店铺准备开展折扣较大的自主营销活动，包括单品折扣、满减活动、店铺 Code、互动活动等。陈倩接到任务，要求做好老客户的通知维护工作。陈倩有哪些途径可以通知这些老客户？如何撰写活动通知呢？

操作示范

工作任务 1　完成订单催付款及店铺资金提现

一、速卖通订单催付款

客户下单后，可能会因为种种原因未完成支付。这些原因主要有：客户犹豫到底要不要付款，客户在选择货物时出现一些问题，客户觉得价格有点高等。

（1）针对第一种情况，卖家可以稍微催一下客户，甚至可以以库存紧张或产品即将失效为由，给客户留言。

Dear friend,

Thank you for your order! We will send out the package as soon as possible after your payment.

Dear friend,

Do I need to leave one of the products for you, as this item will soon run out of stock?

（2）针对第二种情况，卖家应该让客户感受到良好的服务。

Dear buyer,

We have got your order. But it seems that the order is still unpaid. If there is anything I can help with the price, size, shipment etc., please feel free to contact me. After the payment is confirmed, I will process the order and ship it out as soon as possible.Thanks!

（3）针对第三种情况，卖家可以进行价格调整（见图 8－11），注意调整价格时务必给出合适的理由，价格调整完后，再给客户留言。

图 8－11　调整价格

Dear friend,

We have decreased the price by US$3. Pls take this advantage, as this price is only valid for three days.

值得注意的是，卖家应给调整的价格规定一个价格有效期，并且记下这个订单号，逾期将价格调回原价，这样有助于带给客户紧迫感。

二、速卖通店铺资金提现

店铺资金提现具体操作：

（一）确认账户下可提现资金

卖家可以在“资金—支付宝国际账户”路径下查看店铺账户下可提现的资金金额（见图 8 - 12）。

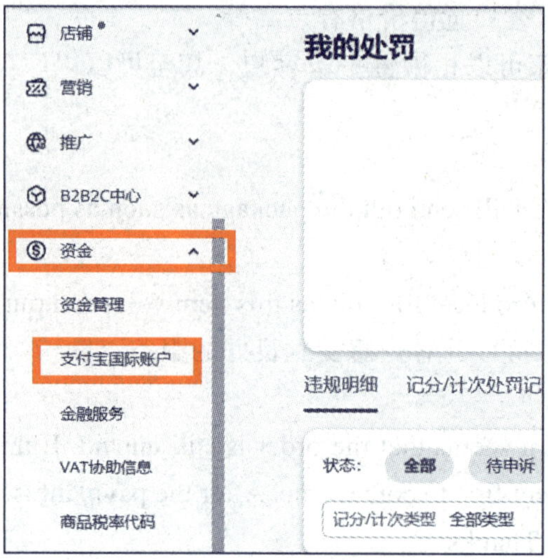

图 8 - 12　支付宝国际账户

在支付宝国际账户页面，卖家可以查看到可用余额、总余额、冻结余额等相关资金信息（见图 8 - 13）。

图 8 - 13　查看资金信息

（二）完成可用金额提现

卖家点击右上角“提现”按钮，就可以进入资金提现页面。

之后卖家需要确认提现信息。对于提现账号，卖家可以查看美元账户和人民币账户；收款币种默认人民币（CNY）；卖家在“我的账户”可以查看到资金将提现到的账号，或者可以添加新收款账号（见图 8－14）。

图 8－14　确认提现账号

确认提现账号无误后，卖家可以填写想要提现的金额，然后确认费用及汇率等相关信息，没有问题的话，卖家可以点击“下一步”（见图 8－15）。

图 8－15　确认提现金额

之后卖家输入支付宝国际账户支付密码，点击“确认”即可完成提现（见图 8－16）。

图 8－16　输入支付密码

工作任务 2　管理订单评价

一、给买家留评

卖家留评的具体操作：

【**Step 1**】进入订单评价页面。

登录卖家后台，通过“交易—评价管理”的路径可以进入评价管理页面（见图 8－17）。

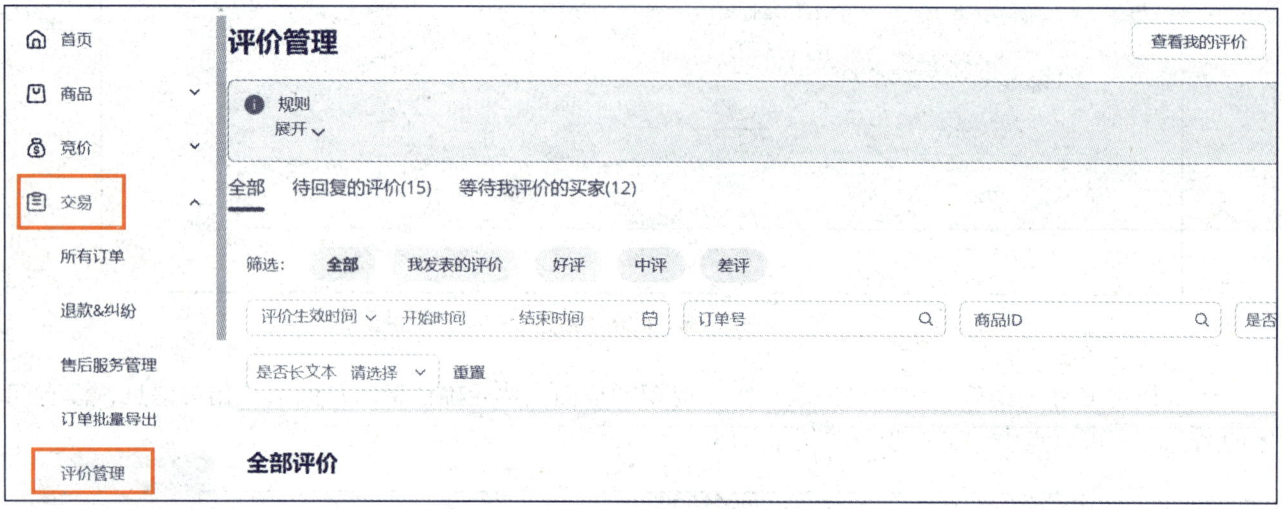

图 8－17　评价管理页面

【**Step 2**】找到待评价订单。

点击“等待我评价的买家”找到待评价订单，之后点击“评价”按钮给买家留评（见图 8－18）。

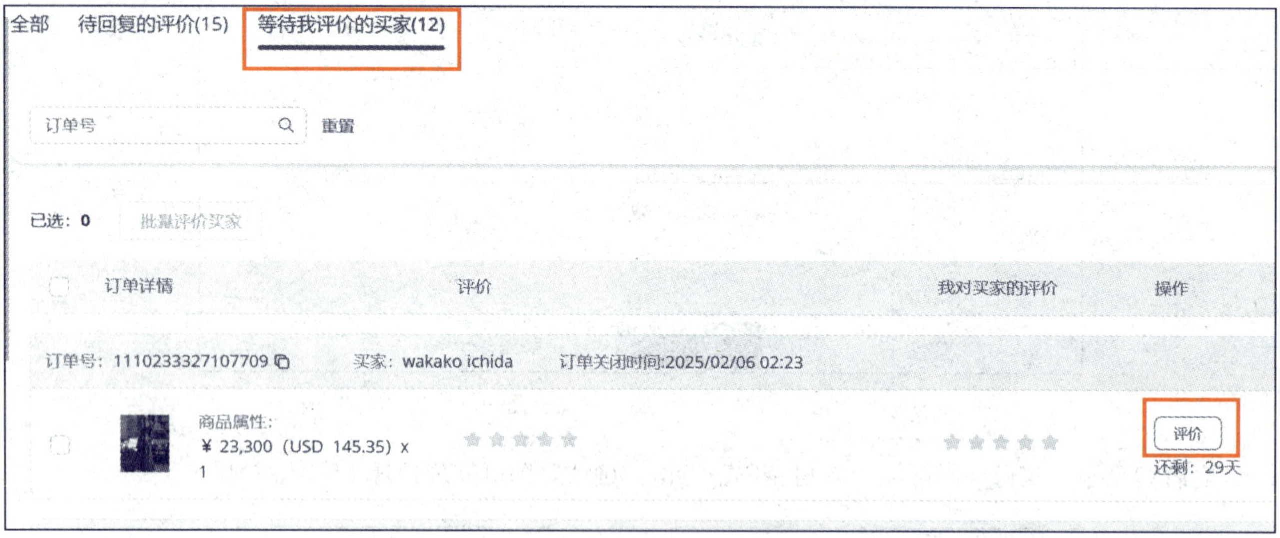

图 8－18　评价按钮

【**Step 3**】给买家留评。

卖家可以给买家留下总体印象分和文字评价（见图 8－19）。留评后无法修改，卖家应谨慎留评。

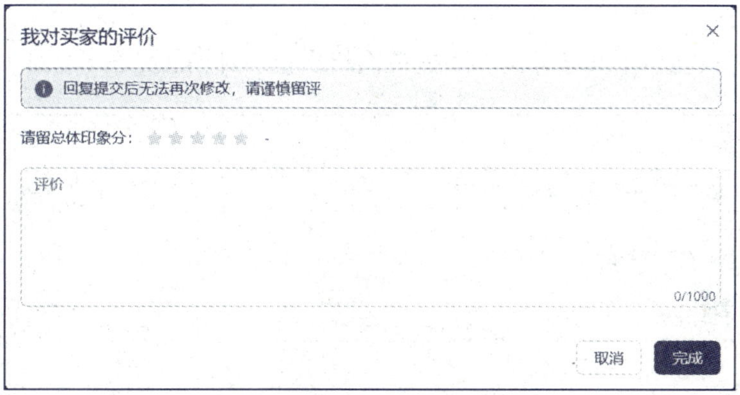

图 8－19　给买家留评

二、撰写好评回复

质量较好的好评回复应具备的要点包括：

（1）在称呼上使用客户的名字，以示对客户的尊重，让客户感到亲切；

（2）表达感谢之情，并言明该好评的鼓励作用；

（3）表达继续为客户服务的意愿；

（4）撰写一些个性化的祝福语；

（5）落款名称可以写客服的名字，以便让客户觉得自己并不是和冰冷的互联网做交易，而是和实实在在的人做交易，这样也方便后续的营销邮件和 SNS 营销（社交网络营销）。

回复买家评价的具体操作：

【**Step 1**】进入订单评价页面。

登录卖家后台，通过“交易—评价管理”的路径可以进入订单管理页面。

【**Step 2**】找到待回复的评价。

卖家点击“待回复的评价”找到等待评价的订单，之后点击“回复”按钮回复买家的评价（见图 8－20）。

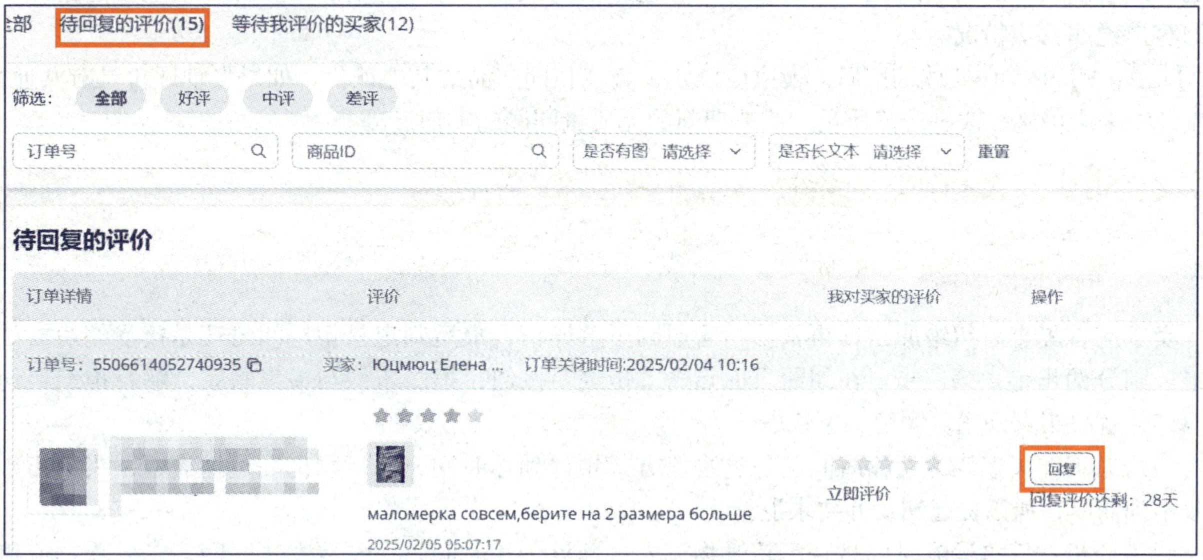

图 8－20　回复评价按钮

【Step 3】回复评价。

卖家回复评价时，只能留下文字评论，不能再次给出星级评价（见图 8－21）。

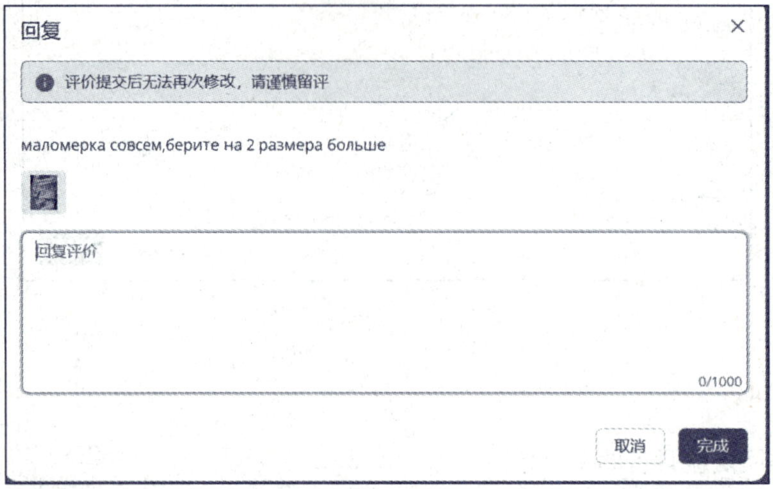

图 8－21　回复评价

三、处理中差评

对于因质量问题产生的中差评，卖家可以分 5 步处理。

【Step 1】卖家收到差评后，应及时与买家联系，在表达歉意的同时，询问买家对产品质量不满意的具体原因。卖家可以通过站内信、邮件、Whats App、Skype 等方式与买家联系。

【Step 2】卖家可以通过换货或退款的方式，让买家满意并且追加评价。

【Step 3】如果买家未能追加评价，卖家可以先查看买家的评价是否符合平台评价的投诉规则。例如：买家的评价包含侮辱性言论；评价内容与实际星级不符（如内容为“我真的很喜欢这个货物，它很完美”，但是留了 1 星差评）。

【Step 4】若未能实现前面三步，卖家可以进行中差评营销。例如：解释为什么会出现这样的质量问题，或者附上产品的使用说明与注意事项、色差的注意事项等。这里的中差评营销主要是为了向潜在的客户说明真实情况。

【Step 5】中差评处理结束后，卖家应该积极查找相同产品的其他评价，如果发现评价具有共通性，则应及时采取措施，改进产品质量，或上架新的无质量问题的类似产品。

工作任务 3　处理好订单纠纷及售后咨询

一、买家未收到货的纠纷处理

卖家应首先查看纠纷原因，再根据纠纷原因了解详情，最后判定是拒绝纠纷还是接受纠纷。如果拒绝，则分两步走：第一步，在纠纷页面点击“拒绝”按钮；第二步，与买家联系，解释拒绝纠纷的原因，并解决买家问题，缓解买家忧虑。

纠纷原因：买家认为运输时间已超过物流方式预计到达时间，而货物仍在运输途中，买家担心自己收不到商品，所以提起纠纷并要求退款。

纠纷分析：订单运输时间是否已超过物流方式预计到达时间，一要看发货时间，二要看物流信息是否更新，三要看订单是否在交易保护期内。我们发现订单下单时间为 10 月 14 日，发货时间为 10 月

18 日，卖家虽然没有立刻发货，但是在备货期内完成了发货，因发货晚，可能导致物流时间延长。此外，根据物流跟踪信息提示，货物已到达并妥投，妥投时间为 11 月 8 日，物流运输时间大概为 21 天，该物流方式预计到达时间为 12 ～ 23 天，订单在预计时间内妥投，且订单还有交易保护期。

纠纷判定：综上所述，卖家行为符合速卖通平台规则，决定拒绝买家方案。

纠纷处理方法：从平台与买家两方面同时处理。一方面，卖家可以通过站内信与买家进行沟通，向买家解释拒绝的理由；另一方面，卖家可以在纠纷页面拒绝买家的纠纷方案并提交自己的纠纷解决方案、理由及证明。

操作方法：

【**Step 1**】卖家通过站内信向买家发出解释（见图 8 - 22）。

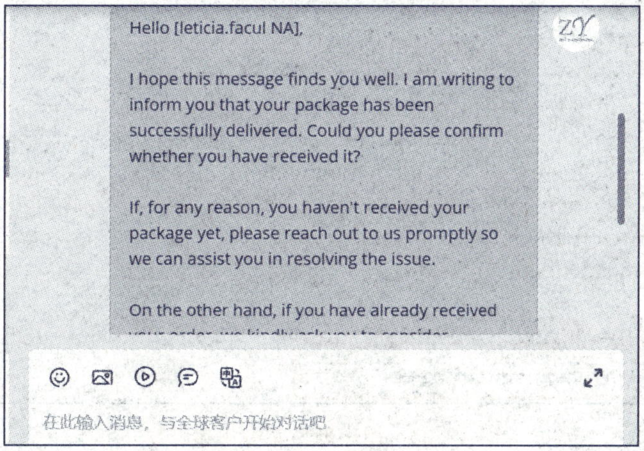

图 8 - 22　站内信发出的解释

【**Step 2**】卖家在纠纷页面拒绝买家的纠纷方案（见图 8 - 23）。

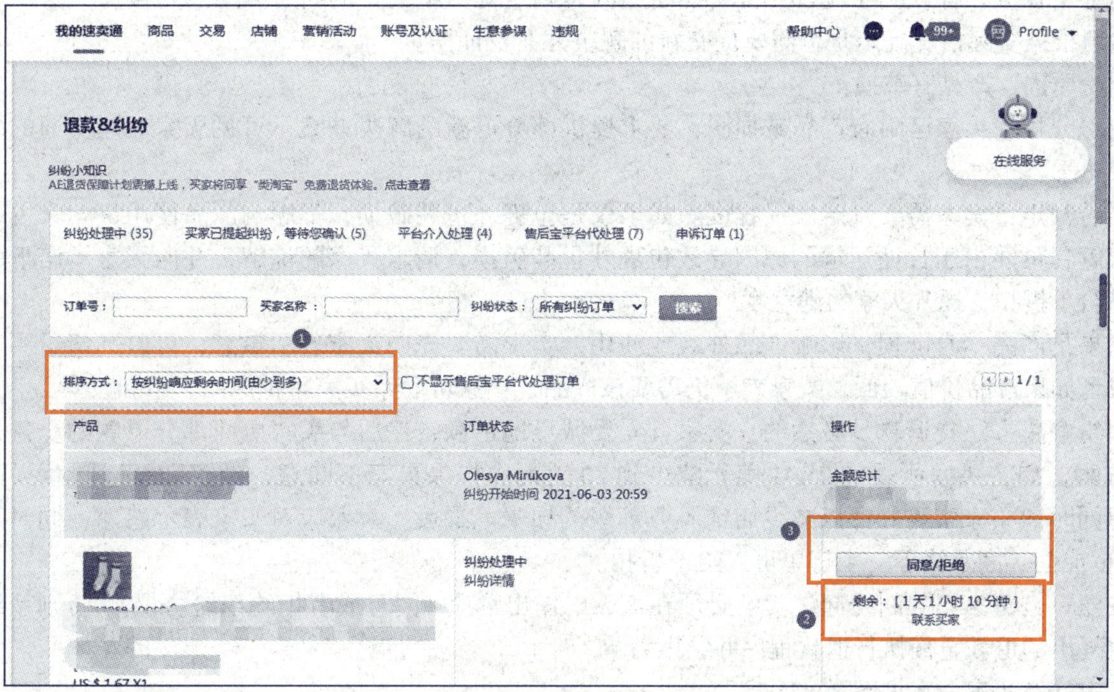

图 8 - 23　拒绝纠纷

卖家提出自己的纠纷解决方案及理由，并提供证据（见图 8－24）。

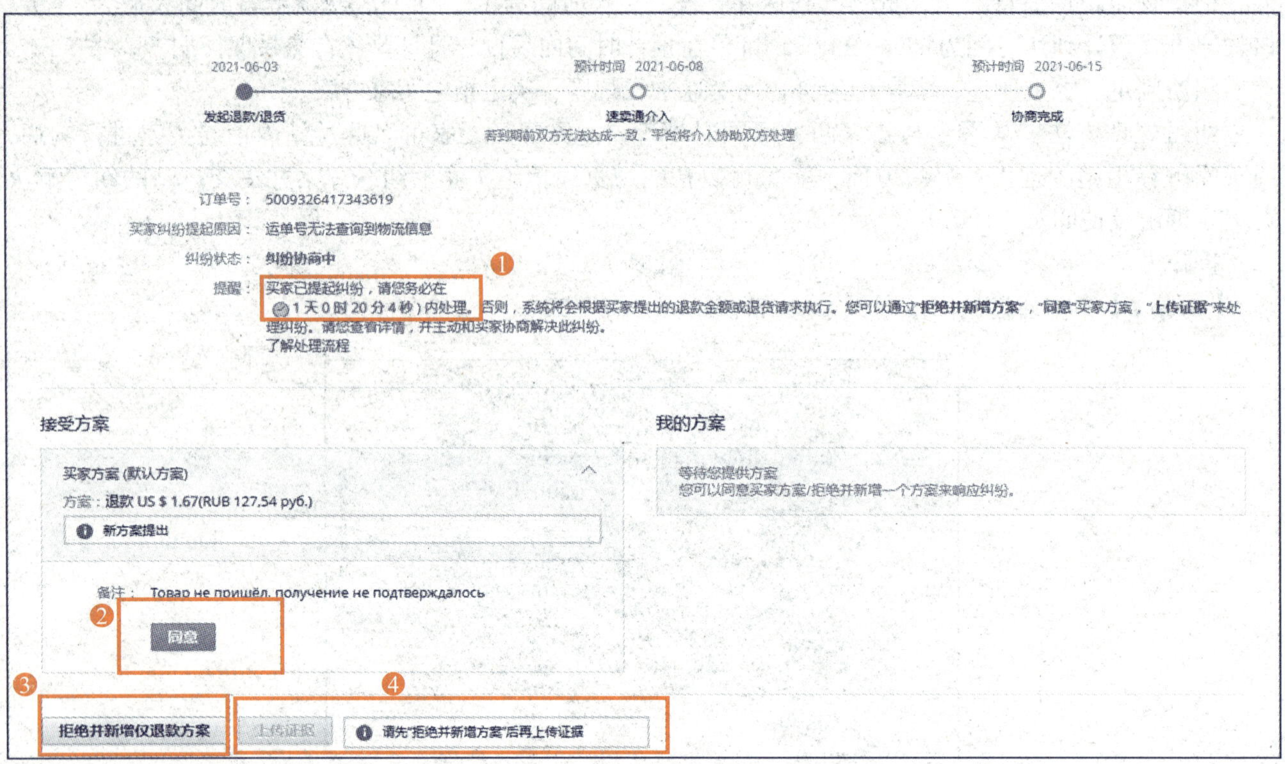

图 8－24　提出新方案并提供证据

二、产品质量问题的纠纷处理

与上个任务一样，卖家应首先分析纠纷原因，判定是拒绝买家的纠纷方案还是接受买家的纠纷方案，然后根据实际情况确定是否需要提交新的解决方案及证据。

纠纷原因：产品有破损。

纠纷分析：买家已附有产品破损图，要求提供部分退款的解决方案，可见买家对速卖通的平台规则比较熟悉。

纠纷判定：卖家需要判定破损程度。如果仅是包裹外包装破损，不影响产品使用，卖家可以尝试向买家解释可能由于长途运输的原因导致包裹外包装破损，请求买家的谅解，并向买家承诺下一个订单可以给予折扣，提升买家的满意度。

如果是产品本身破损，影响产品外观或使用，卖家需要先向买家表示歉意，可以酌情给买家部分退款或者如果产品价值较低，买家表示仍需要该产品，卖家可联系买家重拍产品，重新发货。

纠纷解决方法：退款是必然的。卖家首先要诚恳地道歉，然后与买家协商部分退款的金额，修改纠纷方案，如将买家所提的 25.41 美元减少到 20 美元。如果买家不同意，卖家则可以同意买家的方案，但同时向买家索要好评以减少店铺服务等级的损失。最后，卖家应对买家表示感谢，同时赠送店铺 Code 或向买家承诺下一个订单可以给予折扣。

注意：自买家提起纠纷起，卖家必须在 5 天内作出响应（同意或者拒绝纠纷协议），否则系统将按照买家提出的退款金额执行退款程序并结束订单。

卖家同意买家方案见图 8－25。

图 8－25　卖家同意买家方案

工作任务 4　做好客户营销工作

速卖通后台的客户营销功能支持通过邮件、站内信进行营销，属于老客户营销的一种方式。对于曾经建立了联系，如加购物车、加收藏、下过订单的客户，卖家可以进行二次营销，以唤醒老客户。陈倩可以通过客户营销功能给老客户发送营销活动信息。

卖家给买家发营销邮件的步骤：

【**Step 1**】卖家登录卖家后台，点击“营销—客户营销”(见图 8－26)。

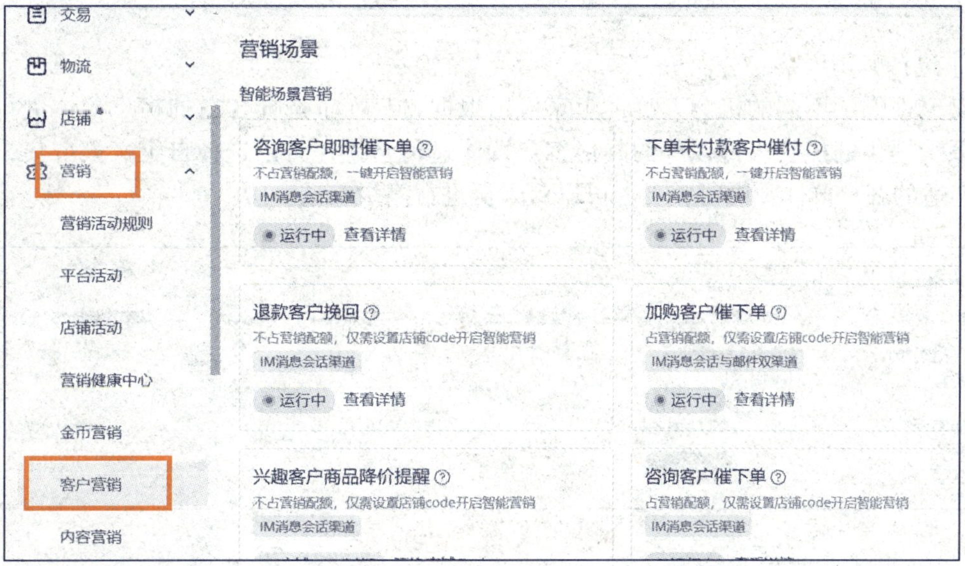

图 8－26　客户营销入口

【Step 2】卖家点击“新建自定义营销计划”（见图 8－27）。

图 8－27 新建自定义营销计划

【Step 3】卖家根据营销需求选择营销渠道（见图 8－28）。

营销渠道主要有 IM 消息会话渠道，即通过站内消息会话给买家发送相关信息；邮件渠道，即通过邮件信息向买家传递相关信息；店铺 Code 渠道，即定向给买家发送店铺 Code，不包含其他营销信息。

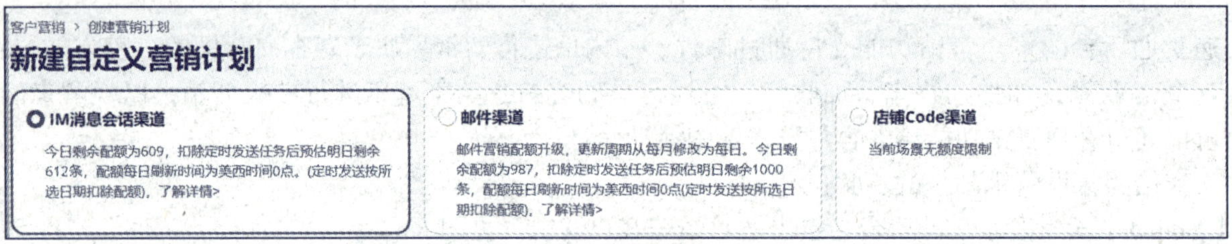

图 8－28 选择营销渠道

【Step 4】选择营销人群。

平台为卖家提供了不同的机会人群，卖家可以根据自身需求选择合适的客户群体进行营销。如果卖家想对除系统提供的机会人群以外的其他客户群体进行营销，可以选择自定义人群集，然后按照自身需求筛选合适的客户群体；同时，卖家可以对人群进行高级筛选。

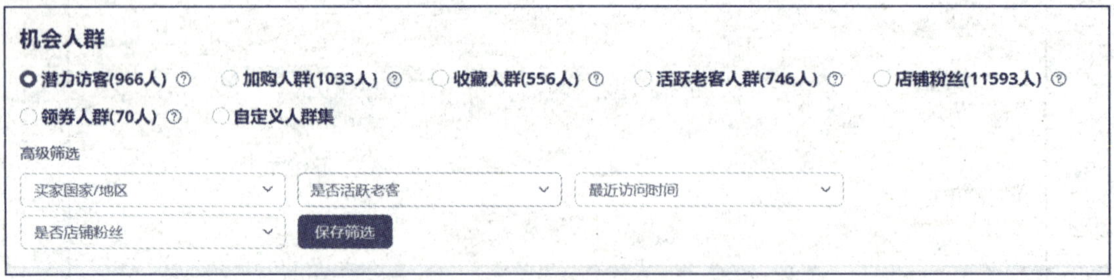

图 8－29 选择营销人群

潜力访客：近 30 天来访店铺的高转化潜力人群。

加购人群：近 30 天有过加购物车行为但仍未下单的人群。

收藏人群：近 30 天有过收藏行为但仍未下单的人群。

活跃老客人群：一年内有过购买记录且半年内来访过店铺的人群。

店铺粉丝：自己店铺的粉丝人群。

领券人群：近 30 天领取过优惠券的人群。

【**Step 5**】设置营销文案。

如果卖家选择 IM 消息会话渠道进行营销，需要设置营销文案。卖家既可以选择使用文案模板，也可以自定义文案内容（见图 8－30）。

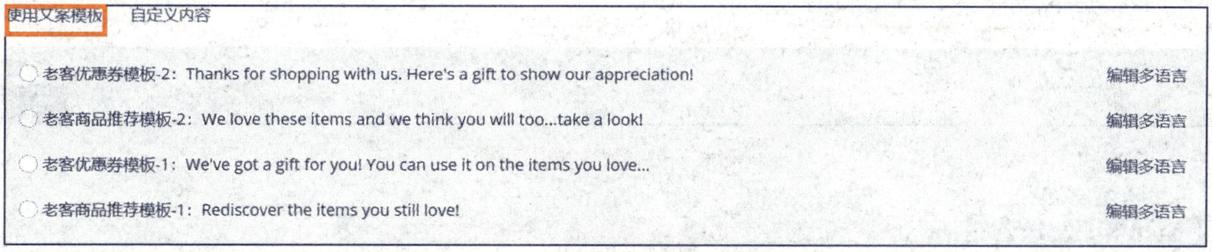

图 8－30　设置营销文案

如果卖家选择邮件渠道进行营销，则需要选择邮件标题（见图 8－31）。

图 8－31　选择邮件标题

【**Step 6**】选择店铺 Code 及商品（见图 8－32）。

IM 消息会话渠道支持最多选择 3 张店铺 Code 和 4 个商品；邮件渠道则支持最多选择 1 张店铺 Code 和 6 个商品。卖家不仅可以选择 IM 消息会话渠道，还可以选择添加图片。

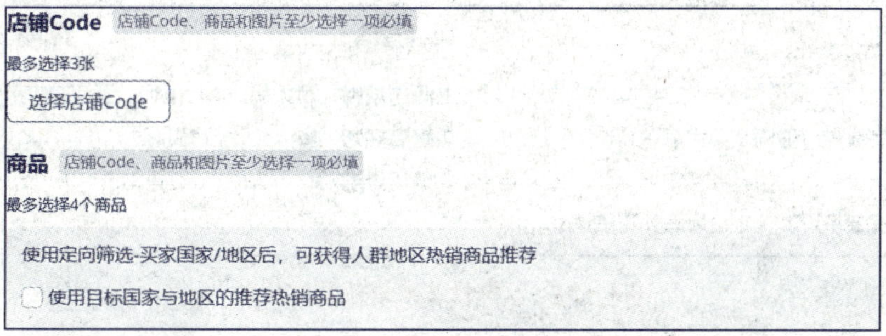

图 8－32　选择店铺 Code 及商品

【Step 7】设置发送时间。

发送时间有 3 种设置方式：智能发送、定时发送和立即发送（见图 8－33），卖家可以根据自身需求进行选择。

图 8－33　设置发送时间

【Step 8】发送营销信息。

卖家点击“一键创建”就可以成功完成客户营销。

注意：无论是 IM 消息会话渠道还是邮件渠道，每天支持发送的营销信息都是有限的，不同层级的卖家每日享受的配额数量是不一样的。

邮件配额（每日美西时间 0 点更新）：配额更新时间从每月调整为每日。

IM 配额（每日美西时间 0 点更新）：根据商家层级每日分配，赋予不同初始配额值（见图 8－34），考虑到每个店铺的粉丝数差异，在统一的可触达比例的基础上，同时新增每个层级商家对应的上下限配额机制。

层级	邮件渠道-修改后	邮件渠道-修改前	买家会话渠道		
	日配额	月配额	触达比例	保底日配额	封顶日配额
S级	5000	5000/10000	15%	10,000	40,000
A级	2000	2000	10%	3,000	20,000
B/C/N级	1000	1000	5%	500	5,000
海外本地	100	1000	5%	500	5,000

图 8－34　不同层级卖家配额

买家会话和邮件营销这两种触达渠道还有各自的疲劳度规则，定向 Code 无疲劳度限制（见图 8－35）。

买家会话	邮件营销	定向Code
1.同店规则： 7天内，同个买家最多可被同个卖家触达1次 **2.跨店规则：** 7天内，同个买家最多可被全平台所有卖家触达5次	**1.同店规则：**每人同店7天1封 **2.跨店规则：**每人全平台1天1封 **3.单场景规则：**每人同场景7天2封	无疲劳度限制

图 8－35　三种触达渠道疲劳度规则

知识链接

一、收款基本概念

（一）跨境电商收款的含义

跨境电商收款是建立在整体电商运营框架基础上的一个重要环节，是指在跨境电商平台中实现销售后取得资金的过程。

（二）跨境电商收款操作流程

完成销售→买家付款→平台放款→资金提现（转账）→结汇退税。

（三）跨境电商收款注意事项

（1）提现手续费；

（2）跨境电商资金正规回笼。

二、常规电商收款方式

（一）支付宝国际账号

支付宝国际账号是支付宝为从事跨境交易的国内卖家建立的资金账户管理平台，具有对交易的收款、退款、提现等主要功能。支付宝国际账户是多币种账户，包含美元账户和人民币账户。目前只有全球速卖通与阿里巴巴国际站会员才能使用支付宝国际账号。通过支付宝国际账号，用户可以方便地进行跨境交易和资金管理。

支付宝国际账号的主要特点包括：

（1）多币种支持。支付宝国际账号支持多种货币交易，包括美元、人民币等，方便用户进行跨国交易。

（2）便捷的收款方式。通过绑定用户的国内支付宝账户或美元银行账户，用户可以方便地收取来自全球的货款。

（3）快速提现。提现不再限制在 100 笔订单之内，账户中的“可提现金额”都可以被提现，且人民币账户提现不收取提现手续费。

（4）灵活的美元收款账户设置。用户可以同时绑定 3 个美元提现银行账户，更加灵活方便。

（5）高级安全保障。支付宝国际账号提供高级别的安全保护措施，包括密码保护、双重认证等，以保障用户的账户和资金安全。

支付宝国际账号是一种非常便捷、高效、安全的电子支付工具，适用于从事跨境交易的国内卖家，可以帮助他们更好地管理资金和进行跨国交易。

（二）PayPal

PayPal（贝宝）是一种国际贸易支付工具，于 1999 年正式上线。因其在使用上的便捷性、安全性、即时性、多样性等，PayPal 成为全球范围内使用广泛的支付工具之一。

PayPal 的主要特点包括：

（1）使用广泛。在跨国交易中，超过 90% 的卖家和超过 85% 的买家认可并正在使用 PayPal 电子支付业务。

（2）操作便捷。使用 PayPal 账户可有效降低网络欺诈的发生，同时它所集成的高级管理功能，有助于用户轻松掌控每一笔交易详情。

（3）全球通用。PayPal 是一个全球性支付平台，支持多种货币交易，用户无须拥有当地银行账户，即可在全世界范围内进行支付。

（4）安全性高。PayPal 提供高级别的安全保护措施，包括密码保护、双重认证等，以保障用户的账户和资金安全。

（5）快速到账。PayPal 的即时支付、即时到账功能，使得交易更加快捷、高效。

（6）支持多种支付方式。PayPal 支持信用卡、借记卡、银行账户等多种支付方式，方便用户进行选择。

（三）WorldFirst

WorldFirst（万里汇）致力于为全球中小企业提供更优质的跨境收付兑服务，依托跨境金融领域的全球生态合作网络，为客户提供更加丰富的产品解决方案与资金安全保障。自 2019 年加入蚂蚁集团，成为其旗下子品牌后，WorldFirst 开始为中国卖家提供更加本地化的服务。

WorldFirst 的主要特点包括：

（1）安全放心。WorldFirst 是全球领先的国际支付平台，严格遵守合规的最高要求，保障资金极致安全，赢得全球客户信赖。

（2）支持多平台接入。WorldFirst 打通了国际市场，支持全球多个电商平台的接入和收款，如亚马逊、全球速卖通、eBay、Lazada、Newegg、Tophatter、Cdiscount 等诸多平台。

（3）全面的收款币种。WorldFirst 支持英镑、美元、日元、欧元、新西兰元、新加坡元等币种收款账户。

（4）贴心的客户服务。专业的中文客服、专属的客户经理为用户实时跟进，贴心服务。

（5）可提款到支付宝，周期短、流动快，大大缩短了资金链，让跨境电商收款更加便捷、高效。

（四）Payoneer

派安盈（Payoneer）是一家总部位于纽约的全球金融科技公司，主要业务是帮助合作伙伴将资金下发到全球，同时为全球客户提供美元、欧元、英镑和日元收款账户用于接收欧美电商平台和企业的贸易款项。

Payoneer 的主要特点包括：

（1）支持多币种收款。Payoneer 支持的币种包括美元、英镑、欧元、日元、加拿大元、澳大利亚元，并为卖家提供资格审核所需文件。

（2）电子邮件请求付款，给客户发送付款请求，轻松催款、追踪。Payoneer 客户可选择电子支票、银行转款或信用卡付款，便捷、安全。

（3）提款至银行账户，最快 1 个工作日到账。

（4）免费转账给其他 Payoneer 用户，支持 ATM 取现、实体店或网上消费。

（五）LianLianPay

LianLianPay（连连支付）隶属于连连银通电子支付有限公司。连连银通电子支付有限公司是中国独立第三方支付企业、国内产业互联网支付解决方案的提供商，拥有中国人民银行颁发的支付业务许可证、中国人民银行核准的跨境人民币结算业务资质，并于 2019 年底成为国内较早完成国家外汇管理局支付机构外汇业务名录登记的支付机构之一，同时是国家金融监督管理总局批准的基金销售支付结算机构。

LianLianPay 的主要特点包括：

（1）全球超过 10 种币种收款。LianLianPay 可锁定中行实时汇率，真正实现 0 汇损。

（2）多平台多店铺统一管理。一个账户，一键提现，方便卖家进行多币种、多店铺的资金管理。

（3）7×24 小时快速提款。365 天（中国法定节假日除外）随时提现，随时到账，轻松优化资金周转。

（4）全方位保障资金安全。LianLianPay 拥有境内外支付牌照，保障资金合规，安全无风险。

三、速卖通平台不法获利规则及放款规则

（一）不法获利规则

不法获利是指卖家违反速卖通规则，涉嫌侵犯他人财产权或其他合法权益的行为。

不法获利的类型：诱导买家违反正常交易流程，获得不正当利益；刊登或提供虚假的商品、服务或物流信息骗取交易款项；账户关闭后仍注册，使用其他账户。

对于不法获利的行为，速卖通平台一律给予关闭账户的处理。

（二）放款规则

（1）普通放款。一般情况下，速卖通将在交易完成、买家无理由退货保护期届满后向卖家放款，即买家确认收货或系统自动确认收货加 15 个自然日（或平台不时更新并公告生效的其他期限）后。

注意：平台会基于商家经营情况、综合交易水平等多个维度评估每一笔订单放款风险，若相应的订单不满足相应的条件，则会根据《全球速卖通卖家基础规则（交易）》（见图 8－36）延迟放款周期。若卖家有相应订单因该原因延迟了放款，具体放款时间目前还不支持查询，会由系统自动执行，建议卖家持续关注并耐心等待。平台会保障卖家的合法权益，订单确认无异常情况时会进行放款。

第十一节 放款

第六十一条 为确保速卖通平台交易安全、保障买卖双方合法权益，速卖通及其关联公司在满足规定的条件时，根据平台规则及本规则决定相应放款时间及放款规则，但放款不影响速卖通在此后特殊情形下向商家追偿的权利。

第六十二条 放款时间

（一） 一般情况下，速卖通将在交易完成、订单售后保护期届满后向卖家放款。

（二） 速卖通根据系统对卖家经营情况和信用进行的综合评估（例如经营时长、好评率、拒付率、退款率等），可决定为部分订单进行交易结束前的提前垫资放款（"提前放款"）。提前放款的具体金额可以为订单的全部或部分，由速卖通根据综合评估单方面决定。卖家可随时向平台申请退出提前放款。

（三） 如卖家账号清退或主动关闭的，针对账号被清退、关闭前的交易，为保证消费者利益，平台在订单发货后180天放款。

（四） 如速卖通依据法律法规、法院判决或命令、双方约定或合理判断，认为卖家存在欺诈、侵权、经营指标导致平台存在垫资风险、严重违反平台规则等行为时，速卖通有权视具体情况自行或指示支付宝延迟放款周期，并对订单款项进行处理，或冻结相关款项至相关依据消除。

图 8－36　全球速卖通卖家基础规则（交易）第十一节（部分）

（2）提前放款。提前放款订单的放款时间通常为卖家发货后 5 ～ 10 天，具体结算周期取决于卖家的商家层级及卖家的订单是否满足提前放款要求。该服务可帮助卖家减轻现金流压力、提高资金利用效率，使卖家在全球速卖通平台更快、更稳健地经营业务。

（3）如果卖家账号被清退或主动关闭，针对账号被清退、关闭前的交易，为保证消费者利益，平台在订单发货后 180 天放款。

（4）速卖通平台依据法律法规、双方约定或合理判断，认为卖家存在欺诈、侵权等行为的，有权视具体情况延迟放款周期，并对订单款项进行处理，或冻结相关款项至（欺诈、侵权等行为）消除。

订单放款后资金会进入支付宝国际账户中，页面路径为"资金—支付宝国际账户—账务动账"（见图 8－37）。

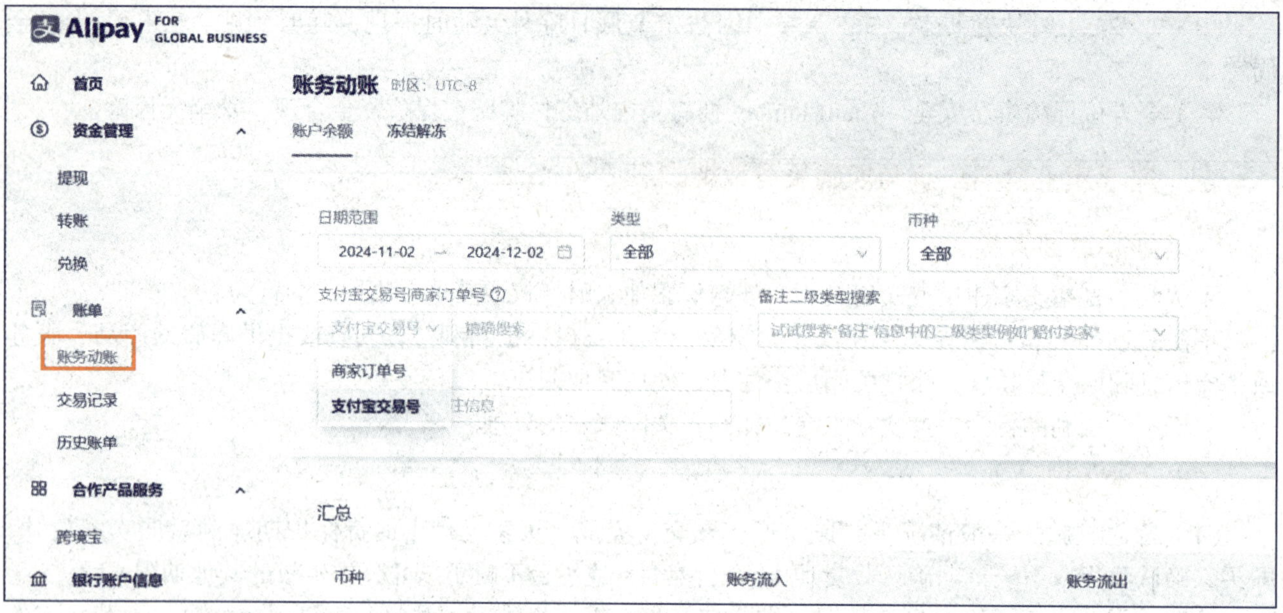

图 8－37　支付宝国际账户—财务动账

在支付宝国际账户，卖家可以提现或转账，查看账务动账，设置账户安全信息。

四、速卖通平台保证金规则

对于向平台缴纳保证金的卖家，如果出现以下情形，速卖通有权从保证金中扣除相应款项：

（1）依据适用法律法规、平台规则及 / 或平台协议，卖家应向速卖通支付违约金的。

（2）卖家违反适用法律法规、平台协议、平台规则及 / 或与买家的协议，应向买家退还货款或进行赔付［包括但不限于订单纠纷、买家退款、拒付（Chargeback）、提前放款等］，而卖家在合理时间内未能退款或赔付的。

（3）卖家违反适用法律法规、平台协议及 / 或平台规则，直接或间接造成速卖通损失的（包括但不限于引起交叉违约赔偿、被行政处罚、被判决侵权、商誉受损等情形）。

（4）依据适用法律法规、平台协议及 / 或平台规则，速卖通已 / 将替卖家向第三方（包括但不限于买家、权利人、政府部门、司法机关、行业协会等）垫付、支付或赔偿任何款项的，包括但不限于拒付（Chargeback）场景下向买家支付、提前放款场景下向买家赔付、“替您垫付”ERP、一般售后及纠纷场景中向买家赔付、风险治理罚金等。

（5）卖家的行为构成《速卖通商户服务协议》第十一条之情形，导致卖家应向速卖通支付违约金或赔偿损失的。

（6）其他平台协议及 / 或平台规则约定的情形。

速卖通划扣保证金后，将通知卖家扣除原因和扣除金额。

同时，卖家应确保保证金金额充足，达到店铺所属类目的规定金额。如果卖家的保证金金额少于规定金额，速卖通有权立即对卖家采取限制性措施，包括但不限于限制提现、延长放款时间等，卖家应在 15 日内进行补足，如未在 15 日内进行补足的，速卖通有权下架店铺商品、终止类目服务、终止本协议。上述规定金额由平台规则约定。

如果卖家主动关闭店铺、账号，或出现其他平台规则规定的终止情形，且连续 3 个月内没有未完结的交易、未处理完毕的任何投诉、处罚或纠纷（包括但不限于与速卖通、消费者或其他第三方的争议或纠纷）时，速卖通将在30个自然日内通知支付宝将保证金余额释放至卖家企业支付宝账户或用于冻结、止付、主动缴纳或扣划的第三方账户（视为已向卖家释放）。

五、电子商务客服

（一）电子商务客服的含义

客户服务（Customer Service）是以客户满意为导向的价值观体现。客户服务是指企业或其代表为满足客户的期望和需求，所进行的一系列与客户交互的活动和相关支持服务。从广义上讲，任何能提高客户满意度的内容都在客户服务的范围之内，一般国内客服的沟通方式是电话或者即时沟通工具。

电子商务客服是指承接客户咨询、订单业务处理、投诉，并通过各种沟通方式了解客户需求，与客户直接联系解决问题的电商服务人员。一般跨境电商客服的沟通方式是电子邮件和电话等。

（二）电子商务客服的知识储备

（1）熟悉主营产品的内涵和外延，能够提供既专业又全面的产品信息咨询。每天熟悉和掌握2～3款产品，了解产品的相关知识，从产品相关系数、使用说明，到常见问题的解决，都要掌握清楚，日积月累，一定要给客户留下专业印象。

（2）了解相应平台买家购物的流程、支付方式、常见问题及解决方法（指导买家购物）。

（3）熟悉平台费用体系以及产品定价公式。

（4）熟悉常用物流渠道的到货时间和查询方法。

（5）熟悉常规问题的解决套路，流程化解决一般性问题。

（6）熟悉国外消费者的消费习惯和消费性格、购物时间、忌讳事项、热门节日。

（三）电子商务客服的工作内容

1. 售前客服

售前客服是指在订单成交前，为买家购物提供相关指导，包括购物流程、产品介绍以及支付方式等。售前客服是接待所有顾客的“第一道防线”，需要分辨顾客的需求，进而解答或转接。

售前客服的四大主题包括：

（1）产品相关：产品的功能和兼容性、相关细节明细、包裹内件详情。

（2）交易相关：关于付款方式和付款时间等交易流程咨询。

（3）物流相关：运送地区和运送时间、能否提供快递、是否挂号等物流问题咨询。

（4）费用相关：合并邮费、批发购买、关税、是否能优惠等费用问题咨询。

2. 售中客服

售中客服一般只处理简单的物流查询问题、包裹预期到货时间咨询或对已发货想要退款的客户进行安抚，避免订单的流失。售中客服工作一般也可由售前客服完成，避免造成人员分配不合理。

3. 售后客服

售后客服主要处理各种未收到货而要求退款或客户因收到商品不满意而产生的售后问题。以服装为例，售后客服要处理的问题包括客户收到的尺码不合适、款式不合适、有瑕疵等。

售后客服工作见表8－1。

表8－1　售后客服工作

物品没有收到	物流因素导致延迟
	订单漏下

续表

物品没有收到	仓库漏发
	货运丢失
	买家地址不对
	相关信息如联系电话缺失
	海关清关导致延迟
	其他原因：海关、邮局罢工，安防严检，极端天气因素，当地邮局处理能力
物品描述不符	货不对——贴错标签、入错库、配错货、发错地址、下错订单
	货对，东西不符合——质检不到位，参数不对，材质不对，缺斤少两，有色差，尺寸有出入，货运损坏
	货对，东西也符合，但与买家预期不符——图片或者描述浮夸，买家吹毛求疵
其他主动售后联系	联系买家告知付款状态、订单确认和处理的相关信息
	分阶段联系买家，提供包裹物流状态信息
	不可抗力因素导致包裹延误、物流滞后等相关通知
	问题产品同类订单主动沟通联系
	新品、热卖产品推荐及店铺营销活动邮件推送

能力实训

一、选择题

1.［多选］下列关于订单评价管理说法正确的有（　　）。

A. 订单结束后的 30 天内，买卖家可以给对方留评

B. 买卖双方均不可以延长评价的期限

C. 买家对某笔订单留评后，可以在 150 天内进行追评

D. 卖家可以删除订单差评

2.［多选］常规电商收款途径有（　　）。

A. 电汇　　B. PayPal　　C. 支付宝国际账户　　D. 手机

3.［多选］手机付款作为新兴的付款方式，具有快捷方便的功能，但是不可避免地有（　　）发展的劣势。

A. 政策问题　　B. 安全问题　　C. 技术问题　　D. 标准问题

4.［多选］不法获利规则类型包括（　　）。

A. 诱导买家违反正常交易流程，获得不正当利益

B. 刊登或提供虚假的商品、服务或物流信息骗取交易款项

C. 账户关闭后仍注册，使用其他账户

D. 出售劣质产品

5.［多选］速卖通平台客户营销的渠道有（　　）。

A.IM 消息会话渠道　　B. 邮件渠道　　C. 店铺 Code 渠道　　D. 钉钉渠道

二、判断题

1. 速卖通的不法获利规则是指卖家违反速卖通规则，涉嫌侵犯他人财产权或其他合法权益的行为。（　　）

2. 速卖通平台卖家若违反成交不卖规则，被扣除 2 分，则对应的违约金为 500 元人民币。（　　）

3. 速卖通平台付款标准是接单后 7 天内完成。（　　）

4. 如果在将货物发出、在系统中将有效订单标记为已发出、提供对应订单的有效运单号这三个步骤没有完成之前，订单被取消，PayPal 平台规定该订单将不会被付款。（　　）

5. 速卖通平台会在每个自然月的第一天对前一个月的有效订单进行付款。（　　）

三、能力拓展

【工作任务 1】催促客户付款。

有一个俄罗斯客户在陈倩担任客服的店铺拍下了一件女装，但迟迟未付款（见图 8－38）。陈倩看到了这个订单，考虑到订单金额较大，且有较高利润，决定采用降价策略，刺激客户付款。请你替她写一封邮件。邮件要点如下：

（1）感谢客户的关注与下单；

（2）由于她是新客户，给予降价 10 美元，且有效期为 3 天；

（3）以该产品为新品受青睐、库存紧张为由，催促客户付款。

图 8－38　未付款订单

【工作任务 2】催评。

店铺存在较多的需催评订单，客服陈倩决定策划一个催评模板，要点包括：（1）感谢客户的购物支持；（2）引导好评；（3）如有问题，随时联系。请你帮陈倩制作一个催评模板。

【工作任务 3】处理退换货。

店铺收到客户的站内信，信里写道“材质与描述不符”（见图 8－39），要求退货并且退款（见图 8－40）。鉴于客户态度强硬与高额的运费，客服陈倩决定折价处理订单，即退还给客户部分金额，同时索要五星好评。如果你是陈倩，请尝试与客户沟通。

订单号：8194745266973381

纠纷理由：材质与描述不符

图 8－39　纠纷原因

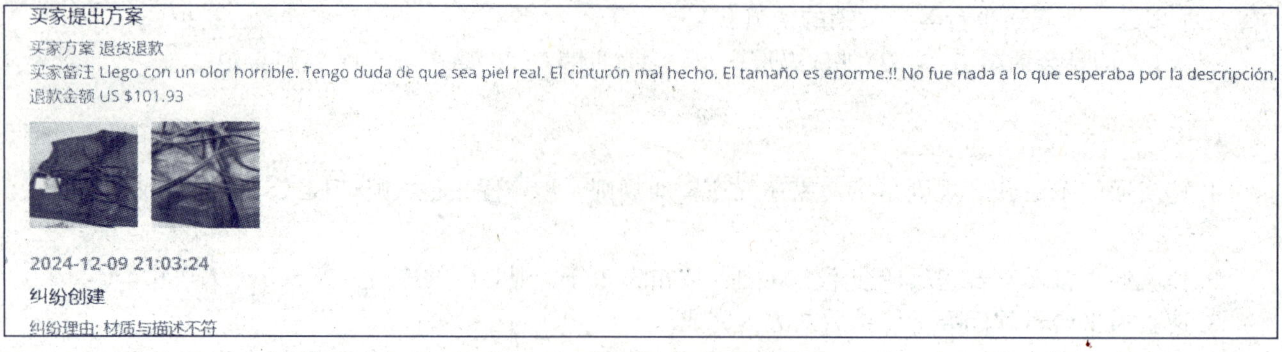

图 8－40　客户发出退货退款要求

【工作任务 4】老客户维护。

店铺为了庆祝成立两周年，正在做满件折和满立减活动（见图 8－41）。由于速卖通内部营销邮件是有限额的，因此客服陈倩决定选择一批具有潜力的老客户，给他们发送满件折和满立减信息，同时告知他们秋装新款已上架，最后再进行关联产品的营销。如果你是陈倩，你该如何选择这些客户？如何撰写营销邮件？如何做关联产品的营销？

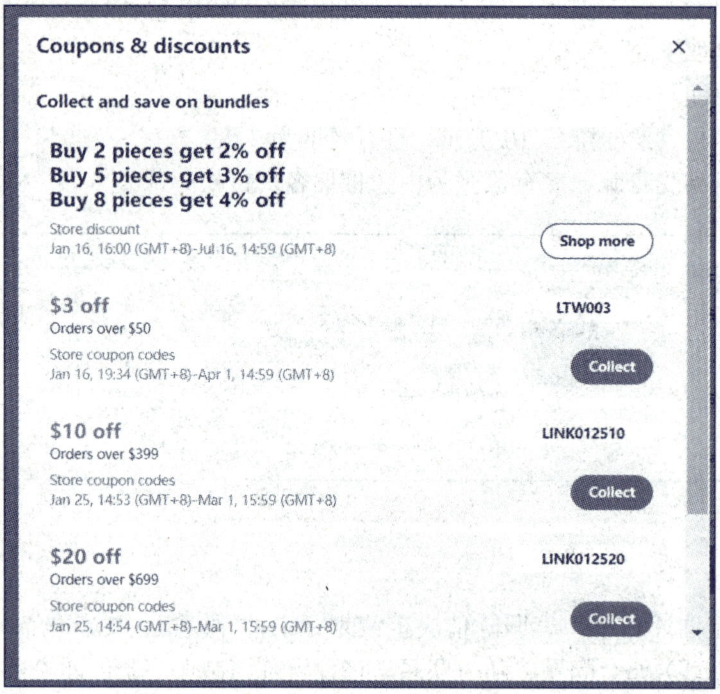

图 8－41　店铺满件折和满立减信息

个性化成长记录表

序号	评价内容	学生成长记录	评价方式	评价主体	备注
1	微课学习（5%）		平台考试测验	平台	
2	课前测试（5%）		平台考试测验	平台	
3	课中测试（5%）		平台考试测验	平台	
4	仿真实训（5%）		平台系统评分	平台	
5	课后作业（5%）		平台考试测验	平台	
6	学习活跃度（3%）		平台系统评分	平台	
7	资源贡献度（2%）		平台系统评分	平台	
8	技能操作完整度（10%）		操作成果评分 实战成果评分	教师	
9	技能操作规范度（10%）		操作成果评分 实战成果评分	教师	
10	成果展示（10%）		操作成果评分 实战成果评分	教师	
11	方案制定（5%）		能力评估表	自评 / 互评	可选
12	技能操作完整度（5%）		能力评估表	自评 / 互评	
13	技能操作规范度（5%）		能力评估表	自评 / 互评	
14	成果展示（5%）		能力评估表	自评 / 互评	
15	客户服务模拟实战（20%）		绩效考核评分 满意度调查表	企业	
16	1+X 考证		考试通过率	评价组织	增值评价，可选，一般为年度考核
17	技能大赛		获奖等级	技能大赛组委会	增值评价，可选，一般为年度考核
备注：各部分权重占比可根据单元实际情况进行调整。					

参考文献

[1] 全球速卖通培训中心：https://learning.aliexpress.com.
[2] eBay 培训中心：https://university.ebay.cn.
[3] 亚马逊卖家大学：https://sell.amazon.com/zh/learn/seller-university.
[4] 亿恩网：https://www.enec.com.
[5] 雨果跨境：https://www.cifnews.com/.
[6] 全球速卖通卖家基础规则 – 交易（2025 版）.
[7] 全球速卖通卖家基础规则 – 违规及处罚规则（2024 版）.